OS CONTOS DE FADA E A ARTE DA SUBVERSÃO

coleção
ida e volta

Dirigida por
Isabel Lopes Coelho
Mell Brites
Renata Nakano.

SEGUNDA EDIÇÃO (2006) REVISTA
E AMPLIADA PELO AUTOR

Coordenação de texto Luiz Henrique Soares e Elen Durando
Preparação Cordélia Dantas
Revisão Luiz Henrique Soares e Elen Durando
Projeto gráfico e concepção de capa Karina Aoki
Produção Ricardo W. Neves e Sergio Kon.

OS CONTOS DE FADA E A ARTE DA SUBVERSÃO

O Gênero Clássico Para Crianças
e o Processo Civilizador

jack zipes

tradução de Camila Werner

 PERSPECTIVA

Copyright © Todos os direitos reservados. Tradução autorizada da edição em inglês publicada pela Routledge, membro do Taylor & Francis Group LLC.

CIP-Brasil. Catalogação-na-Fonte
Sindicato Nacional dos Editores de Livros, RJ

z68c
Zipes, Jack, 1937-
  Os contos de fada e a arte da subversão : o gênero clássico para crianças e o processo civilizador / Jack Zipes ; tradução Camila Werner. - 1. ed. - São Paulo : Perspectiva, 2023.
  352 p. ; 23 cm. (Ida e volta ; 2)

  Tradução de: *Fairy tales and the art of subversion: the classical genre for children and the process of civilization*
  Inclui bibliografia e índice
  ISBN 978-65-5505-166-7

  1. Literatura infantil - História e crítica. 2. Contos de fada - História e crítica. I. Werner, Camila. II. Título. III. Série.

23-886077   CDD: 809.89282
                 CDU: 82.09-053.2

Gabriela Faray Ferreira Lopes - Bibliotecária - CRB-7/6643
01/09/2023   08/09/2023

1ª edição
Direitos reservados em língua portuguesa à
EDITORA PERSPECTIVA LTDA.

Al. Santos, 1909, cj. 22
01419-100 São Paulo SP Brasil
Tel.: (11) 3885-8388
www.editoraperspectiva.com.br
2023

Para os subversivos guerreiros da minha vida:
Carol, Hanna, Schoena.

Sumário

	Introdução à Terceira Edição	xi
	Prefácio da Segunda Edição	xix
1	O Discurso dos Contos de Fada: Em Direção a uma História Social do Gênero	1
2	As Origens dos Contos de Fada na Itália: Straparola e Basile	15
3	Estabelecendo Padrões Para a Civilização Por Meio dos Contos de Fada: Charles Perrault e o Papel Subversivo das Escritoras	37
4	Quem Tem Medo dos Irmãos Grimm? Socialização e Politização Por Meio dos Contos de Fada	75
5	Hans Christian Andersen e o Discurso do Dominado	103
6	Inverter e Subverter o Mundo Com Esperança: Os Contos de Fada de George Macdonald, Oscar Wilde e L. Frank Baum	135
7	A Disputa Sobre o Discurso dos Contos de Fada: Família, Fricção e Socialização Durante a República de Weimar e na Alemanha Nazista	179
8	O Potencial Libertador do Fantástico nos Contos de Fada Contemporâneos Para Crianças	221
9	A Missão Civilizadora de Walt Disney: Da Revolução à Restauração	251
	Notas	279
	Bibliografia	291
	Índice	309
	Agradecimentos	325

Introdução
à Terceira Edição

Os contos de fada continuam a permear, se não a invadir, as nossas vidas em todo o mundo. Eles desempenham um papel complexo na aculturação, isto é, na formação e na expressão dos gostos, maneiras e ideologias de membros de uma sociedade em particular. Eles têm um efeito poderoso sobre o comportamento de jovens e adultos, e sobre como eles se relacionam com as suas atividades diárias. Apesar de serem aparentemente universais, os contos de fada servem a uma função específica na comunicação dos valores e das diversas inquietações de diferentes nações. Não sabemos exatamente quando os contos de fada se originaram nas culturas orais milhares de anos atrás, mas sabemos que foram histórias metafóricas que surgiram a partir das experiências humanas básicas e continham informações vitais que fortaleciam os elos comuns das pessoas que viviam em pequenos clãs e tribos. Unidades relevantes dessas informações aos poucos formaram a base de narrativas que permitiram aos humanos aprenderem sobre si mesmos e sobre os mundos que eles habitavam. Esses contos informativos não tinham títulos. Eles eram simplesmente contados para marcar uma ocasião, para dar um exemplo, para alertar sobre um perigo, para procurar comida, para explicar o que parecia inexplicável. As pessoas recontavam as histórias em contextos sociais para comunicar conhecimento e experiência. Apesar de muitos contos antigos nos parecerem mágicos, milagrosos, fantasiosos, supersticiosos ou irreais, as pessoas acreditavam neles, e elas não eram e não são muito diferentes das pessoas de hoje em dia que acreditam em religiões, milagres, cultos, nações e ideias como democracias "livres" que têm pouco apoio na realidade. Na verdade, histórias religiosas e patrióticas têm mais em comum com os contos de fada do que nos damos conta, com a exceção de que os contos de fada tendem a ser seculares e não baseados em um sistema de crenças prescritivo ou em códigos religiosos.

Os contos de fada são baseados em uma disposição humana para a ação social — para transformar o mundo e torná-lo mais adaptado às necessidades humanas enquanto nós mesmos tentamos mudar e nos tornar mais adaptados ao mundo. Quase todos os contos de fada têm a ver com uma jornada. Por isso, seu foco, seja de um conto oral, escrito ou cinematográfico, sempre esteve na luta por encontrar instrumentos mágicos, tecnologias extraordinárias e/ou pessoas e animais prestativos que permitirão que os protagonistas transformem a si mesmos e o seu ambiente, e tornem o mundo mais adequado para que se viva em paz e alegria. Os contos de fada começam com um conflito porque todos nós começamos nossas vidas com um conflito. Todos nós somos inadequados para o mundo, e de alguma forma precisamos nos adequar, ao nosso ambiente e às outras pessoas, e assim precisamos inventar ou encontrar maneiras por meio da comunicação para satisfazer e resolver desejos e instintos conflitantes.

Toda sociedade desenvolveu algum tipo de processo civilizador para motivar os seus membros a cooperarem e a coexistirem de maneira pacífica. Os contos são motivadores e, conforme foram contados e recontados ao longo do tempo, eles foram trançados no tecido do processo civilizador, guardados em nossas memórias e assumiram diferentes formas para os propósitos sociais que determinaram a natureza de seu gênero. Os contos de fada, muitas vezes chamados de contos maravilhosos ou mágicos nas culturas orais[1], eram meios de comunicação que permitiam que contadores de histórias e ouvintes tivessem a oportunidade de imaginar e contemplar mundos mais justos e ideais que as suas próprias realidades. Os contos permitiam o prazer moral e ético ao mesmo tempo que não pregavam ou determinavam como agir.

Os contos de fada estão enraizados nas tradições orais, e como mencionei acima, eles nunca recebiam títulos, ou existiam nas formas como são contados, impressos, desenhados, gravados, encenados ou filmados hoje em dia. Eles evoluíram nas tradições por meio da imitação, memorização, repetição e recriação. Em geral, os folcloristas fazem uma distinção entre contos de fada populares maravilhosos, que se originaram nas tradições orais de todo o mundo e ainda existem, e os contos de fada literários, que surgiram a partir de tradições orais por meio da mediação de manuscritos e impressos, e continuam a ser criados hoje em dia em diversas formas mediadas ao redor do mundo. Tanto na tradição oral quanto na tradição literária, os tipos de contos influenciados por padrões culturais são tão numerosos e diversos que é quase impossível definir o enredo típico de um conto popular maravilhoso ou de um conto de fada, ou explicar a relação entre os dois modos de comunicação. É fascinante estudar como as formas orais e literárias dos contos maravilhosos/de fada se juntaram, uma vez que o processo de impressão começou a se desenvolver no século XV na civilização ocidental. Essa junção foi enriquecida por outras tecnologias, como as invenções audiovisuais do final do século XIX. Hoje em dia, o conto de fada híbrido se tornou mais diversificado e enfeitado. Ele tem diversas tarefas e, ainda assim, permanece incrivelmente consistente em seu objetivo maior: estimular contadores de histórias e ouvintes a explorar a questão freudiana de por que os seres humanos são tão insatisfeitos com a civilização.

Os Contos de Fada e a Arte da Subversão fala da transformação e da evolução do conto de fada literário desde o século XV até os dias de hoje, e sobre como e por que o gênero se tornou um campo cultural conflituoso no qual diferentes instituições sociais e escritores individuais usaram o conto tanto para provocar conformidade como para questionar a conformidade ao processo civilizador dominante de uma sociedade. Assim que a imprensa se tornou um meio de comunicação efetivo e foi seguido pelos modos audiovisuais de comunicação até a atual Internet, o conto de fada foi transformado e formatado em pinturas, filmes, animações, propagandas, peças de teatro, musicais, óperas, brinquedos, bonecas, objetos para casa, novelas e assim por diante. Na maioria das sociedades ocidentais, o conto de fada também foi transformado para se tornar mais adequado ou apropriado para as crianças, pois os contos de fada contados na tradição oral nunca foram explicitamente contados a elas. Os contos de fada não pertencem às crianças. Eles são elemento fundamental de um processo civilizador geral que desenvolveu diferentes tipos de contos, alguns dos quais foram criados diretamente para as crianças.

Em virtude de seus conteúdos simbólicos e seculares que podem ter dado, e ainda dão, ideias "malucas" para as crianças de que elas não precisam se conformar às normas que governam a sociedade, os contos de fada em geral têm sido vistos como perigosos, se não subversivos, por religiosos e grupos políticos conservadores. A verdade é, no entanto, que os contos de fada podem ser tanto provocativamente subversivos ou corriqueiramente tradicionais. Com o surgimento da classe média no século XVII na Europa e na América do Norte, e a enorme influência da igreja cristã e seus diversos sistemas de crença, o conto de fada foi muitas vezes extraído e alterado dos livros para jovens leitores de maneira a reforçar comportamentos religiosos e patriarcais dominantes a respeito de gênero, casamento, lei e ordem. Morais altamente conservadoras e códigos prescritivos eram disseminados nas primeiras obras de François Fénelon (*Fables composées pour l'éducation du duc de Burgundy* – Fábulas Escritas Para a Educação do Duque de Burgundy, 1718), de Sarah Fielding (*The Governess, or Little Female Academy* – A Governanta, ou o Pequeno Internato de Mulheres, 1749), e madame Leprince de Beaumont (*Le Magasin des enfants* – A Revista das Crianças, 1757) no século XVII, e conforme a alfabetização se expandiu e a literatura infantil gradualmente se transformou em uma indústria no século XIX, cada vez mais coletâneas impecáveis de contos de fada para crianças foram publicadas para elas, e principalmente para os jovens das classes média e alta. A domesticação das fantasias "selvagens" dos contos de fada orais e literários, que podemos chamar de higienização, era muito comum no século XIX, e os contos clássicos de Charles Perrault, madame D'Aulnoy, irmãos Grimm e Hans Christian Andersen passaram por diversas curiosas adaptações para crianças motivadas pela censura explícita ou implícita. Uma das higienizações "infantis" mais curiosas que aconteceu no século XIX foi a adaptação feita pelo britânico Edgar Taylor em 1823 dos contos de fada dos irmãos Grimm *German Popular Stories* (Histórias Populares Alemãs). Com a bizarra aprovação dos irmãos Grimm, que também tinham começado a modificar os contos em sua própria coletânea alemã para torná-los mais adequados às almas "inocentes" das crianças, Taylor produziu uma segunda coletânea adoçada em 1826 e depois acrescentou uma terceira em 1839 chamada *German Popular Stories and Fairy Tales as Told by Gammer Gretchel* (Histórias Populares e Contos de Fada Alemães Como São Contados Por Gammer Gretchel). Seu "re-make" dos contos dos irmãos Grimm levou a uma outra republicação estranha com o título de *Grimm's Goblins: Grimm's Household Stories* (Os Goblins dos Grimm: Histórias Domésticas dos Grimm), publicada em 1876 por Robert Meek, em que ele escreveu:

Os contos de fada são os primeiros cultivadores da tendência mais pura nos solos mais jovens e frescos; eles são a prerrogativa especial e a bênção das bibliotecas infantis. Sua popularidade internacional e sua influência que atravessa fronteiras formam um contraste impressionante com essa imensa maré de escritos caracterizados pelo mau gosto e pelas intenções ruins, se não positivamente perniciosas, e na melhor das hipóteses um lixo vulgar. Sem nenhuma referência elevada como a leitura dos Contos de Fada, as crianças nunca aprenderiam, a partir dessas fontes, que o bem e o sagrado são virtude e benevolência – e como o mal e a malícia são arte e engenhosidade. Ou melhor, lições de moral podem ser aprendidas com essas fontes, não apenas pelo pequeno mundo das mentes inquietas e crédulas, mas por muitas mentes que há muito já deixaram a idade da inquietação para trás.[2]

Em contraste com essa visão sentimental e enganosa sobre os contos de fada no século XIX, os contos de fada orais continuaram a ser contados em variadas maneiras frescas e iletradas por toda a Europa e a América do Norte, e diversos escritores como E.T.A Hoffmann, Charles Dickens, Hans Christian Andersen, George MacDonald, Lewis Carroll e Oscar Wilde criaram contos de fada contraculturais altamente inovadores, sofisticados e provocativos para crianças e adultos que abriram o gênero para muitos experimentos no final do século XIX, incluindo os contos "proletários" e as adaptações com versos grosseiros, assim como as peças de *vaudeville* e os primeiros filmes mudos de Georges Méliès. A publicação de *The Wizard of Oz* (O Mágico de Oz) de L. Frank Baum em 1900 nos Estados Unidos levou a uma série de quatorze livros de contos de fada utópicos, que opunha o mundo ideal de Oz ao mundo real cinzento do estado americano de Kansas. A série de Baum era uma subversão direta do processo civilizador americano. Walt Disney seguiu Baum ao criar filmes de contos de fada anárquicos na cidade de Kansas no começo da década de 1920, mas na década de 1930 ele restaurou o conto de fada para os valores patriarcais conservadores com sua produção de *A Branca de Neve e os Sete Anões* (1937). Desde essa época, as virtudes da virgindade inocente e do amor puro junto com a justificação do domínio hegemônico elitista foram defendidas nos filmes de Walt Disney e têm sido mantidos por sua corporação até os dias de hoje. Mesmo assim, existem elementos subversivos em todos os filmes e livros da Disney. É quase inevitável, pois sempre houve uma tendência subversiva na arte e na literatura dos contos de fada desde que eles surgiram.

Se falamos e usamos a linguagem para conhecer o mundo e a nós mesmos por meio da metáfora, como George Lakoff e Mark Johnson defendem em *Metaphors We Live By* (As Metáforas Pelas Quais Vivemos), a arte do conto de fada oferece um meio para compreender o mundo real por meio de clichês metafóricos, assim como por meio de articulações e inferências altamente inovadoras. Lakoff e Johnson escreveram:

> Grande parte da linguagem diária e convencional é metafórica, e os significados metafóricos são dados por mapeamentos metafóricos conceituais que acabam por surgir das correlações na nossa experiência incorporada. Em resumo, a metáfora é um fenômeno natural. A metáfora conceitual é uma parte natural do pensamento humano, e a metáfora linguística é uma parte natural da linguagem. Além disso, quais metáforas temos e o que elas significam dependem da natureza dos nossos corpos, de nossas interações no ambiente físico, e de nossas práticas sociais e culturais. Toda a questão sobre a natureza da metáfora conceitual e seu papel no pensamento e na linguagem é uma questão empírica.[3]

Os contos de fada não são irreais; eles nos dizem metaforicamente que "a vida é dura", ou que "a vida é um sonho", seus padrões narrativos simbólicos que assumem a forma de missões indicam alternativas possíveis que podemos escolher para realizar a nossa disposição utópica para transformar a nós e ao mundo. As metáforas usadas na composição dos contos de fada estão muito ligadas à realidade empírica. Os contos de fada testam a correlação entre as práticas sociais e as possibilidades imaginativas que podem ser realizadas, mas que são frustradas em nossas interações cotidianas. Os contos de fada questionam a falta de relação entre as práticas do mundo real e as opções idealistas e éticas. Portanto, mesmo os finais felizes sentimentais e contraditórios comuns nas histórias românticas de contos de fada e nos filmes de Hollywood são de alguma forma subversivos no sentido em que eles nos motivam a pensar sobre o que está faltando em nossas vidas que não nos permite realizar os nossos sonhos e os nossos desejos utópicos. Certamente, os finais felizes forçados dos contos de fada padronizados são ilusórios e enganosos. Então, precisamos sempre nos perguntar: se os protagonistas conseguem encontrar amor, riqueza e realização nos contos de fada melodramáticos, o que está nos impedindo de ter o mesmo sucesso na realidade?

Desde que exista insatisfação em relação ao processo civilizador, existirão contos de fada que irão projetar alternativas para o *status quo* ou que irão nos reconciliar com as nossas convenções sociais e crenças religiosas. No século XXI, não existe nenhum sinal de que a produção cultural de contos de fada em todas as esferas da vida tenha diminuído. Os meios de comunicação de massa contam com os contos de fada para transmitir mensagens comerciais e públicas por todo o mundo. Nós vemos, contamos e consumimos contos de fada todos os dias no nível pessoal sem termos consciência de que dependemos deles para atravessar o dia. De maneira nenhuma quero privilegiar o conto de fada acima de outras formas significativas de narrativa simples e eficiente como o mito, a fábula, o *tall tale*, o provérbio, a lenda, a piada e assim por diante. Todos esses gêneros estão relacionados entre si, e nos relacionamos com eles para tornar as nossas vidas relevantes. Criamos padrões e fazemos paralelos para mapear o nosso caminho em meio aos riscos inexplicáveis que constituem a existência humana. Os contos de fada como atos simbólicos e sociais nos permitem interceder no processo civilizador que nega a realização ética do significado da humanidade. Eles se manifestam contra a passividade e a exploração. Eles concebem mundos de contestação nos quais a arte da subversão acaba revelando verdades estarrecedoras que tentamos evitar. Mas os contos de fada são insistentes e persistentes, e como afirmei no começo dessa introdução, eles continuam a ser tentadores. Eles impregnam e invadem as nossas vidas, dizendo-nos verdades sem nos dizer como viver essas verdades.

JACK ZIPES

Minneapolis, 1º de março de 2011.

Prefácio
da Segunda Edição

Originalmente publicado em 1983, *Os Contos de Fada e a Arte da Subversão* nunca ficou esgotado, tenho o prazer de dizer. Mas conforme o tempo passou e eu continuei a trabalhar mais nos campos dos estudos do folclore e dos contos de fada, percebi que havia falhas no livro que precisavam ser preenchidas. Felizmente, elas não eram enormes, e agradeço muito a Bill Germeno e à Routledge por me darem essa oportunidade de revisar todo o livro e acrescentar dois novos capítulos.

Ao longo do tempo, não mudei minhas opiniões sobre o desenvolvimento histórico do conto de fada literário, em especial da forma como ele foi cultivado para crianças como parte do processo civilizador, mas muitas das minhas observações e interpretações se tornaram mais complexas e mais abrangentes graças às mudanças nas posturas acadêmicas. Na verdade, antes de 1980, podia-se praticamente argumentar que não havia estudos de contos de fada propriamente ditos. O conto de fada literário era um gênero marginalizado e, se era levado a sério, isso era feito por folcloristas, que na verdade tinham uma relação tensa com o que alguns consideravam ser um gênero contaminado: ou eles estudavam e celebravam o conto de fada para mostrar as suas raízes na tradição oral, ou eles o condenavam por corromper os contos populares "autênticos". Mas desde a década de 1980, uma apreciação e um estudo mais diversos e sofisticados do conto de fada literário pode ser percebido, e os acadêmicos e os educadores se tornaram mais conscientes de seu significado como gênero que tem amplas ramificações para a civilização de crianças e adultos. Eu tenho a obrigação de destacar a enorme quantidade de livros e ensaios publicados sobre o conto de fada na América do Norte e na Europa Ocidental, alguns incluem minha bibliografia, sem mencionar os milhares de contos de fada e o surgimento de importantes revistas acadêmicas como *Marvels and Tales* e *sites* informativos como o *Sur la lune*. Em resumo, o vasto interesse pelo conto de fada literário tem uma forte influência no meu próprio trabalho, e sinto-me obrigado a incorporar as descobertas de algumas pesquisas na edição revisada deste livro junto com ideias estimulantes de pensadores tão diversos quanto Theodor Adorno, Pierre Bourdieu, Marina Warner e outros, mesmos que eu não os cite expressamente. Minha dívida com Norbert Elias é evidente.

Os dois capítulos que acrescentei ao livro têm a ver com a influência dos singulares escritores italianos Giovan Francesco Straparola e Giambattista Basile sobre os escritores franceses do Antigo Regime e com o impacto extraordinário de Walt Disney no conto de fada. Acredito que esses capítulos oferecem informações e teses indispensáveis que ajudam a explicar por que precisamos examinar o conto de fada como parte do complexo processo civilizador no mundo ocidental. Além disso, atualizei, expandi e modifiquei todos os capítulos já existentes para que eles incorporassem as pesquisas mais recentes e importantes. Cerca de vinte anos atrás, um acadêmico alemão previu que o conto de fada perderia o seu significado utópico e vital no século XX porque a única escrita, dadas as atrocidades do século passado, que poderia ser levada a sério seria a distopia. Existe uma certa verdade neste argumento, mas se alguém acredita na civilização e nas virtudes da civilidade, o conto de fada continua a desempenhar um papel no processo civilizador não apenas como uma diversão trivial, mas, de maneira mais importante, como uma alternativa subversiva a um processo que perdeu a sua relação com a humanidade.

JACK ZIPES

1 O Discurso dos Contos de Fada: Em Direção a Uma História Social do Gênero

Linguagem e estilo são forças cegas. Escrever é um ato de solidariedade histórica. Linguagem e estilo são objetos. Escrever é uma função. É a relação entre criação e sociedade. É a linguagem literária transformada por sua destinação social. É a forma compreendida em sua intenção humana e por isso ligada às grandes crises da história.

ROLAND BARTHES,
O Grau Zero da Escritura (1953).

Apesar de os contos de fada serem o evento cultural e social mais importante da vida da maioria das crianças, os críticos e os acadêmicos fracassaram ao estudar o seu desenvolvimento histórico enquanto gênero. Existem capítulos sobre os contos de fada em histórias da literatura infantil, ensaios e até livros sobre contos de fada para adultos, profundas explorações psicológicas sobre o efeito dos contos de fada nas crianças, e pencas de estudos estruturalistas e formalistas sobre contos individuais. Mas não existe nenhuma história sobre os contos de fada para crianças, e em especial, nenhuma história social. Um lapso.

A não história é história. Ou, a aceitação do lapso significa que breves esquemas descritivos e cronologias dos contos de fada são considerados história. Talvez o resultado mais marcante dos chamados estudos históricos dos contos de fada literários para crianças é a sensação que se ganha de que esses contos são atemporais. Os melhores contos de fada são supostamente universais. Não importa quando ou por que eles tenham sido escritos. O que importa é o seu encantamento, como se tal estilo de história para dormir sempre pudesse ser usado para aliviar as ansiedades das crianças ou para ajudá-las de maneira terapêutica a descobrir quem são. Não se deve dissecar ou estudar os contos de fada em um contexto sociopolítico, porque isso pode arruinar os seus poderes mágicos.

Os contos de fada para crianças são universais, atemporais, terapêuticos, milagrosos e lindos. É dessa maneira que eles chegaram até nós na história. Inscrita em nossas mentes, quando crianças e depois como adultos, está a impressão de que não é importante conhecer o passado misterioso dos contos de fada, desde que eles estejam lá e continuem a ser escritos. O passado é misterioso. A história dos contos de fada para crianças é misteriosa.

Frederic Jamenson afirma que

> a história não é um texto, nem uma narrativa, um modelo ou outra coisa, mas algo, como uma causa ausente, inacessível para nós a não ser em forma textual, e nossa abordagem a respeito dela e do real em si passa necessariamente por uma textualização anterior, é a sua narrativização no inconsciente político[1].

Como consequência, então, escrevemos nossos próprios textos por necessidade, para dar sentido não simplesmente ao que aconteceu na realidade, mas também ao que aconteceu nos níveis psicológico, econômico, cultural entre outros, para nos libertar das determinações de outros textos sócio-históricos que ditaram e organizaram nosso pensamento, e que precisam ser desorganizados se queremos compreender por nós mesmos os processos que produzem as estruturas sociais, os modos de produção e os artefatos culturais. Escrever um texto histórico (ou qualquer texto, na verdade) quer dizer que a pessoa tem uma visão de mundo, uma visão geral da história, uma ideologia, seja ela consciente ou inconsciente, e que a escrita de tal texto terá a tendência de desafiar essa visão ou de legitimá-la. A forma textual depende do método que a pessoa escolhe. Atribuímos valor a como e ao que escrevemos.

Jameson fala sobre a necessidade de desenvolver um método de mediações que nos permita compreender e avaliar a história da maneira mais abrangente possível:

> Essa operação é compreendida como um processo de *transcodificação*: como a invenção de um conjunto de termos, a escolha estratégica de um código ou de uma linguagem em particular, de modo que a mesma terminologia possa ser usada para analisar e articular dois níveis estruturais da realidade

bastante diferentes. As mediações são então uma ferramenta do analista, por meio da qual a fragmentação e a automatização das diversas regiões da vida social (a separação, em outras palavras, entre o ideológico e o político, entre o religioso e o econômico, a diferença entre a vida cotidiana e a prática das disciplinas acadêmicas) podem ao menos ser superadas de maneira local, no momento de uma análise em particular.[2]

O método de Jameson poderia ser chamado de interdisciplinar, mas isso seria simplista demais, porque ele não quer reunir as disciplinas de uma maneira positivista tradicional para estudar a literatura a partir de diferentes ângulos estatísticos e estratégicos. Ao contrário, ele quer inventar um código e um método ideológico que irá incluir diferentes abordagens para que ele possa compreender as forças subjacentes que causaram lacunas na história e impediram nosso entendimento sobre a essência da criação literária. Ele busca explorar a inconsciência política, e é evidente que ele quer desenvolver muitas das noções inicialmente elaboradas por Roland Barthes em *O Grau Zero da Escritura* e em *Mitologias*. Para Jameson, a obra literária individual é um *ato simbólico* "que é compreendido como a resolução imaginária para a contradição real"[3]. Tal definição nos ajuda a entender as origens dos contos de fada literários para crianças e adultos porque ela imediatamente percebe o processo de escrita como parte do processo social, como um tipo de intervenção em um discurso, em um debate e um conflito contínuos sobre o poder e as relações sociais. Jameson não vê a ideologia como algo "que informa ou investe uma produção simbólica; mas o ato estético em si é ideológico, e a produção da forma estética ou narrativa deve ser vista como um ato ideológico por si mesmo, com a função de inventar 'soluções' imaginárias ou formais para contradições insolúveis"[4].

Certamente pode-se falar que cada conto de fada para crianças é um *ato simbólico* impregnado pelo ponto de vista ideológico do autor individual – e aqui é importante acrescentar que os contos de fada para crianças não podem ser separados dos contos de fada para adultos. O gênero se originou a partir de uma tradição de narração oral de histórias e foi criado e cultivado por adultos. Primeiro, os contos de fada se tornaram um gênero literário aceitável entre os adultos e só então se disseminaram em sua forma impressa entre as crianças no século XVIII. Quase todos os críticos que estudaram o surgimento dos contos de fada literários na Europa[5] concordam que escritores instruídos se apropriaram de propósito do folclore oral e o converteram em um tipo de discurso literário sobre costumes, valores e boas maneiras para que crianças e adultos se tornassem civilizados de acordo com o código social da época. No século XVIII, autores de contos de fada para crianças como Sarah Fielding e madame Leprince de Beaumont *agiam* de maneira ideológica ao apresentar suas convicções a respeito das condições e dos conflitos sociais, e *interagiam* na esfera pública entre si e com os escritores e contadores de histórias do folclore que vieram antes deles.

Essa interação já tinha começado na Itália durante o século XVI e levou a um discurso simbólico institucionalizado sobre o processo civilizador na França e que serviu como base para o gênero dos contos de fada. Por exemplo, para um escritor ser aceito na corte de Luís XIV e nos salões parisienses mais importantes da França no final do século XVII, era essencial que ele escrevesse contos literários a partir do modelo dos contos italianos. O conto oral floresceu por muito tempo em aldeias e quartos de crianças, em parte como discurso popular, em parte como discurso entre as governantas e as crianças das classes altas. Ele até chegou a ver a luz literária na *Bibliothèque bleue* distribuída por caixeiros viajantes para o consumo dos camponeses e das classes baixas[6]. No entanto, era menosprezado como forma literária pela aristocracia e pela burguesia até receber a aprovação da corte por meio de madame de Maintenon e de François Fénelon; isto é, até que pudesse ser codificado e usado para reforçar um modo discursivo aceitável sobre as convenções sociais vantajosas para os interesses da *intelligentsia* e o do Antigo Regime[7], que transformou em moda a exploração das ideias e da produtividade da burguesia. Há um paralelo interessante que poderíamos traçar com a instituição da *conversation* dessa época. Um modo elegante e contido de conversação foi desenvolvido na corte e nos salões que de maneira paradoxal surgiu de uma compulsão em respeitar as rígidas regras do decoro[8]. O orador era incentivado a ser contido e a audiência deveria ser espontânea na recepção das histórias e na troca de comentários. Quanto mais os contos populares podiam ser submetidos às regras da *conversation*, mais eles eram enfeitados e aceitos dentro do discurso dominante. Essa foi a origem sociogenética histórica dos contos de fada literários para crianças. Escrever contos de fada era uma escolha, uma opção exercida dentro de uma instituição, uma maneira de impor a *conversation* de alguém sobre o discurso estabelecido dos contos de fada.

Jameson é mais uma vez instrutivo em sua definição de gênero:

> Gêneros são essencialmente instituições literárias, ou contratos sociais entre o escritor e um determinado público cuja função é especificar o uso apropriado de um artefato cultural em particular. Os atos de fala da vida cotidiana também são marcados com indicações e sinais (entonação, gestos, entidades e pragmáticas contextuais) que garantem a sua recepção apropriada. Nas situações mediadas de uma vida social mais complicada – e a emergência da escrita muitas vezes foi vista como paradigmática de tais situações – sinais perceptíveis devem ser substituídos por convenções se o texto em questão não quiser ser abandonado a uma multiplicidade flutuante de usos (como *significados* devem ser descritos, de acordo com Wittgenstein). Ainda assim, conforme os textos se libertam cada vez mais de uma situação performática imediata, torna-se ainda mais difícil impor uma determinada regra genérica aos seus leitores. Nenhuma pequena parte da arte da escrita, na verdade, é assimilada por essa tentativa (impossível) de criar um mecanismo infalível para a exclusão automática de respostas indesejadas a um determinado enunciado literário.[9]

No caso dos contos de fada literários para crianças como gênero, parece-me infrutífero começar uma definição baseada no estudo morfológico de Vladimir Propp[10] ou na prática semiótica de Algirdas-Julien Greimas[11], como fizeram muitos críticos. Sem dúvida, Propp e Greimas são úteis para compreendermos as estruturas textuais e os signos dos contos, mas não fornecem nenhuma estrutura metodológica geral para situar e compreender a essência do gênero, a substância do ato simbólico quando ele toma forma para intervir no discurso literário institucionalizado da sociedade.

Isso se torna aparente quando lemos o ensaio extremamente informativo "Du Conte merveilleux comme genre" (Sobre o Conto Maravilhoso Como Gênero) de Marie-Louise Tenèze, que usa os trabalhos de Propp e Max Lüthi para compreender o cerne (*un noyau irréductible*) do que constitui a magia dos contos de fada[12].

Ela começa com a tese de Propp de que existe um número limitado de funções no conto maravilhoso popular com uma sucessão idêntica de acontecimentos. O herói perde algo e sai em busca de ajuda (intermediários) para alcançar a felicidade, muitas vezes o casamento. A estrutura de cada conto maravilhoso popular se encaixa nessa busca. Ela então combina as ideias de Propp e de Lüthi, que vê o herói de um conto maravilhoso popular como um andarilho encarregado de realizar uma tarefa. Como a resposta ou a solução dessa tarefa é conhecida de antemão, não existe acaso ou coincidência em um conto popular. Isso é responsável pelo estilo preciso e concreto de todos os contos, e sua composição é um detalhamento das maneiras pelas quais o herói dá passos para sobreviver e completar a sua missão. Segundo Tenèze, a rica variedade de contos populares vem da liberdade dada a cada narrador para alterar funções e tarefas dentro de um esquema fixo. Sua síntese de Propp e Lüthi a leva a fazer a seguinte formulação:

> O conto maravilhoso popular se revela em sua essência como uma narrativa da situação do herói entre a "resposta" e a "questão", isto é, entre os meios obtidos e os meios empregados. Em outras palavras, é a relação entre o herói – a quem sempre é garantido, de maneira explícita ou implícita, uma *ajuda de antemão* – e a difícil situação na qual ele se encontra durante o curso da ação que eu proponho como sendo o critério constitutivo do gênero.[13]

Ao combinar as teses de Propp e Lüthi, Tenèze tenta elaborar uma abordagem estrutural que ressalta a dinâmica e a mutabilidade do conto, evitando as armadilhas dos modelos estáticos dos dois autores. Ela traça um paralelo interessante entre o ritual indígena norte-americano da puberdade descrito por Claude Lévi-Strauss em *Tristes Trópicos*[14], no qual adolescentes são abandonados em lugares selvagens para sobreviver e desenvolver uma sensação de poder, ao mesmo tempo que também se espera que eles tomem consciência do absurdo e do desespero que alguém pode experimentar ao abandonar a ordem social. Tenèze acredita que,

> assim como o herói real desta tradição, o herói do conto maravilhoso popular se aventura, sozinho e longe de seu ambiente

conhecido, pelas bordas perigosas de uma experiência excepcional capaz de supri-lo com uma "provisão pessoal de poder", sua inserção no mundo – e assim, existe uma solução mágica para a experiência absurda e desesperadora de abandonar a ordem social que é encenada no universo da ficção. O conto popular não seria uma resposta ao questionamento opressivo da realidade?[15]

Assim como Propp e Lüthi, Tenèze prefere a abordagem estrutural para explicar a essência do conto maravilhoso popular. Em outras palavras, é por meio da estrutura ou da composição do conto que podemos ter uma compreensão sobre o seu significado ou enunciado, o que ele está tentando comunicar. A dificuldade dessa abordagem, como Tenèze se dá conta, é que, se todos os contos populares têm essencialmente a mesma "morfologia" (apesar de as funções poderem variar), todos eles expressam a mesma coisa, um tipo de afirmação universal sobre a condição humana. A própria forma é o seu significado, e a historicidade do criador individual (ou criadores) e da sociedade desaparece. Tais abordagens formalistas a respeito dos contos populares e de fada são em grande parte responsáveis pelo motivo pelo qual temos a tendência de ver os contos como universais, atemporais e eternos. A tendência aqui é de homogeneizar os esforços criativos de maneira que as diferenças entre os atos humanos e sociais se tornem indefinidas.

Tenèze tem tanta consciência das falhas da abordagem estrutural que não se satisfaz com ela, por isso a segunda metade de seu ensaio sobre o gênero explora outros aspectos que podem nos ajudar a definir a sua essência, tais como as suas relações com os mitos e as lendas, e com o narrador e a comunidade. Em seu levantamento sobre a crítica que trata da estética da recepção, ela destaca a importância de narradores específicos e seus públicos, suas normas e valores, que precisam ser levados em consideração quando queremos compreender a essência do gênero, especialmente a importância de seu desenvolvimento. Isso leva Tenèze a concluir:

> Quando o imaginamos em suas formas culturais concretas, apesar da natureza do mundo que reconhecemos nele, o conto maravilhoso popular precisa estar inscrito na totalidade funcional do sistema de expressão da comunidade em questão. Até mais do que isso, ele precisa estar situado na vida dessa

comunidade. Esta é a pesquisa que precisa ser realizada agora nos estudos sobre os contos populares europeus.[16]

Apesar de ser extremamente difícil estudar as origens históricas e a importância social de um conto popular (a relação entre narrador e audiência), uma vez que não temos muitas informações sobre a contação de histórias nas tribos e sociedades primitivas, não é tão difícil definir o surgimento histórico dos contos de fada literários para crianças. Parece-me que qualquer definição deste gênero precisa partir da premissa de que o conto individual foi de fato um *ato simbólico* com a intenção de transformar um conto popular oral específico (e às vezes um conto literário muito conhecido) e concebido para rearranjar os motivos, as personagens, os temas, as funções e as configurações de tal maneira a atender as preocupações das classes instruídas e dominantes das sociedades do final do feudalismo e do início do capitalismo. O que Tenèze discute amplamente como sendo a estrutura dinâmica do conto popular é o que August Nitschke[17] avaliou em termos de autodinâmicas, heterodinâmicas e metamorfoses das tribos primitivas e das sociedades modernas. Nitschke defende que toda comunidade e sociedade na história pode ser caracterizada pela maneira como os seres humanos se organizavam e percebiam o tempo, e isso dá origem a uma atividade dominante (também chamada de linha de movimento). As perspectivas e as posições adotadas pelos membros da sociedade em relação à atividade dominante equivalem a uma configuração. A configuração define a natureza de uma ordem social, pois a organização temporal-corporal é criada em torno de uma atividade dominante que determina as atitudes das pessoas em relação ao trabalho, à educação, ao desenvolvimento social e à morte. Por isso, a configuração da sociedade é o padrão de organização e reorganização do comportamento social ligado a um modo socializado de percepção. No conto popular, a organização temporal-corporal reflete se há a percepção de que existem novas possibilidades de participação na ordem social ou se é preciso que aconteça um confronto quando as possibilidades de mudança não existem. É por isso que, a cada novo estágio de civilização, em cada nova era histórica, os símbolos e as configurações dos contos foram investidos de novos significados, transformados ou eliminados em reação às necessidades e aos conflitos das pessoas dentro da ordem social. A organização estética e a estrutura dos contos derivaram da maneira como o narrador ou os narradores perceberam a possibilidade de resolução dos conflitos e contradições sociais, ou sentiram que uma mudança era necessária.

Se analisamos o enorme conjunto de contos populares europeus do período feudal e do início do capitalismo, esses contos com os quais temos mais familiaridade e que foram registrados bem no início, que são o nosso legado, precisamos ter em mente que suas configurações e símbolos já estavam marcados por uma percepção sociopolítica e que eles entraram em um determinado discurso institucionalizado antes de serem transformados em contos literários para crianças das classes dominantes da Europa. Por exemplo, Heide Göttner-Abendroth demonstrou de maneira convincente em *Die Göttin und ihr Heros*[18] (As Deusas e Seus Heróis) que a visão de mundo e os motivos matriarcais dos contos populares originais passaram por sucessivos períodos de "patriarcalização". Isto é, quando os contos populares – originalmente marcados de alguma maneira pela mitologia matriarcal – circularam na Idade Média, eles foram transformados de diversas maneiras: a deusa se tornou uma bruxa, uma fada má ou uma madrasta; a princesa jovem e ativa foi transformada em um herói ativo; o casamento e os laços familiares matrilineares se transformaram em patrilineares; a essência dos símbolos, baseados em ritos matriarcais, foi esvaziada e reiniciada; e o padrão de ação que tinha a ver com o amadurecimento e a integração foi reformulado para enfatizar a dominação e a riqueza.

Como uma forma de arte pagã e não cristã, que variava de acordo com a condição natural ou a situação social a que se referia, o conto popular desenvolveu uma parcialidade para tudo o que fosse metálico e mineral e criou um mundo que era sólido e perene. Tal mundo tão definido e extremamente estruturado pode ser relacionado com as noções medievais de patriarcado, monarquia e absolutismo nos séculos XV, XVI e XVII. O mundo dos contos populares é em grande parte habitado por reis, rainhas, príncipes, princesas, soldados, camponeses, animais e criaturas sobrenaturais (bruxas, fadas, elfos, duendes, *goblins* e gigantes) – raramente por membros da burguesia ou da Igreja –, e não existem máquinas, sinais de industrialização, ou descrições elaboradas do comércio ou da vida nas cidades. Em outras palavras, são apresentadas as principais personagens e preocupações de uma sociedade monarquista, patriarcal e feudal, e o foco está na luta de classes e na luta pelo poder entre os próprios aristocratas, e entre os camponeses e a aristocracia. Portanto, o tema central de todos os contos populares desse período pré-capitalista em particular é: "a lei do mais forte"[19]. *Ele*, que tem o poder, pode exercer a *sua* vontade, corrigir erros, tornar-se nobre, acumular dinheiro e terras, e ganhar mulheres como prêmio e prestígio social. Tenèze tinha razão quando apontou o poder e a opressão como preocupações centrais dos contos populares, e é por isso que o povo, em grande parte os camponeses, ficava muito atraído pelos contos e se tornou o seu principal portador: os contos populares orais eram aqueles atos simbólicos que anunciavam suas aspirações e projetavam as possibilidades maravilhosas em uma variedade de maneiras imaginativas em que qualquer um poderia se tornar um cavaleiro com uma armadura brilhante ou uma adorável princesa. Os contos também representavam as cruéis realidades das políticas de poder sem disfarçar a violência e a brutalidade da vida cotidiana. A fome e o abandono de crianças, o estupro, a punição corporal, a exploração impiedosa – essas são algumas das condições que estão nas origens do conto popular, condições que eram tão insuportáveis que exigiam uma abstração simbólica[20].

Como Lüthi demonstrou[21], a maneira de retratar dos contos populares é direta, clara, paratática e unidimensional em sua perspectiva narrativa, e essa posição narrativa reflete as limitações da vida feudal na qual as alternativas para a situação de alguém eram extremamente limitadas. É assim que acontece nos contos populares. Apesar da transformação mágica, não existe nenhuma menção a outro mundo. Só se descreve um lado das personagens e das condições de vida. *Tudo está confinado a um reino sem morais,* no qual classe e poder determinam as relações de poder. Por isso, a mágica e o milagre servem para romper os limites feudais e representam de maneira metafórica os desejos conscientes e inconscientes das classes inferiores de tomar o poder. No processo, o poder assume uma qualidade moral. O fato de que as pessoas que são portadoras dos contos não buscam *explicitamente* uma revolução total das relações sociais não diminui o aspecto utópico do retrato *imaginativo* do conflito de classes. Seja qual for o final dos contos – e em grande parte, eles são finais felizes e "exemplares" que afirmam uma ordem feudal mais justa com elementos democratizantes –, o impulso e a crítica do "maravilhoso" estão enraizados em um desejo historicamente compreensível de superar a opressão e mudar a sociedade.

No século XVII, crianças de todas as classes sociais ouviam esses contos. Os camponeses não excluíam as crianças quando essas histórias eram contadas em volta do fogo, e as babás e governantas pertencentes às classes mais baixas contavam os mesmos contos para as crianças das classes mais altas. Além disso, pessoas de todas as classes sociais contavam todos os tipos de contos e os absorviam. "Popular" deve ser entendido como "inclusivo" e não como exclusivo. Os contos populares eram a base do que se tornaria o conto de fada literário para crianças. Mas antes que isso pudesse acontecer, era necessário determinar a forma e o modo como os contos seriam adaptados e usados para entreter e instruir as crianças. A adaptação do material popular, um ato de apropriação simbólica, foi a recodificação do material para que ele se tornasse adequado de acordo com os requisitos discursivos da corte francesa e dos salões da burguesia. Os primeiros autores de contos de fada tinham que demonstrar o valor social do gênero antes que os contos de fada literários pudessem ser impressos – tanto para adultos quanto para crianças. A moralidade e a ética de uma ordem civil cristã dominada por homens tinha que se tornar parte dos contos de fada literários. Esse era um pré-requisito, e foi com essa regra em mente, não importa se concordassem com ela ou não, que os primeiros autores franceses de contos de fada começaram a escrever – e a atuar simbolicamente.

Ao longo da Idade Média, as crianças foram gradualmente sendo vistas como um grupo etário separado dotado de um conjunto de características especiais, e foi considerado muito importante promover a causa da *civilité* com regras de pedagogização explícitas e implícitas para que as boas maneiras e as morais dos mais jovens refletissem o poder social, o prestígio e a hierarquia das classes dominantes. Por isso, tornou-se vital colocar em prática a socialização por meio dos contos de fada e a internalização dos valores e noções específicos de gênero. Devemos lembrar que os contos de fada para crianças surgiram em um período de absolutismo, quando a cultura francesa estava estabelecendo padrões de *civilité* para o restante da Europa. Assim, tomou-se muito cuidado para que o discurso sobre o processo civilizador por meio dos contos de fada fosse cultivado em benefício das crianças bem-educadas. Nesse sentido, os contos de fada para crianças não diferiram em nada do resto da literatura (fábulas, cartilhas, livros ilustrados, sermões, histórias didáticas etc.) que expressava um modelo de criança exemplar que era preciso ter em mente durante a leitura. Os contos de fada e a literatura infantil eram escritas com o objetivo de socializar as crianças para atender expectativas normativas definidas em casa e na esfera pública. Os padrões de comportamento eram codificados expressamente em livros sobre boas maneiras e civilidade. Isso significa que o ato simbólico individual de escrever um conto de fada expressava um certo nível de conscientização e consciência social que estavam relacionadas como o modo padrão de socialização naquele período.

Em sua discussão sobre as origens dos contos de fada literários para crianças na Europa, Denise Escarpit deixou claro que desde o começo o objetivo do conto era instruir e divertir; isto é, tornar as lições de moral e as restrições sociais mais palatáveis.

> Era um moralismo utilitário que ensinava como 'agir da maneira apropriada'; isto é, como se inserir na sociedade de maneira dócil, porém astuta, sem perturbar a sociedade e também sem criar problemas para si. Uma coisa é bastante clara: havia uma tríplice manipulação feita pelo autor – uma manipulação que servia a uma política cultural e pessoal, uma manipulação de um tipo social que representava uma certa imagem da sociedade, e uma manipulação moralizante que seguia o código do moralismo burguês do final do século XVII. Foi essa possibilidade de múltiplas manipulações que constituiu o poder do conto. Dependendo de como o conto era revestido/dissimulado, ele podia assumir diferentes formas que eram funções de imperativos sociais e culturais da época. E, da mesma maneira, de acordo com os imperativos sociais e culturais, o conto experimentava períodos favoráveis e desfavoráveis. É por isso que ele foi transformado em um conto erótico, um conto filosófico ou um conto moral e pedagógico. E foi esse último que se direcionou às crianças.[22]

Obviamente é perigoso enxergar os contos de fadas escritos para crianças de maneira exagerada em termos de manipulação. Se este fosse o seu papel ou a sua função principal, poderíamos falar sobre o gênero como se ele fosse uma conspiração. No entanto, como procurei demonstrar, os contos de fadas literários para crianças, quando começaram a se constituir como gênero, tornaram-se mais um discurso institucionalizado que tinha a manipulação como um de seus componentes. Esse *discurso* teve e continua a ter muitos níveis: os autores de contos de fada para crianças entraram em um diálogo sobre valores e boas maneiras com o conto popular, com os autores contemporâneos de contos de fada, com o código social dominante, com os leitores implícitos adultos e jovens, e com as audiências não diretamente relacionadas. A forma do discurso dos contos de fada, das configurações dentro dos contos, foi moldada e vinculada ao processo civilizador europeu que passou por transformações profundas nos séculos XVI, XVII e XVIII. A profundidade dos contos de fada literários para crianças, sua magia e seu apelo estão marcados por essas mudanças, pois esse é um dos marcos da nossa herança burguesa. Como tal, eles revolucionaram a instituição da literatura na época, ao mesmo tempo que cumpriram suas regras. Perrault viu isso como moderno, como construção histórica, história em construção por meio de atos simbólicos inovadores.

Escrever uma história social dos contos de fada literários para crianças em relação ao processo civilizador do Ocidente é uma tarefa imensa – e não é a intenção deste livro. No entanto, quero tentar oferecer um enquadramento para tal história social ao investigar os contornos do discurso dos contos de fada sobre a civilização. Meu foco nos capítulos iniciais está nos principais autores *clássicos* da Europa e da América desde o século XVII até o século XX, em especial Giovanni Francesco Straparola, Giambattista Basile, Charles Perrault, Jacob e Wilhelm Grimm, Hans Christian Andersen, George MacDonald, Oscar Wilde e L. Frank Baum. Esses escritores – e vale notar que são todos homens – são importantes porque ajudaram a desenvolver, expandir e reformar o discurso, e por isso foram premiados com o *status* de "clássicos" em nossa herança cultural. Os motivos para sua "classicidade" variam, pois seus atos simbólicos foram realizados ou para legitimar ou para criticar o curso dos processos civilizadores do Ocidente. Alguns até transformaram o discurso dos contos de fada para subvertê-los. A subversão por meio da inovação e da implicação simbólica está amplamente demonstrada nos três últimos capítulos, que tratam da luta pela dominação do discurso dos contos de fada durante os períodos Weimar e nazista na Alemanha, as tentativas pós-guerra, principalmente no Ocidente, para criar contos libertadores para as crianças, e os efeitos que os filmes da Disney tiveram sobre o discurso dos contos de fada.

Minha preocupação tem a ver principalmente com o discurso dos contos de fada como uma parte dinâmica do processo histórico civilizador, sendo que cada ato simbólico é visto como uma intervenção na socialização na esfera pública. Publicar um conto de fada é como um anúncio público simbólico, uma intervenção em nome de si mesmo, das crianças, da civilização. É uma afirmação histórica. A história é concebida aqui não como uma cronologia, mas como uma ausência e uma ruptura – em busca de um texto. O ato simbólico de escrever um conto de fada, ou de produzir um conto de fada para o teatro ou para o cinema, é problematizado pelos questionamentos que ligam os contos de fada à sociedade e ao nosso inconsciente político. Como e por que certos autores tentaram influenciar crianças ou as imagens que os adultos fazem das crianças por meio dos contos de fada? Como esses autores reagiram ao discurso estabelecido dos contos de fada e intervieram para alterá-lo de acordo com as suas necessidades e tendências sociais? Meu próprio texto crítico é uma tentativa de fazer com que a *causa ausente* da história fale por si mesma, e busquei explicitamente uma compreensão política sobre a nossa noção de classicismo e de contos de fada clássicos, os processos de seleção, eliminação e reconhecimento. Os contos de fada que viemos a reverenciar como clássicos não são atemporais, universais e belos por si mesmos, e não são a melhor terapia do mundo para as crianças. Eles são prescrições históricas, internalizadas, potentes e explosivas, e ao mistificá-los nós reconhecemos o poder que eles têm em nossas vidas.

2 As Origens dos Contos de Fada na Itália

Straparola e Basile

Apesar dos escritores franceses da década de 1690, tais como Marie-Catherine d'Aulnoy, Charles Perrault, Catherine Bernard, Marie-Jeanne L'Héritier, Henriette Julie de Murat, Charlotte-Rose de la Force, Jean de Mailly, Eustache Le Noble, entre outros, terem sido em grande parte responsáveis pelo estabelecimento dos contos de fada como um gênero literário na Europa, eles não eram tão originais quanto se imagina, e nem foram os inovadores do gênero. Na verdade, os escritores italianos Giovan Francesco Straparola e Giambattista Basile tiveram um papel bastante importante no surgimento dos contos de fada literários na Europa, e seus contos tiveram uma profunda influência sobre os franceses. Esse é um dos segredos mais bem guardados na história dos contos de fada, e é um segredo que vale a pena revelar porque demonstra como os contos de fada literários enquanto gênero estão intimamente ligados à disseminação do processo civilizador na Europa.

O surgimento dos contos de fada literários como uma forma narrativa curta está ligado a uma atividade literária que se desenvolveu em Florença durante o século XIV e que levou à produção de diversas coletâneas de *novelle* em italiano e latim sob a influência do *Decameron* (Decamerão, 1353) de Boccaccio. A *novella*, também chamada de conto, era uma narrativa curta que seguia os princípios de unidade de tempo e ação, e de um enredo narrativo claro. O foco estava nos acontecimentos surpreendentes da vida cotidiana, e as histórias (influenciadas por contos maravilhosos orais, contos de fada, *fabliaux*, romances de cavalaria, poesia épica e fábulas) tinham como objetivo divertir e instruir os leitores. Antes de Boccaccio escrever as suas histórias, a coletânea mais famosa tinha sido *Novellino*, escrita por um autor toscano anônimo no século XIII. Mas foi Boccaccio quem estabeleceu o modelo para todos os futuros escritores desse gênero, com sua narrativa-moldura e seu estilo sutil e sofisticado. Foi Boccaccio quem expandiu o alcance dos temas da *novella* e criou personagens inesquecíveis que levaram a inúmeras imitações feitas por escritores como Ser Giovanni Fiorentino, Giovanni Sercambi, Franco Sacchetti, Piovano Arlotto e Matteo Bandello, para citar alguns.

E sem dúvida foi por causa do exemplo de Boccaccio, do aumento da alfabetização e das publicações em Veneza, e o grande interesse pela *novella*, que Straparola veio a publicar a sua coletânea *Le piacevoli notti* (Noites Agradáveis, 1550 e 1553) em dois volumes. Straparola era uma figura fascinante, pois ele foi o primeiro escritor europeu a adaptar muitos contos da tradição oral, e criou cerca de quatorze contos de fadas em sua coletânea de 74 *novelle*. Ele também é uma figura misteriosa porque não sabemos quase nada a seu respeito. Straparola provavelmente nasceu por volta de 1480 em Carvaggio, mas não existem registros que confirmem qualquer fato sobre a sua vida, e até mesmo o seu sobrenome "Straparola", que quer dizer *o eloquente*, era um pseudônimo. Sobre o autor, só temos as informações do primeiro volume de *Noites Agradáveis*, que dizem que ele nasceu em Carvaggio e que era autor de outra obra, *Opera nova de Zoan Francesco Straparola da Caravazo* (Nova Obra de Zoan Francesco Straparola da Caravazo, 1508), publicada em Veneza. Além disso, também não temos certeza sobre a sua morte em 1557. É provável que ele tenha precisado se mudar para Veneza quando jovem, e fica evidente a partir de sua coletânea de *novelle*, chamada por ele de *favole*, que era muito instruído e morava em Veneza há algum tempo. Ele sabia latim e diversos dialetos italianos, e suas referências a outras obras e sua compreensão sobre as formas literárias indicam que tinha uma boa formação em humanidades. Seja lá quem Straparola tenha sido, seu *Noites Agradáveis* fez muito sucesso: foi reimpresso 25 vezes entre 1553 e 1613 e traduzido para o francês em 1560 e em 1580, e para o alemão em 1791. E também foi proibido pelo papa uma vez.

O fascínio de sua obra pode ser atribuído a diversos fatores: o uso de adivinhações eróticas e obscenas; o domínio do italiano culto usado pelos narradores na moldura narrativa; as introduções das histórias feitas em uma linguagem corrente e clara; a visão crítica sobre as lutas de poder na sociedade italiana e a falta de pregação moral; a inclusão de quatorze contos de fada fora do comum, e seu interesse por acontecimentos mágicos e imprevisíveis, pela duplicidade e pelo sobrenatural. Assim como Boccaccio, Straparola demonstrava irreverência em relação às autoridades e a moldura narrativa revela uma tensão política e uma visão um tanto irônica, se não pessimista, das possibilidades de haver uma vida após a morte feliz e harmoniosa.

Na abertura do livro que determina o modelo para todas as *favole*, Straparola descreve como Ottoviano Maria Sforza, o bispo eleito de Lodi (provavelmente o verdadeiro Sforza, que faleceu em 1540), é forçado a deixar Milão por causa de uma conspiração política contra ele. Ele leva consigo sua filha, Signora Lucretia, uma viúva, e como o marido dela morrera em 1523, podemos assumir que *Noites Agradáveis* acontece em algum momento entre 1523 e 1540. O bispo e sua filha primeiro fogem para Lodi, depois para Veneza e finalmente se estabelecem na ilha de Murano. Eles juntam um pequeno grupo de pessoas agradáveis em torno deles: dez mulheres graciosas, duas matronas e quatro cavalheiros instruídos e distintos. Como é época do carnaval, Lucretia propõe que o grupo se alterne contando histórias durante duas semanas antes da primavera, e por consequência, as histórias são contadas durante treze noites, em um total de 74 histórias.

Até uma certa medida, o grupo fictício da ilha de Murano pode ser visto como uma representação ideal de como as pessoas podem se relacionar entre si e fazer comentários de maneiras agradáveis e instrutivas sobre todos os tipos de experiências. As histórias criadas por Straparola são contos de fada literários, contos orais revisados, anedotas, histórias eróticas, histórias de bufões sobre a vida popular na Itália, anedotas didáticas, fábulas e contos baseados nas obras de escritores que o precederam, tais como Boccaccio, Franco Sacchetti, Ser Giovanni Fiorentino, Giovanni Sercambi, entre outros. Nos contos de fada, assim como na maioria das outras narrativas, Straparola foca no poder e no dinheiro. Sem a sorte (magia, fadas, milagres), o herói não consegue realizar suas missões, e sem saber como usar o poder da magia ou sem tirar vantagem de acontecimentos ou presentes fortuitos, ele não pode ser bem-sucedido. Embora as pessoas más sejam punidas, fica claro que os padrões de civilidade são determinados apenas por aquelas que estão no poder. Na verdade, a maioria dos padrões civis e das normas apropriadas raramente são respeitadas. Assim, em "Galeotto" (1550), um conto imitado por madame D'Aulnoy em "Le Prince Marcassin" (O Javali Selvagem, 1698) e por madame De Murat em "Le Roy porc" (O Rei Porco, 1699), um príncipe animal pode matar suas noivas à vontade, e em "Tebaldo", que pode ter influenciado o "Peau d'Âne" (Pele de Asno) de Perrault, um pai tenta dormir com sua filha. A maioria das histórias está centrada em protagonistas masculinos ativos que são "heroicos" principalmente porque sabem como explorar as oportunidades que lhe trazem riqueza, poder e dinheiro. Straparola começa grande parte de suas histórias em vilas ou aldeias na Itália e envia seus protagonistas para outros países e reinos e, claro, para a floresta ou para o mar. Seus protagonistas são aventureiros, e temos a sensação de que os contos de fada foram coletados em lugares distantes e não apenas na região de Veneza.

Se de fato Straparola passou a maior parte de sua vida em Veneza – e não temos como ter certeza disso –, não seria por acaso que as histórias que ele lê e ouve chegam a essa cidade portuária vindas de outras regiões da Europa e de outros países. Veneza era uma cidade florescente e rica no século XVI, e Straparola pode ter tido contato com estrangeiros de toda a Itália, demais países da Europa e do Oriente. Ou ouviu falar sobre eles. Essas informações reais formaram a base das *fiable* (contos de fada) em sua coletânea, que foi muito disseminada pela Europa. Mas sua importância para o desenvolvimento dos contos de fada literários na Europa em geral foi ignorada. Claro que ele não provocou o desenvolvimento sozinho, mas existem sinais claros de que suas histórias circularam pela Europa e tiveram uma influência considerável entre os autores instruídos: Basile, que mais tarde passaria um tempo em Veneza, aparentemente conhecia o livro, e é óbvio que madame D'Aulnoy, madame De Murat, Charles Perrault, Eustache Le Noble e Jean de Mailly conheciam alguma versão de suas histórias, e por meio deles as histórias se espalharam pela Alemanha e acabaram por influenciar os irmãos Grimm, que escreveram sobre Straparola e Basile[1]. Em resumo, Straparola ajudou a iniciar o gênero dos contos de fada na Europa, e embora seja enganoso falar em uma história diacrônica dos contos de fada literários com uma reação em cadeia que começa com Straparola, leva a Basile e depois aos autores franceses da década de 1690, culminando na obra dos irmãos Grimm, gostaria de sugerir que eles foram uma moldura teórica na qual os parâmetros dos primeiros contos de fada literários foram estabelecidos, e dentro dessa moldura havia a institucionalização do que agora chamamos de personagens, *topoi*, motivos, metáforas e enredos dos contos de fada. Sua convenção permitiu que diversos escritores (e contadores de histórias da tradição oral) experimentassem e produzissem ao mesmo tempo contos de fada muito originais. Na Itália, a obra de Straparola foi especialmente inovadora porque o conto popular oral raramente havia sido adaptado como um conto de fada literário em língua vernácula. Ele escrevia em uma época em que o latim ainda era a língua impressa dominante, e usou o italiano da toscana e alguns dialetos para chamar a atenção de um público de leitores de classe média em crescimento. Além disso, sua visão sobre a corrupção e a imoralidade da época reflete uma preocupação de provocar mudanças na moral, nas maneiras e nos costumes. Na Itália desse período, não havia um processo civilizador padrão, apesar de existirem diversos livros sobre as maneiras na corte e a educação adequada da aristocracia, alguns com referências a principados específicos da Itália, e outros que tinham a ver com a sociedade europeia. Os franceses foram os pais de um processo civilizador mais geral e efetivo durante o século XVI. Mas o letramento na Itália, isto é, a importância de saber ler e escrever, era parte do processo, e a publicação, distribuição e leitura dos contos de fada de Straparola eram parte do nascente processo civilizador na Itália. Em especial, ele demonstrava como tanto os contos de fada orais quanto os literários podiam ser moldados de forma metafórica para tratar de questões delicadas relativas ao poder de príncipes tiranos, à justiça e a comportamentos adequados. De acordo com os hábitos de leitura da época, muitas de suas histórias devem ter sido lidas em voz alta, e ele próprio (com seu estranho nome associado à eloquência) deve ter sido um tipo de contador de histórias. Os escritores também eram contadores no século XVI, já que a separação entre os narradores orais e os literários nunca foi tão grande quanto imaginamos, e a familiaridade com o folclore de suas respectivas sociedades tinha um papel importante nas suas representações literárias dos contos de fada. A obra de Basile é um caso exemplar.

Sabemos muito sobre Basile, em comparação ao pouco que sabemos sobre Straparola. Nascido em uma pequena aldeia perto de Nápoles por volta de 1575, ele veio de uma família de classe média. Em 1603, deixou Nápoles e viajou para o Norte, e acabou se instalando em Veneza, onde ganhava a vida como soldado, e começou a escrever poesia. Em 1608, voltou para a região de Nápoles e ocupou diversos cargos como administrador e governador em diferentes principados e cortes, enquanto tentava seguir a carreira de poeta e escritor até sua morte em 1632. Apesar de ter se tornado muito conhecido pelos seus poemas, odes, éclogas e peças de teatro, escritos em italiano, e ter ajudado a organizar espetáculos na corte, hoje em dia sua fama é fruto de sua impressionante coletânea de cinquenta contos de fada escritos no dialeto napolitano, *Lo cunto de li cunti* (O Conto dos Contos, 1634-1636), também conhecido como *Pentamerone* (Pentamerão), publicado postumamente graças aos esforços de sua irmã Adriana, uma famosa cantora de ópera.

Não existem provas clara de que Basile tenha conhecido os contos de Straparola, mas é mais do que provável que ele os conhecia de alguma forma, especialmente porque passou três anos em Veneza, onde as histórias de Straparola foram publicadas e eram populares. Não importa o quanto Straparola possa ter sido importante para que Basile criasse seus contos de fada: ele era uma luz pálida em comparação à rica imaginação de Basile. Esse autor napolitano não apenas bebeu em abundantes fontes literárias e históricas para criar seus contos hilariantes, mas também conhecia o folclore de uma vasta região em torno de Nápoles e tinha familiaridade com os contos do Oriente, assim como Straparola. Seu domínio do dialeto napolitano era extraordinário, pois ele conseguia combinar uma forma barroca elevada do dialeto com expressões vulgares, metáforas, expressões idiomáticas e provérbios brilhantes, muitos dos quais ele mesmo criou. A moldura narrativa (seguindo Boccaccio, naturalmente) é fascinante por si só. Seu "conto dos contos" prepara o terreno para 49 histórias incríveis. Nesse conto-moldura, Zoza, a filha do rei Vallepelosa, não consegue rir, e seu pai está tão preocupado com a sua felicidade que convida pessoas de todos os lugares para tentar fazê-la rir. Ninguém tinha conseguido até que uma senhora, que tentava enxugar óleo na frente do palácio, tem sua azeiteira quebrada por um pajem malvado da corte. A discussão que se segue entre a senhora e o pajem, cada um dizendo nomes grosseiros e vulgares para o outro, é tão divertida que Zoza cai na gargalhada. No entanto, essa risada não deixa a senhora feliz, e ela amaldiçoa Zoza dizendo, "Fora daqui, e você nunca irá encontrar a mais pálida sombra de um marido a não ser que aceite o Príncipe de Camporotondo!"[2]. Para sua surpresa, Zoza descobre que esse príncipe chamado Tadeo foi enfeitiçado por uma bruxa má e está em uma tumba. Ele só poderá ser acordado e libertado pela mulher que encher com suas lágrimas o cântaro que está pendurado em uma parede próxima.

Em busca de ajuda, Zoza visita três fadas diferentes e recebe uma noz pecã, uma castanha e uma avelã como presentes. Ela então vai até o túmulo de Tadeo e chora no cântaro por dois dias. Quando o cântaro está quase cheio, ela cai no sono porque está muito cansada de tanto chorar. Enquanto ela dorme, uma escrava rouba o cântaro, enche-o, acorda Tadeo, e fica com os louros de o ter trazido de volta à vida. Por consequência, Tadeo se casa com ela e ela engravida.

Mas Zoza, cuja felicidade depende de Tadeo, não vai abrir mão do príncipe para uma escrava. Ela aluga uma casa diante do palácio de Tadeo e consegue atrair a sua atenção. Em resposta, a escrava ameaça bater no bebê se Tadeo passar qualquer tempo com Zoza, que agora usa outra tática para garantir o acesso ao palácio de Tadeo. Ela abre as castanhas em três situações diferentes. Uma delas contém um pequeno duende que canta; a outra contém doze galinhas feitas de ouro; e a terceira contém uma boneca que fia ouro. A escrava exige ter esses objetos fascinantes, e Tadeo manda buscá-los, oferecendo a Zoza o que ela quiser. Para sua surpresa, Zoza dá os objetos de presente. Mas o terceiro presente, a boneca, desperta na escrava um desejo incontrolável de ouvir histórias durante a gravidez, e ela ameaça Tadeo novamente: a menos que mulheres venham contar-lhe histórias, ela irá matar o bebê que ainda não nasceu. Tadeo então convida dez mulheres do povo conhecidas por suas contações de história. Elas passam o dia conversando e fofocando, e depois do jantar, cada uma delas conta uma história por cinco noites seguidas. Finalmente, no último dia, Zoza é convidada para contar a última história, e ela conta o que aconteceu com ela. A escrava tenta impedi-la, mas Tadeo insiste para que Zoza possa contar a história até o fim. Quando ele se dá conta de que a história de Zoza é verdadeira, Tadeo manda enterrar a escrava viva e casa com Zoza para dar ao conto dos contos um final "feliz".

Ao contrário das narrativas de Boccaccio e Straparola, os contos de Basile, que eram narrados durante banquetes com música, jogos e dança, são contos de fada por inteiro, aparentemente revisados a partir da tradição oral e contados por figuras das classes menos privilegiadas. Existem constantes referências locais a Nápoles e áreas adjacentes, e aos costumes sociais, intrigas políticas e conflitos familiares. Basile era um comentarista social perspicaz, que perdia as esperanças ao ver a corrupção nas cortes a que serviu, e que ficava obviamente tocado com os camponeses, suas surpreendentes brincadeiras, e sua necessidade e desejo por mudança e melhores condições de vida.

Assim como Straparola, Basile tinha preocupações com o poder, a civilidade e as mudanças, além de fascínio pela roda da fortuna ou por como a Dona Fortuna, muitas vezes apresentada na forma de uma *fata* (*fada*, ligada ao destino) misteriosa, interferia na vida das pessoas para oferecer a elas a oportunidade de avançar na sociedade ou de ter algum grau de felicidade. Evidente que ele também demonstrava como a Dona Fortuna podia acabar com as pessoas e causar destruição. E assim como Straparola, não era muito otimista em relação ao estabelecimento da igualdade social e de comunidades harmoniosas. O conflito reina nesses contos nos quais uma Cinderela geralmente recatada corta a cabeça de sua madrasta, e uma princesa discreta praticamente liquida um sedutor na batalha dos sexos. Mesmo assim, seus contos exalam alegria pela maneira como eles viram a linguagem do avesso e criam uma atmosfera carnavalesca[3]. Assim como a narrativa-moldura leva à exposição e à morte da sorrateira escrava, todas as narrativas buscam revelar a natureza contraditória segundo a qual os membros da sociedade fingem se comportar de acordo com padrões elevados, mas se rebaixam o quanto for necessário para alcançar a riqueza e a felicidade. Basile tem muito prazer em minimizar as diferenças entre camponeses grosseiros e aristocratas do alto escalão, e se seus contos tivessem sido escritos em italiano eles certamente teriam ido parar no Index de livros proibidos da Igreja.

Por incrível que pareça, os contos de Basile foram, na verdade, reimpressos diversas vezes durante o século XVII, apesar da dificuldade que as pessoas devem ter tido para ler o dialeto napolitano. E por meio das traduções para o italiano e depois para o francês, eles se tornaram bastante conhecidos na Itália e na França durante os séculos XVII e XVIII. Parece que madame L'Héritier conhecia muito bem os contos, e três dos que ela mesma escreveu – *L'Adroite princesse* (A Princesa Discreta), *Les Enchantements de l'éloquence* (Os Encantos da Eloquência) e *Ricdin-Ricdon* – foram muito influenciados por três histórias de Basile: *Sapia Liccarda*, *Le Tre fate* (As Três Fadas) e *Le Sette cotennine* (Os Sete Toucinhos). Na verdade, a influência italiana na França durante a década de 1690 era muito mais profunda do que os estudiosos suspeitavam. Pelo menos seis dos contos de fada de madame D'Aulnoy podem ser ligados às *fiabe* de Straparola; dois contos de madame De Murat devem muito a Straparola; e três contos de Mailly e dois de Le Noble imitam grandemente as obras de Straparola. Mesmo o *Histoire de deux soeurs jalouses de leur cadette* (História das Duas Irmãs Ciumentas de Seu Irmão Caçula) de Antoine Galland em *Les Milles et une nuit* (As Mil e uma Noites) parecem ter sido decalcadas do *Ancilotto* de Straparola. Finalmente, quase todos os contos de Perrault têm modelos nas coleções de Straparola e Basile, em especial *Le Maître chat* ou *Le Chat botté* (O Gato de Botas) e *Cendrillon* (Cinderela). A familiaridade com os contos italianos sem dúvida estava presente[4]. O que é mais significativo e fascinante é como, por volta de 1690, os escritores franceses começaram a se sentir atraídos pelos contos populares e pelos contos de fada, e criaram uma moda literária que duraria cerca de um século e institucionalizaria firmemente os contos de fada como um gênero literário por toda a Europa e a América do Norte.

Talvez eu devesse falar em escritoras francesas, ou, para ser ainda mais específico, em madame D'Aulnoy, pois elas transformaram praticamente sozinhas os contos italianos e orientais, assim como os contos orais, em contos de fada maravilhosos que eram comentários sérios sobre a vida na corte e as dificuldades culturais no final do século XVIII em Versailles e em Paris[5]. Assim como Straparola e Basile, os escritores franceses estavam profundamente preocupados com o processo civilizador em suas respectivas sociedades, com as lutas pelo poder entre os membros de sua própria classe e com as contradições entre as classes sociais. Em grande parte, os escritores franceses inseriram seus contos de fada em narrativas-moldura segundo o exemplo de Straparola e Basile para que seus contos se tornassem temas de conversa, que fossem recitados para informar os leitores de uma maneira agradável sobre as extraordinárias disputas que, na verdade, estavam inseridas na realidade de seu tempo. Muitos dos contos nasceram nos salões franceses nos quais os escritores franceses recontaram suas histórias. Quando os contos individuais franceses são comparados aos seus antecessores italianos, fica evidente que as mudanças e as transformações feitas pelos autores franceses foram determinadas por suas reações aos códigos sociais e morais franceses. Nesse aspecto, os contos franceses são intervenções nos debates sobre o papel da mulher, a natureza da *tendresse* e o exercício apropriado do poder e da justiça nas cortes francesas[6]. Além disso, eles refletem as guerras culturais da época, iniciadas por Nicolas Boileau e Perrault nas *Querelles des anciens et des modernes* (Querela dos Antigos e dos Modernos) que também incluíam grandes debates sobre o papel da mulher[7]. Seja de maneira consciente ou não, os escritores franceses modernizaram o folclore de sua época assim como o s contos italianos os influenciaram com uma visão que os fez comentar o processo civilizador enquanto ele acontecia na França. A esse respeito, abriram caminho para a modernização dos contos de fada na Europa, modernização essa que teria grandes ramificações na Alemanha, e mais tarde na Inglaterra e na América do Norte. Mas não devemos nos esquecer que o fato de os contos de fada franceses terem atingido tal *status* faz parte de um *continuum* histórico que teve seus primórdios na Itália.

Portanto, quando falamos sobre a influência dos italianos sobre os escritores franceses da década de 1690, não é preciso determinar e provar exatamente qual conto italiano específico um escritor francês conhecia, adaptou ou de qual se apropriou, embora essa informação seja útil. Ao contrário, é mais importante discutir como os escritores franceses aprenderam com os italianos a usar uma estratégia narrativa que permitiu que interferissem no processo civilizador e que publicassem e divulgassem visões subversivas que questionavam o poder dos grupos hegemônicos. Antes, no entanto, de explicar como Straparola e Basile se tornaram exemplos de intervenção no processo civilizador, quero dizer algumas palavras sobre o trabalho de Norbert Elias em relação a esse processo e ampliar as suas ideias com algumas noções emprestadas de Pierre Bourdieu.

Em seu trabalho pioneiro *Über den Prozeß der Zivilisation* (O Processo Civilizador), publicado inicialmente em 1939, mas que não teve impacto na Europa até ser redescoberto em 1977, Elias usou o Antigo Regime de Luís XIV como exemplo para desenvolver um modelo teórico que explica como as nações-Estado formam estruturas que produzem processos de longo prazo para manter o poder, a governança e a subsistência, e um dos processos mais importantes foi o processo civilizador que incorporou todos os grupos de pessoas em uma rede interdependente dominada por grupos hegemônicos que impunham normas, costumes, regras, etiqueta e códigos culturais. Elias defendia que existem quatro funções básicas que precisam ser atendidas para que as pessoas sobrevivam de maneira interdependente como sociedade ou Estado: 1. a função econômica, que permite o fornecimento de comida e outras necessidades básicas da vida; 2. a função de gerenciamento de conflitos, que estabelece o controle da violência dentro de um grupo e o controle da violência na relação entre diferentes grupos sobreviventes; 3. a função do conhecimento, que promove a dominação e a mediação para que o medo da natureza possa ser superado e a compreensão entre diferentes grupos possa ser negociada; 4. a função do processo civilizador, que exige a adaptação individual a um padrão social de autocontrole ou um processo civilizador baseado em ritos de iniciação, pressão dos pares, pressão do grupo, códigos sociais e legislação[8].

O surgimento do Estado, seja a cidade-Estado na Itália durante os séculos XV, XVI e XVII, ou mais tarde a nação-Estado da França no século XVII, dependia cada vez mais de modos e normas específicos de autocontrole que reforçavam o poder das classes dominantes. Essas mudanças no controle e no uso do poder levaram a alterações no processo civilizador que foram resultado de uma sintonia recíproca entre as necessidades e satisfações de funcionários, especialistas de todo tipo e de grupos dominantes para manter o poder entre si. Ao examinar como os grupos se formam em relação ao poder, Elias afirma que podemos compreender como a sociedade se desenvolveu e se modificou.

> Grupos humanos especializados voltados para a violência, a orientação, o acúmulo e o investimento de capital, e para a organização de outros grupos, acabaram conseguindo se estabelecer como controladores dos monopólios centrais do Estado e assim, sozinhos ou em parceria, realizar a função dirigente na sociedade. Conflitos de poder recorrentes dentro ou entre Estados, seja entre instituições que competiam entre si ou entre instituições e intrusos – em outras palavras, diversas formas de lutas de hegemonia e sobrevivência –, formaram um dos catalisadores mais fortes, senão o mais forte, no desenvolvimento das sociedades.[9]

Um dos aspectos do processo civilizador ignorados por Elias foi a formação e o conflito de gêneros que Pierre Bourdieu ilumina de maneira brilhante em seu livro *La Domination masculine* (A Dominação Masculina). Bourdieu defende que

> o mundo social constrói o corpo como realidade sexuada e como depositório de princípios de visão e de divisão sexualizantes. Esse programa social de percepção incorporada aplica-se a todas as coisas do mundo e, antes de tudo, ao *próprio corpo*, em sua realidade biológica: é ele que constrói a diferença entre os sexos biológicos, conformando-os aos princípios de uma visão mítica do mundo, enraizada na relação arbitrária de dominação dos homens sobre as mulheres, ela mesma inscrita, com a divisão do trabalho, na realidade da ordem social[10].

O processo de dominação masculina é, obviamente, muito mais antigo do que o processo civilizador e, portanto, inerente a ele. Isto é, seja lá quais forem os conflitos e as lutas de poder encenados no processo civilizador, eles têm a ver com a maneira como os homens reforçam a sua autoridade e a sua força, e a maneira como as mulheres confrontam e expõem o governo arbitrário dos homens. Para ser civil em qualquer sociedade, para ser considerada civilizada, uma pessoa precisa compreender e seguir os códigos sociais que não são criados por ela e que determinam, em grande parte, a sua identidade sexual e o seu *status* social.

Os contos de fada – e os contos populares orais também poderiam ser incluídos – sempre se preocuparam com os papéis sexuais, as classes sociais e o poder. Tanto Straparola quanto Basile foram observadores atentos de como o processo civilizador funcionava e estava sendo corroído nos diferentes principados italianos por meio de guerras, conflitos familiares e transformações nos negócios e no comércio nos séculos XVI e XVII. Aparentemente, ambos foram atraídos pelos contos de fada porque estes ofereciam um modo de escrever, uma estratégia narrativa e um discurso para lidar com as suas preocupações sobre a deformação do processo civilizador e a transmissão de normas de comportamento que tinham a ver com a gestão da violência e o autocontrole. Não é por acaso que Straparola estabelece sua moldura em torno de um poderoso duque que foge para salvar a própria vida e busca refúgio em Veneza. Não é por acaso que Basile estabelece sua moldura em torno do conflito entre duas mulheres em uma sociedade da corte (real) na qual o príncipe é um observador frágil e ingênuo de acontecimentos que ele não compreende completamente. E também não é por acaso que a maioria das histórias contadas na moldura de Straparola são ditas por senhoras elegantes, e na moldura de Basile elas são contadas por talentosas contadoras de histórias das classes sociais mais baixas. Nos dois casos, a perspectiva é a do sexo dominado, debaixo para cima, de um ponto de vista subversivo que expõe a escuridão das sociedades da corte e as maneiras absurdas e arbitrárias com que os homens usam o poder para colocar em prática o que consideravam ser os papéis de gênero e os códigos sociais apropriados ao seu processo civilizador. Ao analisar *Lo cunto de li cunti*, Michele Rak defende que

> a obra foi criada prevendo seu modo de utilização tendo em vista o passatempo (*intrattenimento*) e as práticas de conversação da corte com seus registros teatral, cômico e desviante dentro dos limites de uma situação social prevista no catálogo corrente dos costumes e boas maneiras. A obra é um dos elos barrocos na tradição europeia da narrativa em grupo que vem desde as vigílias medievais em torno do fogo até os contos de fada dos salões franceses do século XVII[11].

Essa tendência de refletir sobre e usar a conversão da corte e a contação de história dentro do processo civilizador também é muito aparente na obra de Straparola, mas como as condições para a formação e a institucionalização do gênero dos contos de fada ainda não estavam maduras na Itália, as obras de Straparola e Basile só se estabeleceram, por assim dizer, no final do século XVII na França.

Muitos dos escritores franceses da década de 1690, quando os contos de fada se tornaram institucionalizados como gênero na Europa, eram mulheres, que muitas vezes usavam molduras de conversação em suas coleções para contar suas histórias. Elas escreviam muito mais contos do que os homens, que em geral dispensavam o uso de molduras. Mas tanto os homens quanto as mulheres estavam muito comprometidos com os conflitos do processo civilizador da França centrados na corte do rei Luís XIV. Quase todos eles estavam de alguma forma ligados à corte. Como muitos deles conheciam o uso eficiente que Straparola e Basile tinham feito dos contos populares e dos contos de fada para criticar o chamado comportamento cortês, a imoralidade e a violência arbitrária sem sofrer censura do papa ou dos duques, eles se sentiram atraídos pelo gênero e escreveram de maneira subversiva para questionar as morais, os costumes, os hábitos e o uso do poder durante sua época.

Dadas as diferenças culturais e os momentos distintos em que os contos italianos e os franceses foram escritos, os contos refletem especificamente os processos civilizadores particulares de seus Estados. Mas eles têm uma coisa em comum: desnudam as contradições do processo civilizador, revelam como o poder funciona para aqueles que são oportunistas e bem posicionados, e propõem modos de autocontrole em consonância com o processo civilizador. Além disso, eles muitas vezes usam a ironia, o sarcasmo e a farsa para fazer piada sobre o abuso do poder e para indicar possibilidades de mudança. Certamente nem os escritores italianos nem os franceses eram radicais em seus tempos. Straparola provavelmente vinha da classe média educada e conhecia os costumes da corte, assim como Basile, enquanto os escritores franceses eram principalmente da aristocracia, com exceção de Perrault, que era da alta burguesia e estava mais próximo da corte do que ninguém. Mas todos eles estavam descontentes e questionavam os governos de seus tempos. Qual o melhor jeito de fazer isso sem ser punido do que por meio dos contos de fada? Mas quais eram exatamente suas estratégias?

Como precisaríamos de um livro inteiro para analisar todos os contos, quero citar alguns exemplos para sugerir como os italianos e os franceses cultivaram os contos populares e de fada para expressar seus sentimentos críticos em relação ao processo civilizador. Em especial, quero lidar com conjuntos discursivos de tipos de contos reconhecíveis, evidentemente comuns tanto na tradição oral quanto na literária nos períodos do final da Idade Média e no Renascimento. Eles se originavam nas tradições orais e circulavam no boca a boca e por meio de impressos para comunicar noções de autocontrole e comportamento necessários para a sobrevivência social. Como os contos de um determinado conjunto repetiam e modificavam motivos e personagens em tramas conhecidas, eles formavam discursos reconhecíveis que se tornaram relevantes para a socialização e para o processo civilizador.

O primeiro conjunto de contos tem a ver com um príncipe que nasceu como uma fera; o segundo com uma figura comum – um pescador, um bobo da corte –, que expõe as fragilidades de uma sociedade cortês; o terceiro conjunto tem a ver com uma jovem que se disfarça de cavaleiro para mudar uma corte; e o quarto conjunto é centrado em um gato astuto que mostra como as roupas fazem o homem e como os reis e seus seguidores são superficiais. Em todos esses contos, os escritores lidam com uma *falta* ou uma fraqueza na sociedade cortês que precisa ser preenchida ou corrigida por meio do comportamento apropriado. Existem, é claro, outras maneiras de interpretar esses contos, mas me parece que os escritores italianos e franceses estavam fazendo perguntas fundamentais sobre a *civilité* e o processo civilizador. Quais são as virtudes necessárias para que os membros da classe dominante realizem um reinado ideal? Que tipos de comportamentos um jovem ou uma jovem devem demonstrar para ascender na sociedade ou modificá-la para que exista um governo justo? Nos contos de fada, está explícita uma crítica à sociedade cortês à qual faltam gentileza, bondade, humildade, sabedoria, sensibilidade e justiça, qualidades necessárias para levar a causa da *civilité* adiante.

Straparola, D'Aulnoy e De Murat escreveram contos de fadas – "Galeotto, re d'Anglia, ha um figliulo", "Le Prince Marcassin" e "Le Roy porc", respectivamente – que descreviam os problemas causados por um príncipe feroz cujos modos grosseiros expõem a amoralidade e a brutalidade da corte. Mas a revelação dos problemas também permite que os autores proponham maneiras de civilizar o príncipe para que a corte se torne mais humana e moral. Os enredos dos três contos de fada podem ser resumidos facilmente: uma rainha desesperada e aparentemente infértil deseja ter um filho, não importa a forma que ele tenha. As fadas realizam seu desejo, e ela dá à luz um porco ou um javali. Quando o príncipe atinge a maturidade, ele quer se casar, e apesar do choque e do constrangimento da rainha, ela concorda e lhe apresenta possíveis noivas. No entanto, cada vez que ele se casa com uma, ele mata sua jovem noiva brutalmente quando esta não aceita os seus modos bestiais. Apenas a terceira noiva tem paciência e é humilde o suficiente para aguentar os seus modos brutos e desagradáveis. Assim, ele é salvo pelo comportamento virtuoso dela e se transforma em um lindo príncipe. Isto é, a humildade, a devoção e o autocontrole dela levam a essa transformação humana.

Existe uma longa tradição oral e literária de contos sobre noivos-fera que pode ser rastreada até o *Panchatantra* (300 a.C.), uma coletânea de fábulas e histórias indianas didáticas escritas em sânscrito, passando pelo *Asno de Ouro* (século II a.C.) de Apuleio, escrito em latim, e que refletiam sobre como homens podem ser humanizados ou civilizados para serem integrados a um grupo social. O valor do feminino era determinado por suas virtudes ou por como, a partir de seu comportamento, ela podia realizar a integração. O que é interessante no conto de Straparola é que, do ponto de vista masculino, a responsabilidade por essa transformação é colocada sobre as pobres jovens, que são obrigadas a provar que irão dar conta de suas maneiras grosseiras e brutas. Caso contrário, serão mortas, como de fato são. Apenas a terceira noiva, que consegue suportar o fedor e a sujeira do príncipe porco, é poupada e, por sua vez, ajuda a realizar a transformação do príncipe. Se existe algum padrão de civilidade no conto de Straparola, ele é determinado por um governo masculino arbitrário que só pode ser modificado com a autoabnegação de uma mulher. No "Le Prince Marcassin" de D'Aulnoy e no "Le Roy porc", de De Murat, duas narrativas longas e elaboradas, existe uma aparente mudança na ênfase, uma vez que as duas escritoras destacam o poder civilizador das fadas, que ajudam uma jovem a transformar um amante bruto em um amante carinhoso. O príncipe em forma de fera não tem permissão para matar ninguém. Ao invés disso, ele deve sofrer em silêncio com os comandos das fadas, que encarregam uma princesa da tarefa de humanizá-lo. Obviamente, as mulheres francesas não querem reconhecer o poder de Luís XIV ou da Igreja Católica, já que seus contos são seculares e as narrativas são criadas de modo a atender os sentimentos das mulheres da aristocracia. Embora as fadas sejam pouco arbitrárias, suas ações apoiam e constituem padrões de comportamento que diferem grandemente da amoralidade das cortes italianas e dos princípios reinantes em sua época. A violência e a violação são criticadas e obscurecidas nos contos de D'Aulnoy e De Murat, que falam claramente em nome das mulheres humilhadas com uma voz humilde e firme.

Em um outro grupo de contos que tem a ver com um pescador pobre, um tanto bobo e humilhado, e que deseja que uma princesa arrogante engravide, o efeito civilizador das fadas também é destacado tanto nos contos italianos quanto nos franceses. Nos contos – "Pietro Pazzo" de Straparola, "Peruonto" de Basile e "Le Dauphin" de madame D'Aulnoy –, o pescador é sempre um tolo abençoado com peixes ou fadas mágicos, e uma vez que se descobre que ele talvez tenha engravidado a princesa por meio da magia, o rei bane sua filha e o bobo de seu reino. Ele os coloca em um barril com um pouco de comida e os abandona no mar. Eles sobrevivem por milagre, atracam em uma ilha e a transformam em um reino magnífico. Mais tarde, o rei, arrependido de seus atos, chega na ilha por acaso e dá uma lição de civilidade em sua filha. No conto de Straparola, tanto Pietro quanto a princesa passam por uma transformação – ela tem apenas doze anos quando engravida e ele é um bobo. Graças ao peixe mágico, os dois se transformam em jovens maduros e bondosos, e todos aprendem a humildade. No conto de Basile, o simplório Peruonto é descrito em detalhes no começo:

> Uma digna mulher de Casoria chamada Ceccarella tinha um filho chamado Peruonto, que era o imbecil mais desgraçado, estúpido e terrível que a natureza já tinha produzido. É por isso que o coração da mulher tinha ficado mais escuro do que um pano cheio de poeira, e ela maldisse mais de mil vezes o dia em que seus joelhos se abriram para que aquele cérebro de passarinho passasse, que não valia nem o intestino de um cachorro. Mas não importa o quanto a infeliz mulher abrisse a boca e gritasse, o preguiçoso não dava a mínima e não faziam nem um simples favor a ela.[12]

Será por sorte ou *fortuna* que ele conseguirá mudar a sua vida: faz um favor para os três filhos de uma fada, que lhe concedem poderes mágicos, permitindo que ele consiga o que deseja. No entanto, o final do conto é muito mais irônico do que o de Straparola, pois Peruonto e sua esposa imploram pelo perdão do rei depois de maravilhá-lo com sua riqueza e grandiosidade. Nem Straparola nem Basile acreditavam que uma pessoa conseguiria uma posição elevada na corte por méritos próprios. É por meio da sorte e da *fortuna* que alguém se transforma e ganha poder para se proteger da violência da classe dominante. Em contraposição, D'Aulnoy e os autores franceses de contos de fada estabeleceram valores prescritos necessários para forjar a *civilité*, geralmente entre membros da classe dominante. Em "Le Daulphin", de D'Aulnoy, o protagonista Alidor é um príncipe com um bom coração, mas ele é tão feio que sente vergonha e abandona o reino do pai. Quando viaja para a corte do Rei da Floresta, ele se apaixona pela linda princesa Livorette, que o ridiculariza por causa de sua feiura. Felizmente, enquanto está pescando, ele pega um golfinho que lhe dá poderes mágicos depois que Alidor gentilmente o liberta. Logo após, Alidor corteja Livorette na forma de um canário, mas sem querer ele insulta uma fada má chamada Grognette, que deseja o sofrimento dele e de Livorette. Então, Grognette faz Livorette ficar grávida e, depois de dar à luz um menino, ela é banida junto a Alidor em sua forma humana em um barril no mar. No entanto, o golfinho os ajuda a estabelecer um reino utópico em uma ilha:

> os habitantes da ilha ofereciam a eles todos os prazeres possíveis. Os rios estavam cheios de peixes, suas florestas, de caça, seus pomares, de frutas, seus campos, de trigo, seus prados, de grama, seus poços, de ouro e prata. Não havia guerras ou processos judiciais. Era uma terra que abundava juventude, saúde, beleza, inteligência, livros, água pura e bom vinho, e onde as caixas de rapé eram infatigáveis! E Livorette estava tão apaixonada por Alidor quanto Alidor estava por Livorette.[13]

É nesse reino ideal, em contraposição ao reino real do rei Luís XIV, que Livorette faz as pazes com os pais, mais uma vez graças ao deus golfinho e às fadas, pois é apenas por meio do toque mágico feminino que os padrões da civilidade podem ser mantidos. Todos devem refrear seus sentimentos violentos e entender o que significa ser humilhado.

Em outro grupo de contos que tem a ver com princesas disfarçadas de cavaleiros, Straparola, Basile, D'Aulnoy e De Murat levantam questões que lidam com a reforma de uma corte doente e corrupta, ou que está sob ataque de forças bárbaras hostis à civilização. Em cada conto, uma jovem e valorosa princesa precisa se disfarçar de cavaleiro para representar seu pai, uma vez que este não tem herdeiros homens e está velho demais para ajudar o rei. (A propósito, existe uma clara influência dos cavaleiros arturianos nesses contos.) Quando chega na corte do rei, ela se envolve em intrigas e expõe a corrupção da corte. Seu comportamento nobre é tido como um exemplo de *civilité*, e seu casamento com o rei provoca a restauração de um governo justo. No "Constanza" de Straparola, a princesa disfarçada consegue capturar um sátiro que ameaça a corte, e por sua vez, o sátiro revela que a esposa do rei tem muitos amantes. Por consequência, o rei manda queimar a mulher e seus amantes em uma grande fogueira, e então se casa com Constanza. Em "Le tre corone", Basile altera um pouco a trama ao fazer com que uma princesa chamada Marchetta fuja de um casamento arranjado. Depois que ajuda uma ogra, ela recebe roupas de homem e um anel mágico. Um rei a encontra na floresta e a leva para o castelo no intuito de ser seu pajem. Infelizmente para Marchetta, a rainha se apaixona por ela, acreditando que fosse um jovem. Quando Marchetta recusa suas investidas, a rainha então exige que ela seja queimada. Felizmente, ela pode usar o anel mágico da ogra para revelar a verdade, e a rainha é jogada no mar. Em "Belle-Belle, ou Le Chevalier Fortuné" de D'Aulnoy, Belle-Belle conhece sete homens extraordinários que a ajudam a derrotar o inimigo do rei. Dessa vez é a irmã do rei que fica enraivecida com a falta de vontade de Fortunato de ter um caso com ela. Ela engana o seu irmão, o rei, e finge que Fortunato a atacou e exige que ele seja queimado na fogueira. No entanto, quando arrancam as roupas de Fortunato, os carrascos e as pessoas percebem que ele é uma mulher e não poderia ter atacado a irmã do rei. Ela então é salva e casa-se com o rei. O conto de Basile termina com uma moral irônica, "Deus atenderá/ Um navio em apuros". O conto de D'Aulnoy termina assim:

A mudança de Belle-Belle salvou sua alma inocente,
E abateu seu perseguidor real.
O céu protege os inocentes e cumpre seu papel
Ao derrotar o mau e recompensar a virtude com uma coroa.[14]

A virtude também tem seu papel em "Le Sauvage" de madame De Murat, baseado, ao que parece, tanto em contos de Straparola quanto de Basile. Aqui, uma princesa chamada Constantine foge de um casamento arranjado e acaba se casando com o rei da Sicília, graças a um selvagem que depois descobrimos ser um príncipe encantado.

Os contos de De Murat e D'Aulnoy são muito longos, intrincados e contêm discursos corteses sobre as maneiras apropriadas e as virtudes que tendem a exaltar o amor natural e gentil, as mulheres e as fadas como forças que promovem a harmonia e a reforma da corte. Por outro lado, Charles Perrault, o escritor de contos de fada mais famoso do período, sugere no conto do tipo "O Gato de Botas" que o processo civilizador às vezes pode ser falho e que as mulheres talvez não passassem de apêndices ao processo. Straparola escreveu a primeira versão literária conhecida, e em seu conto "Costantino Fortunato", descobre-se que o gato era uma fada que ajuda um camponês simplório enganado por um rei ganancioso que o fez trocar suas vestes rasgadas por vestimentas reais e se passar por um nobre rico. O tema "as roupas fazem o homem" é o mais óbvio nesse conto, e também é o tema central em "Cagliuso" de Basile. Assim como Straparola, Basile busca revelar o quanto a sociedade cortês é superficial e pretensiosa. No entanto, ele vai além: a sua gata mágica que ajuda o camponês rude Cagliuso a se tornar um rei é tão maltratada por ele que no final ela foge. Sem dúvida, Cagliuso se tornará tão corrupto e grosseiro quanto o seu sogro. Perrault modifica um pouco esse tema transformando o gato em um senhor, e é o gato, que representa a alta burguesia oportunista de Paris, que se torna o herói da história. É o astuto gato que resolve tudo, deixa o camponês mais refinado, mata um ogro e é recompensando com uma alta posição no final do conto. Está implícita aqui uma crítica à chamada *civilité* dos tempos de Luís XIV que diz não bastar ter as roupas, as maneiras e as pretensões corretas para ser bem-sucedido na corte, mas também é preciso matar e ser dúbio.

Como podemos ver, Straparola e Basile estabeleceram exemplos para os escritores franceses de contos de fada ao focar em conflitos violentos que exigiam algum autocontrole e firmeza de acordo com o processo civilizador de seu tempo. Suas perspectivas ideológicas e suas estratégias narrativas variavam de acordo com os problemas sociais e políticos retratados em seus contos. O mais importante é que os escritores franceses aparentemente se deram conta de que seus contos poderiam ser adaptados, preparados e usados para articular suas visões sobre a *civilité* no final do século XVII quando o reino de Luís XIV estava em crise. O vasto potencial dos contos de fada foi extraído e desenvolvido como um discurso metafórico e uma estratégia narrativa para comentar o processo civilizador francês, e como as formas de letramento na Europa tiveram grande influência nesse processo histórico em todas as classes sociais, então os contos de fada se estabeleceram como gênero. Eles não só ainda são utilizados como meios para civilizar crianças e adultos no século XXI, mas sua influência se expandiu para o rádio, o cinema, o teatro, a ópera e a internet para comunicar e debater noções de gênero, comportamento e controle da violência. Talvez as classes sociais, os meios de comunicação e de entretenimento, e o uso do poder, sejam muito diferentes no século XXI do que eram durante a Renascença, mas como demonstraram dois filmes recentes baseados em contos de fadas, *Shrek* (2002) e *Shrek 2* (2004), ainda existem governantes ricos que agem como celebridades, abusam dos pobres, fingem defender os princípios da *civilité*, e regozijam-se com seu abuso de poder e com a hipocrisia. Os tempos parecem ter mudado, mas graças à criação dos contos de fada por Straparola e Basile, ainda podemos nos valer de suas estratégias narrativas para ver o quão perigoso é pensar que vivemos em um mundo melhor e mais civilizado do que os reinos do passado.

3 Estabelecendo Padrões Para a Civilização Por Meio dos Contos de Fada

Charles Perrault e o Papel Subversivo das Escritoras

> *No caso daquelas culturas que eu chamei de "arcaicas" há, em contraste com a nossa própria cultura, uma consciência vigente muito maior de que só podemos sempre ser o que somos quando, ao mesmo tempo, nós somos o que não somos, que só podemos saber quem somos quando tivermos experimentado nossos limites e assim os ultrapassado, como Hegel diria.*
>
> *Isso não significa, no entanto, que devemos levar os nossos limites cada vez mais adiante em direção ao território selvagem, que devemos para sempre erradicar, cultivar e categorizar o que está "fora" de nós. Ao contrário, isso quer dizer que nós mesmos devemos nos tornar selvagens para não nos colocar à mercê de nossa selvageria, para assim ganharmos consciência de nós mesmos como domados, como criaturas culturais.*
>
> HANS PETER DUERR, *Traumzeit* (1978).

I

Publicadas em 1697, as *Histoires ou contes du temps passé* (Histórias do Tempo Antigo) de Charles Perrault surgiram em uma época em que acontecia uma grande mudança nas normas e nas maneiras sociais. Como nota Philippe Ariès:

Embora as condições demográficas não tenham mudado muito do século XIII ao XVII, embora a mortalidade infantil tenha se mantido em um nível muito elevado, uma nova sensibilidade atribuiu a esses seres frágeis e ameaçados uma particularidade que antes ninguém se importava em reconhecer: foi como se a consciência comum só então descobrisse que a alma da criança também era imortal. É certo que essa importância dada à personalidade da criança se ligava a uma cristianização mais profunda dos costumes.[1]

Assim, não é por acaso que Perrault e as escritoras da década de 1690 tenham criado seus contos de fada em grande parte para expressar as suas opiniões sobre os jovens e para prepará-los para os papéis que idealmente acreditavam que eles deveriam cumprir na sociedade. Como os contos de fada de Perrault e das escritoras dos salões foram criados em um momento da história em que cada vez mais escritores europeus começavam a criar explicitamente para crianças como entidades separadas, e quando os padrões para o desenvolvimento da literatura infantil moderna estavam começando a se estabelecer, suas obras devem ser vistas como parte de um fenômeno social maior. Na verdade, eles foram responsáveis por uma verdadeira enxurrada de contos de fada literários no século XVIII que iriam assumir uma forma mais definida na literatura infantil e nos *chapbooks*[2] do século XIX em toda Europa e América do Norte.

Com certeza, a maior parte dos contos ainda se dirigia aos adultos, mas havia uma enorme tendência nessas histórias de fada em oferecer modelos de comportamento para a criação e a educação de crianças das classes privilegiadas. Na verdade, os contos de fada literários diferem notavelmente de seus precursores, os contos populares orais e os contos literários italianos, pela maneira com que retratam as crianças e dirigem-se a elas como um público possivelmente distinto. Os contos de fada foram cultivados para garantir que os jovens fossem preparados adequadamente para as suas funções sociais. Muitos deles foram adaptados a partir dos contos italianos de Straparola e Basile, e dos contos orais de babás, governantas e criados das classes baixas. Todos eles foram cuidadosamente refinados para serem contados em salões e círculos da corte e, mais tarde, publicados para atender a um público mais amplo. De fato, na década de 1690 houve uma tremenda moda de escrever e divulgar contos de fada literários para adultos e jovens[3]. Quando Marie-Catherine d'Aulnoy incluiu o notável conto de fada distópico "L'Île de la félicité" em seu romance *Histoire d'Hipollyt, comte de Duglas* (História de Hipólito, Conde de Duglas, 1690), ela não sabia que estava prestes a criar uma tendência na França[4]. Em cinco anos, os contos de fada *literários* tornaram-se o assunto dos salões literários, ou o que tinha sido o assunto desses salões agora ganhava a forma impressa: depois de seus contos vieram *Oeuvres meslées* (Obras Mescladas, 1695) de Marie-Jeanne L'Héritier; *Inés de Cordoue* (1695) de madame Catherine Bernard, um romance que incluía *Les Enchantements de l'eloquence* (Os Encantamentos da Eloquência) e *Riquet à la houppe* (Riquet do Topete); *Les Contes des contes* (Os Contos dos Contos, 1797) de madame Charlotte-Rose Caumont de la Force; *Histoires ou contes du temps passé* (Histórias do Tempo Antigo, 1697) de Charles Perrault; *Les Contes de fées* em quatro volumes (Os Contos de Fada, 1697-98) de madame D'Aulnoy; *Les Illustres fées, contes galans* (As Ilustres Fadas, Contos Galantes, 1698) de Chevalier de Mailly; *Contes de fées* (Contos de fada, 1798) de madame Henriette Julie de Murat; *Histoire de Mélusine* (História de Melusine, 1698) de François Nodot; *Contes moins contes que les autres* (Contos Menos Contos do Que Outros, 1698) de Jean de Prechac; *La Comtesse de Mortane* (A Condessa de Mortane, 1699) de madame Durand; *Histoires sublimes et allégoriques* (Histórias Sublimes e Alegóricas, 1699) de madame De Murat; *Le Gage touché* (O Pacto Comprometido, 1700) de Eustache Le Noble; *La Tiranie des fées détruite* (A Tirania Destruída das Fadas, 1702) de madame Louise d'Auneuil; e *Les Petits soupers de l'année 1699* (Os Pequenos Jantares do Ano de 1699, 1702) de madame Durand.

Os escritores aristocráticos e burgueses não apenas estudaram e exploraram os tesouros do folclore francês, mas, como abordei nos capítulos anteriores, também fizeram empréstimos da tradição literária italiana, especialmente das obras de Giovan Francesco Straparola (*Noites Agradáveis*, 1550 e 1553) e de Gianbattista Basile (*Lo cunto de li cunti*, 1634-36), como começaram a traduzir contos de fada orientais, os quais tiveram uma enorme influência. Em 1704, Antoine Galland publicou parte das *Mille et une nuits* (As Mil e uma Noites), e em 1707, Petit de Lacroix editou uma coletânea de contos de fada persas com o título de *Mille et un jours* (Mil e um Dias). Existiam diversos escritores talentosos no século XVIII que fizeram engenhosas experiências com o gênero dos contos de fada ou que simplesmente imitaram o exemplo estabelecido por Perrault, D'Aulnoy, De Murat, L'Héritier e Prechac no final do século XVII[5]. Entre os autores mais originais e interessantes estavam Gabrielle-Suzanne de Villeneuve (*Contes marins ou la jeune*

Amériquaine (Contos Marinhos ou a Jovem Americana, 1740-43), Jacques Cazotte (*Mille et une fadaise, contes à dormer debout*, Mil e Uma Platitudes, Contos Para Dormir de Pé, 1742); Claude--Philippe de Caylus (*Le Prince Courtebotte et la Princesse Zibeline*, O Príncipe Courtebotte e a Princesa Zibeline, 1741-1743), Jeanne-Marie Leprince de Beaumont (*Magasin des enfans*, Revista das Crianças, 1757), e Charles Duclos (*Acajou et Ziphile*, 1762). Até mesmo Jean-Jacques Rousseau escreveu uma história chamada "La Reine fantastique" (A Rainha Fantástica), em 1758. A moda dos contos de fada culminou na notável coletânea de Charles-Joseph de Mayer com os mais importantes contos publicados nos séculos XVII e XVIII. Ele os imprimiu em 41 volumes como *Le Cabinet des fées ou collection choisie des contes des fées et autres contes merveilleux* (O Gabinete das Fadas ou Coleção Selecionada de Contos de Fada e Outros Contos Maravilhosos, 1785-1789).

O *boom* dos contos de fada diminui de maneira significativa com a Revolução Francesa, quando os interesses das classes baixas se tornaram mais evidentes, e o resultado foi uma mudança na perspectiva sociocultural. No entanto, os contos de fada literários franceses continuaram a exercer uma influência poderosa na Alemanha. Certamente a *Die Zauberflöte* (A Flauta Mágica, 1791) de Mozart emanou dessa tradição, e escritores como Christoph Martin Wieland, Johann Karl August Musäus, Johann Wolfgang von Goethe, Ludwig Tieck, Novalis, Clemens Brentano, Joseph von Eichendorff, Friedrich de la Motte Fouqué, Adelbert von Chamisso, E.T.A. Hoffmann e os Irmãos Grimm foram todos beneficiários da moda francesa de uma maneira ou de outra. Em geral, o surgimento dos contos de fada literários franceses no final do século XVII pode ser visto como a fonte do florescimento dos contos de fadas na Europa e na América no século XIX. Estou falando mais especificamente sobre a herança literária que a princípio era direcionada às classes altas e que aos poucos se espalhou entre os escalões sociais mais baixos, e aqui estou interessado nesses contos de fada conforme eles se tornaram cada vez mais direcionados às crianças para estabelecer padrões exemplares de comportamento no processo civilizador.

Na França, o desenvolvimento desses contos de fada que iriam formar o gênero para crianças educadas foi iniciado primeiro pelas senhoras aristocratas e instruídas e por alguns escritores homens como Perrault e Mailly, que forjaram um discurso sobre maneiras, leis e costumes por meio do novo gênero dos contos de fada. Havia duas tendências principais entre os autores franceses de contos de fada: ou eles olhavam para o gênero com seriedade e se aventuravam a incorporar na estrutura narrativa as ideias, as normas e os valores que consideravam dignos de imitação, tanto para os leitores crianças quanto para os adultos, ou eles parodiavam o gênero, especialmente no século XVIII, uma vez que o consideravam banal e associavam a magia e o milagroso às superstições das classes mais baixas que não deviam mesmo ser levadas a sério. Ambos os grupos de escritores demonstraram uma fineza notável e literalmente transformaram os contos coloquiais dos salões franceses e o conto popular comum em uma arte "sofisticada". É claro que alguém pode citar os autores que de fato trivializaram o gênero dos contos de fada ao imitar de maneira grosseira os escritores mais habilidosos, apenas para se tornarem um sucesso social ou, como dizemos hoje, um sucesso comercial. Seja qual fosse o propósito de escrever um conto de fada, todos os autores utilizavam o conto para se envolver em um discurso institucionalizado em curso sobre modos e maneiras nos séculos XVII e XVIII.

A própria contribuição de Perrault para o desenvolvimento dos contos de fada literários para crianças é fora do comum, visto que muitas vezes ele recebe os créditos de ter criado a moda, quando, na verdade, foram as talentosas escritoras que fundaram o gênero e desempenharam um papel muito mais dinâmico no estabelecimento dos contos de fada para subverter os gêneros mais clássicos. No entanto, Perrault, como membro da Académie Française, recebeu mais atenção na civilização ocidental por um conjunto de motivos, e dois deles têm a ver com o fato de que ele era um escritor homem com um nome estabelecido e um escritor mais refinado e aceitável do que as escritoras de contos de fada — e do que todos os outros homens. Embora ele não tenha sido tão inovador quanto as mulheres, seus contos tiveram uma influência muito maior a longo prazo: muitas vezes ele é visto como sendo responsável por moldar o folclore em uma forma literária mais sofisticada e por conferir um propósito sincero e moral de influência no comportamento de adultos e crianças com bom gosto. Ao mesmo tempo, ele estabeleceu padrões de comportamento rigorosos que tinham a intenção de regular e limitar a natureza do desenvolvimento infantil, e regular as relações sexuais e o comportamento social dos jovens adultos. Essa intenção de "civilizar" os leitores também é evidente nas obras de L'Héritier, D'Aulnoy, De la Force, De Murat, Leprince de Beaumont, entre outros: eles buscavam socializar seus leitores para inibi-los. No caso específico das escritoras, elas também buscavam subverter o código masculino e substituí-lo por um mais liberal e favorável às preferências das mulheres instruídas, que queriam mais poder para determinar suas vidas. É indiscutível que Perrault e as escritoras tinham planos nefastos e conspiravam para encher a cabeça das crianças com falsas ilusões ao escrever seus contos de fada. Por exemplo, apesar de sua atitude irônica em relação ao folclore e sua intenção dupla de escrever para crianças e adultos com fervor moral e charme, Perrault era muito sincero em suas intenções de aprimorar as mentes e as maneiras dos jovens. No prefácio de *Contes en vers* (Contos em Verso, 1695), ele defendeu que pessoas de bom gosto tinham reconhecido o valor substancial dos contos.

> Eles perceberam que essas trivialidades [os contos] não eram simples trivialidades, que elas continham uma moral útil, e que a narrativa lúdica em torno delas tinha sido escolhida apenas para permitir que as histórias penetrassem nas mentes de maneira mais agradável e de modo a instruir e divertir ao mesmo tempo.[6]

Perrault comparou seus contos com os de seus predecessores,

> que sempre tomaram cuidado para que seus contos contivessem uma moral louvável e instrutiva. A virtude é recompensada em todos os lugares, e o mal é sempre punido. Todos eles tendem a revelar as vantagens de ser honesto, paciente, prudente, diligente e obediente, e que o mal pode assolá-los caso não sejam assim. Às vezes, as fadas dão um presente a uma jovem que responde a elas com civilidade, e a cada palavra que diz, um diamante ou uma pérola sai de sua boca. E da boca da jovem que responde de forma brutal saem sapos ou rãs. Às vezes, há crianças que se tornam grandes lordes por terem obedecido ao seu pai ou à sua mãe, e outras que passam por experiências terríveis por terem sido más e desobedientes. Não importa

quão frívolas e bizarras essas fábulas sejam em suas aventuras, é certo que elas despertam nas crianças um desejo de se parecerem com aqueles que elas veem sendo felizes, e ao mesmo tempo despertam o medo das desgraças que recaem sobre as personagens más por causa de suas maldades. Não é louvável que pais e mães, quando seus filhos ainda não são capazes de apreciar verdades duras, despidas de todos os ornamentos, façam com que eles amem essas verdades, e, como acontece, façam com que eles as engulam, envelopando-as em narrativas charmosas que correspondem às fraquezas de sua idade? É incrível como almas avaramente inocentes cuja retidão natural ainda não foi corrompida recebem essas instruções disfarçadas.[7]

Esse argumento foi repetido na dedicatória da edição de 1697 de *Histórias do Tempo Antigo*[8]. Mais tarde, na dedicatória da tradução inglesa dos contos de Perrault de 1729, Robert Samber continuou a tradição didática ao ressaltar o seu valor educativo e moral:

No entanto, contestou-se que alguns deles eram muito baixos e infantis, especialmente o primeiro. Isso é muito verdadeiro, e nisso reside a sua excelência. Consequentemente, os que fizeram essa objeção parecem não entender muito bem o que disseram; deveriam ter pensado que eles são criados para crianças. E ainda assim o autor os elaborou de maneira tão engenhosa e virtuosa que eles cresceram de maneira inconsciente, gradualmente um após o outro, em força e beleza, tanto no que diz respeito à sua narração quanto à moral, e são contados com tanta ingenuidade e simplicidade inocente e natural que não apenas as crianças, mas também os mais maduros, encontrarão neles prazer e satisfação incomuns.[9]

Ao longo da história, os contos de Perrault e das escritoras tiveram um sucesso admirável em sua missão cultural: os contos de fada contemporâneos basearam-se tanto na estética como na ideologia dos contos de fada franceses dos séculos XVII e XVIII que se tornaram parte essencial de um processo civilizador generalizado no Ocidente. Existe uma ligação direta entre os contos de fadas de Perrault da sociedade das cortes e os contos de fada cinematográficos de Walt Disney da indústria cultural. Obviamente, muitas amostras da moda francesa dos contos de fada não sobreviveram ao teste do tempo e foram substituídas por equivalentes mais adequadas aos dias modernos. Mas, em grande parte, os escritores da moda francesa abriram o caminho para uma institucionalização social dos contos de fada e determinaram a maneira muito irrefletida e acrítica com que lemos e recebemos os contos de fada até os dias de hoje. O que valorizamos como nossa herança clássica dos contos de fada, no entanto, tem um lado "sombrio" sobre o qual eu gostaria de tratar em termos do processo civilizador ocidental moderno. Para adentrar nesse lado sombrio dos contos de fada em relação à sua função socializadora para as crianças, gostaria de explorar mais do que no primeiro capítulo as noções de civilização desenvolvidas por Norbert Elias em seu estudo *O Processo Civilizador* no que diz respeito a Perrault[10]. Quero então examinar os principais contos de Perrault e alguns dos criados pelas escritoras negligenciadas à luz de sua contribuição contraditória e subversiva para a educação das crianças por meio da literatura.

Minha maior preocupação está em analisar como os contos de fada operam de modo ideológico de maneira a doutrinar as crianças para que elas se conformem aos padrões sociais dominantes, que não são necessariamente estabelecidos em seu nome. Aqui, gostaria de deixar claro que a ideologia trazida pelos contos de fada "clássicos" desde o século XVII e seu impacto ideológico nas crianças é algo difícil de determinar de maneira científica. Devido às constantes mudanças nos contos clássicos, às variáveis socioliterárias em diferentes países, às diferenças nas traduções e à natureza relativa da recepção desde o século XVII, é preciso prestar muita atenção aos mecanismos sociopsicológicos por meio dos quais a ideologia exerce uma influência sobre os leitores de contos de fadas. Portanto, é recomendável expor/revelar padrões paradigmáticos, que podem corresponder a configurações sociais, para jogar luz sobre como a ideologia funciona. Como destaca Christian Zimmer,

> Travar uma luta contra a ideologia é travar uma luta contra um fantasma, pois a ideologia não tem corpo ou rosto. E também não tem origem ou base a partir da qual alguém poderia recriá-la para fornecer à batalha contra ela um objeto preciso e bem definido. A ideologia só se manifesta de forma fluida,

difusa, de polimorfismo permanente e age por meio da infiltração, da insinuação e da impregnação... A ideologia não tem uma linguagem real e nem especialmente uma de violência. Sua total falta de agressão, sua capacidade de se transformar em tudo, sua maleabilidade infinita, permite que ela assuma a máscara da inocência e da neutralidade. E acima de tudo, como disse, de se misturar à própria realidade. Finalmente, seu ardil supremo é delimitar um tipo de *secteur* preservado que era chamado de diversão [*divertissment*] e que foi extirpado da realidade por decreto – sempre *ameaçada* como tal pela subversão... (além disso, ela age em dois níveis: naquele do cotidiano e naquele do lapso do cotidiano, o sonho, o imaginário). O entretenimento é, assim, uma criação direta da ideologia. É sempre a alienação no poder. Divertir-se é desarmar-se.[11]

Em sua origem, os contos de fada literários para crianças foram criados tanto para distrair quanto para instruir ideologicamente, como meio de moldar a natureza interior dos jovens. Tal qual a ideologia da diversão que adota, os contos de fada clássicos de Perrault eram, e ainda são, considerados inofensivos e divertidos. Ainda assim, considerados como um dos elementos socializadores vitais da civilização ocidental, os contos de fada literários sempre foram um assunto de mais preocupação e debate do que tendemos a nos dar conta. Na verdade, a infância assumiu um estado de experiência mais distinto e precioso durante os séculos XIX e XX, as forças sociais que dominavam a educação verificavam e investigavam constantemente se os contos de fada "padrão" mantinham uma "ideologia inofensiva"; isto é, sempre se empregou uma investigação e uma censura discretas para garantir que os contos de fada fossem mais ou menos construídos para seguir o padrão clássico e para reforçar os códigos sociais dominantes em casa e na escola. É impossível e seria uma besteira falar sobre uma trama literária unidimensional formada pelos contos de fada clássicos e pelos guardiões conservadores da cultura. Mas é importante examinar os padrões complexos que emergiram historicamente no processo civilizador para determinar o quanto os contos de fada foram nocivos ou contraditórios com toda a sua verve utópica, apesar de terem desfrutado de um lugar especial em nossos corações.

II

O impressionante estudo sócio-histórico de Norbert Elias sobre o processo civilizador é mais útil para iluminar o sombrio lado socializador dos contos de fada clássicos, pois ele destaca as relações entre a evolução sociogenética da sociedade e a formação psicogenética dos seres humanos:

> Mesmo na sociedade civilizada, nenhum ser humano chega civilizado ao mundo e o processo civilizador individual que ele obrigatoriamente sofre é uma função do processo civilizador social. Por conseguinte, a estrutura dos sentimentos e consciência da criança guarda, sem dúvida, certa semelhança com a de pessoas "incivis". O mesmo se aplica ao estrato psicológico em adultos que, com o progresso da civilização, é submetido com maior e menor rigor a uma censura e, em consequência, encontra nos sonhos uma válvula de escape. Mas desde que, em nossa sociedade, todo ser humano está exposto desde o primeiro momento da vida à influência e à intervenção modeladora de adultos civilizados, ele deve de fato passar por um processo civilizador para atingir o padrão alcançado por sua sociedade no curso da história, mas não através das fases históricas individuais do processo civilizador social.[12]

Elias demonstra que a grande mudança sociopolítica a favor do absolutismo e da ortodoxia religiosa no final do século XVII determinou as atitudes ocidentais modernas em relação à civilização. As sociedades descentralizadas da Idade Média deram espaço para nações-Estado mais centralizadas e reguladas, e a principados que abandonaram noções frouxas de *courteoisie* (que logo seriam chamadas de bárbaras) em troca de noções mais rigorosas de *civilité*, em parte introduzidas e reforçadas pela burguesia, pelo menos na França e na Inglaterra.

É importante compreender a introdução cultural e política de grandes setores da burguesia na França se quisermos entender o papel de Perrault em "civilizar" os contos populares e alguns dos contos de fada literários italianos, e transformá-los em contos de fada literários para os adultos e as crianças das classes altas. A aristocracia francesa dos séculos XVI e XVII tinha a capacidade única de adotar e usar os melhores elementos das outras classes. A nobreza dava acesso aos seus círculos para um grupo seleto de pessoas confiáveis do terceiro estado, que foi expandido quando a necessidade aumentou para garantir o governo aristocrático na nação, e Perrault estava entre os afortunados membros da *alta burguesia* a serem honrados pela corte[13]. Ele era um servidor real civil do alto escalão, um dos primeiros membros da Académie Française, um polemista respeitado e uma figura importante nos salões literários. Além disso, endossava as guerras políticas expansionistas de Luís XIV e acreditava na elevada missão do regime absolutista francês de "civilizar" a Europa e o resto do mundo. Perrault apoiou o "destino manifesto" da França do século XVII não apenas como um representante público da corte, mas também de maneira privada em sua família, e ele também foi um dos primeiros autores de contos de fada que buscou "colonizar" explicitamente o desenvolvimento interno e externo de adultos e crianças em nome dos interesses mútuos de uma elite burguesa-aristocrática.

A interação entre a nobreza e a burguesia francesas deve ser estudada com cuidado para que se possa compreender a importação sociogenética dos contos de fada literários para as crianças na cultura ocidental. Elias torna essa conexão muito clara:

> Tanto a burguesia de corte como a aristocracia de corte falavam a mesma língua, liam os mesmos livros e tinham, com gradações particulares, as mesmas maneiras. E quando as disparidades sociais e econômicas explodiram o contexto institucional do *Ancien Régime*, quando a burguesia se tornou uma nação, muito do que originariamente fora caráter social específico e distintivo da aristocracia de corte e depois também dos grupos burgueses, de corte, tornou-se, em um movimento cada vez mais amplo, e sem dúvida com alguma modificação, caráter nacional. As convenções de estilo, as formas de intercâmbio social, o controle das emoções, a estima pela cortesia, a importância da boa fala e da conversa, a eloquência da linguagem e muito mais – tudo isso é inicialmente formado na França dentro da sociedade de corte, e depois, gradualmente, passa de caráter social para nacional.[14]

Quando Perrault começou a escrever os seus contos de fada, a grande crise do período da Reforma – que se manifestou drasticamente nas massivas caças às bruxas entre 1490 e 1650 – tinha sido temporariamente resolvida, e resultou em uma maior racionalização e regulação da vida social e espiritual. O processo civilizador coincidiu com um aumento do poder socioeconômico da burguesia, especialmente na França e na Inglaterra, tanto que as visões sociais, religiosas e políticas transformadas representavam uma combinação dos interesses da burguesia e da aristocracia. O *homme civilisé* era o antigo *homme courteois*, cujas maneiras polidas e o modo de falar foram alterados para incluir as qualidades burguesas de honestidade, diligência, responsabilidade e asceticismo. Para aumentar a sua influência e assumir mais controle político, a burguesia francesa foi confrontada com uma tarefa dupla: adaptar os modelos da corte de modo que permitissem um maior *laisser-faire* para a expansão e consolidação dos interesses burgueses, e apropriar-se dos costumes populares e dos componentes mais aplicados, virtuosos e rentáveis das classes mais baixas para fortalecer o poder econômico e cultural da burguesia. A esse respeito, a burguesia francesa era de fato uma classe média ou intermediária, apesar de seu objetivo principal ser o de se tornar autossuficiente e tornar os interesses nacionais idênticos aos seus.

A socialização literária era uma forma de disseminar valores e interesses, e de fortalecer, de maneira subliminar, a influência sobre o processo civilizador. Como a infância se tornou uma fase mais distinguível, como uma fase separada do crescimento, e era considerada como a base crucial para o futuro desenvolvimento da personalidade individual, agora dava-se uma atenção especial às maneiras, roupas, livros, brinquedos e à educação em geral das crianças. Nos séculos XVII e XVIII, surgiram diversos livros, panfletos e brochuras que lidavam com as maneiras à mesa, as funções naturais, a etiqueta no quarto, as relações sexuais e o modo correto de falar[15]. O exemplo mais clássico foi o *De civiltate morum puerilmun* (Sobre a Civilidade das Crianças, 1530) de Erasmo de Roterdã. Também foram importantes as obras de Giovani della Casa (*Galateo*, 1558), C. Calviac (*Civilité*, Civilidade, 1560), Antoine de Courtin (*Nouveau traité de civilité*, Novo Tratado de Civilidade, 1672), François de Callières (*De la Science du monde des connoissances utiles à la conduite de la vie*, Sobre a Ciência do Mundo e os Conhecimentos Úteis Para a Conduta da Vida, 1717), e La Salle (*Les Règles de la bienséance et de la civilité chrétienne*, As Regras da Benevolência e da Civilidade Cristã, 1729). Era impossível para um membro da classe aristocrática ou burguesa escapar da influência de tais manuais que se tornaram parte da educação informal e formal de todas as crianças das classes altas. Essas mesmas visões eram disseminadas entre os camponeses por meio dos panfletos baratos da *Bibliothèque bleue*. A coerção exercida pelos membros da alta sociedade para que as pessoas agissem de acordo com os *novos* preceitos de bom comportamento aumentou tanto que os códigos de vestimentas e maneiras se tornaram extremamente rigorosos e hierárquicos no final do século XVII. Apesar de não planejado, o objetivo racional de tal pressão social era colocar em prática a internalização das normas e morais sociais para que elas parecessem ser uma segunda natureza ou um hábito, o que Pierre Bourdieu descreveu como um *habitus* em seu importante livro *La Distinción* (A Distinção, 1978)[16]. Mas o autocontrole na verdade era um controle social, e era uma marca de distinção social não "deixar-se levar" ou "perder a razão" em público. Como Elias destacou, os sistemas de padronização e condicionamento social assumiram contornos bastante concretos com os controles em diversos níveis na metade do século XVII:

> Há um círculo na corte mais ou menos limitado que inicialmente cria os modelos apenas para atender às necessidades de sua própria situação social e em conformidade com a condição psicológica correspondente à mesma. Mas é evidente que a estrutura e o desenvolvimento da sociedade francesa como um todo fazem com que estratos cada vez mais amplos se mostrem desejosos, e mesmo sequiosos, de adotar os modelos desenvolvidos em uma classe mais alta: eles se difundem, também com grande lentidão, por toda a sociedade, e certamente não sem passarem nesse processo por algumas modificações.[17]

Conforme a sociedade francesa se tornou mais regulada e conforme foram feitos esforços para colocar em prática um estado hegemônico, as pressões para que as crianças se conformassem aos modelos se tornavam mais severas. Ao ater-se a padrões sociais rígidos que denunciavam as formas de comportamento sexual livre, as maneiras à mesa, as roupas e as funções corporais como "bárbaras" e "não civilizadas" — isto é, maneiras comumente aceitas pelas classes altas antes do século XVI — tornou-se importante cultivar o sentimento de vergonha e despertar a ansiedade nas crianças quando elas não se adequavam a uma maneira mais inibida de conduta social. A contenção e a renúncia à gratificação dos instintos eram parte de um código sociorreligioso que iluminava a maneira apropriada de moldar as ideias e os desejos humanos de modo que as crianças aprendessem de maneira dócil como servir à Igreja e ao Estado. Talvez uma das principais razões para o surgimento do "estado da infância" no final do século XVII tenha sido o surgimento de uma maior discrepância entre adultos e crianças conforme o processo civilizador se voltou de maneira mais instrumental para a dominação da natureza. Todo o período entre 1480 e 1650 pode ser visto como uma transição histórica na qual a Igreja Católica e o movimento reformador do protestantismo combinaram esforços, com o apoio das classes mercantis e industriais emergentes, para racionalizar a sociedade e literalmente exterminar os desvios sociais que eram associados ao demônio, tais como as bruxas, os lobisomens, os judeus e os ciganos. Em especial, as mulheres eram associadas aos instintos naturais potencialmente incontroláveis[18], e quando surgiu a imagem da criança inocente e ingênua suscetível às forças naturais selvagens, a necessidade de controlar e proteger as crianças se tornou ainda mais acentuada. O não conformismo e o desvio sociais deveriam ser punidos brutalmente em nome da civilidade e do cristianismo. Centenas de milhares de pessoas, segundo H.R. Trevor-Hoper[19], foram executadas por despertar medo e ansiedade, enquanto novos modelos de comportamento masculino e feminino eram criados para exaltar um modo de vida mais ascético. Os padrões de conduta, disciplina e punição[20], gerados em nome dos governantes cristãos absolutistas, ajudaram a criar divisões que deveriam operar a favor das classes emergentes da burguesia industrial e mercantil. Para tornar o gigantesco número de súditos de uma determinada nação-Estado ou principado maleável e subserviente, primeiro foram feitos testes entre os membros das classes altas que depois foram replicados nas classes mais baixas. Assim, usar o garfo e a faca como ferramentas instrumentais e dignificantes para comer, sentar-se ereto à mesa, usar formas hierárquicas de serviço, manter uma certa postura enquanto fala ou mover-se de uma maneira pré-determinada[21], reprimir as funções do corpo e usar um vestido especial que demonstrasse sua classe social eram medidas tomadas nos séculos XV e XVI que tinham como intenção transformar comportamentos prazerosos positivos, que anteriormente eram formalmente aceitos e vistos como inofensivos, em maneiras negativas que causavam desconforto, repulsa e aversão no século XVII.

Elias destaca: "Mas exatamente por causa desse aumento da proibição social de muitos impulsos, pela sua 'repressão' na superfície da vida social e na consciência do indivíduo, necessariamente aumenta a distância entre a estrutura da personalidade e o comportamento de adultos e crianças."[22] Em outras palavras, no final do século XVII, a infância passou a ser identificada como um estado de "inocência natural" e potencialmente corruptível, e a civilização de crianças – a doutrinação social por meio de efeitos provocadores de ansiedade e reforços positivos – operava em todos os níveis nas maneiras, fala, sexo, literatura e brincadeiras. Os instintos deveriam ser treinados e controlados por seu valor de uso sociopolítico. A criação supervisionada das crianças deveria levar ao *homme civilisé*.

Civilité é a palavra-chave que pode fornecer a resposta para compreender como os contos de Perrault e os das escritoras francesas assumiram um papel único e poderoso no processo civilizador francês. Além disso, eles incorporaram padrões de comportamento para crianças e adultos que são adotados em nosso próprio tempo e, na verdade, ainda são alvo de nosso interesse e preocupação. Vamos, portanto, nos debruçar sobre os contos em prosa de Perrault para compreender o que ele queria dizer com *civilité* e para questionar a presunção moral de civilização subjacente nos contos de fada clássicos.

III

Se observarmos os oito contos de fada em prosa em *Histórias do Tempo Antigo* como fontes de padrões e modelos de comportamento para crianças, eles podem ser divididos em dois grupos distintos baseados em gênero: "A Bela Adormecida", "Chapeuzinho Vermelho", "O Barba Azul", "As Fadas" e "Cinderela" são direcionados ao sexo feminino; "O Mestre Gato ou o Gato de Botas", "Riquet" e "O Pequeno Polegar" são direcionados ao sexo masculino. Ao focar nas qualidades exemplares que distinguem as heroínas dos heróis, podemos ver o cuidado com que Perrault teceu as noções de *civilité* na trama de seus contos.

Em "A Bela Adormecida", a princesa é agraciada pelas fadas com os seguintes "dons": a beleza, o temperamento de um anjo, a delicadeza, a habilidade de dançar perfeitamente, a voz de um rouxinol e a musicalidade. Em outras palavras, ela é criada para se tornar a perfeita senhora aristocrática. Além disso, espera-se que ela seja passiva e paciente durante cem anos até que um príncipe a resgate e a ressuscite. Sua *maneira* de falar era tal que ela encanta o príncipe, e eles se casam. Ela, então, precisa demonstrar ainda mais paciência quando a ogra leva embora seus filhos. Tal docilidade e abnegação são recompensadas no final quando o príncipe volta para acertar os acontecimentos. Perrault acrescentou então uma moral em versos, que é uma ode à paciência.

"Chapeuzinho Vermelho", o único conto de advertência do volume, que termina em uma nota infeliz, ainda assim oferece um modelo de comportamento para as meninas. Ao expressar os seus caprichos, Chapeuzinho acarreta a ruína da avó e a sua. Assim, pelo exemplo negativo, o leitor aprende como uma boa menina deve ser. Na verdade, a moral nos diz que meninas bonitas, bem-educadas e cordiais nunca devem falar com estranhos ou se deixarem levar. Caso contrário, elas serão violadas e engolidas por lobos. Em outras palavras, elas precisam exercer controle sobre seus desejos sexuais e naturais, ou sua própria sexualidade as devorará, na forma de um perigoso lobo.

Em "O Barba Azul", a mensagem é quase a mesma com exceção de que a esposa da Barba Azul é salva porque ela se dá conta de seu erro e faz suas orações. Aqui a heroína é bonita e bem-educada, mas curiosa demais. A moral novamente explica que é pecado que uma mulher seja curiosa e imaginativa, e que as mulheres devem exercer o autocontrole. Essa mensagem é suavizada por uma segunda moral, que insinua ironicamente que o relacionamento entre homens e mulheres mudou: os homens não são mais os monstros que costumavam ser, e as mulheres têm mais poder. Mesmo assim, o papel feminino é ditado por condições que exigem humildade e autodisciplina.

Em "As Fadas", uma filha é jogada contra a outra. A mais nova é bonita, gentil e doce, e trabalha duro na casa. Ela nunca reclama de nada. A outra é desagradável, arrogante e preguiçosa. A mais nova exibe as maneiras polidas e apropriadas ao ajudar uma senhora pobre do vilarejo, e por isso ganha um dom: a cada palavra que pronuncia, uma flor ou uma pedra preciosa cai de sua boca. Ela acaba sendo recompensada com um príncipe, enquanto a irmã é banida da casa e morre. A moral celebra a gentileza.

Cinderela é, assim como a filha em "As Fadas", uma dona de casa dedicada e modesta, que também tem suas opositoras negativas. No conto de fada que recebe seu nome, Cinderela é descrita como doce, gentil e diligente. Mais adiante, quando está vestida apropriadamente como uma espécie de rainha da moda, ela também é a mulher mais linda do mundo. Suas "excelentes" qualidades são reconhecidas pelo príncipe, que se casa com ela, e a moral valoriza a *bonne grâce* de Cinderela, a que é atribuída a sua vitória.

Os contos de fada de Perrault que "elevam" heroínas revelam que ele tinha uma visão especialmente limitada sobre as mulheres. Sua *femme civilisée* ideal da alta sociedade, a composição feminina, é bonita, educada, graciosa, dedicada e bem arrumada e sabe como se controlar o tempo todo. Se ela não passa no teste de obediência, é punida, como no caso da Chapeuzinho Vermelho, mas o destino dessa menina é excepcional e pertence a um gênero particular de contos de advertência, sobre o qual falarei com mais detalhes mais adiante. A tarefa com que o modelo feminino de Perrault foi confrontado é mostrar discrição e paciência; isto é, ela deve ser passiva até que o homem certo apareça, reconheça suas virtudes e se case com ela. Ela vive apenas por meio dos homens e para o casamento. O homem age, a mulher espera. Ela deve recobrir seus desejos instintivos com uma fala polida, maneiras corretas e roupas elegantes. Ela só tem a permissão para revelar o quanto pode ser submissa.

Ao comentar como Perrault retrata as mulheres em seus contos, Lilyane Mourey explica:

O conceito de "moralidade" assume aqui um valor muito particular misturado com a ironia e a sátira. Perrault defende a total submissão da mulher ao seu marido. O coquetismo feminino (que é privilégio apenas da classe dominante) o perturba e aborrece: poderia ser um sinal de independência feminina. Isso abriria caminho para a conquista amorosa, o que ameaça um dos valores fundamentais da sociedade – o casal, a família. Como vimos, as heroínas dos contos são muito bonitas, leais, dedicadas às tarefas domésticas, modestas e dóceis, e às vezes um pouco burras, na medida em que essa burrice para Perrault é quase uma qualidade nas mulheres. A inteligência poderia ser perigosa. Em sua cabeça, assim como na de muitos homens (e mulheres), a beleza é um atributo das mulheres, assim como a inteligência é um atributo dos homens.[23]

Claro que a disposição de Perrault era totalmente diferente nos contos de fada focados em protagonistas masculinos. Em "O Gato de Botas" o verdadeiro herói da história é o Gato, que precisa dos acessórios apropriados (um par de botas e um saco) para servir ao seu mestre. O Gato é o epítome do secretário burguês educado que serve ao seu mestre com total devoção e dedicação. Ele tem modos extremamente corretos e com os quais consegue impressionar o rei, e usa a sua inteligência para se livrar de um ogro e arranjar um casamento real para o seu mestre que nasceu numa classe inferior. Assim, ele pode terminar sua carreira tornando-se um *grand seigneur*. Perrault nos oferece aqui uma dupla moral: uma destaca a importância de possuir *industrie et savoir faire*, enquanto a outra exalta as virtudes das roupas, da aparência e da juventude para ganhar o coração de uma princesa.

Em "Riquet", aprendemos mais uma vez que a beleza e a modéstia não são tão importantes para os homens, e sim a inteligência e a ambição. O príncipe Riquet é feio e deformado, mas é muito inteligente e tem poder para conceder o mesmo grau de inteligência à pessoa que ele mais gosta. Como diz o conto, Riquet conhece uma princesa linda e burra que promete se casar com ele em um ano se ele conceder inteligência a ela. Depois que desfruta de sua inteligência por um ano, ela quer romper o noivado, mas os modos polidos e a habilidade de Riquet fazem com que ela acredite que agora tem o poder de torná-lo bonito. A mente vence a questão, e as duas morais curtas enfatizam a virtude do bom senso.

Certamente, o bom senso e a esperteza também têm um papel importante em "O Pequeno Polegar". Aqui, o minúsculo herói, o mais novo entre sete filhos, é descrito como gentil e inteligente. De todos os irmãos, ele é o mais prudente e o mais astuto. Por consequência, assume a liderança quando os irmãos são abandonados na floresta sem comida ou dinheiro. Ele engana um ogro e uma ogra, salva os irmãos e ganha uma fortuna porque é mais esperto que todo mundo. Apesar de seu tamanho – e a moral enfatiza isso – o Pequeno Polegar demonstra que é melhor ter cérebro do que músculos.

A composição do herói masculino dos contos de Perrault é completamente diferente da composição feminina. Nenhum dos heróis é particularmente bonito, mas todos eles têm mentes impressionantes, coragem e modos hábeis. Além disso, todos são ambiciosos e conseguem subir na escada social: o Gato se torna um *grand seigneur*; o príncipe conquista uma linda princesa para aumentar o seu prestígio social; e o Pequeno Polegar se torna um rico e respeitável membro da corte. Diferentemente dos contos de fada que têm a ver com as mulheres, nos quais o objetivo principal é o casamento, esses contos demonstram que o sucesso e as conquistais sociais são mais importantes do que conquistar uma esposa. Em outras palavras, as mulheres são acessórias ao destino das personagens masculinas, enquanto os homens dão propósito à vida das mulheres. Os heróis são ativos, vão atrás de seus objetivos usando sua inteligência, e demonstram um grande grau de civilidade. No mínimo, suas virtudes são um reflexo da burguesia da corte durante o reinado de Luís XIV, se não da própria personalidade de Perrault.

Ao examinar as principais características e comportamentos dos protagonistas masculinos e femininos de Perrault, podemos ver claramente que ele buscava retratar tipos ideais para reforçar os padrões do processo civilizador determinados pela alta sociedade francesa. Perrault não apenas influenciou suas tramas com padrões normativos de comportamento para descrever uma constelação social exemplar, mas também empregou uma maneira de falar aristocrática-burguesa específica para demonstrar a maneira apropriada de conversar com eloquência e civilidade. As convenções da polidez, das frases eloquentes e da racionalização eram empregadas para distinguir as personagens que faziam parte de uma classe social mais alta e tinham uma criação adequada. Além disso, Perrault usou descrições formais para demonstrar a natureza exemplar de seus protagonistas. Por exemplo, a transformação de Cinderela de uma "empregada ordinária" em uma "princesa virtuosa", realizada pela fada madrinha, era em parte um exercício de *design* de moda. Perrault queria mostrar o que as pessoas superiores deveriam vestir e como deviam se comportar. "Todas as mulheres prestaram muita atenção ao seu penteado e em suas roupas com a intenção de se parecer com ela no dia seguinte, desde que conseguissem encontrar materiais tão bonitos e costureiras tão talentosas quanto os dela."[24] Cinderela demonstra todas as graças esperadas de uma jovem refinada e aristocrática. Além disso, ela tem total controle sobre seus sentimentos e movimentos. Ela não humilha as irmãs e as trata com respeito. Sua compostura é a mais admirável, e quando chega a hora de partir, ela demonstra uma grande autodisciplina temperada com cortesia.

O estilo narrativo de Perrault está de acordo com a decoração, as personagens e as virtudes que ele descreve. Cada conto de fada exala um ar barroco polido com um raciocínio cartesiano[25]. Como estilista, Perrault cultivava um estilo simples, franco e gracioso, que incorporava as reviravoltas eloquentes do francês culto praticado nos círculos da sociedade da corte e da burguesia. Seu senso de humor irônico permitia que ele se distanciasse do mundo mágico e tirasse sarro de certos incidentes, especialmente nas morais em verso, e ainda assim defendesse o comportamento civilizado: ele levou essas histórias a sério como exemplos de literatura moderna em seu debate sobre *les Anciens et les Modernes* (os Antigos e os Modernos) com Nicolas Boileau. A esse respeito, ele também teve o cuidado de oferecer uma mistura de padrões burgueses-aristocráticos para demonstrar o quanto os contos de fada poderiam ser modernos para fins morais e ideológicos aceitáveis.

Mais do que se deu conta, Perrault foi responsável pelo "aburguesamento" literário dos contos populares orais[26], e abriu caminho para a fundação de uma literatura infantil que seria útil para introduzir maneiras às crianças de boa estirpe. Se examinarmos as origens dos oito contos em prosa de *Histórias do Tempo Antigo*, podemos encontrar as origens da maioria nos contos populares orais que circulavam na época de Perrault e nas obras literárias de Straparola, Basile e das escritoras francesas, que já tinham adaptado material popular. Em outras palavras, Perrault amalgamou os motivos populares e literários, e os moldou de maneira única para apresentar sua visão burguesa particular sobre as maneiras sociais. Ao fazer isso, Perrault mudou a perspectiva narrativa do gênero dos contos populares daquela dos camponeses para a da elite burguesa-aristocrática. Inicialmente, isso pode não ser visto como algo significativo, mas, visto em termos da socialização das crianças, teve consequências importantes na maneira como elas passaram a perceber a sua própria condição, sexualidade, papéis sociais, maneiras e política por meio dos contos de fada, e explica por que as famílias de classe média prontamente começaram a repetir e a ler os contos para seus filhos nos séculos XIX e XX. Como já vimos no caso dos heróis e das heroínas, a mudança de perspectiva narrativa não foi um mero refinamento de expressões e visões sociais incultas, mas uma transformação substancial na maneira como a sociedade ou a realidade eram retratadas. Em termos do gênero dos contos de fada literários para crianças, Perrault mudou radicalmente personagens, cenários e tramas populares conhecidos para corresponder a um processo civilizador que tinha como objetivo regular a natureza interna e externa das crianças. Como já foi demonstrado nas obras de Ariès e Elias, a educação das crianças foi cada vez mais desenhada para expressar prescrições e proibições, e Perrault moldou os contos para privar o "povo" de sua própria opinião sobre o assunto e ao mesmo tempo para estabelecer um código ou manual social que se esperava que os jovens seguissem. A medida da importância da mudança que Perrault fez na perspectiva narrativa para a socialização da criança pode ser identificada em cada conto. Vamos analisar os dois mais reveladores: "Chapeuzinho Vermelho" e "Cinderela".

Até a década de 1950, acreditava-se que Perrault não tinha usado os contos populares orais como base para a sua interpretação de "Chapeuzinho Vermelho". No entanto, os esforços de pesquisa de Paul Delarue, Marianne Rumpf e Marc Soriano[27] provaram de maneira conclusiva que Perrault devia conhecer um conto oral muito popular na França que diz mais ou menos o seguinte:

Uma pequena menina camponesa vai visitar sua avó levando pão fresquinho e manteiga. No caminho, ela encontra um lobisomem que pergunta para onde ela vai e qual caminho vai seguir, o das agulhas ou o dos alfinetes. Ele pega o caminho mais curto, chega na casa da avó, devora-a e coloca parte de sua carne em um recipiente e seu sangue em uma garrafa. Então a menina chega. O lobisomem se disfarça de avó e dá a ela a carne para comer e o sangue para beber. Um corvo a repreende por fazer isso. O lobisomem diz a ela para jogar todas as peças de roupa no fogo, pois não vai mais precisar delas. Ela vai para a cama e faz as perguntas rituais, a primeira delas tem a ver com o quão peludo é o corpo do lobisomem. Quando o lobisomem finalmente revela que pretende comê-la, ela responde agilmente que precisa ir lá fora fazer xixi. Ele diz a ela para fazer na cama. Ela insiste em sair. Então o lobisomem amarra uma corda em sua perna e a deixa sair para cuidar de suas funções naturais. No entanto, ela amarra a corda em volta de uma árvore e corre para casa. O lobiso-mem enganado corre atrás dela, mas não consegue alcançá-la.

Esse conto tem uma longa tradição francesa, provavelmente come-çou a ser contado no século XVII e é contado até os dias de hoje. Tornou-se conhecido no século XVII por causa de uma supers-tição popular com lobisomens[28]. O conto sobre a menina *sem* a capa vermelha ou um nome, e com um lobisomem, também era popular na região em que a família de Perrault vivera, e é muito provável que ele tenha sido influenciado por alguma versão do conto popular quando escreveu sua história literária única. Ele obviamente se sentiu impelido a fazer muitas mudanças dramá-ticas, e Paul Delarue defende que:

> Os elementos comuns que faltam na história literária são exa-tamente aqueles que teriam chocado a sociedade da época por sua crueldade (a carne e o sangue da avó provados pela neta), sua infantilidade (o caminho das agulhas, o caminho dos alfinetes), e sua indecência (a pergunta da menina sobre o corpo peludo da avó). E parece plausível que Perrault os tenha eliminado ao mesmo tempo que manteve um sabor e um frescor popular no conto, o que o transformou em uma obra de arte eterna.[29]

Apesar de não haver dúvidas de que Perrault se preocupou em não ofender o gosto da alta sociedade, é discutível se ele realmente manteve as características *populares*, pois corrompeu completa-mente a perspectiva e o sentido do conto de advertência.

Ao invés de realmente advertir as meninas contra os perigos dos predadores da floresta, o conto adverte as meninas contra seus próprios desejos naturais, que elas devem domar. A corajosa menina camponesa, que consegue se virar sozinha e demonstra qualidades de coragem e esperteza, é transformada em um tipo burguês delicado, indefeso, ingênuo e incriminável, se não burro. No conto popular, a menina demonstra uma atitude natural e relaxada em relação ao seu corpo e ao sexo, e enfrenta o desafio de um pretenso sedutor. No conto de fada literário de Perrault, Chapeuzinho Vermelho é castigada por ter inocentemente se inclinado em direção à natureza na forma do lobo e da floresta, e ela é *estuprada* ou punida porque é culpada por não ter controlado suas inclinações naturais.

A culpa nunca foi um problema no conto popular original. A menina, que encontra um lobisomem, bebe o sangue e come a carne da avó, encena um ritual de iniciação que tem dois aspectos: o padrão do ritual refletia uma tradição específica dos camponeses franceses e uma crença "arcaica" genérica. Naquelas regiões da França onde o conto era popular, ele estava relacionado com o aprendizado do bordado, pelo qual passavam as jovens camponesas, e que marcava a chegada da puberdade e a iniciação na sociedade[30]. A menina provava que era madura e forte o suficiente ao *substituir* a avó. Essa tradição específica está ligada à crença arcaica genérica sobre bruxas e lobos como figuras cruciais para o autoconhecimento. Hans Peter Duerr destaca:

> Na mentalidade arcaica, a cerca, a sebe, que separavam o reino selvagem daquele civilizado, não representava limites intransponíveis. Pelo contrário, de vez em quando essa cerca era até mesmo derrubada. As pessoas que queriam viver no espaço delimitado pelas cercas tinham *consciência* de que teriam de deixar esse isolamento pelo menos uma vez na vida. Elas precisavam ter vagado pela floresta como lobos ou "pessoas selvagens". Isto é, para colocar em termos mais modernos: elas precisavam experimentar o lado selvagem de si mesmas, sua *natureza animal*. Pois sua "natureza cultural" era apenas um lado do seu ser, ligado à sua *fylgia* pelo destino, e que se tornava visível para aquelas pessoas que iam além da cerca e abandonavam a si mesmas para a sua "segunda face".[31]

Ao enfrentar o lobisomem e temporariamente entregar-se a ele, a menina vê o lado animal de si mesma. Ela cruza a fronteira entre a civilização e o selvagem, e vai além da linha divisória para encarar a morte e então viver. Sua volta para casa é um avanço como uma pessoa completa. Ela é uma mulher, consciente de si, e pronta para se integrar à sociedade com *consciência*.

Tal ritual simbólico expresso no conto popular original sobre uma jovem forte deve ter confundido e irritado Perrault. Sua hostilidade contra a tradição popular pagã e o medo das mulheres apareciam em todos os seus contos. No caso de "Cinderela" devemos lembrar que diferentes versões orais populares emanavam de uma tradição matriarcal que retratava as dificuldades de uma jovem (ajudada por sua mãe morta atuando como a mantenedora da sociedade) em recuperar seu lugar e seus direitos na sociedade[32]. Depois que Cinderela é humilhada, forçada a vestir trapos e a realizar trabalhos pesados, ela não oferece a outra face, mas se rebela e luta para compensar suas desvantagens. (Por exemplo, no conto "Gata Cinderela" [1634] de Basile, que tem origem na tradição popular, a jovem protagonista não hesita em matar a madrasta e constranger o pai para conseguir o que quer.) Ao fazer isso, ela busca ajuda de maneira *ativa* e usa sua esperteza para atingir seus objetivos, que não é o casamento e sim o reconhecimento. Ela não está vestida de maneira barroca, e não calça um sapatinho de cristal que poderia quebrar facilmente. Ao invés disso, ela está vestida de uma maneira que revela sua verdadeira identidade. A recuperação do sapatinho de couro perdido e o casamento com o príncipe são simbolicamente uma afirmação de sua personalidade forte e independente. No conto de fada literário de Perrault, Cinderela é modificada para demonstrar o quanto ela é submissa e dedicada. Só porque ela é cuidadosa com suas maneiras, é salva por uma fada madrinha e um príncipe. Perrault ridiculariza a versão popular enquanto projeta outro modelo de passividade feminina, que deveria ser levado a sério pela audiência para a qual estava escrevendo.

Lilyane Mourey acertadamente destaca:

> As supressões, omissões ou adições que Perrault fez nos contos populares nos permitem concluir que ele não considerava que tinha a responsabilidade de recuperar a autenticidade desses contos. Aquelas histórias que considerou interessantes e divertidas se tornaram, acima de tudo, os lugares privilegiados em que o homem, o político e o acadêmico podia colocar em ação as suas ideias e fantasias de maneira divertida e, às vezes, caricatural. Pois esse é o tom que as morais assumem de vez em quando e que emerge de uma hora para a outra nos contos. Isso explica por que Perrault selecionou apenas um pequeno número de contos entre o conjunto do repertório popular. Ele manteve os que o "agradavam", os que o "atraíam" por infinitos e complexos motivos, pois ofereciam a ele a oportunidade de desenvolver (ou pelo menos de indicar) algumas de suas preocupações e alguns de seus sentimentos a respeito

da literatura, da política e da sociedade. Como as mulheres estavam no centro de suas reflexões, Perrault escolheu espontaneamente os contos que mostravam a situação da mulher. As "virtudes" ideais de uma mulher assim como Perrault as concebia – beleza, doçura, gentileza, obediência ao marido, dedicação à manutenção da casa, falta de atrevimento e lealdade – estão ligadas de maneira indissolúvel umas às outras e se reforçam entre si em contraste com o comportamento das mulheres que Perrault denuncia, mulheres da aristocracia e da *haute bourgeoisie* com quem ele teve contato como servidor público respeitável, acadêmico e *homme de cour*.[33]

IV

As visões sociais de Perrault sobre as maneiras e a moral nem sempre eram compartilhadas por outros autores franceses de contos de fada. Mas apesar da diferença de intenção e estilo, houve entre eles um acordo geral sobre a tendência ideológica e estética, e que é importante para o desenvolvimento dos contos de fada para crianças. Aqui, o fator crucial a ser considerado é o padrão social com o qual todos os escritores franceses concordavam: o conto de fada literário deveria ser usado como um veículo para discutir a educação e o comportamento apropriados, exemplificados por modelos tirados da prática na sociedade da corte e nos círculos burgueses, e dos escritos teóricos sobre condutas. Cada autor se distinguiu por sua contribuição refinada e original que fez para a discussão. A principal preocupação era a civilidade, e o discurso dos contos de fada refletia variações sobre esse tema e se tornou cada vez mais moralista conforme as crianças passaram a ser vistas como o público principal.

É quase impossível examinar as múltiplas maneiras como os outros importantes autores franceses de contos de fada, especialmente as mulheres, empregaram os contos de fada literários para estabelecer os padrões de civilização. Ainda assim, é possível comparar diferentes obras como representativas do modo geral nas quais os motivos tradicionais foram tratados para expressar as noções de comportamento das classes altas. Para tanto, quero escolher um tema importante que recebeu um tratamento quase uniforme até o presente para discutir os motivos pelos quais ele assumiu o que podemos chamar de forma "clássica" dos contos de fada. O tema foca na "bela e a fera", e os contos específicos que vou discutir nos permitirão ver as ligações próximas entre os fatores civilizadores psicogenéticos e sociogenéticos conforme eles foram sendo corporificados nas configurações simbólicas ao longo do desenvolvimento do discurso de contos de fada e deram origem à versão mais conhecida de "A Bela e a Fera". Analiso apenas os contos mais conhecidos: "Riquet" (1696) de Perrault; o "Riquet do Topete" de madame Bernard como foi contado em seu romance *Inés de Cordoue* (1696); "Le Mouton" (O Carneiro, 1697), La Grenouille bienfaisante" (O Sapo Benfeitor, 1697) e "Serpentin Vert" (A Cobra Verde, 1697) de madame D'Aulnoy; "A Bela e a Fera" (1740) de madame de Villeneuve; e "A Bela e a Fera" (1756) de madame Leprince de Beaumont.

A maioria dos críticos que analisou o ciclo da bela e da fera enfatizou os seus aspectos positivos, em especial aqueles que estudaram as suas implicações psicológicas. Por exemplo, Bruno Bettelheim afirmou que "A Bela e a Fera"

> antecipa em alguns séculos a visão freudiana de que o sexo precisa ser experienciado pela criança como algo repugnante enquanto seus desejos sexuais estiverem ligados aos pais, pois apenas por meio de tal atitude negativa em relação ao sexo, o tabu do incesto pode permanecer seguro, e com ele a estabilidade da família humana. Mas uma vez desligados do progenitor e direcionados a um parceiro de idade mais adequada, em seu desenvolvimento normal, os desejos sexuais não são mais vistos como bestiais – ao contrário, são vividos como algo belo.[34]

E Jacques Barchilon endossou a mesma tese em seu ensaio abrangente sobre o assunto:

> Não ter medo da besta é fazer com que ela desapareça. Isso significa abandonar as fantasias infantis, tornar-se uma mulher e aceitar uma realidade que é muito mais tangível e satisfatória do que os sonhos. A bela amadurece. Ela aceita a realidade sexual da besta como algo divertido. Portanto, ela se livra de seus tabus e medos infantis.[35]

Tudo isso soa muito convincente a partir de uma perspectiva pseudo-freudiana contemporânea. As análises, no entanto, não são históricas e são muito prontas. A abordagem pseudofreudiana da literatura sugere que as crianças nascem com medos, ansiedades e desejos básicos. Mas se examinarmos o desenvolvimento do indivíduo e da família em diferentes sociedades em relação ao processo civilizador, podemos ver que os ímpetos instintivos são condicionados, e em grande parte determinados, pela interação com o ambiente social. A sexualidade humana não foi estática, e, como Michel Foucault, Norbert Elias e Jos Van Ussel demonstraram sobre o desenvolvimento histórico da sexualidade[36], houve uma importante mudança nas atitudes europeias nos séculos XVI e XVII de modo que as manifestações explícitas do sexo e das funções corporais gradualmente se tornaram cada vez mais restritas. A restrição e a repulsa em relação a comportamento sexual franco substituíram a ampla aceitação das funções sexuais e corporais. Os papéis de homens e mulheres se tornaram mais definidos: os homens passaram a ser mais relacionados com a racionalidade, a temperança, a ação e a ordem soberana; e as mulheres passaram a ser mais identificadas com a irracionalidade, os caprichos, a passividade e ao desvio subversivo.

De um ponto de vista histórico-psicológico, um que pretenda encontrar as ligações entre os fatores psicogenéticos e os sociogenéticos, o conto de fada assume uma enorme importância, pois ele revela como as maneiras e os valores sociais foram induzidos em parte por meio da literatura e constituíam determinantes da criação de uma criança individual. Os contos da bela e da fera não eram e não são importantes para o processo civilizador porque permitiram e permitem que crianças e adultos superem conflitos físicos "naturais" e aceitem a sua sexualidade inata. Pelo contrário, eles foram e são importantes porque determinaram padrões para as condutas sexuais e sociais que estavam de acordo com as formas inibidoras de socialização que deviam ser internalizadas pelos leitores e ouvintes dos contos. Apesar de a perspectiva variar, o ponto de partida para o discurso sobre as maneiras por meio dos contos de fada afirma a visão absolutista cristã dominante em relação à regulação da natureza interior e exterior em favor da hegemonia masculina e do pensamento racional.

Se comparamos esses contos populares orais sobre um noivo animal, que se originaram nas sociedades matriarcais, com os contos de fada literários sobre a bela e a fera do final do século XVII, fica evidente que as transformações na representação das configurações sexuais e dos padrões culturais estavam ligadas a importantes mudanças no processo civilizador. Como Heide Göttner-Abendroth demonstra, o homem é,

> na maioria dos contos de fada com um noivo animal, uma fera selvagem e itinerante (lobo, urso, cavalo, corvo, cisne), e essa condição representa o fato de ele não ter uma casa e de não ser domesticado. Isto é, aos olhos da mulher matriarcal, que criou um ambiente cultivado para si mesma, ele nunca passou da condição de ser um animal predatório que perambula pela floresta. Ele ainda está coberto de pelo ou de penas, enquanto ela veste roupas humanas que ela mesma fez. A condição do homem como humano ainda não existe, ou é aquela da "morte", que é o significado do estado de "encantamento" como fera. A transformação em animal está ligada à morte e é a condição masculina, e é pior do que aquela da mulher porque significa a não iniciação em uma forma mais elevada de vida. Na verdade, o homem ainda não alcançou o nível cultural do humano (= mulher). Cabe à mulher lhe trazer a salvação ao fazer roupas humanas para ele e aceitá-lo em sua casa como um habitante domesticado.[37]

O padrão cultural simbólico do matriarcado, que indicava a mulher como a iniciadora da ação e da integração humana, passou por mudanças constantes ao longo dos séculos tanto na tradição oral quanto na literária. O resultado disso foi que, no final do século XVII, a mulher originalmente salvadora só poderia encontrar a sua "verdadeira" salvação ao se sacrificar para um homem na casa ou castelo dele, simbolicamente uma submissão ao domínio patriarcal.

Como o mais famoso e talvez o mais talentoso autor de contos de fada do final do século XVII, Perrault deu sequência ao ciclo patriarcal da bela e da fera de uma forma que seria emulada por muitos outros escritores de seu tempo. Apesar de não ter empregado um noivo animal em seu conto "Riquet", sabemos que ele baseou sua história parcialmente em "Eros e Psiquê", de Apuleio, do século II, e no conto "Re porco" ("Rei Porco"), de Straparola, do século XVI, para demonstrar a superioridade da inteligência masculina sobre a beleza feminina[38]. O que precisa ser destacado sobre o conto de Perrault é a sua insistência no fato de que a mulher não consegue se comportar de maneira cortês ou ser feliz sem o homem para moderá-la. Mesmo quando tem o poder da razão, ou melhor, especialmente quando tem o poder da razão, a mulher é perigosa. A princesa de Perrault quer quebrar a promessa que fez ao horrível Riquet porque se dá conta de que pode ganhar os favores de um homem mais bonito e que talvez a satisfaça mais. Assim, Riquet precisa exercer todos os poderes de sua razão superior para convencê-la racionalmente de que ela agora tem isso dentro da "discrição e das boas qualidades de sua alma e mente"[39] para vê-lo com uma luz mais agradável: a fera é a verdadeira nobreza. Em resumo, o conto de Perrault apresenta uma versão "civilizada" da domesticação da megera segundo a qual a mulher precisa aprender a negar as suas necessidades sexuais e a subordinar os seus desejos e vontades para agradar o homem razoável, que sabe o que é melhor para ela. Apesar de feio e deformado, ele enriquece a vida dela com disciplina espiritual e dignidade que de outro modo estariam ausentes.

Se analisarmos esse conto de fada em seu contexto histórico, então se torna evidente por que ele se encaixa no processo civilizador do ponto de vista sociológico e psicológico. Primeiro, as mulheres mais jovens dos círculos burgueses e aristocráticos eram constantemente forçadas a casamentos arranjados com homens mais velhos, que nem sempre eram fisicamente atraentes ou agradáveis. Em segundo lugar, no final do século XVII, as mulheres passaram a ser equiparadas a figuras que potencialmente se pareciam com bruxas, então o controle de seus supostos poderes sexuais de sedução estava ligado ao controle de forças diabólicas de acordo com a Igreja e o Estado[40]. Em terceiro lugar, a sexualidade livre tinha se tornado um assunto clandestino; isto é, deveria ser escondida e se tornar privada porque a Igreja tinha declarado que o sexo fora do casamento era pecado e algo repugnante. Como sabemos, uma criança bem-educada deveria aprender a temer o sexo e a achá-lo repulsivo. Finalmente, ao invés de projetar o medo feminino do sexo, o conto retrata o próprio medo que Perrault tinha das mulheres e talvez de seus próprios desejos sexuais, que ele disfarçou para que pudesse aceitá-los de uma maneira mais "civilizada". A partir de seus medos e desejos, ele moldou as configurações dos contos de fada para criar uma constelação estético-ideológica de domínio de homens moderados e confiáveis sobre a ingenuidade feminina caprichosa.

A projeção que Perrault fez da constelação "a bela e a fera" deve ser ligada às visões peculiares e duvidosas que ele tinha sobre a sexualidade e as condutas. No entanto, ele não era idiossincrático. Na verdade, suas opiniões eram compartilhadas por muitos de seus pares e, além disso, eram endossadas fervorosamente por muitas senhoras literárias, apesar de elas tenderem a questionar vários dos estereótipos de gênero que ele retratava. No ano imediatamente anterior à publicação do conto de Perrault, madame Bernard incluiu uma versão diferente de "Riquet de Topete" em seu romance *Inés de Cordoue*. Parente de Corneille e Fontenelle, e uma escritora respeitada, madame Bernard era muito conhecida e associada aos mesmos círculos que Perrault, e especula-se que ela o tenha influenciado. Isso, porém, é um tanto irrelevante, pois o tema já tinha se tornado um assunto do discurso social e cultural. La Fontaine publicou a sua versão da história clássica de "Psiquê e Eros" em 1669. Em 1670, Molière e Corneille usaram a história como base para um trágico balé em cinco atos que foi apresentado pela primeira vez na corte em 1670 e depois ao público em 1671. O importante é que tanto madame Bernard quanto Perrault empregaram a mesma constelação literária para participar de um discurso sobre condutas que se tornaria parte do legado dos contos de fada para crianças. Além disso, madame Bernard parece se identificar com a heroína oprimida e assim questiona as noções da hegemonia masculina[41].

Sua trama se difere da de Perrault de maneira única e fascinante. A história começa assim:

Um importante nobre de Granada, que possuía todas as riquezas a que tinha direito de berço, estava aflito com uma tragédia doméstica que envenenara toda a sua fortuna. Sua única filha, que nascera com todos os atributos que a beleza exige, era tão burra que a sua própria beleza só a tornava ainda mais desagradável. Suas ações não eram graciosas. Sua figura, apesar de esbelta, era pesada, pois faltava alma àquele corpo.[42]

A tarefa determinada pela narrativa tem a ver com a conquista de uma "alma" ou da "razão" para Mama, o nome dado à princesa.

Um dia, ela encontra uma criatura horrenda, Riquet do Topete, que é o rei dos gnomos. Como tem consciência das dificuldades dela, Riquet lhe oferece inteligência se ela se casar com ele depois de um ano. Ela obviamente aceita, sem saber que irá se apaixonar por um jovem chamado Arada. Depois de um ano, seu relacionamento com Arada faz com que ela não queira se casar com Riquet, que, apesar de sua aparência bestial, é um cavalheiro e lhe oferece uma escolha: ela pode voltar para o reino do pai, onde continuará a ser burra ou pode manter a inteligência que adquiriu e viver com ele em seu esplêndido reino subterrâneo como a rainha dos gnomos. Ela decide se casar com ele e a sua inteligência aumenta a ponto de ela facilmente conseguir levar seu caso com Arada adiante. Quando Riquet descobre isso, ele a pune fazendo com que ela fique inteligente durante o dia e burra à noite. Ela responde a isso continuando com seu caso à tarde. Finalmente, Riquet se vinga transformando Arada em seu gêmeo, e a rainha deve passar o resto da vida sem saber diferenciar o marido do amante. Na verdade, ela precisa aprender a aceitar a regra razoável da feiura.

Corneille Em muitos aspectos, madame Bernard trata a figura feminina de modo muito mais duro e severo que Perrault ao insistir nas formas apropriadas de civilizar os jovens. A princesa se torna astuta, desonesta e sexual assim que sua inteligência se equipara a sua beleza. É difícil domá-la. A superioridade de Riquet está no poder de sua mente em transformar as coisas. Ele a trata de maneira justa e age de maneira vingativa quando se torna evidente que sua esposa só poderá ser domesticada se for privada do livre-arbítrio. A mensagem que esse conto transmite afirma de maneira inequívoca que as mulheres devem ser colocadas sob constante vigilância, mesmo quando são agraciadas com a razão, para moderar seus apetites: elas são potencialmente destrutivas e podem ser prejudiciais à ordem civil. Mas o conto também pode ser lido como uma crítica à maneira como os homens puniam pesadamente as mulheres se elas se atrevessem a pensar ou a realizar os seus próprios desejos. Uma mulher forte era uma mulher perigosa para os homens, e Bernard reflete sobre o potencial das mulheres em aprender a usar a inteligência para conquistar os objetos de seus próprios desejos.

Madame D'Aulnoy discute esse tema em um de seus contos da bela e da fera intitulado "Le Mouton" (O Carneiro). Aqui,

Maraveilleuse, a filha mais nova de um rei, precisa fugir da corte onde está ameaçada de morte porque o rei erradamente pensa que ela é insolente. Perdida na floresta, ela encontra um carneiro falante, um príncipe que foi transformado em um animal pela fada má Ragotte. Ele dá asilo para Maraveilleuse de modo grandioso e civilizado. Aos poucos, ela aprende a amar o animal e pretende esperar cinco anos até o seu encantamento acabar e ele poder voltar à forma humana. No entanto, ela descobre que sua irmã vai se casar e quer ir à festa. O carneiro lhe dá permissão para visitar a sua terra natal, desde que ela prometa voltar. Se não, ele irá morrer. Ela dá a sua palavra e volta. Mas quando sua segunda irmã se casa, ela vai para casa de novo, e a alegre reconciliação com o pai faz com que ela esqueça do carneiro, que acaba morrendo por causa de sua negligência, e a morte dele causa a ela "a maior tristeza"[43] em seu momento mais feliz.

D'Aulnoy retrata tanto o poder negativo quanto o positivo da beleza. Quando dócil e obediente, ela pode ser benéfica para a nobreza masculina. Por outro lado, quando ela perde o controle sobre si mesma, a beleza pode destruir a tranquilidade doméstica e a dignidade masculina. A dama bem-educada nunca deve esquecer de sua função de autossacrifício e submissão em seu relacionamento com o senhor, não importa quão feio ele seja. No entanto, o que é interessante em todos os contos de D'Aulnoy é que o poder absoluto sobre homens e mulheres está com as fadas, e não com a Igreja ou com o Estado. E as fadas determinam o que significa a qualidade da beleza. É uma marca de distinção social quando uma linda dama está disposta a se entregar a um monstro para salvar outras pessoas, especialmente se ela é misericordiosa e sincera. Isso fica evidente no conto de fada de D'Aulnoy, "O Sapo Beneficente", no qual a princesa Moufette revela a sua obstinação por meio de sua prontidão para ser comida por um dragão. Claro que ela é salva por seu noivo, o príncipe Moufy, e o dragão também se revela um nobre, que demonstra modos finos quando sua casca bestial desparece.

A afirmação mais clássica de D'Aulnoy sobre o tema da bela e a fera está em "A Cobra Verde". Ela não apenas faz sua heroína Laidronette ler a história sobre "Psiquê e Eros" para aprender uma lição, mas costura magistralmente motivos de outros contos, como "A Bela Adormecida", para criar um modelo maravilhoso de prudência para as jovens. Laidronette vive muitas aventuras e aprende a lidar com a sua feiura e a superar a sua curiosidade imprudente. A boa fada Protectrice a recompensa pelo seu bom senso e comportamento de duas maneiras: primeiro, ela é transformada em uma linda mulher e recebe o nome de Rainha Discreta; depois, permite-se que ela se sacrifique para a Cobra Verde, que se transforma em um nobre príncipe; quem é salvo se transforma em salvador.

Todos os contos de D'Aulnoy oferecem lições de moral, e os que têm a ver com a bela e a fera reiteram a mensagem dos contos de Perrault. As mulheres precisam ser constantemente castigadas por sua curiosidade, por não serem confiáveis e por serem caprichosas. A verdadeira beleza depende da prudência e da discrição, que são retratadas de maneira figurativa pela heroína, que se sacrifica para um animal macho ou se submete a seus comandos e desejos porque ele tem uma alma nobre e maneiras civilizadas. A mensagem escondida em todos esses contos é uma máxima que as mulheres do tempo D'Aulnoy, incluindo ela mesma[44], tinham que obedecer senão enfrentavam a degradação e o ostracismo: controle suas inclinações naturais e submeta-se ao destino que os padrões sociais masculinos determinam. A civilidade significava aguentar a angústia da abnegação, pois os homens buscam racionalizar seu medo das mulheres, da sexualidade e da igualdade estabelecendo regulações que privavam as mulheres e outros grupos oprimidos da expressão e da independência. Existem muitos sinais subversivos nas obras de D'Aulnoy, tais como "Finette Cendron", "O Gato Branco" e "O Javali Selvagem", e também nos contos de De la Force ("A Boa Mulher" e "Persinette") e De Murat ("O Palácio da Vingança" e "O Rei Porco") que revelam como elas buscavam criticar o comportamento masculino arbitrário, mas, em grande parte, faziam concessões sob a grande pressão social. De fato, a triste condição do lado obscuro dos contos de fada clássicos é que as escritoras muitas vezes se sentiam obrigadas a dar mais expressão às necessidades e hegemonia masculinas do que às suas próprias.

Os dois exemplos mais clássicos dessa autoabnegação são os contos de fada intitulados "A Bela e a Fera" de madame de Villeneuve e madame Leprince de Beaumont, publicados respectivamente em 1740 e 1756. É importante notar que essas duas escritoras vieram depois de uma fase mais inovadora da criação de contos de fada por mulheres, e que elas tendiam a ser mais conservadoras e pedagógicas do que as escritoras anteriores. As tramas básicas desses contos da bela e da fera são as mesmas nas duas versões, ou seja, discursos didáticos sobre maneiras, morais e classes sociais. A linha narrativa geral retrata a sorte de um mercador muito rico cujos filhos (seis meninos e seis meninas na história de Villeneuve, e três meninos e três meninas na de Beaumont) se tornam mimados e arrogantes por causa do acúmulo de riquezas da família. Na verdade, com exceção de Bela, todas as crianças têm aspirações para além de sua classe. Consequentemente, essa família burguesa eminentemente *nouveau riche* precisa aprender uma lição. O mercador perde o seu dinheiro e o prestígio social, e as crianças são obrigadas a se ajustar ao trabalho duro em uma propriedade rural, que é a única que sobrou em nome da família. Os meninos são dedicados, mas as meninas ressentem o fato de que precisam realizar tarefas domésticas, não podem usar roupas chiques e ir a bailes. Elas continuam a ser soberbas, arrogantes e vaidosas. Apenas Bela, a mais nova, exibe tendências de modéstia e autossacrifício. Além disso, ela demonstra quão aplicada e bem-humorada pode ser em tempos tão duros. Quando o pai faz uma viagem para recuperar a fortuna da família e encontra-se em grande perigo de morte porque contrariou a fera (isto é, a nobreza), Bela, como modelo de humildade e obediência, salva o pai ao concordar em viver com o monstro. Mais tarde, impressionada com o tratamento civilizado e a natureza nobre da fera (as aparências são obviamente enganadoras; isto é, os homens aristocratas podem parecer feras, mas têm corações amáveis e maneiras gentis), ela desenvolve uma grande afeição por ele. Mas é só depois de visitar a família, e quase causar a morte da fera com sua longa ausência, que ela se dá conta de que o ama e quer se casar com ele. De repente, ele se transforma em um lindo príncipe e explica que estava condenado a permanecer sendo uma fera até que uma virgem linda e virtuosa concordasse em casar com ele. Como sempre, o casamento é a recompensa máxima para o comportamento de uma boa menina, enquanto o homem não apenas conquista a noiva, mas também recupera todos os seus direitos e propriedades como um soberano. Em outras palavras, sua virilidade é confirmada e não está mais ameaçada.

Em geral, a versão mais longa de madame de Villeneuve é ignorada ou considerada irrelevante quando comparada com a versão mais concisa de madame Leprince de Beaumont, que é a mais popular e muitas vezes considerada superior. Cada conto é, no entanto, fascinante a seu modo, e uma comparação entre os dois irá demonstrar como as duas autoras cultivaram de maneira consciente os seus contos para que participassem do discurso sobre o processo civilizador. De início é preciso destacar que madame Leprince de Beaumont escreveu seu conto de fada dezesseis anos depois do surgimento da versão de madame Villeneuve, e que ele foi reduzido de propósito e feito de maneira mais moralista para que pudesse servir melhor ao objetivo de aprimorar as maneiras dos jovens das classes altas quando foi publicado na sua *Magasin des enfans, ou dialogues entre une sage gouvernante et plusieurs de ses élèves* (Revista das Crianças, ou Diálogos Entre uma Governanta Sábia e Inúmeros de Seus Estudantes). Em 1758, apareceu uma tradução para o alemão, intitulada *Der Frau Maria le Prince de Beaumont Lehren der Tugend und Weisheit für die Jugend* (Os Ensinamentos de Virtude e Sabedoria da Senhora Maria Leprince de Beaumont Para os Jovens), e três anos mais tarde uma versão em inglês foi impressa na *The Young Misses Magazine* (Revista Para Jovens Moças). Desde então, tem servido como o principal modelo para as adaptações mais modernas da bela e da fera no mundo ocidental, incluindo o famoso filme em preto e branco de Jean Cocteau *La Belle et la Bête* (1946) e a animação ainda mais famosa dos Estúdios Disney *Beauty and the Beast* (1990) e todas as suas continuações.

Enquanto madame Leprince de Beaumont representava uma perspectiva social sobre a criação que era muito mais aberta à aliança entre a burguesia e a aristocracia (garantindo assim o seu futuro sucesso), madame de Villeneuve era mais rígida ao delinear o comportamento e as propriedades de classe. Seu conto, que passava de trezentas páginas em sua publicação original no *La Jeune américaine et les contes marins* (A Jovem Americana e os Contos Marinhos), era em grande parte direcionado aos adultos e continha descrições elaboradas da corte da fera e digressões psicológicas impressionantes na forma de sonhos. Também existem diversos pontos na trama e no conteúdo que divergem do conto de madame Leprince de Beaumont. As irmãs de Bela são descritas de maneira negativa como sendo preguiçosas, mesquinhas e ciumentas, mas elas não são punidas ou usadas como contrapontos exatos, porque se descobre que elas não vieram da mesma classe social. Fera não apenas pede que Bela se case com ele, mas que durma com ele. Ela se recusa, e a maneira discreta com que ele respeita os seus desejos causa uma boa impressão nela. Além disso, ele aparece para ela em sonhos e ganha o seu amor espiritual. Quando ela finalmente concorda em dormir com ele, não ocorre uma relação sexual, pois isso seria contrário ao decoro de sua posição social, que exigia a consagração do casamento. Também existe um importante anticlímax aqui. A Rainha Mãe da fera chega junto com a fada boa. A fera é transformada em um lindo príncipe, mas então sua mãe reclama da *mésalliance*[45], apesar de Bela ser a mais virtuosa. Acontece uma longa discussão entre a fada boa, a mãe, Bela e o príncipe sobre se a filha de um mercador, não importa o quão casta, cuidadosa, humilde e obediente ela fosse, teria valor suficiente para se tornar a esposa de um príncipe com sangue real. O problema acaba sendo resolvido quando a fada revela que Bela na verdade tem sangue nobre e foi entregue para ser criada pelo mercador para sua própria segurança. Revelada em toda a sua majestade, Bela agora oferece suas bênçãos aos membros de sua família adotiva burguesa (incluindo suas terríveis irmãs adotivas) e os recompensa com dinheiro, posição e cônjuges adequados.

A constelação é de alguma forma alterada no conto de madame Leprince de Beaumont. Na verdade, ela é mais rigorosa e exigente em uma escala moral e ética. Ela aprova a aliança entre a burguesia e a aristocracia, mas então exige uma obediência ainda maior ao código social dominante. E expressa suas visões por meio de fortes contrastes e descrições concisas dos comportamentos apropriados[46]. Bela é criada para se encaixar no modelo virtuoso burguês, e a Fera encarna todas as características polidas e dignas da nobreza. Aqui, ele não pede que Bela durma com ele, mas que seja sua esposa. Quando ela finalmente aceita, a linda fada apresenta o lindo príncipe a Bela da seguinte maneira: "Venha e receba a recompensa por sua boa decisão. Você preferiu a virtude à beleza e à esperteza, e merece encontrar essas qualidades em uma única pessoa. Você será uma grande rainha, e espero que o trono não destrua as suas qualidades virtuosas."[47] Em contraste, as irmãs dela são transformadas em estátuas e colocadas ao lado dos portões da propriedade do casal real para alertar conta os males da malícia e da inveja.

Os desvios sociais, assim como as irmãs, são punidos brutalmente, e até é possível interpretar a sorte do clã de mercadores como um teste para uma família burguesa que se arrisca a ultrapassar os limites das convenções. As expectativas racionais da perspectiva narrativa exigem uma internalização do padrão normativo racionalista-cristão de promover noções sociais de estética e virtudes que todas as crianças deveriam aceitar, especialmente as meninas. Madame Leprince de Beaumont trabalhou por quase vinte anos como governanta em Londres, onde dava aulas para meninas e escrevia de maneira prolífica sobre o tema das condutas. Além de "A Bela e a Fera", ela escreveu outros contos de fada como "Príncipe Espiritual", parecido com "Riquet do Topete", e numerosas histórias que pregavam a submissão feminina. Como Barchilon destaca:

> Essa submissão feminina sem dúvida exige uma explicação. Madame Leprince de Beaumont dirigia-se a um público de meninas pré-púberes e sempre tomou o cuidado de insistir na questão da submissão. Ela queria prepará-las para a "vida", isto é, para o casamento constituído de acordo com as convenções burguesas normalmente aceitas.

Existe um padrão cultural distinto que surge quando examinamos o tratamento do tema da bela e da fera desde Perrault e madame Bernard até madame Leprince de Beaumont, ou de 1696 a 1756. O que começou como um discurso de conto de fada sobre as maneiras com exemplos criados para adultos e crianças transformou-se em um sermão de conto de fada especialmente voltado para as crianças. Não existe mais espaço para um discurso crítico depois da versão de madame de Villeneuve para "A Bela e a Fera": uma constelação diferente se torna fixa como um conjunto clássico de regras e comportamentos para meninos e meninas recatados no conto de madame Leprince Beaumont. O bom senso e a racionalidade reinam no final. A marca da beleza para uma mulher devia ser encontrada em sua submissão, obediência, humildade, dedicação e paciência; a marca de masculinidade devia ser encontrada no autocontrole, polidez, bom senso e perseverança de um homem. Além disso, como as configurações foram desenvolvidas individualmente em cada conto da bela e da fera em relação ao processo civilizador, ficou claro que a personagem feminina poderia assumir a sua forma "civil" apenas se estivesse disposta a se sacrificar para um homem em forma de animal. Ao negar a si mesma, ela poderia conseguir tudo o que todas as mulheres supostamente queriam e querem – isto é, o casamento na forma da dominação masculina. A personagem masculina poderia assumir a sua forma "civil" só quando as forças desviantes fossem domadas, e quando a mulher não fosse mais uma ameaça e estivesse encantada ou acalmada pela racionalidade dele. É interessante que a mulher tem o poder de salvar ou destruir o homem que sempre representa a civilidade e a racionalidade. O protagonista masculino *nunca* é responsável pelo mundo estar fora do lugar. Cada conto o retrata como uma vítima (em geral, transformado por uma fada má) e um modelo do *raisonnement* burguês.

Ainda assim, como vimos, existe um lado sombrio desse *raisonnement* burguês conforme ele se manifesta no processo civilizador e nas origens da tradição dos contos de fada para crianças na cultura ocidental. No caso de "A Bela e a Fera", a constelação clássica foi apresentada de maneiras diferentes pela versão poética de Charles Lamb de 1811 e pelos irmãos Grimm em suas edições de 1812 e 1815 de *Contos Maravilhosos Infantis e Domésticos*: "A Cotovia Cantante e Saltitante", "O Príncipe Sapo", "O Rei da Montanha Dourada", "O Diabo da Farda Verde" e "Branca de Neve". O século XIX testemunhou uma proliferação de narrativas "A Bela e a Fera" como um conto curto, moralista e de grande circulação para as massas, os livros ilustrados e o teatro. Ele alcançou seu auge "clássico" com a adaptação de *sir* Arthur Quiller-Couch. No século XX, houve incontáveis histórias, peças, óperas, musicais, filmes e programas de tevê de "A Bela e a Fera", assim como as revisões feministas que perceberam a resistência subversiva que pode ser detectada em alguns dos contos das mulheres da onda francesa. Continuamos a celebrar o charme e a graça de "A Bela e a Fera" e outros contos semelhantes que chegaram até nós por meio de nossa herança literária. Continuamos a desfrutar desse passatempo inofensivo de contar contos de fada clássicos para nossas crianças, sem perceber os possíveis danos de sua inocuidade.

4 Quem Tem Medo dos Irmãos Grimm?

Socialização e Politização Por Meio dos Contos de Fada

O lobo, agora velho e comportado,
Quando reencontrou Chapeuzinho,
disse: "Inacreditável, minha querida criança,
As histórias que circulam por aí – uma loucura!

Como se existisse, assim contam a mentira,
Um caso de assassinato tão sombrio!
Os irmãos Grimm são os únicos culpados.
Confesse! Não foi assim tão ruim".

A Chapeuzinho viu os dentes do lobo
e gaguejou: "Você tem razão, toda razão".
Ao que o lobo respirou muito aliviado,
Mandou cumprimentos à avó e disse adeus.

RUDOLF OTTO WIEMER, *Der alte Wolf*
(O Velho Lobo, 1976).

Há mais de duzentos anos, os irmãos Grimm começaram a coletar contos populares originais na Alemanha e os transformaram em potentes contos de fada. Desde então, esses contos têm exercido uma profunda influência em crianças e adultos do mundo ocidental. Realmente, não importa qual formato os contos de fada tenham assumido desde a publicação original das narrativas em 1812, os irmãos Grimm continuam a nos observar e a se fazer presentes. Para a maioria das pessoas isso não tem sido muito perturbador. No entanto, durante os últimos 35 anos, entre os escritores que acreditam que as histórias dos irmãos Grimm contribuem para a criação de uma falsa consciência e reforçam um processo de socialização autoritário, surgiu uma crescente e radical tendência de acabar com o reinado benevolente dos irmãos Grimm na terra dos contos de fada. Essa tendência foi oportunamente criada por escritores na própria terra natal dos irmãos Grimm, onde as revoluções literárias sempre foram mais comuns do que as verdadeiras revoluções políticas[1].

Durante o período pós-1945 na Alemanha Ocidental, escritores[2] e críticos alemães aos poucos passaram a olhar para os contos de fada dos irmãos Grimm e de Hans Christian Andersen, Ludwig Bechstein e de seus imitadores como se fossem "agentes secretos" de um *establishment* educacional que doutrina as crianças para aprender papéis e funções fixas dentro da sociedade burguesa, impedindo assim o seu livre desenvolvimento[3]. Esse ataque ao conservadorismo dos contos de fada "clássicos" foi organizado na década de 1960, quando diversos escritores começaram a usá-los como modelos para escrever contos inovadores e emancipatórios, mais críticos sobre as condições em mudança nas sociedades tecnologicamente avançadas baseadas na produção capitalista e nas relações sociais. Ficou evidente para esses escritores e críticos que os contos dos irmãos Grimm, apesar de criativos e talvez socialmente relevantes em seu tempo, continham atitudes sexistas e racistas, e serviam a um processo de socialização que dava muita ênfase à passividade, à dedicação e ao autossacrifício das meninas, e à atividade, competição e acumulação de riquezas para os meninos. Assim, os escritores contemporâneos da Alemanha Ocidental se voltaram para uma direção diferente e mais progressista ao parodiar e revisar os contos de fada dos séculos XVIII e XIX, especialmente os dos irmãos Grimm.

Em grande parte, os contos de fada clássicos têm sido reutilizados ou o que os alemães chamam de *umfunktioniert*: a *função* dos contos foi literalmente invertida de modo que a perspectiva, o estilo e os motivos das narrativas exponham as contradições da sociedade capitalista e chamem a atenção das crianças para maneiras alternativas de buscar os seus objetivos e desenvolver a sua autonomia. Os contos reutilizados *funcionam contra* a conformidade ao processo padrão de socialização e têm como objetivo *funcionar a favor* de uma sociedade diferente e mais justa que pode ser colhida a partir de um processo de socialização redirecionado, simbolizado pelos novos contos. A qualidade e o radicalismo desses novos contos variam de autor para autor[4], e de geração para geração, especialmente se levarmos em consideração que os alemães orientais tinham uma postura diferente em relação aos contos de Grimm e que as Alemanhas Oriental e Ocidental agora foram reunificadas. Também é possível que muitos dos escritores estivessem e estejam mal orientados, apesar de suas boas intenções. Mesmo assim, durante e a partir da década de 1960, os escritores da Alemanha Ocidental levantaram questões pertinentes sobre a função sociopolítica dos contos de fada, e esse questionamento por si só já é relevante. Essencialmente, eles refletem sobre e buscam compreender como as mensagens nos contos de fada tendem a reprimir e a limitar as crianças ao invés de deixá-las livres para fazerem suas próprias escolhas. Eles partem do princípio de que os contos de fada dos irmãos Grimm foram amplamente aceitos em todas as sociedades ocidentais e que foram usados ou mal-usados supostamente para promover o desenvolvimento dos seres humanos – para torná-los mais funcionais dentro do sistema capitalista e para determinar escolhas. Se compartilharmos da crítica à sociedade capitalista, o que então deveria ser alterado nos contos dos irmãos Grimm para sugerir outras possibilidades? Qual processo sociogenético estrutural constitui os contos de fada e configura a maneira pela qual a personagem humana é socializada na sociedade capitalista?

Antes de olhar para os esforços literários feitos pelos escritores da Alemanha Ocidental para responder a essas perguntas, é importante discutir a natureza dos contos de fada dos irmãos Grimm e a noção de socialização por meio deles. Não foram só os escritores que se dedicaram a reutilizar os contos de fada, mas um conjunto de críticos progressistas também revelou importantes dados históricos sobre os contos dos irmãos Grimm e explorou o papel dessas histórias no processo de socialização.

I

Até a década de 1970, acreditava-se que os irmãos Grimm coletaram seus contos populares entre os camponeses e os operários, e que eles simplesmente alteraram e refinaram os contos, ao mesmo tempo que se mantiveram fiéis às suas perspectivas e significados. Provou-se que ambas as suposições estavam erradas[5]. Os irmãos Grimm reuniram os seus contos principalmente entre pessoas da pequena burguesia ou da classe média instruída, que já tinham introduzido noções burguesas a suas versões. De todo modo, os irmãos Grimm fizeram mais do que simplesmente modificar e aperfeiçoar o estilo dos contos: eles os expandiram e fizeram mudanças substanciais nas personagens e em seus significados. Além disso, excluíram de sua coleção muito outros contos conhecidos, e todo o processo de seleção refletia as inclinações de seus pontos de vista filosóficos e políticos. Essencialmente, os irmãos Grimm contribuíram para o "aburguesamento" literário dos contos de fada que haviam pertencido aos camponeses e às classes menos privilegiadas, e que tinham sido formados pelos interesses e pelas aspirações desses grupos. Isso não quer dizer que eles tentaram deliberadamente trair a herança das pessoas comuns na Alemanha. Pelo contrário, as suas intenções eram honradas: eles queriam que a rica tradição cultural das pessoas comuns fosse usada e aceita pelas classes médias em ascensão. É por isso que passaram a vida fazendo pesquisas sobre os mitos, os costumes e a linguagem do povo alemão. Ao desvendar os laços com as tradições e os ritos sociais germânicos, e ao recorrer à tradição semelhante que existia na França e na Europa central e do Norte, eles queriam promover o desenvolvimento de uma forte burguesia nacional. Sempre que possível, eles buscavam ligar as crenças e os comportamentos das personagens dos contos populares ao cultivo das normas burguesas.

Foi nesse século XIX, em que se desenvolveu um senso burguês de família, que os contos de fada dos irmãos Grimm estrearam: como o livro a ser lido para as crianças por mães e avós, e como leitura para as próprias crianças. Os irmãos Grimm rebateram as dúvidas pedagógicas iniciais com o argumento de que o livro de contos de fada tinha sido escrito tanto para crianças quanto para adultos, mas não para os mal-educados... A enorme quantidade de edições e a circulação internacional dos contos de fada dos irmãos Grimm como contos de fada literários também podem ser explicados por seu círculo burguês de consumidores. É aqui que o ciclo se fecha. Deixando de lado a natureza questionável do caráter "germânico ancestral" e "hessiano puro" da coleção, devemos examinar e admirar os talentos geniais dos irmãos, que foram capazes de consolidar um material aleatório e heterogêneo transmitido ao longo de muitos anos nesse todo harmonioso que são os *Contos Maravilhosos Infantis e Domésticos*. Assim, eles foram capazes de produzir uma obra que era ao mesmo tempo "burguesa" e "alemã", e que correspondia completamente ao temperamento científico e ao gosto emocional de seu tempo. O amplo espaço para identificação oferecido à burguesia abrangia as virtudes de um pensamento nacional e de um espírito popular alemão, e os

Contos Maravilhosos Infantis e Domésticos dos irmãos Grimm continham tudo isso de uma maneira magnífica. Seu sucesso como livro não pode ser explicado sem o conhecimento sobre a história social do século XIX.[6]

As fontes para os contos eram europeias, germânicas antigas e burguesas. O público era uma classe média em crescimento. Os irmãos Grimm viram uma missão nos contos e eram missionários burgueses. E, apesar de nunca terem pregado ou buscado converter de uma maneira rude, eles de fato modificaram os contos muito mais do que fomos levados a acreditar. Sua coleção teve sete edições durante suas vidas e era constantemente aumentada e revisada. Wilhelm Grimm, o mais conservador dos dois irmãos, fazia a maioria das revisões, e é fato conhecido que ele tentou limpar os contos e torná-los mais respeitáveis para as crianças da burguesia – mesmo que a publicação original não fosse expressamente dirigida às crianças. Os irmãos Grimm coletaram os contos não apenas para "prestar um serviço para a história da poesia e da mitologia", mas também escreveram um livro que podia oferecer prazer e aprendizado[7]. Eles diziam que a sua edição de 1819 era um *Erziehungsbuch* (um livro educativo) e discutiam o modo como poderiam tornar as histórias mais puras, verdadeiras e justas. No processo, eles eliminaram cuidadosamente aquelas passagens que pensaram que poderiam ser prejudiciais para as crianças[8]. Isso se tornou um padrão consistente nas revisões após 1819. Depois que os contos foram impressos e considerados apropriados para os públicos de classe média, Wilhelm tentou consistentemente atender às expectativas do público. E o público leitor alemão estava adotando cada vez mais um estilo Biedermeier ou vitoriano em suas morais e éticas. Como um homem de saneamento moral, Wilhelm determinou padrões elevados, e seu exemplo foi seguido por inúmeros "educadores", que diluíram e limparam os contos desde o século XIX até os dias de hoje.

Graças à republicação feita por Heinz Rölleke em 1975 do manuscrito negligenciado de 1810 lado a lado com a edição publicada dos contos em 1812, podemos compreender claramente a importância do processo de sanitização em relação à socialização. Podemos ver como cada um dos contos orais foi modificado pelos irmãos de maneira consciente e, por vezes, drástica. Para os nossos objetivos quero comentar três contos para mostrar como os diferentes tipos de alteração estão relacionados a mudanças graduais nas normas e no processo de socialização, refletindo os interesses da burguesia. Vamos começar com a abertura de "O Príncipe Sapo" e comparar o manuscrito de 1810 com as edições de 1812 e 1857.

Manuscrito de 1810

A filha do rei foi para a floresta e se sentou perto de um poço de água fresca. Então começou a brincar com uma bola de ouro até que ela de repente caiu no poço. Da borda do poço, a menina assistiu a bola cair lá no fundo e ficou muito triste. De repente, um sapo colocou a cabeça para fora da água e disse: "Por que você reclama tanto?". "Ah, seu sapo nojento, você não pode me ajudar. Minha bola de ouro caiu no poço." Então o sapo disse: "Se você me levar pra casa com você, eu pego a bola."[9]

Edição de 1812

Era uma vez a filha de um rei que foi para a floresta e se sentou perto de um poço de água fresca. Ela levava uma bola de ouro e esse era o seu brinquedo favorito. Ela jogava a bola para cima e depois a pegava, e divertia-se muito com isso. Certa vez a bola foi muito alto. Ela já estava com a mão esticada e os dedos curvados para pegar a bola quando ela caiu no chão e rolou e rolou pra dentro da água.

A filha do rei olhou aquilo horrorizada. O poço era tão profundo que era impossível ver o fundo. Ela começou a chorar copiosamente e a reclamar: "Oh! Eu daria tudo para ter minha bola de volta! Minhas roupas, minhas joias, minhas pérolas e o que mais eu conseguisse achar nesse mundo!". Enquanto ela reclamava, um sapo colocou a cabeça para fora da água e disse: "Princesa, o que a senhorita está lamentando tão penosamente?" "Oh", ela disse, "seu sapo nojento, você não pode me ajudar! Minha bola de ouro caiu no poço." O sapo disse: "Eu não vou pedir as suas pérolas, as suas joias ou as suas roupas, mas se você me aceitar como seu companheiro, e se você deixar eu sentar ao seu lado na mesa, comer do seu prato dourado e dormir na sua cama, e se você cuidar de mim e me amar, então eu pegarei a bola para você."[10]

Edição de 1857

Antigamente, quando fazer pedidos ainda ajudava em alguma coisa, viveu um rei cujas filhas eram bonitas, mas a mais jovem era tão bonita quanto o próprio sol, que mesmo tendo visto de tudo, ficava impressionado com a beleza dela cada vez que iluminava o seu rosto. Perto do castelo real, havia uma grande e escura floresta, e na floresta, debaixo de uma velha tília, havia um poço. E quando o dia estava muito quente, a filha do rei ia para a floresta e se sentava na beira do poço de água fresca. E se ela estivesse entediada, pegava uma bola de ouro e a jogava para cima e para baixo diversas vezes, e essa era a sua brincadeira favorita.

Mas um certo dia, a bola dourada, ao invés de cair de volta na pequena mão da princesa quando ela a jogou pra cima, caiu no chão ao seu lado e rolou para a água. A filha do rei a seguiu com os olhos, mas ela desapareceu. E enquanto lamentava, alguém a chamou: "O que a incomoda, princesa? Suas lágrimas derreteriam um coração de pedra." E quando ela olhou para ver de onde vinha a voz, não havia nada além de um sapo esticando sua cabeça grande e feia para fora da água. "Estou chorando porque minha bola de ouro caiu no poço." "Fique quieta e pare de chorar", o sapo respondeu. "Eu posso ajudá-la, mas o que você vai me dar se eu pegar a sua bola de volta?" "O que você quiser, querido sapo", disse ela. "Minhas roupas, minhas pérolas e joias, e até a coroa de ouro que estou usando." "Eu não gosto das suas roupas, das suas pérolas e joias, ou da sua coroa de ouro, mas se você me amar e me deixar ser seu companheiro e seu parceiro de brincadeiras, deixar que eu sente à mesa ao seu lado, que eu coma do seu prato de ouro e beba da sua taça, e durma na sua cama, se você me prometer isso, então eu mergulharei e trarei a sua bola de ouro de volta."[11]

Comparação

Ao comparar essas três versões, podemos ver como "O Príncipe Sapo" se tornou cada vez mais enfeitado em um curto período de tempo – e isso não aconteceu por razões meramente estilísticas. No conto original de 1810, o cenário é simples e sem qualquer adorno. Não há castelo. O incidente parece acontecer em uma grande propriedade. A filha do rei bem poderia ser a filha de um camponês ou qualquer outra garota que vai até um poço, encontra uma bola, a perde e concorda em levar o sapo para casa se ele encontrar a bola para ela. Ele não deseja nada além de dormir com ela. Não há nenhuma enrolação no resto da narrativa. Ela é explicitamente sexual e faz referência ao ritual universal de iniciação e casamento (derivado das sociedades matriarcais primitivas), e em uma outra versão, a princesa não joga o sapo contra a parede, mas o beija como nos contos de "A Bela e a Fera". O reconhecimento e a aceitação sexual mútua levam à salvação da princesa. Tanto na versão de 1812 quanto na versão d 1857, a princesa oferece mais do que uma base de identificação para uma criança burguesa, pois ela é única, um tanto mimada e muito rica. Ela pensa em termos de pagamento monetário e trata o sapo basicamente como se ele fosse o membro de uma casta inferior – uma atitude que não fica aparente na versão original. A descrição enfeitada serve para disfarçar ou eliminar a franqueza sexual do conto original. Aqui o sapo quer ser um companheiro e um parceiro de brincadeiras. O sexo primeiro precisa ser amenizado e parecer algo inofensivo, pois sua forma verdadeira é repulsiva. A menina obedece ao pai, mas como toda criança burguesa, rejeita as investidas sexuais do sapo, e por isso é recompensada. Na verdade, todas as três versões sugerem um tipo de socialização patriarcal para jovens meninas que tem sido severamente criticada e questionada pelos educadores progressistas de hoje em dia, mas a versão final é a mais consistente em sua *capacidade* de combinar as noções populares feudais de sexualidade, a obediência e os papéis sexuais com as normas e o comportamento burgueses. As mudanças nas versões revelam transições sociais e diferenças de classes que atestam a sua dependência da ascendência gradual dos códigos e gostos burgueses.

Mesmo os primeiros valores franceses da *haute bourgeoisie* tiveram que ser alterados pelos irmãos Grimm para se adaptarem à sua perspectiva mais respeitável e mais próxima à classe média do século XIX, e ao seu senso de decência. Vamos comparar o começo de "Le Petit chaperon rouge" de Perrault com o "Rotkäppchen" dos irmãos Grimm de 1812, já que a versão francesa foi a sua verdadeira fonte.

Le Petit Chaperon Rouge (1697)

Era uma vez uma menina de uma pequena aldeia, a mais bonita que você já viu. Sua mãe a amava, e sua avó a amava ainda mais. Essa boa mulher fez uma pequena capa vermelha para a neta, e ela lhe caiu tão bem que todo mundo passou a chamá-la de Chapeuzinho Vermelho.

Um dia, sua mãe assou alguns biscoitos e disse para a Chapeuzinho Vermelho: "Vá ver como a sua avó está se sentindo; disseram-me que ela está doente. Leve alguns biscoitos e esse pote de manteiga". Chapeuzinho Vermelho partiu imediatamente para a casa da avó, que vivia em outra aldeia[12].

Rotkäppchen (1812)

Era uma vez uma pequena e doce menina. Quem colocava os olhos nela a amava. Mas sua avó a amava ainda mais. Ela nunca tinha o suficiente para dar à criança. Certa vez lhe deu um presente, uma pequena capa feita de veludo, e como esta lhe caiu tão bem, e a menina não queria vestir outra coisa, ela era chamada simplesmente de Chapeuzinho Vermelho. Um dia sua mãe disse: "Venha, Chapeuzinho Vermelho, pegue esse pedaço de bolo e essa garrafa de vinho, e leve para a sua avó. Ela está fraca e doente. Isso irá alimentá-la. Seja boazinha e mande minhas lembranças. Cuide-se no caminho e não se afaste da trilha, senão você irá cair e quebrar o vidro. E sua avó doente ficará sem nada."[13]

Comparação

Em seu artigo sobre "Chapeuzinho Vermelho" de Perrault, Carole e D.T. Hanks comentam sobre o processo de sanitização dos irmãos Grimm e os editores posteriores desse conto.

> O conto de Perrault oferece um exemplo clássico do expurgo que com frequência aflige a literatura infantil. Derivadas da versão alemã, 'Rotkäppchen' (Grimm n. 26), as versões americanas do conto vêm sendo sanitizadas a ponto de o elemento erótico desaparecer e o final trágico se tornar cômico. Essa

abordagem castra uma história potente que, quando não é revisada, é uma metáfora do processo de amadurecimento.[14]

A palavra *castrar* é uma escolha infeliz para descrever o que aconteceu com o conto de Perrault (e os contos populares originais), porque o surgimento das sociedades patriarcais autoritárias é que foi o responsável pelo medo da sexualidade e pelos códigos sexuais rigorosos. Em segundo lugar, o conto de Perrault foi escrito não apenas para as crianças, mas também para um público instruído de classe alta que incluía crianças[15]. O desenvolvimento da literatura infantil, como sabemos, aconteceu mais tarde, e só assumiu gradualmente um papel vital no processo de socialização em geral nos séculos XVIII e XIX. Portanto, o conto inicial de Perrault tinha que se tornar mais adequado a crianças pelas mãos dos irmãos Grimm e tinha que reforçar um senso de moralidade mais burguês e conservador. Esse impulso moralizante fica mais aparente nas mudanças que os irmãos Grimm fizeram bem no começo do conto. Chapeuzinho Vermelho não é mais uma simples menina de uma aldeia, mas a personificação da inocência. Porém, não bastava ser inocente. A menina precisava aprender a temer a sua própria curiosidade e sensualidade. Então o objetivo da narrativa corresponde à socialização das meninas naquela época: se você não seguir o caminho que passa ao largo das tentações sensuais da floresta, você não é obediente e decente (*sittsam*)[16], e será devorada pelo lobo; isto é, pelos homens diabólicos ou famintos por sexo. Em geral, o motivo salvador e de renascimento é representado por um caçador, uma figura paterna livre de sexualidade. Mais uma vez, as revisões nas escolhas de palavras, tom e conteúdo nesse caso não podem ser compreendidas a menos que se entenda a essência da educação e da socialização na primeira metade do século XIX.

Vamos pegar mais um exemplo, um trecho curto das versões de "Branca de Neve" dos irmãos Grimm de 1810 e de 1812.

Manuscrito de 1810

Quando a Branca de Neve acordou na manhã seguinte, perguntaram como ela tinha ido parar lá. E ela contou tudo a eles, como a sua mãe, a rainha, a tinha abandonado na floresta e ido embora. Os anões ficaram com pena dela e a convenceram a ficar com eles, e a cozinhar para eles enquanto eles iam para as minas. No entanto, ela tinha que tomar cuidado com a rainha e não deixar ninguém entrar na casa[17].

Edição de 1812

Quando a Branca de Neve acordou, eles perguntaram quem ela era e como ela tinha entrado na casa. Ela então contou a eles como sua mãe quis matá-la, mas que o caçador salvou a sua vida, e como ela correu o dia todo e finalmente chegou à casa deles. Os anões ficaram com pena dela e disseram:

> Se você cuidar da casa para nós, e cozinhar, costurar, fizer as camas, lavar as roupas e tricotar, e manter tudo arrumado e limpo, você pode ficar conosco, e terá tudo o que quiser. À noite, quando chegarmos em casa, o jantar deve estar pronto. Durante o dia ficamos nas minas à procura de ouro, então você ficará sozinha. Cuidado com a rainha e não deixe ninguém entrar na casa.[18]

Comparação

Essas passagens relevam novamente como os irmãos Grimm tinham em mente um processo de socialização completamente diferente quando alteraram os contos de fada. Branca de Neve recebe instruções que são mais compatíveis com os deveres de uma menina burguesa, e as tarefas que ela realiza são uma parte implícita de suas obrigações morais. As morais são usadas para justificar a divisão do trabalho e a separação dos sexos. Aqui, também, a crescente noção de que o papel da mulher estava em casa e que o lar era um abrigo para a inocência e para as crianças pertencia mais a uma concepção de mulher, trabalho e criação de filhos dos círculos burgueses do que dos camponeses e da aristocracia. Certamente, a crescente classe proletária do século XIX não podia pensar em manter esposas e filhos em casa, pois todos precisavam trabalhar longas horas nas fábricas. A Branca de Neve era de fato um novo tipo de princesa em construção e foi constantemente refeita. Na versão de 1810, o pai vem salvar a filha acompanhado de médicos. Ele então arranja um casamento para sua filha e pune a bruxa má. Na margem de seu manuscrito, os irmãos Grimm anotaram: "O final não é muito bom e falta algo"[19]. Seus próprios toques finais só poderiam ser superados pelas mudanças puritanas feitas pelo homem sanitizador do século XX, Walt Disney.

Além de situar a compilação dos contos populares e compreender as transformações literárias dentro de uma moldura social e histórica, devemos investigar a influência penetrante que os irmãos Grimm tiveram no processo de socialização de cada país. Sabemos que a coleção dos irmãos Grimm (especialmente a edição final de 1857) foi o segundo livro mais popular e circulou largamente na Alemanha por mais de um século, apenas atrás da *Bíblia*. Também sabemos que os contos e as histórias similares são o pão com manteiga cultural da maioria das crianças desde a primeira infância até os dez anos de idade[20]. De um jeito ou de outro, os contos já foram lidos ou contados para as crianças pelos adultos antes de elas terem seis anos de idade. A propósito, esse processo de transmissão significa que certos grupos de adultos estão constantemente relendo e recontando os contos ao longo de suas vidas. Mesmo desde o surgimento dos meios de comunicação de massa, os contos dos irmãos Grimm (geralmente as suas versões mais puritanas e prudentes) foram transmitidas pelo rádio, filmadas, gravadas em discos, fitas cassetes e de vídeo, usadas como motivos para propagandas e comercializados de todas as maneiras e formas imagináveis. Dependendo do país e de sua recepção correspondente, esses contos em particular ficaram registrados em nossas mentes desde a infância até a idade adulta, e, apesar de eles não poderem ser responsabilizados pelas características negativas nas sociedades tecnologicamente avançadas, é chegada a hora — como muitos escritores alemães acreditam — de avaliar como eles transmitem valores e normas para as crianças que podem de fato prejudicar o seu crescimento, ao invés de ajudá-las a chegar a um acordo com sua condição existencial e a amadurecer de maneira autônoma, como Bruno Bettelheim e outros defendem[21].

Aqui precisamos analisar a socialização da leitura de contos de fada com o foco principal naqueles desenvolvidos pelos irmãos Grimm. Ao discutir a socialização, irei me basear na noção geral de cultura que é definida pela maneira como os seres humanos objetificam a si mesmos, reúnem-se e relacionam-se entre si na história, e materializam suas ideias, intenções e soluções, no sentido de torná-las mais concretas. Concretas no sentido de que existem formas que as pessoas criam e usam para fazer com que suas ideias, intenções e soluções se enraízem de uma maneira visível, audível e perceptível, e assim se tornem de fato parte da vida diária das pessoas. Assim, a cultura é vista como um processo histórico de objetificação humana, e o nível e a qualidade de uma cultura nacional dependem da socialização desenvolvida pelos seres humanos para integrar os membros jovens na sociedade e para reforçar as normas e os valores que legitimam os sistemas sociopolíticos e garantem alguma forma de continuidade na sociedade[22].

A leitura como internalização, ou, tecnicamente falando, como ressubjetificação, sempre funcionou nos processos de socialização, não importa se a "compreensão" dos signos, símbolos e letras é consciente ou inconsciente. Nos tempos modernos, isto é, desde o Iluminismo e o surgimento da burguesia, a leitura tem sido o passaporte para certas faixas da sociedade, e a medida pela qual uma pessoa funciona e mantém um certo lugar na hierarquia[23]. A leitura dos contos de fada impressos no século XIX era um processo socialmente exclusivo: era conduzido principalmente nos círculos e quartos de crianças burgueses, e os membros das classes menos privilegiadas que aprendiam a ler não estavam apenas adquirindo uma habilidade, mas também um sistema de valores e um *status* social, dependendo da sua aderência às normas controladas pelos interesses burgueses. A função social da leitura não deve ser compreendida de uma maneira mecanicista ou reducionista; isto é, que a leitura era apenas uma proteção para a hegemonia burguesa e que permitia apenas interpretações singulares. Certamente a introdução da leitura nas classes mais baixas abriu novos horizontes para elas e lhes deu mais poder. Além disso, a produção de livros permitiu uma variedade de pontos de vistas muitas vezes contrários às forças dominantes da sociedade. Em alguns aspectos, a leitura pode funcionar de maneira explosiva como um sonho e servir para desafiar a socialização e as limitações. Mas, ao contrário do sonho, é praticamente impossível determinar qual o efeito direto de um conto de fada sobre um leitor individual em termos de validação da sua própria existência. Ainda assim, o conto fornece os limites culturais dentro dos quais o leitor dimensiona e valida sua própria identidade, e reflete sobre eles. Tendemos a esquecer das molduras sócio-históricas de controle quando falamos sobre a leitura e especialmente sobre a leitura de contos de fada. Tanto a socialização quanto a leitura refletem e são formadas pelas lutas de poder e pelas ideologias de uma determinada sociedade ou cultura. Tornar-se letrado significa aprender como operar dentro das leis do letramento que são determinadas pelas classes. Os contos de fada dos irmãos Grimm não eram apenas produtos das lutas das pessoas comuns para se fazerem ouvir por meio dos contos populares – representando simbolicamente as suas necessidades e desejos –, mas também se tornaram produtos da busca da burguesia alemã por identidade e poder. Nessa medida, o sistema de normas e valores que os irmãos Grimm cultivaram dentro dos contos apontam para um modo de vida objetificado e padronizado que tinha a intenção de, e passou a, legitimar o padrão de vida e de trabalho burguês em geral, não apenas na Alemanha, mas em todo o mundo ocidental.

No total, havia 51 contos no manuscrito original de 1810. Alguns foram omitidos na publicação de 1812, e os incluídos foram profundamente modificados e estilizados pelos irmãos Grimm para atender ao gosto da classe média. Esse processo de alteração consciente por motivos sociais e estéticos continuou até 1857. As pesquisas filológicas feitas por Rölleke e outros nas décadas de 1970 e 1980 que destacaram e documentaram isso não são importantes apenas pelo que elas nos dizem sobre o método de trabalho dos irmãos Grimm ou sobre a relação dos contos com a sociedade na Alemanha no final do período feudal e no começo da sociedade burguesa. Elas têm grandes ramificações para o desenvolvimento dos contos de fada em geral, especialmente no que diz respeito à socialização por meio da leitura e ao significado do letramento.

II

Em primeiro lugar, por meio da compreensão do processo subjetivo de seleção e dos métodos de adaptação dos irmãos Grimm, podemos começar a estudar outras coleções de contos populares que foram publicadas nos séculos XIX e XX e analisar métodos de transcrição similares à luz da educação e da socialização. Recentemente, as pesquisas sobre folclore têm dado atenção ao papel do narrador dos contos, mas o papel do coletor e do transcritor também é importante, pois vimos como os irmãos Grimm integraram aos contos – de maneira consciente ou não – as suas visões de mundo, como aquelas do seu público-alvo. A relação entre o coletor e o público é ainda mais importante porque os contos populares não foram transcritos e impressos com a intenção de serem recolocados em circulação como livros para o seu público original. Como Rudolf Schenda demonstrou em *Volk ohne Buch* (Povo Sem Livro)[24], as classes mais baixas não podiam e não conseguiam usar os livros porque não tinham dinheiro ou educação. Sua tradição era oral. As transcrições de contos populares foram feitas no século XIX e no começo do século XX principalmente para as classes instruídas, jovens e velhas. A recepção dos contos influenciou a intenção e o estilo dos coletores. Isso é verdade até hoje.

Como destaquei, os psicólogos exploraram a relação entre o sonho e a produção dos contos de fada, e além disso se empenharam em analisar o papel especial dos contos de fada na socialização. Uma das análises mais sucintas e sóbrias a respeito do motivo pelo qual os contos de fada em particular atraem as crianças e funcionam tão bem no processo de socialização foi feita por Emanuel K. Schwartz. Ele defende que

A luta entre o que é percebido como "mãe boa ou pai bom" e "mãe má ou pai mau" é um dos grandes problemas da infância. Nos contos de fada a mãe má é comumente vista como a bruxa (a mãe fálica). O grande homem, a figura paterna (Édipo), representa o herói, ou o herói em formação, o protótipo, do jovem protagonista do conto de fada. O processo de mudança social e psicológica, característico do conto de fada, é executado de maneira infantil, e a mágica é usada para realizar as mudanças. Por outro lado, a experiência de ter que lutar pela gratificação e pela realização dos desejos resulta em uma aderência social às normas e conformidades sociais, e no desenvolvimento de sua compreensão. Isso não significa, no entanto, que o reforço de uma consciência da socialização resulte em submissão; mas uma certa parcela de senso comum, que entra em conformidade com as morais sociais, é uma necessidade realista para crianças e adultos.[25]

Em certa medida, Schwartz minimiza os perigos inerentes em narrativas como os contos de fada dos irmãos Grimm, que funcionam para legitimar certos padrões de ação repressivos e torná-los aceitáveis para crianças. A leitura como um processo físico e mental envolve a identificação antes que se possa iniciar uma internalização de normas e valores, e nos contos de fada dos irmãos Grimm a identificação acontece facilmente para as crianças. Quase todos os contos anunciam quem é o protagonista, e ele ou ela comanda a nossa identificação de maneira quase imediata por ser o mais jovem, o mais reprimido, o injustiçado, o menor, o mais ingênuo, o mais fraco, o mais inocente, e assim por diante. Nesse sentido, a identificação direta de uma criança com o principal protagonista inicia o processo de socialização por meio da leitura.

Apesar de ser extremamente difícil determinar com exatidão o que uma criança irá absorver em um nível inconsciente, os padrões da maioria dos contos de fada dos irmãos Grimm chamam a atenção consciente para valores e modelos estabelecidos. Enquanto as crianças leem ou ouvem, elas seguem um caminho social, aprendem a orientação dos papéis e adquirem normas e valores. O padrão da maioria dos contos de fada dos irmãos Grimm tem a ver com uma luta por poder, sobrevivência e autonomia. Apesar de existir diferenças notáveis entre os contos, posso sugerir um padrão geral que vai deixar claro por que e como eles se tornaram funcionais no processo de socialização burguês.

No começo, o jovem protagonista precisa deixar o lar ou a família porque as relações de poder foram abaladas. Ou o protagonista é injustiçado ou uma mudança nas relações sociais forçam o protagonista a sair de casa. Uma tarefa é imposta, e um comando oculto do conto precisa ser atendido. A questão que a maioria dos contos dos irmãos Grimm traz é: "Como alguém pode aprender — o que alguém precisa fazer para usar seus poderes de maneira adequada para ser aceito na sociedade ou recriar a sociedade para atender as normas do *status quo*?" O protagonista errante sempre deixa a casa para reconstituir a casa. Ao longo do caminho o herói fica bonito e aprende a ser ativo, competitivo, trabalhador, esperto e ganancioso. Seu objetivo é ter dinheiro, poder e uma mulher (também associada à propriedade). Sua jurisdição é todo o mundo. Sua felicidade depende do uso justo do poder. A heroína aprende a ser passiva, obediente, abnegada, trabalhadora, paciente e puritana.

Seu objetivo é a riqueza, joias e um homem para proteger seus direitos à propriedade. Sua jurisdição é a casa ou o castelo. Sua felicidade depende da conformidade ao domínio patriarcal. A atividade sexual geralmente é adiada para após o casamento. Muitas vezes os contos insinuam um adiamento da gratificação até que sejam adquiridas as habilidades, o poder e a riqueza necessários.

Para uma criança crescendo em uma sociedade capitalista nos séculos XIX e XX, o processo de socialização colocado em prática pelos padrões e pelas normas em um conto de fada dos irmãos Grimm funcionava e ainda funciona para tornar tal sociedade mais aceitável para ela. As fricções e os pontos de conflito são minimizados, pois o conto de fada legitima a sociedade burguesa ao, aparentemente, garantir a mobilidade vertical e a possibilidade de autonomia. Todos os contos dos irmãos Grimm contêm um conjunto elaborado de signos e códigos. Se há uma injustiça sinalizada em um de seus contos de fada – e sempre há alguém sendo injustiçado ou uma relação conturbada – isso tem a ver com a quebra de um código inviolável que é a base do domínio patriarcal benevolente. As normas aceitáveis são constituídas pelo comportamento de um protagonista cujo final feliz indica a possibilidade de resolução dos conflitos de acordo com o código. Mesmo em contos como "Seis Atravessam o Mundo Inteiro", "Os Músicos de Bremen", "Maria, a Esperta" e "A Luz Azul", nos quais os protagonistas oprimidos derrotam os opressores, as relações sociais e o *éthos* do trabalho não são alterados de maneira profunda, mas reconstituídos de modo a permitir maior mobilidade no sistema social hierárquico – algo que por acaso era desejado por uma burguesia alemã incapaz de fazer revoluções, mas muito capaz de fazer acordos às custas do campesinato. Membros das classes mais baixas se tornam membros da elite dominante, mas isso acontece porque as classes dominantes precisam de tais valores que foram cultivados pela burguesia – moderação, dedicação, paciência, obediência, e assim por diante. Basicamente, os padrões das narrativas insinuam que as habilidades e as qualidades devem ser desenvolvidas e usadas para que alguém possa competir por um lugar mais elevado na hierarquia baseada na propriedade privada, na riqueza e no poder. Tanto o comando quanto o relato[26] nos contos de fada dos irmãos Grimm enfatizam um *processo* de socialização por meio da leitura que leva à internalização das normas, valores e relações de poder essenciais para a burguesia do século XIX, que se distanciavam da sociedade feudal.

Por exemplo, vamos analisar "'Serve-te, Mesinha', Burro de Ouro e Porrete Dentro do Saco" para ver como ele é funcional em termos da socialização masculina. Ele foi incorporado pela primeira vez à edição expandida dos contos dos irmãos Grimm de 1819 e trata principalmente de personagens da classe média baixa, foca em homens, e é a base para uma discussão sobre um conto reutilizado de F.K. Waechter. Todos os incidentes têm a ver com relações entre senhor e escravo. Três filhos estão cuidando de uma cabra, que se rebela contra eles, mente e faz com que os três sejam banidos pelo pai, um costureiro. Depois de banir os filhos, o costureiro descobre que a cabra mentiu. Então ele a tosa e ela foge. Enquanto isso, cada um dos filhos trabalha com dedicação em um pequeno negócio burguês como carpinteiro, moleiro e torneiro. Eles são recompensados com presentes pelos seus mestres, mas os dois mais velhos têm seus presentes roubados pelo senhorio de uma taverna. Eles envergonham o pai e a família quando tentam exibir seus presentes, que o senhorio trocou por cópias falsas. Cabe ao terceiro filho ludibriar o senhorio, reunir a família e restaurar o bom nome da família na comunidade exibindo sua riqueza e poder. O pai se aposenta como um homem rico e também aprende que uma abelha operária tinha punido a cabra devidamente.

Apesar de o pai cometer uma injustiça com os filhos, a sua autoridade para comandar permanece inquestionável ao longo de toda a narrativa, e não devemos questioná-la. A culpa por perturbar a relação aparentemente natural entre pai e filhos é transferida para mentirosos e trapaceiros, a cabra e o senhorio. Eles buscam o poder e a riqueza por meios desonestos. O código elaborado do conto defende que a única maneira de conquistar poder e dinheiro é por meio do trabalho, da perseverança e da honestidade. O objetivo dos filhos é a submissão ao pai e a manutenção do bom nome da família. A história impõe que o leitor aceite as normas e os valores de uma relação patriarcal entre senhor e escravo, e as relações da propriedade privada. Em geral, não há nada de errado em enfatizar as qualidades "do trabalho, da perseverança e da honestidade" em um processo de socialização, mas estamos falando da socialização por meio de uma história que defende como positivos os objetivos da dominação patriarcal e a acumulação de dinheiro e poder para benefícios particulares.

Em quase todos os contos dos irmãos Grimm, a dominação masculina e as relações entre senhor e escravo são racionalizadas desde que os governantes sejam benevolentes e usem seus poderes de maneira justificada. Se tiranos e pais são desafiados, eles cedem ou são substituídos, mas as relações de propriedade e de patriarcado não são transformadas. Em "'Serve-te, Mesinha', Burro de Ouro e Porrete Dentro do Saco" há uma série de relações senhor-escravo: pai-filho, família patriarcal-cabra, mestre-aprendiz e senhorio-filho. Os filhos e outras personagens são socializados para agradar aos seus mestres. Eles trabalham para produzir dinheiro e poder para o pai, que se aposenta no final porque os filhos acumularam riquezas da maneira apropriada de acordo com a ética protestante. A cabra e o senhorio são punidos por motivos diferentes: a cabra é punida por ressentir a relação senhor-escravo, e o senhorio é punido porque, como um falso pai, ele violou as regras da propriedade privada. Embora esse incrível conto de fada permita muitas outras interpretações, visto à luz de sua função no processo de socialização burguês, podemos começar a compreender por que inúmeros escritores da Alemanha Ocidental começaram a olhar de maneira questionadora para os irmãos Grimm durante o surgimento do movimento antiautoritário do final da década de 1960.

III

Na verdade, a reutilização e a transformação dos contos dos irmãos Grimm não são uma invenção dos escritores da Alemanha Ocidental e nem eram tão novos[27]. Havia uma forte tradição radical de reescrever contos populares e contos de fada para crianças que começou no final do século XIX e floresceu durante o período Weimar, até os nazistas colocarem fim a tais experimentações. Essa tradição foi revista durante os anos 1960, quando escritores como Hermynia Zur Mühlen, Lisa Tetzner, Edwin Hoernle e Walter Benjamin[28] foram redescobertos e quando o movimento antiautoritário e a esquerda começaram a focar nas crianças e na socialização. Um dos resultados da ampla crítica radical ao capitalismo e à educação na Alemanha Ocidental foi a tentativa de construir uma esfera pública genuína e não comercial para crianças que pudesse deter os mecanismos de exploração e de legitimação da esfera pública burguesa dominante. Para fornecer ferramentas culturais e meios para reutilizar a atual esfera pública para crianças, grupos de pessoas com tendências progressistas tentaram compensar o racismo, o sexismo e as mensagens autoritárias em livros infantis, jogos, peças de teatro e escolas criando diferentes tipos de mensagens emancipatórias e objetos culturais junto com as crianças e para elas.

Na literatura infantil, e em especial na área dos contos de fada, diversas editoras tiveram um papel atuante na introdução dos contos de fada reutilizados criados para politizar a esfera pública infantil, nos quais crianças e adultos cooperavam e concebiam formas de brincar e trabalhar mais concretas e democráticas de acordo com as necessidades e desejos de uma comunidade participativa[29]. É claro que o crescimento de um amplo público de esquerda no final da década de 1960 encorajou muitas editoras grandes a direcionar seus esforços para esse mercado, visando o lucro, mas nem todos os livros eram publicados por grandes empresas ou apenas para ter lucro. E, no começo do século XXI, quando a chamada Nova Esquerda nem é mais tão nova ou expressiva quanto foi durante a década de 1960, ainda existem diversas editoras, pequenas e grandes, que estão direcionando seus esforços para a publicação de livros de contos de fada e literatura infantil contraculturais ou reutilizados. Minha discussão irá se limitar e focar nos contos reutilizados dos irmãos Grimm publicados pelas editoras Rowohlt, Basis, Schlot e Beltz & Gelberg durante as décadas de 1970 e 1980. Em especial, devo tentar demonstrar como esses contos de fada refletiam possibilidades para um processo de socialização diferente dos livros infantis padrão e, em certa medida, como algumas ideias, tramas e métodos dos contos foram colocados em prática na esfera pública infantil e na educação.

Em 1972, a grande editora Rowohlt, sob a direção editorial de Uwe Wandrey, criou uma coleção de livros para crianças intitulada *rororo rotfuchs*. Desenvolveu-se uma série impressionante que continha uma ampla gama de histórias infantis, autobiografias, manuais e contos de fada progressistas para crianças e jovens entre quatro e dezoito anos. Aqui quero me concentrar em dois dos primeiros e melhores esforços para reutilizar antigos contos de fada.

Friedrich Karl Waechter, ilustrador e escritor[30], escreveu e ilustrou diversos contos de fada politizados e peças baseadas em contos de fada para crianças. Um de seus primeiros livros, *Thischlein deck dich und Knüppel aus dem Sack* (Mesa, Sirva-se, e Porrete, Saia do Saco, 1972), é uma interpretação radical de "'Serve-te, Mesinha', Burro de Ouro e Porrete Dentro do Saco". Sua narrativa acontece há muito tempo em uma pequena cidade chamada Breitenrode. (Pelas ilustrações pode-se estimar que se passava no começo do século XX.) O gordo Jakob Bock, que é dono de uma grande serraria e de boa parte da cidade, explora seus funcionários ao máximo. Quando um jovem carpinteiro chamado Philip inventa uma mesa mágica que obedece a comandos e coloca mais comida na mesa do que alguém conseguiria comer, Bock (o nome significa "bode" em alemão) assume a invenção e toma posse dela, uma vez que ela foi inventada durante o horário de trabalho. Ele promete a mão de sua filha Caroline para Philip se ele inventar um "porrete que sai do saco" – o poderoso Bock precisa tomar conta de sua propriedade. Philip recebe o cargo de inventor e começa a trabalhar como um funcionário de colarinho branco, é separado de seus amigos, os outros carpinteiros, que o ajudaram a construir a mesa mágica. A princípio, Philip e seus amigos não têm certeza da razão pela qual Bock quer o porrete, mas um elfo chamado Xram (Marx escrito de trás para frente) os ilumina. Eles decidem trabalhar juntos nessa invenção e manter o controle sobre ela. Mas, quando fica pronta, Bock se apropria dela e planta a mesa mágica como se fosse um objeto roubado na casa de Sebastien, um encrenqueiro que sempre tenta organizar os trabalhadores ao redor de suas próprias necessidades. Bock acusa Sebastien de roubar a mesa e afirma que precisa do porrete para punir ladrões como Sebastien e para proteger a sua propriedade. No entanto, Philip revela que Bock é o verdadeiro ladrão, e o homem ganancioso é expulso da cidade. Os trabalhadores festejam Philip quando ele anuncia que a mesa mágica será de todos da cidade, enquanto Xram esconde o porrete. A última imagem mostra homens, mulheres, crianças, cachorros, gatos e outros animais em um enorme piquenique compartilhando os frutos da mesa mágica enquanto Bock vai embora.

Assim como a narrativa, as ilustrações de Waechter têm o objetivo de inverter o processo de socialização da Alemanha Ocidental da época. O enredo se preocupa principalmente com as relações de propriedade privada, e começa tradicionalmente com a relação senhor-escravo. A orientação explícita do conto – "obedeça ao chefe e você terá vantagens" – é gradualmente transformada em outra orientação – "liberdade e felicidade só podem ser obtidas por meio da ação coletiva e do compartilhamento". O fluxo narrativo do conto confirma essa orientação inversa, e o processo de leitura se torna um aprendizado sobre a socialização na sociedade capitalista. Philip experimenta como os frutos do trabalho coletivo realizado por ele e seus amigos são expropriados por Bock. Com a ajuda mágica de Xram (isto é, as ideias de Marx), os trabalhadores aprendem a assumir o controle de seu próprio trabalho e dividem os frutos de maneira igual entre eles. Aqui a relação senhor-escravo é banida de forma concreta, e as novas relações de trabalho e sociais são baseadas na cooperação e na propriedade coletiva dos meios de produção. As virtudes de Philip e dos trabalhadores – dedicação, perseverança, imaginação, honestidade – são usadas em uma luta para superar a dominação masculina enraizada nas relações de propriedade privada. A socialização é vista como uma luta pela autonomia em oposição ao mercado e às condições de trabalho exploradoras.

Em *Der Feuerdrache Minimax* (O Dragão de Fogo Minimax, 1973) de Angela e Andreas Hopf, também um conto de fada ilustrado político[31], os autores usam um processo único para descrever a posição das crianças e de criaturas com aparência estranha como forasteiras, e também há a necessidade de que o forasteiro seja incorporado à comunidade se ela quiser se desenvolver. Os autores superpõem as ilustrações vermelhas de Minimax e da menina Hilde sobre gravuras de paisagens e personagens medievais[32]. O posicionamento e a justaposição das figuras vermelhas sobre as impressões preto e brancas mantêm o foco do leitor no contraste e nas diferenças. A narrativa é uma simples reutilização de diversos temas que aparecem comumente nos contos dos irmãos Grimm e estão associados a dragões, lobos e outros animais com forças de destruição que colocam o *status quo* em perigo. *Der Feuerdrache Minimax* demonstra como o *status quo* precisa ser questionado e desafiado.

A história acontece durante a Idade Média na cidade murada de Gimpelfingen. Enquanto afia sua espada, o cavaleiro faz com que faíscas voem, e a cidade pega fogo. Acontece uma enorme destruição, e o dragão é imediatamente responsabilizado pelo incêndio, mas Hilde, que fugiu das chamas, encontra Minimax, que se banhava no rio quando o fogo começou. Então ela sabe que ele não poderia ter causado o incêndio. Na verdade, ele ajuda a apagar parte do fogo e leva Hilde para a sua caverna, porque prefere assar batatas com suas chamas e dormir por longas horas ao invés de queimar cidades. O cavaleiro finge defender os interesses da cidade e acusa Minimax de começar o incêndio e raptar Hilde. Ele reúne seu exército e sai em busca do dragão, mas não é páreo para Minimax, que o vence. O cavaleiro espera que o dragão o mate, mas ao invés disso Minimax pede que ele leve Hilde para casa, pois seus pais devem estar preocupados com ela. Mais uma vez, o cavaleiro mente para os habitantes da cidade e diz que resgatou Hilde e matou o dragão. Hilde tenta convencer as pessoas de que ele está mentindo, mas só algumas acreditam nela, que felizmente decidem ir ver se Minimax está vivo ou morto. Depois de encontrá-lo, eles se dão conta da verdade e trazem Minimax de volta para a cidade. Isso faz com que o cavaleiro fuja apavorado. Minimax é bem recebido pelos habitantes da cidade e ajuda a reconstruí-la. Depois, ele permanece na cidade, assa batatas para as crianças ou as leva para passear pelo céu. Hilde é a sua favorita, e ele voa mais alto com ela e muitas vezes lhe conta contos de fada sobre dragões.

Neste conto, os autores obviamente estão preocupados com o racismo e o militarismo. O dragão representa a figura estranha e alienígena, que age de um jeito diferente das pessoas "normais". E os autores mostram como uma criatura estranha e diferente muitas vezes é usada pelas pessoas no poder como bodes expiatórios para distrair a atenção do inimigo real, isto é, as pessoas no poder. Fazendo contraste com a relação de dominação senhor-escravo estabelecida na comunidade medieval, a amizade de Hilde e do dragão é baseada em reconhecimento mútuo. A relação deles é oposta à relação de poder dominante do patriarcado masculino na cidade. Em termos dos problemas da sociedade atual do capitalismo tardio, o conto também tem a ver com o feminismo e a prevenção da crueldade com os animais. O ativismo de Hilde em nome do dragão dita normas de comportamento para as meninas, quando ela se afirma e usa seus talentos em benefício das criaturas oprimidas da comunidade. Assim como no conto de fada politizado de Waechter, os símbolos textuais de comportamento orientados para um objetivo estão direcionados para a cooperação e a coletividade, não para a dominação e para o controle privado.

A Basis Verlag em Berlim Ocidental era a casa editorial que defendia de maneira mais explícita tais objetivos socialistas na literatura infantil durante a década de 1970. Ela funcionava de maneira coletiva e muitas pessoas desse grupo produziram diversos estudos excelentes sobre contos de fada e literatura infantil[33], assim como diversos tipos de livros para jovens leitores. Quero destacar aqui apenas um dos experimentos com contos de fada intitulado *Zwei Korken für Schlienz* (Duas Rolhas Para Schlienz, 1972), de Johannes Merkel, baseado no conto "Seis Atravessam o Mundo Inteiro" dos irmãos Grimm. O conto de fada reutilizado lida com a dificuldade de moradia nas grandes cidades, e o texto é acompanhado por divertidas fotos com desenhos superpostos. Quatro jovens com poderes extraordinários buscam organizar os inquilinos para lutar contra um senhorio explorador. Eles acabam não conseguindo o que queriam, mas aprendem durante o processo, junto com os leitores, a reconhecer os seus erros. O final aberto sugere que os quatro continuarão com a sua luta no futuro próximo – dessa vez sem falsas ilusões.

A maioria dos contos em *Janosch erzählt Grimm Märchen* (Janosch Conta Contos dos Irmãos Grimm, 1972) também pretende acabar com as falsas ilusões, mas não é tão evidente que Janosch tem um objetivo socialista em mente; isto é, que ele planeja moradias coletivas e o compartilhamento como modo de eliminar os males do mundo[34]. Ele está interessado principalmente na forma e no conteúdo dos cinquenta contos dos irmãos Grimm, que parodia a ponto de subvertê-los. Ele os reconta de maneira cáustica usando gírias modernas, expressões idiomáticas e referências claras a condições de vida miseráveis em sociedades abastadas. Cada história procura desfazer a socialização do conto dos irmãos Grimm, invertendo a trama e as personagens, e acrescentando novos incidentes. Tal inversão não leva necessariamente a uma visão de mundo mais feliz ou emancipatória. Se Janosch é libertador, é porque ele é tão humanamente franco, muitas vezes cético, e desrespeita os modos de pensar e de agir condicionados e estabelecidos. Por exemplo, em "O Príncipe Sapo", um sapo perde a sua bola e é perseguido por uma garota. O sapo é forçado por seu pai a aceitar a menina irritante no palácio debaixo da água. No entanto, ela é tão desagradável que ele não aguenta e a sufoca. Isso faz com que ela se transforme em uma princesa sapo e explique a ele como foi capturada por humanos e se transformou em uma menina feia para fugir dos maus tratos dos humanos. Sua feiura evitou que outros seres humanos se casassem com ela e permitiu que ela voltasse a sua verdadeira forma.

Tal inversão zomba do conto dos irmãos Grimm e talvez faça com que o leitor tome consciência da ameaça potencial que os seres humanos representam para a natureza e o mundo animal. Esse ponto pode ser discutido. Mas está evidente na história que Janosch quebra a moldura social das expectativas do público, mesmo se os leitores não conhecerem o conto original dos irmãos Grimm. As numerosas ilustrações de Janosch são tão irritantes quanto a menina, e o poder dos contos está justamente em não atender à socialização da leitura dos contos dos irmãos Grimm como histórias inofensivas. Sua rejeição anárquica e um tanto cética dos irmãos Grimm, e das normas que eles representam, tem a ver com a rejeição dos valores hipócritas dos novos ricos da Alemanha pós-guerra criados pelo chamado milagre econômico. Por exemplo, em "Gato de Botas", um maravilhoso gato expõe seu jovem senhor Hans ao vazio e à falta de sentido da alta sociedade. Quando Hans descobre que os ricos dão mais importância aos objetos do que às vidas das outras pessoas, ele decide abandonar seus sonhos de riqueza e sucesso e viver uma vida livre de maneira modesta junto ao gato. Isso não quer dizer que nem o gato nem Hans sejam personagens exemplares ou apontem modelos para a criação de uma nova sociedade. Eles são símbolos da recusa, e ao representar tal recusa, Janosch busca defender um "espírito questionador" que não existe de maneira alguma nos contos dos irmãos Grimm e está muito vivo em suas revisões provocadoras, em que tudo depende de um novo ponto de vista crítico.

Hans-Joachim Gelberg foi um dos maiores apoiadores das revisões de Janosch e um dos mais importantes proponentes da reutilização dos contos de fada dos irmãos Grimm e da criação de histórias para crianças e adultos mais politizadas e críticas. Gelberg editava anuários especiais, que incluíam diversos tipos de contos de fada experimentais e recebeu prêmios importantes na Alemanha Ocidental[35], pois apontava para novas direções da literatura infantil que se recusava a ser infantilizada e condescendente. Além dos anuários, Gelberg publicou um volume importante com contos de fada contemporâneos intitulado *Neues vom Rumpelstilzchen und andere Haus-Märchen von 43 Autoren* (Novas Histórias de Rumpels-tilzchen e Outros Contos Domésticos de 43 Autores, 1976)[36]. Como existem 58 contos de fada e poemas, é difícil apresentar uma discussão detalhada sobre as técnicas de reutilização no que diz respeito à socialização nos contos. Em termos gerais, a direção é a mesma: uma reformulação e uma nova conceituação dos temas dos contos de fada para questionar os processos padrão de leitura e educação. Como o título do livro menciona "Rumpelstilzchen" e o lema do livro – "Não, eu prefiro ter algo vivo do que todos os tesouros do mundo" – é retirado de seu conto, vou trabalhar com as duas versões de "Rumpelstilzchen" escritas por Rosemarie Künzler e Irmela Brender[37], pois ambas representam a atitude crítica básica da maioria dos autores.

Tanto Künzler quanto Brender encurtaram o conto drasticamente e tiveram abordagens diferentes em relação às personagens principais. Künzler começa destacando a natureza presunçosa do moleiro, que coloca a filha em uma situação terrível. Ela recebe ordens do rei e depois de um homenzinho que promete ajudá-la por meio da extorsão. Quando o homenzinho finalmente quer fazer uma troca que envolve o primeiro filho dela, a filha do moleiro fica chocada. Ela grita e diz que o homenzinho é maluco e que ela nunca irá se casar com um rei horrível ou dar o seu filho. O homenzinho fica com raiva e pisa tão forte que a porta do quarto se abre, e a filha do moleiro sai correndo e se salva. Essa versão é uma crítica sucinta à exploração masculina e à dominação das mulheres. A filha do moleiro se deixa ser jogada de um lado para o outro até que acorda. Assim como Janosch, Künzler projeta a recusa à conformidade com a socialização como o primeiro passo em direção à verdadeira emancipação.

A versão de Brender é diferente. Ela questiona a justiça no conto dos irmãos Grimm a partir do ponto de vista de Rumpelstilzchen, pois sempre achou que o coitado tinha sido tratado de maneira injusta. No final das contas, tudo o que ele queria era algo vivo; em outras palavras, algum contato humano. Ela explica que Rumpelstilzchen não precisava de dinheiro, porque era capaz de produzir ouro quando quisesse. Ele também estava disposto a trabalhar duro e salvar a vida da filha do moleiro. Portanto, a filha do moleiro poderia ter sido mais compreensiva e ter tido mais empatia. Brender não sugere que a filha do moleiro deveria ter entregue o filho, mas como jovem rainha ela poderia ter convidado Rumpelstilzchen para morar com a família real. Dessa maneira, ele teria encontrado a companhia humana de que precisava, e todos ficariam satisfeitos. A maneira como as coisas acabam no conto dos irmãos Grimm é totalmente injusta na visão de Brender. Sua técnica é um jogo com as possibilidades para ampliar as rígidas relações sociais e tem a ver com a propriedade privada. Por meio do pensamento crítico, sua narrativa desvia o objetivo da história dos irmãos Grimm do ouro e do poder para a justiça e relações mais humanas baseadas na consideração mútua e na cooperação.

Ao transformar os contos e criticar as trocas de *commodities* e a dominação masculina, tanto Künzler quanto Brender buscam humanizar o processo de socialização e incorporam uma perspectiva feminista que está na base de um livro inteiro chamado *Märchen für tapfere Mädchen* (Contos de Fada Para Meninas Corajosas, 1978), ilustrado por Doris Lerche e escrito por O.F. Gmelin[38]. Eles usam duas meninas fictícias chamadas Trolla e Svea e um menino chamado Bror do Norte para narrar diferentes tipos de contos de fada que propositalmente buscam neutralizar as nossas noções condicionadas sobre os papéis sexuais e a socialização. Por exemplo, o começo de "Chapeuzinho Vermelho" indica uma perspectiva marcadamente diferente da versão dos irmãos Grimm: "Era uma vez uma menina corajosa"[39]. Ela não tem medo do lobo, e, apesar de ser engolida por ele na cama de sua avó, ela continua atenta, pega uma faca, corta um buraco na barriga dele enquanto ele dorme, e salva a avó e a si mesma. Na versão de Gmelin de "João e Maria", os pais pobres não são os inimigos das crianças, mas a pobreza é a fonte dos problemas. Para ajudar os pais, as crianças vão para a floresta em busca de comida e acabam se perdendo. Elas encontram uma mulher que não é mais uma bruxa, mas uma mulher banida que aprendeu a viver de acordo com as brutais leis da terra ditadas pelos outros. João e Maria superam os obstáculos que ela coloca em sua busca por comida, mas eles não a punem. Eles estão mais preocupados em reestabelecer os fortes laços de cooperação e amor com os pais. As crianças voltam para casa sem um tesouro, e o final deixa o destino da família em aberto.

IV

Os finais abertos de muitos dos contos de fada reutilizados da Alemanha Ocidental da década de 1970 indicam que o futuro de tais contos talvez também seja precário. Dada a importância social e a tendência política direta dos contos de contradizer e criticar o processo de socialização dominante na Alemanha, esses contos não foram amplamente utilizados em escolas, e sua distribuição foi limitada a grupos partidários dos contos entre as classes instruídas da Alemanha Oriental. Eles também foram atacados pela imprensa conservadora por causa de suas "falsificações" e suposta periculosidade para as crianças. Mesmo assim, a produção de tais contos não desacelerou durante as décadas de 1980 e 1990, e o fato de continuarem a serem publicados talvez diga alguma coisa sobre a diminuição do apelo dos contos dos irmãos Grimm e sobre as necessidades de leitores jovens e adultos de se relacionarem com projeções fantásticas que estejam mais ligadas às condições concretas de sua própria realidade.

Os contos populares e os contos de fada sempre dependeram dos costumes, rituais e valores de um processo de socialização específico de um sistema social. Eles sempre descreveram simbolicamente a natureza das relações de poder dentro de uma determinada sociedade. Assim, eles são fortes indicadores do nível de civilização, isto é, da qualidade essencial de uma cultura ou ordem social. A efetividade dos contos emancipatórios e reutilizados dependia não apenas dos contos, mas também da maneira pela qual eles foram recebidos e pelo seu uso e distribuição na sociedade. O fato de que escritores defenderam e ainda defendem que é hora de os irmãos Grimm pararem de observá-los pode prenunciar mudanças positivas para parte do processo de socialização. No mínimo, eles nos levam a repensar aonde a socialização por meio da leitura dos contos dos irmãos Grimm nos leva.

5 Hans Christian Andersen e o Discurso do Dominado

> *Ele apareceu diante de mim como se fosse um alfaiate, e realmente se parecia muito com um. Ele é um homem abatido com um rosto vazio e afundado, e seus modos revelam um tipo de comportamento tímido e submisso que os príncipes adoram. É por isso que Andersen tem sido recebido de maneira magnífica por eles. Ele representa perfeitamente os poetas como os príncipes gostariam que eles fossem.*
>
> HEINRICH HEINE (1851)[1].

Se os irmãos Grimm foram os primeiros escritores do século XIX a se destacarem por remodelar os contos populares orais explicitamente para um processo de socialização burguês, então Hans Christian Andersen, por assim dizer, completou a missão deles e criou um cânone de contos de fada literários para crianças e adultos entre 1834 e 1874 em homenagem à ideologia essencialista. Ao infundir em seus contos noções gerais da ética protestante e ideias essencialistas sobre a ordem biológica natural, Andersen conseguiu receber o selo burguês por cuidar bem da casa. Do ponto de vista da classe dominante, seus contos foram considerados úteis e dignos o suficiente para educar crianças de todas as classes, e se tornaram um produto literário de primeira necessidade na cultura ocidental. Niels Kofoed destaca que Andersen tinha basicamente uma história para contar, não muito diferente do mito de Horatio Alger, e ele a repetiu de maneira tão persuasiva e charmosa que ela foi adotada pela imaginação dos leitores do século XIX:

Andersen, que se identificava com Aladim, fez de sua história um *leitmotif* no drama de sua própria vida. Quando as pessoas zombavam dele por causa de sua aparência peculiar, ele cerrava os punhos dentro dos bolsos, dizendo: "Vou provar que não sou o simplório por que me tomam! Esperem só! Um dia eles ficarão de pé e se curvarão para o poeta triunfante – o gênio do mundo, que se sentará no Parnaso ao lado de Homero, Dante, Shakespeare e Goethe". Andersen contou e recontou essa história... Nos romances de Andersen e em seus contos e histórias, ele repetiu e variou o tema de sua vida inúmeras vezes, desenvolvendo-o e ampliando-o, transformando-o em uma canção universal sobre a poesia, o que passou a ser de interesse comum a toda humanidade. Ele até considerava o gênero dos contos de fada como sendo a estrutura fundamental de todos os bons romances e o gênero universal de uma civilização global que estava por vir.[2]

Felizmente para Andersen, ele surgiu em cena quando o preconceito inicial da classe média contra os contos de fada imaginativos estava retrocedendo. Na verdade, houve um reconhecimento gradual de que a fantasia poderia ser empregada para as necessidades mais utilitárias da burguesia, e Andersen provou ser o serviçal mais humilde dessa causa.

Mas o que estava no centro do modo de trabalho de Andersen? Em que posição seus contos serviram crianças e adultos na Europa e na América? Qual a ligação entre as conquistas de Andersen como escritor de contos de fada, sua conduta servil, e nossa apreciação cultural de seus contos? Parece-me que essas questões devem ser colocadas de maneira ainda mais crítica se pretendemos compreender as razões por trás da fama e da ampla aceitação alcançada por Andersen no século XIX. Na verdade, elas são cruciais se quisermos entender a continuidade da recepção, oferta e uso dos contos de fada no século XIX, especialmente no que diz respeito à socialização por meio da literatura e do cinema.

Apesar de Andersen ter escrito muito a respeito de si mesmo e de seus contos, e foi perseguido por acadêmicos que investigaram cada cantinho de sua vida e de sua obra, houve poucas tentativas de estudar os seus contos do ponto de vista ideológico e de analisar a função deles no processo de aculturação. Isso é ainda mais surpreendente quando pensamos que eles foram escritos com um objetivo didático massivo e eram cheios de referências a comportamentos normativos e padrões políticos ideais. De fato, o discurso de suas narrativas tem uma tendência ideológica nítida, afetada por seus sentimentos ambivalentes em relação a sua origem social e as classes dominantes na Dinamarca que controlavam suas fortunas. É essa "ambivalência afetada" que está em seus contos e empresta a eles a sua tensão dinâmica. No desejo de indicar o caminho para a salvação por meio da emulação das classes altas e prestando reverência à ética protestante, Andersen também mostrou que o seu caminho era repleto de sofrimento, humilhação e tortura – e que podia até levar à crucificação. Por causa dessa atitude ambivalente, especialmente tendendo à predominância da ideologia essencialista, é que seus contos mantêm o apelo até os dias de hoje. Mas antes de reavaliarmos esse apelo como sendo constituído pelos elementos socializadores dos contos, primeiro precisamos reconsiderar Andersen à luz do conflito de classes e das condições atuais de assimilação social.

I

Filho de um pobre sapateiro e de uma lavadeira, Andersen tinha vergonha de suas origens proletárias e passou a insistir nas ideias da nobreza natural. Assim que se tornou um escritor bem-sucedido, ele raramente se misturava com as classes mais baixas. Na verdade, o oposto era verdadeiro: ele era conhecido por se insinuar criando figuras com recortes de papel[3] e performando em troca do jantar, por assim dizer, diante das famílias de classe alta que ele visitava em Copenhague e por toda a Europa. De fato, ele conseguiu abrir portas que tinham sido fechadas na cara dele quando acabara de chegar em Copenhague, e passou a ser bem recebido quando aprendeu como mudar de conduta para agradar aos chamados superiores. No entanto, o sucesso dele naquela época e hoje não pode ser atribuído a esse oportunismo e a esse conformismo. Isto é, ele não pode simplesmente ser desvalorizado como um renegado de classe que atendeu aos interesses estéticos e ideológicos das classes dominantes. O caso dele é muito mais complexo, pois em muitos aspectos seus contos foram narrativas inovadoras que exploraram os limites da assimilação em uma ordem social fechada a que ele aspirava ascender. Apesar de todo o reconhecimento e aceitação pela nobreza e pela burguesia do mundo ocidental, Andersen nunca sentiu ser membro pleno de nenhum grupo. Ele era o intruso, o solitário que viajava constantemente durante a vida adulta, e suas perambulações eram sintomáticas (como os andarilhos e os pássaros de seus contos) de um homem que odiava ser dominado, apesar de amar a classe dominante.

Como Elias Bresdorff, um dos biógrafos mais astutos de Andersen, defendeu,

Falando em termos modernos, Andersen era um homem nascido no "lumpemproletariado", mas completamente privado de "consciência" de classe. Em seus romances e contos, ele muitas vezes expressava uma simpatia inequívoca pelos mais desfavorecidos, especialmente pelas pessoas que foram privadas de suas chances de sucesso por causa de suas origens humildes, e desprezava as pessoas arrogantes que se orgulhavam de sua origem nobre ou de sua riqueza e que menosprezavam os outros por pertencerem ou serem originários das classes baixas. Mas em sua vida privada, Andersen aceitou o sistema do absolutismo e a estrutura de classe inerente a ele, olhava para a realeza com respeito e admiração, e sentia especial prazer em ser aceito ou ser associado a reis, duques e príncipes, e à nobreza em casa e no exterior.[4]

Apesar da simpatia nos contos de Andersen estar com os inferiorizados e desprivilegiados, ela não era tão inequívoca quanto Bresdorff nos fez acreditar, pois o servilismo bajulador de Andersen em relação às classes altas também se manifestava na ficção. Na verdade, como defendi, os sentimentos ambivalentes tanto em relação às suas origens quanto à nobreza constituem o atrativo dos contos. Andersen se orgulhava de seus dons "inatos" como poeta (*Digter*), e acreditava piamente que certas pessoas eram biologicamente determinadas e escolhidas pela divina providência para serem superiores aos outros. Essa crença era a sua maneira de racionalizar o desejo de ser reconhecido e aceito pelas classes altas. E aqui é preciso fazer uma importante distinção. Mais do que qualquer coisa, Andersen buscava a bênção e o reconhecimento de Jonas Collin e de outros membros de sua família respeitável, rica e patriarcal, assim como de outras pessoas da classe burocrática e instruída da Dinamarca, como Henriette Wulff. Em outras palavras, Andersen se esforçou para ser atraente para a elite burguesa dinamarquesa que cultivava as artes, era competente no comércio e na administração, e rápida em substituir a casta feudal de aristocratas como líderes da Dinamarca.

O relacionamento com Jonas Collin foi crucial em seu desenvolvimento, pois Collin o levou pelas mãos, quando ele chegou a Copenhague, e praticamente o adotou como filho. Primeiro, ele tentou transformar o ambicioso poeta em um cidadão burguês respeitável, mas aos poucos desistiu e apoiou as empreitadas artísticas de Andersen. Ao longo do tempo, o principal público de Andersen passou a ser a família Collin ou pessoas com posturas semelhantes. Todos os seus esforços artísticos ao longo de sua vida tinham como objetivo agradá-los. Por exemplo, no aniversário de Collin em 1845, ele escreveu o seguinte:

> Você sabe que a minha maior vaidade, ou chame de alegria, consiste em fazer com que você perceba que eu sou digno de ti. Todo o tipo de reconhecimento que recebo me faz pensar em você. Sou verdadeiramente popular, realmente reconhecido no exterior, sou famoso – muito bem, você está sorrindo. Mas a nata das nações voa em minha direção, me sinto aceito em todas as famílias, os maiores elogios me são feitos por príncipes e pelos homens mais talentosos. Você devia ver como as pessoas na chamada alta sociedade se reúnem ao meu redor. Oh, ninguém em casa pensa nisso entre os muitos que me ignoram completamente e poderiam ficar felizes em desfrutar mesmo que uma gota das homenagens prestadas a mim. Meus escritos devem ter mais valor do que os dinamarqueses gostariam de admitir. Herberg também foi traduzido, mas ninguém fala da sua obra, e seria estranho se os dinamarqueses fossem os únicos capazes de fazer julgamentos neste mundo. Você deve saber, meu amado pai, deve entender que não me julgou mal quando me aceitou como filho, quando me ajudou e me protegeu.[5]

Tão importante quanto seu relacionamento com o Collin pai, era o relacionamento com seu irmão "adotivo" Edvard, que serviu como superego de Andersen e foi seu crítico mais severo. Edvard não apenas editou os manuscritos de Andersen e o repreendeu por escrever muito e rápido demais para ganhar fama, mas também estabeleceu os padrões de adequação para o escritor por meio de sua postura fria e reservada, e de sua eficiência comercial. A pessoa de Edvard Collin, um administrador jurídico dinamarquês assim como seu pai, representava tudo o que Andersen queria se tornar, e Andersen desenvolveu uma forte ligação homoerótica com Edvard, que continuou a ser visivelmente muito forte ao longo de toda a sua vida. Em 1838, Andersen escreveu uma carta reveladora que indica a profundidade de seus sentimentos por Edvard:

Eu sinto a sua falta, de fato, neste momento eu sinto a sua falta como se você fosse uma adorável garota da Calábria, com olhos profundamente azuis e um olhar apaixonado. Eu nunca tive um irmão, mas se tivesse, eu não o teria amado como eu te amo, e ainda assim – você não corresponde aos meus sentimentos! Isso me afeta dolorosamente e talvez seja isso que me liga ainda mais fortemente a você. Minha alma é orgulhosa, a alma de um príncipe não poderia ser mais orgulhosa. Agarrei-me a você – *bastare*! Que é um bom verbo italiano para ser traduzido em Copenhague como "cale-se!"... Oh, quem dera você fosse pobre e eu fosse rico, distinto, um nobre. Nesse caso, eu o iniciaria nos meus mistérios, e você me reconheceria mais do que agora. Oh! Se houvesse a vida eterna, como deve de fato haver, então deveríamos verdadeiramente nos entender e apreciar um ao outro. Então eu não seria mais a pobre pessoa que precisa de bondoso interesse e de amigos, então seríamos iguais.[6]

A verdade é que Andersen nunca se sentiu igual a nenhum dos integrantes da família Collin e media o seu valor a partir dos padrões que eles determinavam. As cartas que eles escreviam para Andersen exigiam humildade, moderação, ascetismo, decoro, economia da mente e da alma, devoção a Deus, e lealdade à Dinamarca. Por um lado, a família Collin ofereceu um lar para Andersen e, por outro lado, suas críticas e sobriedade fizeram com que ele se sentisse inseguro. Eles eram clássicos e refinados demais, falavam "gramaticalmente" correto demais, e ele sabia que nunca seria completamente reconhecido como *Digter* por eles. Mas essa percepção não o impediu de tentar lhes provar o seu valor moral e seus talentos estéticos em seus contos e romances. Não quero sugerir com isso que todos ou a maioria dos contos de fada eram totalmente baseados na relação de Andersen com a família Collin. No entanto, para compreender seu aspecto vital – a formação ideológica em relação ao discurso linguístico e semântico – precisamos entender como Andersen abordava e trabalhava com as noções de dominação social.

Nesse ponto, o estudo de Noëlle Bisseret, *Education, Class Language and Ideology* (Educação, Linguagem de Classe e Ideologia), é mais útil para o meu objetivo, porque ela tenta entender as origens históricas da ideologia essencialista e os conceitos de aptidão natural que aparecem de maneira proeminente nos contos de Andersen. Segundo a definição dela,

> A ideologia essencialista, que surgiu com o estabelecimento daquelas estruturas que constituíram as sociedades de classe, é uma negação das relações históricas de uma ordem econômica, política, jurídica e ideológica que presidem o estabelecimento de relações de poder instáveis. A ideologia essencialista baseia toda a hierarquia social sobre o princípio transcendental de uma ordem biológica natural (que assumiu o lugar de um princípio divino no final do século XVIII). Uma diferença na essência dos seres humanos supostamente predetermina a diversidade dos fenômenos psíquicos e mentais ("inteligência", "linguagem" etc.), e assim o lugar de um indivíduo em uma ordem social é considerado imutável.[7]

Ao analisar como os conceitos de aptidão e disposição foram usados para designar uma realidade condicionada no final do período feudal, Bisseret consegue mostrar uma transformação no significado para legitimar o poder emergente da burguesia no século XIX: a aptidão se torna uma característica hereditária essencial e é empregada para justificar as desigualdades sociais. Em outras palavras, o princípio de igualdade desenvolvido pela burguesia foi gradualmente empregado como um agente socializador para demonstrar que existem certas pessoas escolhidas em um sistema de livre mercado, pessoas com talentos inatos que são destinadas ao sucesso e ao comando porque "têm ou possuem" as qualidades essenciais da inteligência, da dedicação e da responsabilidade.

Devemos lembrar que o século XIX foi um período em que o interesse pela biologia, pela eugenia e pela raça se tornou muito intenso[8]. Não apenas Charles Darwin e Herbert Spencer elaboraram suas teorias nessa época, mas Arthur de Gobineau escreveu o seu *Essai sur l'inégalité des races humaines* (Ensaio Sobre a Desigualdade das Raças Humanas, 1852) e Francis Galton escreveu *Hereditary Genius* (Genialidade Hereditária, 1869) para dar uma cara aparentemente científica ao processo de seleção da classe média. Em todo o mundo ocidental, uma esfera pública burguesa mais sólida estava se estabelecendo e ocupando o lugar dos sistemas feudais, como era claro no caso dinamarquês[9]. Junto com as novas instituições criadas para a racionalização e a maximização do lucro, um princípio panóptico de controle, disciplina e punição foi introduzido nas instituições de socialização orientado para reforçar os interesses e garantir a dominação das classes endinheiradas. Isso é demonstrado muito bem no valioso estudo de Michel Foucault, *Vigiar e Punir*[10], que apoia a tese de Bisseret de como o conceito ideológico das atitudes se transformou na garantia "científica" da organização social que ele justificava.

> A ideologia das desigualdades naturais criada e promovida por uma classe social numa época em que ela assumiu o poder econômico, e depois o político, gradualmente se transformou em uma verdade científica, fazendo empréstimos da craniometria, depois da antropometria, da biologia, da genética, da psicologia e da sociologia (cuja prática científica às vezes orientou); os elementos que permitiram com que ela corroborasse suas afirmações. E precisamente por esse meio, ela foi capaz de se impor sobre todos os grupos sociais que acreditavam nos valores que presidiam o nascimento da aptidão como ideologia: o progresso e a ciência. Agora parece que para muito além das controvérsias, que colocam diferentes grupos estabelecidos em oposição, essa ideologia ampla direciona toda a concepção de seleção e orientação educacional: o sistema educacional tem como objetivo selecionar e treinar uma "elite", que, por causa de sua competência, mérito e aptidão, está destinada a altas funções, cuja responsabilidade implica certas vantagens sociais e econômicas.[11]

A essa altura, se olharmos para o caso de Andersen à luz da tese de Bisseret, dois fatores são cruciais para a sua concepção pessoal de uma ideologia essencialista. Primeiro, a Dinamarca era um país minúsculo com uma estrutura burocrática feudal muito amarrada que estava passando por uma rápida transformação em uma sociedade dominada pela burguesia. Havia menos de 1.200.000 pessoas no país, e 120.000 em Copenhague. Entre a burguesia e a nobreza instruídas, todo mundo conhecia quem era importante e, apesar de o país depender dos administradores burocráticos e investidores comerciais burgueses, o rei e seus conselheiros tomavam grande parte das decisões importantes até o começo da década de 1840, quando assembleias constituintes representando os interesses combinados da indústria, do comércio e da agricultura começaram a assumir mais controle. Essencialmente, como afirma Bredsdorff,

> na sociedade dinamarquesa do começo do século XIX era quase impossível quebrar as barreiras de classe. As únicas exceções eram poucos indivíduos com dons artísticos fora do comum: Bertel Thorvaldsen, Fru Heiberg e Hans Christian Andersen. E mesmo eles tiveram que em alguns momentos ser colocados em seus lugares e lembrados de sua origem baixa.[12]

Aqui, é difícil falar de uma quebra real. Ao longo de sua vida, Andersen foi obrigado a agir como um súdito dominado dentro dos círculos sociais dominantes, apesar de sua fama e de seu reconhecimento como escritor.

Mesmo para chegar a esse ponto — e esse é o segundo fator crucial —, ele precisava ser supervisionado de perto, pois a admissão aos altos escalões tinha que ser conquistada e constantemente atestada. E, a princípio, Andersen parecia ser um "risco de segurança". Assim, quando ele chegou em Copenhague em 1819, saindo do seu ambiente provincial de classe média de Odense, ele precisou ser corrigido por aqueles que apostavam nele para que pudesse cultivar o discurso, o comportamento e o decoro apropriados. Então, para ser polido, ele também foi enviado para escolas particulares de elite em Slagelse e Helsingör em uma idade avançada entre 1822 e 1827, para receber uma educação formal e clássica completa. O objetivo dessa educação era refrear e controlar Andersen, em especial a sua imaginação extravagante, e não o ajudar a alcançar uma relativa autonomia.

> O objetivo de Jonas Collin ao resgatar Andersen e enviá-lo para a escola secundária não era transformá-lo em um grande escritor, mas permitir que ele se tornasse um membro útil da comunidade em uma classe social mais elevada do que aquela em que tinha nascido. O sistema educacional secundário foi criado para ensinar os meninos a ler de maneira apropriada, para moldá-los em produtos finais desejados, para fazê-los crescer e serem iguais a seus pais.[13]

Como Bredsdorff destaca, o sistema não era tão rigoroso a ponto de remodelar Andersen completamente e dar a ele um carimbo de aprovação total. Mas deixou marcas indeléveis. O que Andersen chamaria de *The Fairy Tale of My Life* (O Conto de Fada da Minha Vida) – sua autobiografia, uma impressionante projeção mitopeica de sua vida[14] – era, na verdade, um processo de autonegação cultivado como gênio individual com talentos dados por Deus. Como apontei, Andersen tinha vergonha da origem de sua família e fez o que pode para evitar falar ou escrever sobre ela. Quando o fez, invariavelmente distorceu a verdade. Para ele, seu lar era a família Collin, mas esse lar, como Andersen sabia muito bem, era algo inatingível por causa das diferenças sociais.

Foi por meio de sua escrita e de suas conquistas literárias que Andersen conseguiu disfarçar sua autonegação e apresentá-la como uma forma distinta de individualismo. No começo do século XIX na Dinamarca, existia uma oscilação literária entre o universalismo do classicismo e o culto romântico do gênio e da individualidade, e Andersen se beneficiou muito disso. Como um leitor voraz, consumiu todos os escritores românticos alemães de contos de fada, além de Shakespeare, Scott, Irving e outros escritores que exemplificavam o ideal de individualismo. Mais importante para sua formação na Dinamarca, como já ressaltei, o movimento romântico era

> acompanhado pelo que ficou conhecido como o tema de Aladim, segundo a ideia que Oehlenschläger expressou em sua peça *Aladim*. Isso tem a ver com a teoria de que certas pessoas são escolhidas por natureza, ou por Deus, ou deuses, para alcançar a grandeza, e nada pode acontecer que as detenha, não importa o quão fracas e inadequadas elas possam parecer... Os temas gêmeos da antiga grandeza nacional e da possibilidade de ser escolhido para ser grande, apesar de todas as aparências, assumiram um significado especial para a Dinamarca depois de 1814. O teatro romântico-patriótico, que tinha a ver com o passado heroico, apelava para uma população em busca de uma fuga do presente sórdido, e serviu como fonte de inspiração por muitos anos. Ao mesmo tempo, o conceito de Aladim também assumiu novas proporções: não apenas foi usado como tema literário, mas também podia ser aplicado

a indivíduos – Oehleschläger sentiu que ele mesmo a exemplificava, assim como Christian Andersen – e também era possível aplicá-lo ao país.[15]

Andersen como Aladim. A vida de Andersen como um conto de fada. Há algo esquizofrênico em fingir que alguém é uma personagem de conto de fada na realidade, e Andersen sofreu de fato de desordens nervosas e distúrbios psíquicos ao longo de sua vida. Como já discuti, ele desenvolveu um sistema de crenças religiosas e filosóficas bem peculiar baseado nas ideias de Hans Christian Ørsted, articuladas em *Aanden i Naturen* (Espírito da Natureza), para amenizar seu desejo compulsivo por sucesso e a sede por admiração. Para justificar a sua existência esquizofrênica, ele adotou as ideias do físico dinamarquês Hans Christian Ørsted de *Aanden i Naturen* e as combinou com a sua crença animista no cristianismo[16]. Tanto Andersen quanto Ørsted eram seguidores da teoria do *design* inteligente. Portanto, se o grande Criador controlava os trabalhos do mundo, a genialidade era um dom divino e natural e que seria recompensado, não importando onde a pessoa nasceu. O poder estava nas mãos de Deus, e só se devia inclinar diante Dele. No entanto, Andersen se sujeitou mais a um sistema social temporal e tinha que racionalizar essa submissão de maneira adequada o suficiente para que pudesse conviver consigo mesmo. Ao fazer isso, ele se inseria na relação sócio-histórica dos dominados, negando as suas origens e necessidades para receber aplausos, dinheiro, conforto e espaço para escrever sobre as contradições sociais que ele tinha dificuldade de resolver para si mesmo. Tal situação significou uma vida de insegurança e ansiedade para Andersen.

Mais uma vez, Bisseret é útil para nos ajudar a compreender o impacto sócio-psicológico na formação de seu ego e de suas ideias:

> *Dominante na imaginação* (quem sou eu?), dominado na realidade (o que sou eu?), o ego não tem coesão, por isso a contradição e a incoerência das práticas. As crianças das classes dominadas pensam em termos de aptidões, gostos e interesses, porque a cada passo em sua educação, seu sucesso progressivamente as convenceu de que elas não eram "menos que nada" do ponto de vista intelectual; mas ao mesmo tempo elas duvidavam

profundamente de si mesmas. Essa dúvida certamente está relacionada à divisão, aos aspectos descontínuos de suas orientações, medida pelos padrões de um tempo parcimonioso e fugaz. Seus projetos cotidianos que os levam a becos sem saída ou que acumulam lacunas de conhecimento que são inibidores para o seu futuro educacional reforçam suas dúvidas sobre suas capacidades.[17]

No caso específico de Andersen, as dúvidas sobre si mesmo eram produtivas na medida em que ele sentia a necessidade constante de provar a si mesmo, de mostrar que sua aptidão e disposição eram nobres e que ele pertencia ao grupo dos eleitos. Isso fica aparente no sistema de referências construído na maioria de seus contos, que são os discursos dos dominados. Ao analisar tais discursos, Bisseret fez a seguinte observação:

> O relacionamento com o seu ser social simultaneamente vivido e concebido por cada agente é baseado no conhecimento inconsciente. O que é chamado de "sujeito" (o "eu") no discurso social é o ser social do dominante. Assim, ao definir sua identidade, o dominado não pode polarizar a comparação entre o eu/os outros em seu "eu" da mesma maneira que o dominante faz... Não pode haver uma coesão, a não ser do lado do poder. Talvez os dominados ignorem isso menos do que os dominantes, como fica claro por meio de seus relatos. De fato, quanto mais as práticas do falante são as práticas do poder, mais a situação na qual ele se coloca no campo conceitual é o lugar mítico onde o poder desaparece em benefício de uma criatividade puramente abstrata. Por outro lado, quanto mais o falante é submetido ao poder, mais ele se situa no exato lugar em que o poder é exercido de maneira concreta.[18]

Apesar de as ideias de Bisseret sobre os dominados e os dominantes em relação à ideologia essencialista terem a ver com as formas linguísticas do discurso diário, elas também se aplicam aos modos de narração usados pelos escritores de ficção. Por exemplo, na hora de criar seus contos, Andersen misturava a linguagem popular ou formas linguísticas populares com o discurso clássico formal, e essa síntese estilística não apenas conferia um tom incomum às histórias, mas também refletia os seus esforços em unificar uma identidade que o discurso dominante mantinha dissociada. Ele também se empenhou em enobrecer e sintetizar os temas populares com os temas literários dos contos de fada românticos, especialmente os de Hoffmann, Tieck, Chamisso, Eichendorff e Fouqué. Sua estilização dos temas populares das classes baixas era similar à sua tentativa pessoal de ascender na sociedade: elas tinham o objetivo de atender os padrões da "arte erudita" estabelecidos pela classe média. Como Bengt Holbek destaca no que diz respeito ao uso que Andersen fez dos contos populares, "Ele os ouviu em um meio e os contou em outro. Ele precisou fazer ajustes, um dos quais foi disfarçar ou ocultar todos os traços de sexualidade explícita; na época não se considerava tais assuntos como entretenimento adequado para as crianças da burguesia"[19]. A autocensura era feita de acordo com os princípios de dominação, mas também era minada pela própria linguagem metafórica de Andersen, que expunha as suas contradições. Em resumo, as formas linguísticas e os temas estilizados de Andersen revelam a estrutura de relações enquanto elas eram formadas e solidificadas em torno da dominação burguesa emergente no século XIX.

Com poucas exceções, a maioria dos 156 contos de fada escritos por Andersen não tem um "eu", isto é, o "eu" é sublimado por meio da terceira pessoa, e o discurso narrativo se torna dominado pelas referências constantes ao lugar de poder. A identificação da terceira pessoa com os mais desfavorecidos ou dominados nos contos é, portanto, enganadora. Em um certo nível, isso acontece, mas a voz do narrador sempre busca a aprovação de uma força superior e a identificação com ela. Aqui, também, as figuras que representam a dominação ou a nobreza nem sempre estão na cadeira do poder. A submissão ao poder para além da aristocracia constituía e constitui o verdadeiro atrativo dos contos de Andersen para os públicos da classe média: ele colocava o poder na divina providência, que invariavelmente agia em nome da ideologia essencialista burguesa. Nenhum outro escritor de contos de fada literários do começo do século XIX introduziu tantas ideias cristãs de Deus, da ética protestante e da empreitada burguesa em suas narrativas quanto Andersen. Todos os seus contos fazem referência implícita ou explícita ao poder cristão milagroso que governa os Seus súditos de maneira firme, porém justa. Tal poder patriarcal pode parecer representar uma organização feudal, mas o sistema de valores dominante representado pela ação providencial e as tramas dos contos são completamente burguesas e justificam as ideias essencialistas de aptidão e disposição. Enquanto o poder aristocrático estava sendo transformado na Dinamarca, Andersen refletia em seus contos sobre o significado de tais transformações.

Também existem claras tendências de darwinismo social em seus contos, mescladas ao tema de Aladim. Na verdade, a sobrevivência do mais adaptado é a mensagem do primeiro conto, "O Isqueiro Mágico", que ele escreveu para a publicação de sua antologia. No entanto, o mais adaptado nem sempre é o mais forte, e sim o protagonista escolhido, que prova ser digno de servir a um sistema de valores dominante. Isso não significa que Andersen pregasse constantemente uma mensagem em todos os seus contos. No geral, escritos entre 1835 e 1874, eles representam o processo criativo de um ego dominado tentando estabelecer um eu unificado enquanto era confrontado com um discurso dominante, que dissociava essa identidade. Os esforços ficcionais são variações sobre o tema de como alcançar a aprovação, a assimilação e a integração em um sistema social que não permite a aceitação ou o reconhecimento verdadeiro de uma pessoa que venha das classes mais baixas. Em muitos aspectos, Andersen é como a figura do Humpty Dumpty que sofreu uma grande queda quando percebeu enquanto crescia que a entrada para a elite instruída da Dinamarca não significava aceitação e totalidade. E nem todos os homens e cavalos do rei conseguiriam juntá-lo outra vez quando ele percebeu as desigualdades e foi humilhado[20]. Então seus contos de fada são tentativas diversificadas e sublimadas de alcançar a completude, de obter vingança e de descrever a realidade da luta de classes. A voz dominada, no entanto, permanece constante em sua referência ao poder real.

Obviamente, nos contos existem outros temas além do poder e da dominação e existem outras abordagens válidas sobre eles, mas acredito que a recepção ampla e contínua dos contos de fada de Andersen na cultura ocidental pode ser mais bem explicada pela compreensão de como o discurso do dominado funciona nas narrativas. Em termos ideológicos, Andersen promoveu noções burguesas do *self-made man*, ou do mito de Horatio Alger, que estava se tornando muito popular nos Estados Unidos e em outros lugares, enquanto reforçava a crença na estrutura de poder existente que significava a dominação e a exploração das classes mais baixas. De fato, a fama de Andersen nos Estados Unidos e na Inglaterra no século xix foi algo um tanto meteórico. É por isso que precisamos olhar com atenção para os contos e analisar como eles personificavam os sonhos da ascensão social e da felicidade individual que estimulava um processo de seleção burguês abrangente estimulando a dominação da mente e da fantasia.

II

A maioria dos estudiosos dos contos de Andersen destaca que ele publicou inicialmente seus contos para crianças e aos poucos foi mudando a sua atenção para os adultos. Na verdade, ele sempre escreveu para os adultos, e seus contos começaram a excluir os leitores infantis depois de 1850. Os primeiros livretos intitulados *Eventyr, fortalte for Børn* (Contos de Fada Contados Para Crianças) foram publicados como encartes de livros para adultos em 1837. Gradualmente, os livretos se transformaram em livros para crianças com ilustrações de Vilhelm Pedersen. Então foram feitas mudanças nos títulos para *Eventyr* (Contos de Fada), *Nye Eventyr* (Novos Contos de Fada), *Historier* (Histórias), e finalmente, em 1850, *Eventyr og Historier* (Contos de Fada e Histórias). A evolução de seu estilo e de seus interesses estão refletidos nos títulos dos volumes e na sua mudança de foco. Andersen começou transformando contos da tradição oral e adaptando-os para crianças e adultos da burguesia. No começo da década de 1840, ele raramente usava contos populares reconhecíveis como matéria-prima, mas cada vez mais criava seus próprios contos de fada ao dar vida a plantas, animais e objetos – algo que fez desde o começo. Mas agora a maioria dos contos tinha a ver com animais e objetos em narrativas que lembravam fábulas e parábolas, mas eram misturados com temas dos contos de fada. Finalmente, depois de 1850, seus contos já não se dirigiam às crianças e incluíam lendas, reflexões filosóficas, histórias sobrenaturais e comentários históricos. Finn Hauberg Mortensen comenta que,

> Como todo grande artista, Andersen lutou acima de tudo consigo mesmo ao ampliar continuamente os limites de suas

habilidades expressivas. Isso é exemplificado por seu amor não correspondido pelo teatro e suas tentativas de expandir a prosa curta do conto de fada para composições épicas. Hoje em dia, muitas dessas tentativas estão esquecidas porque havia um limite para o que poderia ser bem-sucedido – mesmo para Andersen. No entanto, a essência de seu domínio sobre o conto de fada está em suas observações detalhadas e claras, em sua habilidade de perceber os aspectos estranhos da existência, e na composição rigorosa do mundo das obras de prosa curta que, em uma linguagem oral concisa, revelam o cisma da cultura burguesa uniforme dentro da qual, e contra a qual, os contos foram escritos.[21]

Apesar de Mortensen argumentar que cada um dos contos de Andersen deva ser analisado e interpretado cuidadosamente como uma obra de arte separada, ao invés de serem agrupados e examinados como representantes de um conto típico de Andersen, ele vê tópicos em comum que ligam as diferentes narrativas. Um dos mais importantes é a maneira como Andersen revelou "o cisma da cultura burguesa uniforme", que buscou consertar ao longo de sua vida de maneira quase incansável. O tópico mais comum é seu discurso do dominado, e quero examinar diversos contos, "O Companheiro de Viagem" (1837), "O Rouxinol" (1843), "O Patinho Feio" (1843), "A Pastora e o Limpa-Chaminés" (1845), "Tudo no Seu Devido Lugar" (1853), "O Duende da Mercearia" (1853) e "O Jardineiro e o Senhor" (1871), para demonstrar como Andersen racionalizou de maneira consistente o poder dos grupos dominantes que o angustiavam e incomodavam. Esses contos são importantes porque cobrem a diversidade de sua vida produtiva e revelam como ele colocou seu extraordinário talento em prática ao inventar uma variedade de abordagens para questões que envolviam o significado da providência, a essência da genialidade, o papel do artista, o tratamento das mulheres e o sistema de patronato.

"O Companheiro de Viagem" é um bom exemplo de como Andersen remodelou os contos populares orais para atender aos gostos religiosos de um público leitor burguês e para promover as suas ideias sobre a ideologia essencialista. É também um conto que coloca as mulheres em seu lugar e exalta um herói humilde, que acredita piamente na divina providência. Em 1830, ele escreveu uma versão anterior, "O Homem Morto. Um Conto de Funen", que foi o primeiro conto que publicou na vida, mas ele não ficou satisfeito e o reescreveu sete anos mais tarde como "O Companheiro de Viagem". O material para o conto era bem conhecido não apenas na Dinamarca, mas por toda a Europa. Os Irmãos Grimm publicaram uma versão intitulada "O Morto Agradecido e a Princesa Resgatada da Escravidão" em seus comentários de 1856, e havia muitas outras variantes em circulação antes de Andersen e dos Irmãos Grimm lidarem com esse tipo de conto. Na verdade, os folcloristas traçam sua história até uma tradição oral que existia no século II a.C. e que faz parte do livro apócrifo de *Tobias*[22]. Antti Aarne e Stith Thompson categorizaram as diferentes variantes em seu sistema pelo número AT 505-508 (*The Grateful Dead*, O Morto Agradecido)[23] e forneceram os temas básicos do conto: o herói encontra um homem morto cujo corpo está ao ar livre e ficando desfigurado por ser alguém que não pagou as suas dívidas. O herói demonstra compaixão e paga as dívidas do morto, dando todo o dinheiro que tem consigo. Ele continua seu caminho e encontra um velho, um serviçal, ou uma raposa, que concorda em ajudá-lo, desde que eles dividam os lucros. Agora o jovem viaja com um acompanhante que o ajuda a salvar uma princesa ou a livrá-la de um encantamento. No final, o ajudante revela ser o homem morto cujas dívidas o herói tinha pago e desaparece. Em muitas versões escandinavas a princesa está ligada a um troll, que a encantou. O herói corta a cabeça do troll, então a princesa é limpa com botões de bétula e banhada três vezes com leite, para que seja purificada e possa se casar com o herói.

Não se sabe qual versão Andersen conhecia, mas é provável que ele tivesse familiaridade com um conto pagão escandinavo, o tenha transformado completamente em um conto romântico sentimental que celebra o poder de Deus, pois o protagonista estaria perdido sem o poder divino. A mensagem é explícita e repetida diversas vezes para que João, o herói, pareça patético. Na verdade, no começo ele é apenas um órfão que acabara de enterrar o pai, e quando olha para o Sol, este revela que seu pai está implorando para que Deus o ajude a dar tudo certo para ele. Então João responde:

Quero ser sempre bom! [...] Vou, então, também para o céu, para junto de meu pai, e será uma grande alegria quando nos virmos de novo! Quanta coisa poderei contar-lhe, e ele mostrar-me-á muita coisa, ensinar-me-á muito de tudo que há de belo no céu, como me ensinou aqui na terra! Oh! Será, então, uma grande alegria![24].

E é de fato maravilhoso. João parte em uma jornada por esse mundo incrível, e quando ele passa a noite em uma igreja, descobre que dois homens estão prestes a profanar um homem morto em um caixão porque ele não pagou suas dívidas. João intervém e dá aos homens cinquenta táleres[25], toda a sua herança. Então ele diz, "Poderei bem prescindir desse dinheiro, tenho membros saudáveis e fortes, e o Senhor me ajudará sempre!"[26] Ele continua o caminho, e quando deixa a floresta, um estranho, que se torna seu companheiro de viagem, se junta a ele. Esse estranho não é um companheiro comum, pois ajuda pessoas necessitadas com um unguento mágico e recebe pagamentos por isso – botões de bétula de uma velha senhora e uma velha espada de um diretor de teatro. Além disso, ele corta as asas de um cisne morto com sua recém-adquirida espada. Finalmente, João e o estranho chegam a uma cidade em que ouvem falar sobre uma linda e assustadora princesa. Ela havia proclamado que quem a quisesse pedir em casamento só poderia ter a mão dela se respondesse a três perguntas. No entanto, se errasse, perderia a cabeça, e muitos homes já tinham perdido suas cabeças. Quando João ouve isso, exclama, "Odiosa princesa! [...] Devia ser açoitada, far-lhe-ia bem. Se eu fosse o velho rei, ela seria açoitada!"[27] No entanto, assim que a vê, ele fica perdidamente apaixonado e decide pedi-la em casamento. Todos tentam dissuadi-lo, mas ele é teimoso. Na noite anterior ao seu teste, ele adormece na pousada, e o estranho prende as asas de ganso nas costas, fica invisível, e segue a princesa, que voa pelo ar até o castelo do troll. Ao longo do caminho, ele bate nela com os botões de bétula, e quando chegam lá, ele descobre a resposta para a primeira pergunta e conta para João, que a usa no dia seguinte para salvar a sua vida. O estranho ajuda João mais duas vezes e corta a cabeça do troll. Ele então instrui o jovem a colocar a princesa em uma banheira e mergulhá-la três vezes para se livrar do encantamento do mal. "João rogou a Deus piamente, deitou a ave pela terceira vez na água e no mesmo momento ela se transformou na mais bonita princesa. Estava mais bonita do que antes e agradeceu-lhe com lágrimas nos lindos olhos, pois tinha-lhe sido tirado o feitiço."[28] Agora que o trabalho do estranho estava terminado, ele revela ser o devedor morto e desaparece. João se casa com a princesa e logo assume o reino.

Na superfície, parece que a versão do conto popular oral sobre o devedor agradecido que Andersen escreveu é uma narrativa pitoresca e charmosa cheia de descrições divertidas e apelos solenes a Deus Todo-Poderoso, e que era apropriada para as crianças e os adultos leitores da Dinamarca. Mas existem alguns aspectos perturbadores que precisam ser analisados porque eles se repetem em seus outros contos e revelam como Andersen estava pronto para submeter os seus heróis a autoridades, como Deus, e para humilhar personagens femininas, mesmo que seus heróis possam adorá-las. Existem evidentes tons subservientes e misóginos em muitos de seus contos. As mulheres devem ser colocadas em seus lugares, e todos os lugares são decretados pela realeza ou pelos poderes divinos.

Bengt Holbek, um dos folcloristas dinamarqueses mais importantes do século XX, destacou incisivamente como Andersen transformou um conto popular focado na opressão masculina em um conto que, na verdade, celebra a dominação. Ele comenta que

O acontecimento principal de "O Companheiro de Viagem" é obviamente o confronto com a princesa que exige a resposta para três perguntas sob a pena de morte. É aí que a minha análise dos contos populares me leva a concluir que Andersen não entendia sobre o que eles eram de verdade; ou, se entendia, escondia isso de tal maneira que as pessoas modernas têm dificuldade de entender. A essa altura, deve-se enfatizar que nas comunidades campesinas tradicionais, os contos mágicos eram o divertimento principal dos adultos. Quando eles são transplantados para o mundo das crianças da burguesia, alguns aspectos extremamente importantes são perdidos, como tentarei explicar.[29]

Holbek explica que é mais provável que o troll seja uma representação simbólica do pai dela, e que as perguntas que ela faz são a expressão de uma ligação emocional ilícita com o pai. Em outras palavras, o conto, como outros contos populares conhecidos, tal como "A Moça Sem Mãos", reflete o dilema de uma jovem que é oprimida pelo pai ou está sob o feitiço do pai. A tarefa do herói é substituir o pai, e não obter a sua aprovação, como é o caso do conto de Andersen. Se aceitamos a interpretação de Holbek do conto popular como um conto que trata do incesto, fica claro que o conto de Andersen é uma dissimulação e que a estrutura narrativa e os temas têm a ver com a manutenção da virtude e da virgindade a serviço de uma autoridade superior. O estranho faz todo o trabalho difícil no conto. A missão de João na vida é mostrar a Deus como ele é limpo, inocente e puro. A princesa, que apanha por causa de seu suposto mau comportamento, é mergulhada em uma banheira até se transformar em um cisne branco. Assim que ela fica virgem novamente, ela e seu marido puro podem se casar. Mas o que João fez para merecê-la? Qual é a sua realização como herói? Partindo de certa forma da tese de Holbek, é possível que a princesa estivesse tendo um caso ilícito com um forasteiro, um homem, que ela desejava? O pai e a corte estão tentando limitar o seu desejo? João age em nome da virtude e basicamente segue as ordens do estranho, que supostamente age em nome de Deus. João é essencialmente bom e merece um prêmio porque ele cumpre os comandos vindos de cima. Se João deve ser um protagonista modelo para os jovens leitores, e não apenas para os jovens, devemos lembrar que ele não fez nada a não ser ajudar um homem morto e andar pelo mundo como um caipira ingênuo, que lembra a personagem simplória de Joseph von Eichendorff em *Aus dem Lebem eines Taugenichts* (Da Vida de um Imprestável, 1826), uma obra que Andersen conhecia. João tem a vida assegurada, e por isso ele é prontamente aceito pela sociedade da corte, pois irá executar as leis de dominação que satisfazem os requisitos de um rei.

Em quase todos os primeiros contos de Andersen, ele foca nas classes baixas ou em protagonistas desfavorecidos, que se esforçam para ascender e entrar na sociedade. A ascensão é baseada no comportamento adequado que deve corresponder a um poder superior, que elege e testa o herói. Apesar de se demonstrar um respeito completo pelo patriarcado feudal, o comportamento normativo correto reflete os valores da burguesia. Se o herói vem de uma classe menos favorecida, a certa altura ele ou ela deve ser desprezado, se não humilhado, para testar sua obediência. Depois disso, a aptidão natural de um indivíduo bem-sucedido será revelada por meio da dedicação, da perseverança e da aderência a um sistema ético que legitima a dominação burguesa. Deixe-me ser mais específico e focar nos que considero alguns dos contos mais populares escritos depois de 1837, como "O Rouxinol", "O Patinho Feio" e "A Pastora e o Limpa-Chaminés".

Existem dois fatores importantes a serem levados em consideração quando analisamos a recepção desses contos tanto no século XIX como no presente no que diz respeito ao discurso narrativo do dominado. Primeiro, como membro da classe dominada, Andersen só podia experimentar a dissociação, apesar do acesso aos círculos das classes privilegiadas. Obviamente isso acontecia porque ele media seu sucesso como pessoa e como artista pelos padrões que não foram criados pelo seu próprio grupo social. Aquele poder supremo que julga os seus esforços e o destino de seus heróis dependia da organização das relações hierárquicas em um tempo de transformação sociopolítica que deixaria a Dinamarca e grande parte da Europa sob o controle da burguesia. Essa mudança no poder levou Andersen a se identificar com a elite da classe média emergente, mas ele não descrevia os pobres e os desfavorecidos de maneira negativa. Pelo contrário, assumia uma posição humilde e filantrópica – os afortunados e os talentosos são moralmente e eticamente obrigados a ajudar os menos afortunados. A voz dominada de todas essas narrativas não condena a sua antiga classe social, ao invés disso, Andersen perde contato com ela ao negar os anseios rebeldes de sua classe dentro de si mesmo e ao fazer concessões que confirmavam o legítimo domínio da ética da classe média.

Um segundo fator a ser considerado é a ambiguidade fundamental do discurso dominado nos contos de Andersen: esse discurso não pode representar os interesses de uma classe dominada; ele só pode racionalizar o poder da classe dominante a fim de que seu poder se torne legitimado e aceitável para aqueles que não têm poder. Como destaquei antes, Andersen despersonaliza seus contos ao usar a posição da terceira pessoa que parece universalizar a sua voz. No entanto, essa autonegação é um recurso dos dominados, que sempre fazem referências e apelam para aquelas forças que controlam as suas vidas. No caso de Andersen, ele mistifica o poder e faz com que ele pareça divino. É impressionante, como já ressaltei, quando se compara Andersen com outros escritores de contos de fada de seu tempo, como ele apela constantemente a Deus e à ética protestante para justificar e sancionar as ações e os resultados de seus contos. Ironicamente, para alguém ter uma alma em seus contos, essa pessoa precisa vender a sua para a aristocracia ou para a burguesia, algo que ele evidentemente sabia e sentia. De qualquer maneira, foi a moral e o código social da classe média que garantiram o sucesso de seus protagonistas, que garantiram o seu próprio sucesso social e que, em última instância, garantiram o sucesso da recepção de um número seleto de seus contos até o presente, contos canônicos escolhidos de maneira consciente ou não para manter as noções ideológicas que servem aos princípios de dominação.

Isso não quer dizer que Andersen sempre se autodepreciava em seus contos. Ele muitas vezes atacava a ganância e a arrogância. É interessante que, em geral, o vício é associado à aristocracia pretensiosa e quase nunca às personagens burguesas. Em termos gerais, Andersen celebrava os poucos escolhidos das classes mais baixas que naturalmente alcançavam a fama, e punia aqueles dos baixos escalões "que conquistavam demais" ou as pessoas "prepotentes" das classes privilegiadas. O decoro e o equilíbrio tornaram-se artigos de fé em seu esquema filosófico das coisas. Saber o seu lugar e o seu dever é formar o princípio de conhecimento. Por exemplo, em "O Guardador de Porcos", ele se delicia ao descrever a falta de educação de uma princesa que perdeu seu senso de decência. Andersen já tinha parodiado a artificialidade e a presunção da nobreza em "O Isqueiro Mágico" e "As Roupas do Imperador". Assim como no tema da "megera domada" no conto popular "Rei Bico-de-Tordo", Andersen tem a figura dominante da princesa caprichosa e orgulhosa sendo humilhada pela figura dominada do príncipe disfarçado de guardador de porcos. No entanto, não há final feliz aqui, pois o humor assume uma seriedade moral quando o príncipe rejeita a princesa depois de ter alcançado o seu objetivo: "– Agora sou eu que te desprezo! – disse ele. – Não quiseste um príncipe digno. Não foste capaz de apreciar a rosa e o rouxinol, mas beijaste o porqueiro só para obteres um brinquedo! Pois fica com ele!"[30]

As oposições são evidentes: honestidade *versus* falsidade, beleza genuína (rosa/rouxinol) *versus* a beleza fabricada (brinquedos), a nobreza da alma *versus* a nobreza sem alma. Além disso, em muitos casos, o protagonista "mau" é uma mulher que perdeu o controle de suas paixões. De maneira indireta, Andersen defende que a nobreza precisa se adaptar ao sistema de valores da burguesia emergente ou ser trancada para fora do reino da felicidade. Sem apreciar a beleza e o poder dos verdadeiros líderes – o príncipe é essencialmente da classe média –, a monarquia irá entrar em colapso.

Esse tema está no centro de "O Rouxinol", que também pode ser considerado um tratado sofisticado sobre arte, genialidade e o papel do artista. A trama tem a ver com uma séria de transformações nas relações de poder e de serviço. Primeiro, o imperador chinês, um patriarca benevolente, manda trazer o rouxinol da floresta para o seu palácio. Quando o cavaleiro de ordens encontra o rouxinol, ele exclama, "Assim nunca o tinha imaginado! Como parece vulgar! Certamente perdeu *couleur* ao ver tanta gente distinta perto dele"[31]. Como o pássaro de aparência comum (uma referência óbvia a Andersen) tem um talento artístico inigualável, ele é contratado para servir ao imperador. A primeira fase da relação dominante-dominado baseada na ligação servil se transforma em negligência quando o imperador ganha um pássaro mecânico incrustado de joias que nunca se cansa de cantar. Então o rouxinol foge e volta para a floresta, e o pássaro mecânico acaba quebrando. Cinco anos depois, o imperador fica doente e parece que vai morrer. Por vontade própria, o rouxinol volta para ele e espanta a morte de sua janela. Aqui a relação de servidão é retomada com a exceção de que o rouxinol assumiu um valor de mercado diferente: ele concorda em ser o pássaro cantor do imperador desde que ele tenha a liberdade de ir e vir. O feudalismo foi substituído pelo sistema de livre mercado, mas o pássaro/artista está disposto a servir lealmente e manter o autocrata no poder.

> Então, pousarei à noite nos ramos ali junto à janela e cantarei para ti, para que tu possas alegrar-te e pensar. Cantarei sobre a gente feliz e sobre aqueles que sofrem. Cantarei sobre o mal e o bem que à tua volta se mantêm ocultos. O passarinho cantor voa longe, até o pescador pobre, até o telhado da cabana do camponês, a toda parte longe de ti e da tua corte. Gosto mais do teu coração do que da tua coroa, contudo a coroa tem um perfume de algo sagrado em si... Volto, canto para ti...[32]

Na verdade, a música do rouxinol é indispensável para a sobrevivência do imperador. Andersen parece argumentar que a poesia verdadeira (*livspoesi*, a poesia da vida) é a única que está em contato com a vida real das pessoas comuns e também é a fonte da vida do imperador.

Como sabemos, ele dependia do patrocínio do rei da Dinamarca e de outros doadores da elite, mas nunca se sentiu valorizado o suficiente, e não gostava dos compromissos ligados ao dinheiro dado a ele. Ao invés de romper com tal patrocínio, no entanto, a voz dominada desse discurso busca criar novos limites que façam com que a servidão continue em condições comerciais mais toleráveis para o servo. Andersen reafirma a ideologia essencialista deste período e revela como os talentosos indivíduos "comuns" são os pilares do poder – naturalmente a serviço do Estado. Infelizmente, ele nunca se deu ao trabalho de perguntar por que os "gênios" não podem se sustentar sozinhos ou talvez se unir a pessoas que tenham o mesmo espírito.

Em "O Patinho Feio" o gênio também assume uma forma quase inspiradora, mas não consegue voar sozinho. Em geral, esse conto é interpretado como uma parábola da própria história de sucesso de Andersen, pois o desfavorecido naturalmente talentoso sobrevive a um período de feiura para depois revelar sua beleza inata. Mas deve-se dar mais atenção à servidão de um gênio e às criaturas bonitas. Apesar de Andersen constantemente colocar o poder real em condições sociais que permitiam o surgimento da hegemonia burguesa, muitas vezes ele argumentava – fiel às condições na Dinamarca – que o poder deveria ser exercido em servidão aos governantes agradecidos, e naturalmente esses governantes benevolentes deveriam reconhecer os interesses da burguesia. Como vimos em "O Rouxinol", o artista volta a servir a realeza depois que o imperador o negligencia. Em "O Patinho Feio", o filhote de cisne é literalmente caçado por animais brutos das classes menos favorecidas do galinheiro. Sua beleza inata não pode ser reconhecida por espécimes tão rudes, e só depois que sobrevive a diversas dificuldades é que ele se dá conta de sua grandeza essencial. Mas sua constatação é ambivalente, pois um pouco antes de perceber sua verdadeira natureza, ele quer se matar:

Vou voar para eles, os animais reais! E picar-me-ão de morte porque eu, que sou tão feio, ouso aproximar-me deles! Mas dá no mesmo! Melhor ser morto por eles do que ser bicado pelas patas, espicaçado pelas galinhas, levar pontapés da garota que trata do galinheiro e sofrer desgraças no inverno![33]

Andersen expressa um desprezo evidente pelo destino das pessoas comuns e afirma explicitamente que ser humilhado pela elite tem mais valor do que as provações e os sofrimentos que alguém deve sofrer entre as classes baixas. E, mais uma vez, ele abraça a filosofia essencialista burguesa quando salva o cisne e declara como narrador, "Não tem importância nascer num pátio de patos, se se foi chocado num ovo de cisne"[34]. A linha tênue entre a eugenia e o racismo desaparece nessa história onde um cisne outrora dominado revela ser um membro domesticado, porém nobre, de uma raça superior. O cisne não vai para "casa", mas para um lindo jardim onde é admirado por crianças, adultos e pela natureza. É como se o cisne finalmente se sentisse realizado, mas, como sempre, existe uma referência escondida ao poder. O cisne se mede pelos valores e estética determinados pelos cisnes "reais" e pelas crianças e pessoas bem-comportadas do lindo jardim. Os cisnes e o lindo jardim são colocados em oposição aos patos e ao galinheiro. Ao apelar aos sentimentos nobres de um público refinado e seus leitores, Andersen expressou um claro preconceito de classe, se não clássicas tendências racistas.

Isso também acontece em "A Pastora e o Limpa-Chaminés", que é uma defesa do amor puro e uma fuga da sexualidade. Assim como em "O Patinho Feio", esse conto divertido, porém triste, descreve uma jornada pelo mundo feita pela pastora e pelo limpa-chaminés porque eles temem que seu amor puro seja contaminado por uma incrível figura entalhada, que "tinha pernas de bode, uns chifrezinhos na testa e uma longa barba"[35]. O narrador indica que a pastora e o limpa-chaminés, que são feitos de porcelana, são feitos um para o outro, enquanto o sr. Sargento-general-comandante-chefe-subchefe das pernas de bode é feito de mogno e, portanto, é inaceitável como marido para a pastora, apesar de ele ter a aprovação do velho chinês, seu avô, outra figura de porcelana. Não fica claro por que o limpa-chaminés resiste e luta pela pastora. A certa altura ele sugere que ele e a pastora pulem no vaso de *pot-pourri* e joguem sal nos olhos do velho chinês. Mas ele acaba concordando com o desejo da pastora de fugir da sala de estar, onde os casamentos arranjados parecem ser comuns, e ir para o mundo. Quando confrontada com esse mundo, no entanto, ela fica com medo e exige ser levada de volta à segurança da sala de estar. Quando voltam, eles descobrem que o velho chinês de porcelana havia caído da mesa quando foi atrás deles e se quebrou em três pedaços. A pastora exclama: "É horrível! [...] O velho avô está feito em pedaços e a culpa é nossa! Não consigo sobreviver a isso!"[36] Mas o limpa-chaminé responde: "Ainda pode ser gateado [...] Se o colarem nas costas e puserem um bom gato na nuca, ficará como novo e poderá dizer-nos muita coisa desagradável!"[37] De fato, o velho chinês é consertado, mas como não consegue balançar a cabeça, ele não pode mais consentir que a ameaçadora figura com perna de bode se case com a pastora. Então o narrador nos informa que "o par de porcelana ficou unido, e abençoaram o gato do avô, e amaram-se até se desfazerem em pedaços"[38].

O final desse conto é um pouco agridoce, a união entre a pastora e o limpa-chaminés só acontece e é garantida depois que o velho chinês é recolocado em seu lugar de direito, apesar de ter o poder limitado. A fuga da opressão se torna uma fuga de volta à submissão. Até mesmo o limpa-chaminé reconhece isso quando diz que eles poderiam ter se poupado muitos problemas se tivessem ficado. Eles sentem pena do opressor, apesar de seu acidente sem querer ter protegido a pastora da ameaça sexual da figura sombria do bode. Felizmente, seu amor pode continuar a ser puro. As implicações racistas não são tão fortes nesse conto quanto são em "O Patinho Feio", mas fica claro que a figura do bode como um Pã sexualizado é uma ameaça obscura ao seu estado de ser inocente. O narrador parece zombar deles no final ambivalente, pois sua plenitude não pode durar para sempre. A falsa harmonia cobre a real desarmonia como um verniz.

III

O que salvou os contos de Andersen de simplesmente se tornarem sermões sentimentais (o que muitos deles são) foi a sua compreensão extraordinária de como a luta de classes afetou a vida das pessoas de seu tempo, e alguns contos até trazem uma crítica incisiva sobre a dominação abusiva, apesar de que era sempre equilibrada com a admiração pelas classes privilegiadas e o medo da pobreza. Por exemplo, existem alguns contos excepcionais que sugerem uma posição mais rebelde. De fato, o discurso dominado não é homogêneo ou unívoco, apesar de constantemente se referir ao poder burguês e nunca tentar desafiá-lo. Em 1853, logo após o período revolucionário de 1848-50 na Europa, Andersen refletiu sobre as rebeliões frustradas em diversos contos, e vale a pena discuti-los, pois mostram claramente como ele hesitava quando se submetia à dominação da burguesia e da aristocracia.

Em "Tudo no Seu Devido Lugar" (1853), o proprietário aristocrata e arrogante de um solar se diverte empurrando uma pastora de gansos de uma ponte. O caixeiro-viajante que assiste à cena e salva a garota amaldiçoa o senhor dizendo "tudo no seu devido lugar"[39]. De fato, o aristocrata bebe e aposta longe do solar pelos próximos seis anos. O novo proprietário não é ninguém menos do que o caixeiro-viajante, e, claro, ele fica noivo da pastora de gansos e tem a *Bíblia* como seu guia. A família prospera pelos próximos cem anos com seu lema "tudo no seu devido lugar". A essa altura, o narrador nos apresenta o filho de um pároco, que é tutor da modesta filha da casa, agora rica e enobrecida. Esse tutor idealista discute as diferenças entre a nobreza e a burguesia, e surpreende a humilde baronesa, dizendo:

> É o tom do tempo, e muitos poetas concordam naturalmente com isso, que tudo que é nobre será mau e estúpido, entre os pobres, contudo, quanto mais baixo se desce, mais se brilha. Mas não é a minha opinião, pois isso é completamente louco, completamente falso. Nas mais altas posições encontraram-se muitos rasgos belos e impressionantes. [...] Mas onde um ser humano, porque é de sangue puro e tem árvore genealógica, como os cavalos árabes, se ergue nas pernas traseiras e relincha na rua e na sala diz "aqui esteve gente da rua!", quando lá esteve um burguês, aí o nobre entrou em corrupção, tornou-se máscara do gênero que Téspis fez para si, e divertimo-nos com a sua pessoa e consagramo-la à sátira.[40]

Essa degradação é o que, de fato, acontece. Um cavaleiro tenta zombar do tutor em uma *soirée* de música, e o tutor toca uma melodia em uma simples flauta de salgueiro que de repente cria uma tempestade com o vento uivando "tudo no seu devido lugar!" Dentro da casa e por todo o campo, o vento atira as pessoas ao chão, e as posições de classe social são invertidas até que a flauta quebra e todos retornam ao seu lugar de origem. Depois desse susto, Andersen ainda avisa que

"'Tudo no seu devido lugar', e para lá foram! A eternidade é longa, mais longa do que esta história"[41]. Tal tom revolucionário não era característico de Andersen, mas dado o ânimo dos tempos, ele foi usado diversas vezes no começo da década de 1850 para expressar a sua crítica às classes privilegiadas e questionar não apenas a hegemonia aristocrática, mas também da burguesia.

Em "O Duende da Mercearia" (1853) um pequeno demônio mora em uma mercearia e recebe de graça uma tigela de mingau e manteiga todos os Natais. O dono da mercearia também aluga o sótão para um estudante pobre que prefere comprar um livro de poesia e comer pão no jantar ao invés de queijo. O duende visita o estudante no sótão para puni-lo por chamar o dono da mercearia de camponês insensível para a poesia. Mas uma vez que chega ao sótão, o duende descobre a beleza e a mágica da poesia e quase decide ir morar com o estudante. Quase, pois se lembra que o estudante não tem muita comida e não poderia lhe dar mingau e manteiga. Então ele continua a visitar o sótão de tempos em tempos. Certa noite, um incêndio ameaça atingir a casa do dono da mercearia. Ele e sua mulher pegam o seu ouro e promissórias e fogem de casa. O estudante permanece calmo enquanto o duende tenta salvar a coisa mais valiosa da casa – o livro de poesia.

Agora ele tinha entendido o seu desejo mais profundo, onde estava sua lealdade! Mas quando o fogo na casa do outro lado da rua é extinto, ele pensa novamente. "Vou me dividir entre eles", ele diz, "pois não posso abandonar o dono da mercearia para sempre. Eu devo ficar por causa do mingau".

"Isso foi bastante humano", o narrador dominado conclui, "afinal de contas, nós, também, vamos até o dono da mercearia por causa do mingau."[42]

Esse conto é muito mais ambivalente em sua posição em relação à dominação do que "Tudo no Seu Devido Lugar", que tem um final aberto e permite a possibilidade de futuras revoluções. Aqui, Andersen escreve mais sobre si mesmo e suas próprias contradições, em tempos de um levante iminente (quer dizer, incêndio = revolução). Diante de um dilema, o duende/Andersen tende à poesia ou às classes menos favorecidas e ao idealismo. Mas, quando o fogo acaba, ele faz a sua concessão de sempre, pois sabe onde seu pão ganha manteiga e onde reside o poder. O discurso narrativo é irônico, um tanto autocrítico, mas em última instância racional. Se todos se alinham às forças dominantes que fornecem comida, por que o duende não deveria fazer o mesmo? Quem é ele para ser corajoso ou diferente? Nada mais é dito sobre o estudante ou nenhuma menção é feita àqueles que não fazem concessões. Andersen faz parecer que a servidão é a coisa mais humana e compreensível. Raramente ele sugere que se rebelar contra as desigualdades e injustiças por necessidade seja tão humano quanto curvar-se à dominação arbitrária.

Os contos de 1853 demonstram como ele não ignorava as possibilidades de mudança radical e questionava a hegemonia da aristocracia e da burguesia. Em um de seus contos mais notáveis, "O Jardineiro e o Senhor", escrito bem perto do final de sua vida em 1871, ele resume suas visões sobre a servidão, a dominação e a aptidão de seu jeito tipicamente conciso e ambivalente. A trama é simples e familiar. Um aristocrata arrogante tem um excelente jardineiro que cuida de sua propriedade fora de Copenhague. O senhor, no entanto, nunca confia nos conselhos do jardineiro ou reconhece o que ele produz. Ele e sua esposa acreditam que os frutos e as flores cultivados por outros jardineiros são melhores, e quando descobrem, para o seu desgosto, que o trabalho de seu próprio jardineiro é considerado o melhor pelas famílias reais, esperam que ele não fique muito convencido. Então, o contador de histórias Andersen comenta:

> Mas foi de outro modo que o jardineiro tomou as coisas. O que desejava era apenas se esforçar para ganhar nome como um dos melhores jardineiros do país, procurando todos os anos produzir alguma coisa melhor das espécies cultivadas no pomar, o que conseguia. Ouvia, porém, frequentemente, dizer que, de todos os frutos de primeira qualidade que havia cultivado, as maçãs e as peras haviam sido realmente os melhores; todos os outros lhe eram inferiores. Os melões tinham sido realmente bons, mas eram de uma qualidade à parte [...].[43]

O jardineiro precisava constantemente provar a si mesmo, e uma de suas grandes conquistas é usar uma área para plantar "arbustos e plantas dos campos e dos bosques da região"[44], que floresciam por causa de seu cuidado e devoção. Então, no final, o proprietário do castelo precisa ter orgulho do jardineiro porque o mundo inteiro o aplaude. "Mas não era orgulho o que sentia! Ele sabia que era o senhor, que podia demiti-lo, o que não fazia, é claro, por ser boa pessoa, e nesta classe há muito boas pessoas, o que também é uma sorte para todos os Larsens."[45]

Em outras palavras, o próprio Andersen tivera sorte, ou pelo menos essa era a visão irônica que tinha de sua carreira no final da vida. Mas existe algo pateticamente triste sobre essa história, dado o fato de Andersen a ter escrito no final de sua vida e ainda não se sentir reconhecido na Dinamarca. O jardineiro Larsen é obviamente o contador de histórias Andersen, e o jardim com toda a sua produção é sua coletânea de contos de fada que ele continuou a cultivar e a aperfeiçoar ao longo de sua vida. Os donos do jardim são os seus patronos e podem ser associados à família Collin e a outros leitores das classes privilegiadas na Dinamarca. Devemos lembrar que é fato conhecido que a família Collin nunca chegou a reconhecer Andersen como um *Digter*, mas pensava nele como um bom escritor popular. Andersen, cuja vaidade era imensa e insaciável, era extremamente sensível a críticas, e sempre reclamava de maneira petulante que se sentia desvalorizado na Dinamarca, enquanto outros países europeus reconheciam a sua genialidade. Tal tratamento em casa, apesar de ele se considerar o serviçal mais leal, seja realidade ou projeção, ficou simbolizado nesse conto. A referência às "plantas comuns" que o jardineiro cultiva está ligada aos temas populares e aos objetos cotidianos que ele empregou e aprimorou para que pudessem florescer esteticamente em seu próprio solo. Andersen se orgulhava de que ele, o jardineiro, tinha tornado a Dinamarca famosa, pois tiravam fotos de seu jardim e elas circulavam pelo mundo. No entanto, o jardineiro trabalha nos limites da servidão e do patronato, e a voz dominada do narrador, apesar de irônica, racionaliza a maneira humilhante como os senhores tratam Larsen: eles são pessoas "decentes". Mas pode-se pensar – e a tensão do discurso nos leva a isso –, se o jardineiro é incrível e brilhante, por que ele não se rebela e pede demissão? Por que o jardineiro sofre tal humilhação e dominação? Por que ele não emigra?

Andersen refletia sobre essas questões com frequência e as apresentou em muitos de seus contos, mas raramente sugeria alternativas ou revolta. Ao invés disso, ele colocava a segurança na frente do idealismo, e escolheu a concessão moral ao invés do ultraje moral, o conforto e a conquista individual ao invés da luta coletiva e dos objetivos em comum. Ele buscava a identificação com o poder estabelecido que humilha seus súditos ao invés da oposição à autocracia para colocar um fim à exploração por meio do poder. Os defeitos da perspectiva ideológica de Andersen não são enumerados aqui para insistir que ele deveria ter aprendido a aceitar a miséria e as desvantagens da pobreza e das dificuldades, ou que ele deveria ter se tornado um radical como Heine e viver no exílio. Eles são importantes porque são as marcas reveladoras na recepção histórica de seus contos. Tanto os finais felizes de suas narrativas quanto os tristes querem dizer que existe um poder harmonioso, absoluto ou divino, e que a união de um ego essencialista e a salvação são possíveis sob tal poder. Tal projeção, no entanto, na verdade era a de um artista frustrado e dividido, obrigado a compensar uma existência que não tinha proporções harmoniosas ou poder autônomo. A vida de Andersen foi baseada na servidão, e seus contos são tentativas de justificar uma falsa consciência: exercícios literários na legitimação de uma ordem social com a qual ele concordava.

Não importa se o discurso de um escritor tão dominado é um monólogo consigo mesmo ou um diálogo com um público que compartilha de sua ideologia, ainda assim ele nunca consegue se sentir em paz consigo mesmo. É, portanto, a inquietação e a insatisfação do artista dominado que imbui a sua obra de substância de qualidade daquilo com o que ele procura se identificar. Ironicamente, o poder dos contos de fada de Andersen para ele e para seus leitores tem pouco a ver com o poder que ele respeitava. Ele emana das lacunas, dos lapsos, que são sentidos quando as concessões são feitas sob coação, pois Andersen sempre pintou a felicidade como sendo a adaptação à dominação, não importa o quão escolhida a pessoa fosse. A genialidade de Andersen, então, apesar de sua servidão, evidentemente estava em sua incapacidade de evitar o repúdio por todos aqueles que admirava.

6 Inverter e Subverter o Mundo Com Esperança

Os Contos de Fada de George MacDonald, Oscar Wilde e L. Frank Baum

A única forma na qual o futuro se apresenta é na da possibilidade, enquanto o imperativo, o "deveria", nos diz qual dessas possibilidades deveríamos escolher. No que diz respeito ao conhecimento, o futuro – desde que não estejamos preocupados com a parte puramente organizada e racionalizada – se apresenta como um meio impenetrável, um muro inabalável. E quando nossas tentativas de ver através dele são rejeitadas, primeiro nos tornamos conscientes da necessidade de escolher o nosso rumo voluntariamente e, em estreita ligação com ele, a necessidade de um imperativo (a utopia) para nos levar adiante. Apenas quando sabemos quais são os interesses e os imperativos envolvidos é que estamos em posição de investigar as possibilidades da situação presente, e assim ganhar nossas primeiras percepções da história.

Karl Manheim, Ideologia e Utopia *(1936).*

I

Na segunda parte do século XIX, o discurso sobre a socialização apropriada por meio dos contos de fada sofreu uma reviravolta. Enquanto Perrault, os irmãos Grimm, Andersen, alguns imitadores como Benjamin Tabert, Felix Summerly, Gustav Holting, Ludwig Bechstein, e uma legião de outros escritores legitimavam os padrões normativos da *civilité* por meio das construções simbólicas, configurações e tramas de seus contos de fada, uma nova onda se tornava visível no mundo anglo-saxão, melhor dizendo, no Reino Unido e nos Estados Unidos, que refletia uma crítica afiada à educação tradicional das crianças e os meios racionalizados de disciplina e punição empregados para tornar as crianças cidadãos bons e responsáveis.

Existe uma tendência de parte dos críticos literários de presumir que os contos de fada para crianças foram totalmente para a clandestinidade durante a primeira metade do século XIX, uma vez que eram considerados divertidos e prazerosos demais, além de pouco instrutivos e piedosos para as jovens almas. Mas esses críticos tendem a negligenciar a tremenda popularidade dos contos de fada em tabloides e folhetos, e a contínua recepção favorável de Perrault, dos irmãos Grimm e de Andersen na Inglaterra, na América do Norte e nos demais países da Europa. Eles também esquecem que o discurso básico do conto de fada clássico não era contrário aos objetivos civilizatórios da burguesia. Talvez seja verdade que a publicação dos contos de fada era limitada e restrita em comparação aos anos posteriores, e que a seleção e a censura dos contos eram severas. Em outras palavras, o discurso dos contos de fada era controlado pelas mesmas tendências sociopolíticas que contribuíam para o fortalecimento da dominação da esfera pública pela burguesia na primeira metade do século XIX[1]. A razão e a moralidade eram usadas para perpetuar e conservar os ganhos materiais da classe média em ascensão. Esse conservadorismo, no entanto, não iria durar para sempre.

Na década de 1860, se não antes, o conservadorismo literário na edição de livros infantis foi desafiado por uma nova onda de contos de fada inovadores, como Brian Alderson demonstra abundantemente em seu ensaio "Tracts, Rewards and Fairies"[2]. Ele aponta para "King of the Golden River" (Rei do Rio Dourado, 1851), de John Ruskin; a reedição de *German Popular Stories* (Histórias Populares Alemãs, 1868) dos irmãos Grimm e com introdução de Ruskin; e *In Fairy Land* (Na Terra das Fadas, 1870), de William Allingham, como inovações importantes no discurso dos contos de fada. Na verdade, houve uma "produtividade munificente" de contos de fada que pode ser averiguada na ótima coletânea de Jonathan Cott, *Beyond the Looking Glass* (Além do Espelho)[3]. Ao discutir as extraordinárias obras de fantasia e contos de fada, especificamente na Inglaterra, ele ressalta que

Escrever contos de fada para crianças havia se tornado uma atividade literária aceitável. Não apenas Thackeray, Ruskin,

Dickens e Christina Rossetti tinha feito isso, mas os escritores vitorianos de livros infantis em geral estavam menos envolvidos do que os escritores literários "adultos" nos debates contemporâneos sobre "estética moral" do qual faziam parte Tennyson, Ruskin, Arnold, Buchanan e Pater. De alguma forma, os escritores vitorianos para crianças transcenderam o antigo debate sobre os propósitos da "literatura" (instrução *versus* prazer), assim como o equivalente trato moral *versus* história de fada em relação à literatura infantil. A literatura infantil desse período quase sempre teve uma base religiosa ou moral, mas muitas vezes foi exatamente esse conflito entre moralidade e invenção (ou moralidade e erotismo em *Goblin Market* de Christina Rossetti) que criou algumas das grandes obras dessa era.[4]

É difícil apontar exatamente quando e onde o discurso dos contos de fada passou por uma profunda mudança, quem eram os principais incentivadores, e por que isso começou primeiramente na Inglaterra. Certamente, o desenvolvimento de uma classe proletária forte, a industrialização, a urbanização, as leis de reforma educacional, o evangelismo e as lutas contra as forças que causavam a pobreza e a exploração geraram levantes sociais e culturais que afetaram as obras de contos de fada de Dickens, Ruskin, Thackeray, Lewis Carroll, Charles Kingsley, Andrew Lang, William Morris, os neorrafaelitas, e diversos outros autores bastante conhecidos. No entanto, os autores de contos de fada verdadeiramente "clássicos", que não apenas deixaram uma marca em seu tempo, mas continuam a falar conosco até hoje, foram George MacDonald, Oscar Wilde e L. Frank Baum, o herdeiro americano do movimento britânico. Eles usaram o conto de fada como um espelho radical que refletia o que estava errado com o discurso comum sobre maneiras, morais e normas da sociedade, e fizeram comentários alterando o discurso específico sobre a civilização no gênero dos contos de fada.

O conto de fada não era mais o espelho, espelho na parede que reflete os padrões cosméticos de beleza e virtude da burguesia que pareciam ser imutáveis e puros. No final do século XIX, o conto de fada e o espelho se partiram em pedaços afiados e radicais. Isso era verdadeiro para todos os contos, tanto para aqueles escritos para crianças quanto aqueles para adultos. Havia mais dinamite social no conteúdo dos contos, mas também mais sutileza e arte.

Ao comentar sobre a essência dos contos de fada, Michel Butor certa vez comparou o mundo das fadas com um "mundo invertido", um mundo exemplar, uma crítica à realidade mumificada. "Ele não permanece lado a lado com o último; reage a ele; sugere que o transformemos, que reestabeleçamos o que está fora do lugar"[5]. Por outro lado, essa é uma afirmação extremamente abrangente e ingênua porque sabemos como os contos de fada de Perrault, dos irmãos Grimm e de Andersen ofereceram uma pseudocrítica das condições sociais reais para garantir que as crianças de todas as classes se comportassem e preservassem o *status quo* – tudo em benefício daqueles que controlavam o discurso dominante. Por outro lado, Butor tem um olhar afiado para o potencial subversivo dentro do gênero dos contos de fada: ele percebe como *certos* contos de fada podem desestabilizar a estrutura normativa e o discurso afirmativo da tradição clássica dos contos de fada que estão presos à esfera pública burguesa. Em especial, os contos de fada experimentais para crianças são dotados de um potencial subversivo, mas o grau de sua "subversividade" precisa ser qualificado.

Em seu esclarecedor estudo sobre a fantasia como uma literatura de subversão, Rosemary Jackson afirma que

> Cada texto fantástico funciona de maneira diferente, dependendo de seu posicionamento histórico particular, e seus determinantes ideológicos, políticos e econômicos, mas as fantasias mais subversivas são aquelas que tentam *transformar* as relações do imaginário e do simbólico. Elas tentam criar possibilidades para transformação cultural radical ao tornar fluidas as relações entre esses campos, sugerindo, ou projetando, a dissolução do simbólico por meio da inversão ou da rejeição violentas do processo de formação do sujeito.[6]

Jackson vê a capacidade subversiva dos contos de fada com certa reserva porque eles pertencem mais à literatura do maravilhoso e tendem a desencorajar a participação do leitor: ao invés de transgredir os valores do mundo "real", eles o questionam apenas de maneira retrospectiva ou alegórica. Em outras palavras, ao conceituar outros mundos e alternativas, apresentando ideais, os contos de fada *não* problematizam a realidade ou abrem espaço sem a ordem cultural ou fora dela. As metáforas são coerentes demais[7].

Apesar de as distinções que Jackson traça entre contos de fada e narrativas fantásticas serem úteis, ela se prende demais a um modelo estático de conto de fada, negligencia as transformações radicais do gênero e assim ignora as conexões próximas com o modo do fantástico. Por exemplo, Jackson defende que não é por acaso que o fantástico tendeu a se tornar um gênero por si só no século XIX em oposição à mimese convencionada: "Ao subverter essa visão unitária, o fantástico introduz a confusão e saídas; no século XIX, isso queria dizer uma oposição à ideologia burguesa atualizada por meio do romance 'realista'."[8] Tal subversão também estava acontecendo no discurso dos contos de fada durante o século XIX e era direcionada a adultos e crianças. A maior inovação foi feita pelos românticos alemães, que dissolveram as expectativas do leitor ao transformar os *topoi* e os motivos conhecidos em paisagens misteriosas e simbólicas que seduziram os leitores a questionar os antigos mundos seguros dos contos de fada conservadores e o próprio mundo real ao seu redor. É verdade, como Jackson demonstra, que a maioria dos contos de fada, mesmo os experimentais, reapresentam o mundo como um "exemplo de uma possibilidade a ser evitada ou abraçada"[9]. Mas essa projeção imaginária não diminui o potencial subversivo do ato simbólico do autor e da constelação da obra. A questão da subversão tem a ver com o grau e o desafio às expectativas do leitor. Certamente, para as crianças, a mudança histórica no discurso dos contos de fada deve ser relacionada ao desejo dos escritores adultos de abrir e subverter a socialização tradicional ao apresentar infinitas possibilidades textuais para que os sujeitos/leitores se definam no contexto das escolhas finitas propostas pela sociedade.

Do ponto de vista histórico, o primeiro movimento de subversão começou no exato momento em que o conto de fada literário ironicamente começou a encontrar *aceitação* nos quartos de criança, escolas e bibliotecas bem guardados da Europa e da América do Norte do século XIX, e quando os editores quiseram fazer dinheiro ao promovê-los no crescente mercado de crianças consumidoras. Muitos escritores de contos de fada atenderam o mercado e os editores, mas os mais críticos reconheceram que o cerne utópico dos contos populares originais – o desejo de mudança e o anseio por melhores condições de vida – foram apropriados e cultivados nos contos de fada literários clássicos para criar falsas esperanças.

Como parte da família, os contos de Perrault, dos irmãos Grimm, de Andersen e de seus discípulos estrangularam os *topoi* do discurso dos contos de fada, e cada vez mais escritores como MacDonald, Wilde e Baum buscaram romper com essa limitação. Com certeza eles eram a minoria, e não perturbaram as convenções literárias da narração aceita dos contos de fada. Mas inverteram e subverteram o mundo real e os esquemas clássicos de Perrault, dos irmãos Grimm e de Andersen. Eles expandiram o discurso dos contos de fadas sobre a civilização para conceber mundos e estilos de vida alternativos. Esse afastamento do modo tradicional abriu caminho para experimentações ainda maiores com os contos de fada para crianças no século XX, e diversos autores começaram a cultivar o que pode ser chamado de "arte da subversão" dentro do discurso dos contos de fada.

Como acontece muitas vezes com os inovadores, mesmo com os mais radicais, MacDonald, Wilde e Baum se tornaram conhecidos como escritores de contos de fada clássicos. Seu classicismo, no entanto, é qualitativamente diferente daquele de Perrault, dos irmãos Grimm e de Andersen, e é muito importante que façamos a distinção entre suas contribuições singulares para o gênero, uma vez que representam um ponto de virada no discurso dos contos de fada sobre a civilização e estabeleceram exemplos para inovadores contemporâneos que vieram depois deles. Todos os três, MacDonald, Wilde e Baum, se recusaram a aderir às noções padrão de sexualidade e papéis sexuais, e questionaram as restrições colocadas na imaginação das crianças. Além disso, em geral, contavam as histórias a partir do ponto de vista das classes baixas oprimidas e acrescentavam uma dimensão à insatisfação delas que resistia às concessões que Andersen propunha para os seus protagonistas. MacDonald, Wilde e Baum trazem à tona a necessidade de alterar e reestruturar as relações sociais ao questionar as arbitrariedades do governo autoritário e as motivações de lucro de seus governantes. Nenhum dos escritores é revolucionário no sentido de serem "derrubadores violentos" do governo, mas o seu enorme descontentamento com a dominação e o discurso dominante os impulsionaram a inverter e subverter o mundo de seus contos com esperança.

Se examinarmos suas principais obras na história dos contos de fada literários para crianças, podemos ver que eles se inseriam *conscientemente* no discurso sobre a civilização em processo de mudança. Eles promoveram essa mudança com os seus atos simbólicos sociais, e cada um fez uma contribuição história única em nome das crianças para desfazer o que eles evidentemente consideravam um estrago feito às crianças por meio do discurso tradicional dos contos de fada.

II

A vida de George MacDonald foi cheia de lutas contra o conservadorismo social, a ortodoxia religiosa e o capitalismo comercial[10]. Embora as mudanças sociorreligiosas que desejava nunca tenham acontecido em seu tempo, ele nunca perdeu a esperança e o entusiasmo pela reforma: a bestialidade da civilização deveria ser combatida pela descoberta e aperfeiçoamento das qualidades divinas da humanidade – apesar das influências que corrompem a sociedade.

Criado em uma grande fazenda em um distrito rural da Escócia, MacDonald acreditava que o trabalho duro e a dedicação pavimentariam o caminho para o sucesso. Quando adolescente, organizou e tornou-se presidente da sociedade da temperança local, e parece que sua devoção à vida certinha traria suas recompensas. Em 1840, ele ganhou uma bolsa da Universidade de Aberdeen para seguir os seus estudos, principalmente em ciências. Mas parece que seu primeiro contato mais longo com a vida na cidade quase o levou à ruína. Ele bebia e ia atrás de mulheres ao invés de estudar, e, em 1842, foi obrigado a abandonar a universidade por algum tempo. Isso acabou sendo o ponto de virada de sua vida. Ele trabalhou por vários meses na biblioteca de uma mansão nobre e descobriu o romantismo alemão, a poesia clássica inglesa e os romances medievais. Também se apaixonou pela filha da família, mas foi rejeitado por causa de seu baixo *status* social. Quando conseguiu voltar para a universidade, trouxe consigo um ódio particular pelos aristocratas ricos e um amor apaixonado pela literatura, em especial pelo romantismo.

Depois de receber um diploma de química e física, passou os próximos três anos como tutor particular em Londres e, aparentemente, refletiu muito sobre as questões da alma, pois decidiu se tornar pastor. Em 1848, se matriculou no Highbury College, um seminário religioso em Londres, e também anunciou seu noivado com Louisa Powell, que em 1853 se tornaria sua esposa e companheira pelo resto da vida, sem dúvidas o modelo para muitas das admiráveis protagonistas de suas obras literárias. Quando se formou no seminário em 1850 e estava pronto para assumir seu primeiro sacerdócio em Sussex, foi derrubado por uma tuberculose, a doença que assombraria a sua família. Ela causou a morte de seu pai e de alguns de seus filhos. A partir de então, ele foi acometido por dificuldades físicas e sofreu de outros males, como o eczema, durante toda a sua vida. A luta contra as doenças físicas, na verdade, fortaleceu as suas crenças espirituais e o seu caráter moral. Enquanto estava se recuperando, ele escreveu um longo e dramático poema, que foi a primeira manifestação de suas inclinações místicas não conformistas. Não hesitava em incorporar em seus sermões e outros escritos suas visões incomuns sobre Deus, a natureza, a epifania e a perfeição da humanidade. Em 1851, publicou uma tradução de *Doze Hinos Espirituais de Novalis* e começou a expressar no púlpito visões heterodoxas sobre a salvação. Tal franqueza e intensidade não foram apreciadas em sua congregação, e ele foi forçado a renunciar de sua posição em 1853 e a começar a carreira de escritor. Mas a missão religiosa pessoal de MacDonald não mudou.

Não importa qual forma sua escrita tenha tomado, MacDonald tinha a inclinação de espalhar as suas convicções sociorreligiosas para grandes públicos. Na verdade, ele escreveu mais de quarenta volumes de prosa e poesia, e se tornou um dos novelistas mais bem-sucedidos e um dos conferencistas mais populares de seu tempo. Assim como Dickens, queria expor as condições materiais deploráveis e as relações sociais injustas na Inglaterra durante o período da industrialização. Construir um império significava virar as costas às pessoas comuns, e ele exigia reformas. No entanto, nunca defendeu uma transformação radical da estrutura hierárquica da sociedade e do governo. Influenciado por sua formação agrária, sua visão política estava mais inclinada a assumir a forma da defesa dos direitos naturais e da autonomia dos indivíduos, cuja responsabilidade era criar a fibra moral e ética do bom governo. Como destaca Richard H. Reis,

Isso não quer dizer que MacDonald era insensível aos problemas da classe trabalhadora. Apesar de não reconhecer a existência da massa proletária industrial, estava convencido de que o artesão individual – o sapateiro, o ferreiro, o carpinteiro, o pedreiro – era a espinha dorsal da Inglaterra e do sistema econômico e social. Ele, sem dúvida, era influenciado pelas teorias sociais de Ruskin e William Morris, que ansiavam pelo dia em que a dignidade do trabalhador individual desaparecesse antes que ele fosse engolido pela produção em massa e pela escravidão assalariada; já as sugestões esparsas de MacDonald em relação à utopia em geral são construídas nas linhas do feudalismo medieval.[11]

É interessante notar que as opiniões políticas e sociais de MacDonald em geral assumiam uma forma mais convencional em seus romances realistas do que nos contos de fada para crianças. Aparentemente, escrever no modo fantástico o liberava para explorar problemas pessoais e sociais em um grau que promovia seu radicalismo e inovação. É de conhecimento geral que a maior contribuição histórica de MacDonald para a literatura está na área da fantasia e da literatura infantil. Especialmente os contos de fada alimentavam o seu misticismo religioso e as suas crenças fundamentais sobre a dignidade de homens e mulheres, cujas necessidades e talentos mútuos só poderiam ser desenvolvidos em uma comunidade que não se baseasse na exploração e no lucro. Por que MacDonald acreditar que os sonhos eram como epifanias religiosas e que os contos de fada estavam simbolicamente relacionados aos sonhos, atribuiu valores sociorreligiosos a constelações simbólicas para expressar mensagens sem fazer sermões penosos.

Entre 1864 e 1883, MacDonald fez com que as crianças conhecessem suas opiniões de diversas maneiras. Editou uma revista chamada *Good Words for the Young* (Boas Palavras Para os Jovens, 1868-1872), na qual foram publicados diversos contos de fada, incluindo o seu mais famoso, "The Light Princess" (A Princesa Leve). Publicou quatro livros de contos de fada longos: *At the Back of the North Wind* (Nas Costas do Vento Norte, 1871), *The Princess and the Goblin* (A Princesa e o Goblin, 1872), *A Double Story* (Uma História Dupla, 1874-1874), também conhecido como *The Lost Princess* (A Princesa Perdida), e *The Princess and Curdie* (A Princesa e Curdie, 1883). Além disso, ele incorporou alguns contos de fada em romances como *Adela Cathcart* (1864) e os publicou juntos, como em *Dealings with Fairies* (Acordos Com Fadas, 1867), ou individualmente como livros separados. Em cada um dos casos, MacDonald buscou de maneira consciente entrar no discurso dos contos de fada sobre costumes, normas e valores para transformá-lo. Mais do que as ideias de qualquer outro escritor clássico anterior a ele, as ideias de MacDonald sobre a socialização das crianças contradizia a versão aceita de disciplina e punição do processo civilizador inglês. Na verdade, os padrões e as configurações de seus contos claramente apresentam uma tendência a negar as formas institucionalizadas e estabelecidas de como educar uma criança.

Como um cristão místico, MacDonald acreditava na perfeição da humanidade e defendia que cada indivíduo podia atingir um estado supremo nesse mundo. Ele pregava não apenas o "individualismo divino", mas a necessidade de desenvolver compaixão pelos outros seres humanos e pela natureza. Uma noção de utopia está implícita em quase todos os seus contos de fada: o impulso utópico pode ser colocado em prática aqui e agora se a pessoa for receptiva a Deus, que torna a sua vontade conhecida por meio de toda a criação da Terra. "A natureza é recheada de paralelos simbólicos e analógicos às idas e vindas: o crescimento e as mudanças da natureza suprema no homem."[12] Para MacDonald, não existe um caminho *fixo* para a perfeição, a união equivalente com Deus. Cada indivíduo precisa aprender a reconhecer qualidades divinas ao seu redor e em si mesmo. Por meio de tal epifania, o indivíduo irá agir de acordo com uma consciência que expressa a vontade de Deus. MacDonald atribuía um grande significado ao desenvolvimento do potencial criativo dos seres humanos, e via os devaneios, os sonhos e as experiências místicas como um meio para a união com o espírito divino.

> Todos os sonhos não são falsos; alguns sonhos são mais verdadeiros do que os fatos puros. Na melhor das hipóteses, o fato não passa de uma vestimenta da verdade, que tem dez mil trocas de roupa tecidas no mesmo tear. Deixe o sonhador fazer apenas a verdade de seu sonho e um dia ele perceberá tudo o que valeu a pena realizar.[13]

Assim como Novalis, MacDonald acreditava fortemente que os elementos fantásticos da vida e da ficção eram hieróglifos da essência divina. Aprender a se tornar um ser humano no sentido completo do termo significava tornar-se um artista criativo. O verdadeiro indivíduo era uma obra de arte autônoma e *self-made*, os contos de fada para crianças de MacDonald buscavam estimular os jovens leitores a reconhecer seus talentos criativos especiais para que pudessem começar sua própria empreitada artística de maneira religiosa.

Se compararmos os contos de fada de MacDonald com muitos dos contos pudicos e piedosos de seu tempo – incluindo os de Hans Christian Andersen –, veremos que ele argumentava contra as regras convencionais da pedagogia e da educação cristã rigorosa. Combatia as máximas de natureza autoritária das classes privilegiadas, e seus contos de fada mudaram e expandiram as atitudes em relação às crianças ao tirar Deus de um lugar transcendental e trazê-lo para dentro dela: o divino deve ser descoberto dentro de nós por meio da imaginação. Uma perspectiva tão diferente a respeito da socialização das crianças exigia uma reformulação das normas, valores e relações sociais, além do uso da fantasia para espelhar a mumificação dos padrões sociais e religiosos ingleses. Para compreender a crítica utópica de MacDonald expressa por meio de seus contos de fada, quero lidar com três de suas obras mais breves e conhecidas, "The Light Princess" (A Princesa Leve, 1864), "The Golden Key" (A Chave de Ouro, 1867) e "The Day Boy and the Night Girl" (O Menino Dia e a Menina Noite, 1879), e duas de suas principais narrativas mais longas, *The Princess and the Gobblin* (1872) e *The Princess and Curdie* (1883). O padrão em todos esses contos de fada é parecido. Nunca existe um herói, ao contrário, sempre existem protagonistas masculinos e femininos que aprendem a seguir suas inclinações mais profundas, respeitar as necessidades e os talentos dos outros, e compartilhar das visões dos outros. Juntos, eles superam forças sinistras que querem privá-los da possível felicidade e da realização de uma comunidade ideal. Em comparação com todos os seus poemas, novelas e ensaios, MacDonald abdica do *páthos* e da retórica da pregação em nome de Deus. Apesar de seu misticismo cristão poder estar por trás da perspectiva ideológica de cada narrativa, é exatamente o uso de símbolos únicos e bizarros dos contos de fada que dão a suas histórias um toque pouco ortodoxo. O rebelde moral em MacDonald leva a uma experimentação lúdica com as convenções para enfraquecê-las e iluminar novos caminhos para o comportamento moral e social.

"The Light Princess" (1864), assim como seu conto "Little Daylight" (Pequena Claridade, 1867), é uma paródia de "A Bela Adormecida" e de "Rapunzel" e, nesse sentido, reflete a atitude desrespeitosa de MacDonald em relação aos contos populares e de fada tradicionais. Ele percebeu que o simbolismo da maioria dos contos tradicionais apontava para um beco sem saída e não permitia que as crianças vislumbrassem sua relação especial com o divino dentro e além delas. É surpreendente que ele encontre o ponto de partida para o seu discurso dos contos de fada não nas obras dos irmãos Grimm ou de Andersen, mas em grande parte naqueles contos dos românticos alemães, em especial nas fascinantes histórias de Novalis. Certamente os três contos contidos no *Heinrich von Ofterdingen* de Novalis, com seus temas utópicos e o desenvolvimento religioso-erótico de jovens casais, teve um grande impacto sobre ele. Em "The Light Princess", MacDonald segue a tendência de Novalis de virar um mundo organizado de cabeça para baixo para que a ordem e as relações sociais convencionais possam ser parodiadas e a possibilidade de criar novos modos de comportamento e valores possa ser percebida e nomeada.

A trama de "The Light Princess", uma história que ainda circula muito nos dias de hoje, é bem conhecida. Um rei e uma rainha não têm filhos. Quando eles finalmente têm um, insultam a irmã do rei, a princesa Makemnoit, uma bruxa experiente, ao não convidá-la para o batizado. Como é de se esperar, a bruxa ofendida joga um feitiço na filha do casal e elimina a gravidade dela. Quando quer andar, a princesa flutua e é difícil ter controle porque ela é muito levinha. Quando faz dezessete anos, descobre o prazer de nadar, ganha um senso de gravidade e também conhece um jovem príncipe que está disposto a se sacrificar para que ela possa seguir com sua paixão pela água. Ela só terá água suficiente para nadar se usá-lo como tampão para evitar que a água do lago desapareça (outro feitiço jogado pela bruxa). Quando ela se dá conta de que o príncipe está morrendo por ela, tenta salvá-lo, quebra o feitiço quando cai em um pranto apaixonado, e recupera a sua gravidade.

O tom irreverente da história questiona não apenas a convenção dos contos de fada tradicionais, mas o próprio estilo de vida aristocrático. Por exemplo, o rei é uma figura banal, um "reizinho com um grande trono, como muitos outros reis"[14]. Os metafísicos reais, Hum-Dru e Kopy-Keck, são tolos. Ele zomba até mesmo do típico príncipe[15]. MacDonald dá uma piscadela para o leitor e desmascara a linguagem e os códigos aristocráticos, mas ainda assim existe um lado sério nessa comédia leve. Desde o começo, depois do feitiço, a princesa, a corte e o leitor implícito do conto são confrontados com um problema: como devolver a gravidade para a princesa que não tem os pés no chão e causa um caos sem fim no reino. O tema principal do conto tem a ver com a integração social, mas – e isso é importante – a gravidade (a responsabilidade social e a compaixão) não pode ser imposta ou aprendida de maneira abstrata. Ela é retomada por meio da paixão e da experiência, e também é libertadora. Quando a princesa toca a água, desenvolve uma verdadeira paixão por ela, pois pode controlar seus próprios movimentos e compartilhar o seu prazer com o príncipe. Além disso, ela supera o seu egocentrismo ao perceber que seu prazer não vale a morte de um ser humano amado. Por meio de sua relação com o príncipe, que é abnegada e carinhosa nos moldes das mulheres tradicionais dos contos de fada, ela desenvolve a empatia social, e seu aprendizado de andar depois da quebra do feitiço, ainda que doloroso, pode ser equiparado à dificuldade de aceitar a responsabilidade social.

Claro que se pode argumentar que MacDonald mantém a estrutura social aristocrata intocada – um sistema que abriga o autoritarismo – e que a princesa parece conquistar a sua gravidade ou a sua identidade por meio do herói masculino. Essas eram evidentemente as suas preferências e fraquezas ideológicas do ponto de vista político. Devo destacar, no entanto, que MacDonald estava mais interessado na reforma do caráter social e convencido de que toda mudança social emanava do desenvolvimento de uma integridade pessoal e não necessariamente da reestruturação política e da rebelião. Essa crença é o motivo pelo qual ele destacava a mudança e a ação éticas por meio de jornadas e experiências intensas. Além disso, em "The Light Princess", a protagonista feminina não se torna dependente do príncipe, que é um "molenga". Ao contrário, ela conquista certas qualidades por meio de seu relacionamento com ele, assim como ele se beneficia do encontro. Existe uma interação sensível entre dois indivíduos únicos, mais do que uma encenação tradicional no final do conto, uma configuração especial que MacDonald iria desenvolver em todas as suas narrativas.

Por exemplo, em "The Golden Key" o jovem Mossy vai em busca de um tesouro no final de um arco-íris, por fim aprende que a verdadeira riqueza da vida está nas experiências que colaboram para o autoconhecimento. Em parte, ele aprende isso com Tangle, uma menina de treze anos maltratada, que foge de casa por medo. Os dois são reunidos no meio da terra das fadas pela misteriosa avó (um tipo de mãe natureza); ela lhes dá coragem para que embarquem na procura de um buraco de fechadura para a chave de ouro, que já tinha sido encontrada por Mossy no final do arco-íris. Eles se separam no caminho e passam por diversas experiências com o velho do mar, da terra e do fogo. No final das contas, depois de enfrentar todos os tipos de dificuldades, eles se reencontram antes do país onde caem as sombras. Eternos, eles vão em direção a sua concepção de paraíso.

Na base da utopia perfeita de MacDonald está o perfeito relacionamento social e sexual. Mossy e Tangle são companheiros. Enquanto nós, leitores, nos perdemos nesse conto altamente simbólico e complexo, somos levados a ler e interpretar os símbolos e nos tornar receptivos à natureza e às mudanças da vida. Mossy e Tangle têm suas próprias e únicas aventuras e impressões enquanto procuram o buraco da fechadura (outra viagem óbvia de exploração sexual)[16]. Suas experiências místicas e sensuais formam o alicerce do crescimento dele. A dedicação é recompensada não apenas por meio da riqueza material, mas por meio da entrada em outro mundo que promete a realização de suas intuições.

Esse padrão de busca interior – viagens simbólicas interiores que podem ajudar a criar uma compreensão do outro e do mundo exterior – é descrito de várias maneiras intrigantes em outros contos de MacDonald, "The Carasoyn", "Little Daylight" e "Cross Purposes" (Motivos Cruzados). O conto de fada, no entanto, que é o retrato mais incomum escrito por MacDonald do respeito mútuo e da interdependência entre homens e mulheres é a narrativa provocadora "The Day Boy and the Night Girl" (1879). MacDonald cria uma bruxa chamada Watho, que tem um lobo em sua mente, e seu apetite incontrolável para saber tudo a leva a fazer experiências com seres humanos de maneira indiscriminada. Ela convida duas senhoras chamadas Aurora e Vesper a irem a seu castelo, e usa seus poderes mágicos para fazer com que elas deem à luz crianças. Depois do parto, as duas mulheres fogem com medo da bruxa. Watho mantém o menino Photogen e a menina Nycteris em partes separadas do castelo e expõe um apenas à escuridão e o outro apenas à luz. Na verdade, cada um desenvolve o medo respectivo de seus opostos, noite e dia. Os dois só têm a oportunidade de se conhecer quando são adolescentes e descobrem que a maneira como Watho os criou os deixou aleijados. Por consequência, Nycteris se oferece para ser os olhos de Photogen no escuro enquanto ela o ensina a ver, e existe uma cena divertida em que MacDonald trata de todo o problema da disciplina e do condicionamento aos papéis sexuais:

> Ele desejou que ela nunca tivesse feito com que ele abrisse os olhos para ver coisas que ele não podia ver; e a todo instante ele começava a ver e a abraçava com força, como se uma nova pontada de terror o atingisse.
>
> "Venha, venha, querida!", disse Nycteris, "você não deve ir por aí. Você precisa ser uma menina corajosa, e —"
>
> "Uma menina!", gritou Photogen, e fitou seus pés com raiva. "Se você fosse um homem, eu te mataria."
>
> "Um homem?", Nycteris repetiu. "O que é isso? Como eu poderia ser um? Somos duas meninas – não somos?"
>
> "Não, eu não sou uma menina", ele respondeu; "– apesar de", acrescentou, mudando de tom, jogando-se aos pés dela, "eu tenho te dado razões boas demais para me chamar de menina."
>
> "Ah, entendi!" respondeu Nycteris. "Não, claro! – Você não pode ser uma menina: meninas não têm medo – sem motivos. Agora eu entendo: é porque você não é uma menina que tem tanto medo."
>
> Photogen se contorceu sobre a grama.[17]

Essa deliciosa inversão é apenas um aspecto da tentativa de MacDonald de descrever em uma narrativa o que chamava de "a arrogância de todas as criaturas masculinas até eles serem ensinados pelo outro gênero"[18]. Ao longo dos acontecimentos, Nycteris e Photogen se dão conta de que têm muito a aprender um com o outro, e essa percepção lhes dá o poder para vencer a bruxa. Seu relacionamento se torna a síntese na qual a luz pode ser encontrada na escuridão, e a escuridão na luz.

Talvez esse conto de fada seja a afirmação mais evidente de MacDonald sobre a educação de crianças. O castelo, a personalidade e maneira como Watho trata as crianças assumem formas simbólicas da escola, do professor rígido e da programação arbitrária, respectivamente. Contra esse sistema, MacDonald destrincha a exploração dolorosa, porém significativa, de dois seres humanos que gradualmente reconhecem que sua essência e autonomia dependem da interdependência de todas as coisas. Photogen e Nycteris passam a reverenciar a integralidade da natureza ao desenvolver uma receptividade ao que eles mais temem. O confronto com o medo, no entanto, permite que eles revejam, repensem e sintam novamente o ambiente ao redor deles, de modo que passam a ter prazer máximo com os seus sentidos e começam a construir um mudo à altura de seus ideais. MacDonald rejeita o pudor vitoriano, como fez na maioria de seus contos de fada, e projeta brincadeiras e relações sexuais simbólicas que podem abrir o caminho para uma união saudável dos sexos.

Ele acreditava firmemente que os indivíduos poderiam ser "civilizados" de uma maneira natural para alcançar uma reverência piedosa à natureza e às necessidades de todas as criaturas vivas, mas também tinha dúvidas profundas sobre se as pessoas como um todo, isto é, como sociedade, poderiam atingir o nível de "civilização" que os indivíduos separados conseguiriam atingir. Aqui a sua noção de processo civilizador estava em direta contraposição ao processo civilizador ligado às classes da Inglaterra, e seus dois longos livros de contos de fada, *The Princess and the Goblin* e *The Princess and Curdie*, demonstraram a que ponto ele foi contra as tendências vitorianas. Na primeira narrativa, a princesa Irene é atacada por goblins que querem sequestrá-la e destruir o reino de seu pai. Ela é protegida por sua avó onisciente e misteriosa, que lhe confere a força e a sensibilidade necessárias para lidar com seus inimigos. Além disso, é ajudada pelo corajoso filho de um mineiro chamado Curdie, que literalmente destrói os planos sinistros dos goblins e acaba com o reino deles. Na sequência, Curdie corre o risco de ser transformado em uma "personagem bestial", até que é convocado pela grandiosa avó. Ele então se dá conta de que estava prestes a se tornar um velho, e a avó o envia em uma missão para ajudar o pai da princesa Irene, que está sendo envenenado por funcionários corruptos. No caminho para a cidade de Gwyntystorm, Curdie organiza um esquadrão de 49 criaturas estranhas e desajustadas, que ironicamente recuperam a ordem e a justiça para a comunidade. Curdie se casa com a princesa Irene, mas eles não têm filhos. Quando morrem, as pessoas escolhem um novo rei que está interessado principalmente em minerar ouro, e as pessoas se tornam corruptas e devassas novamente. Suas tendências autodestrutivas levam à destruição e ao desaparecimento da cidade.

Não é um final muito feliz para um conto de fada, e devemos nos perguntar por que MacDonald escreveu um livro assim em 1883, o seu último livro para crianças. Teria se tornado um pessimista? Ou isso era um aviso para as crianças? Foi essa a maneira que ele encontrou para manter o impulso utópico vivo em seus leitores, isto é, apontando os perigos da inércia – de não manter as sensibilidades criativas ativas de maneira religiosa? Existem indícios de que as duas narrativas juntas expressam o otimismo sóbrio de MacDonald: a humanidade precisa se erguer de um estado bestial para formar a sociedade utópica, e deve exercer constantemente os poderes criativos e morais para buscar a sociedade ideal. Do contrário, haverá um retorno à barbárie.

Aparentemente, MacDonald foi muito influenciado pelas ideias de Novalis e E.T.A. Hoffmann sobre o amor e sobre Atlantis em *Heinrich von Ofterdingen* e *The Golden Pot*, respectivamente. Os dois românticos alemães têm uma mulher que encarna o conceito místico de Eros e se torna a mediadora entre o profano e o sagrado. Na busca por seu amor, o protagonista descobre seus próprios poderes e identidade, e só então é capaz de um relacionamento compassivo com todas as formas de vida – a utopia se torna viável, mas apenas de maneira momentânea. A Atlantis de Novalis desaparece em um conto, e Hoffmann envia seu herói Anselmo para Atlantis, que está além do alcance do narrador e seus leitores. Estava implícita uma crítica à sociedade mundana imersa demais em pequenezas e na rotina para conseguir apreciar a natureza divina da vida e da arte.

É óbvio que essa também era a visão de MacDonald. Ao escrever sobre a Inglaterra do final do século XIX, ele lamentou o comportamento materialista da maioria das pessoas e a corrupção do governo. O relacionamento entre Curdie e a princesa tem a intenção de ser exemplar e provocativo para os jovens leitores.

Na verdade, MacDonald descreve as experiências e o crescimento desses dois protagonistas para mostrar tudo o que estava errado na sociedade inglesa. Nem sua governanta e qualquer outra pessoa ao redor dela acredita na comunhão da princesa Irene com o outro mundo – seus poderes místicos e criativos. Em grande medida, o comportamento e as opiniões dela são o oposto de como as crianças da Inglaterra vitoriana eram socializadas para se comportarem. Até mesmo Curdie desconfia dela e expressa dúvidas sobre a sua sanidade e o seu caráter até o final do primeiro livro. Essas dúvidas permanecem na continuação e, por causa delas, parece que Curdie pode se tornar um mineiro simples e grosseiro, insensível em relação aos outros e ao mundo ao redor dele. No entanto, seu amor e admiração pela pequena princesa é tanto que uma centelha de seu grande potencial ainda está acesa e, por meio da imaginação, ele passa a simbolizar tudo o que *deveria ser*, mas *não podia ser* – os esforços do mineiro de carvão/rei em nome da humanidade ficam perdidos em uma sociedade em busca do poder e da riqueza.

MacDonald nunca para de lamentar os malefícios das influências sociais que interferem nas tentativas naturais e sublimes dos seres humanos de se tornarem perfeitos. Muito cedo na vida ele compreendeu a importância da crítica estética romântica alemã à sociedade filisteia, e extraiu a essência mística-religiosa, ao mesmo tempo que defendeu os poderes da imaginação e do artista criativo. Quando ele entrou no discurso dos contos de fada para crianças na Inglaterra, não pode deixar de ser influenciado pelos movimentos sociais de reforma e pelas ideias de Dickens e Ruskin. Entre 1864 e 1882, fez um grande esforço para expandir o discurso dos contos de fada e para mudar a perspectiva da voz que legitima o processo civilizador para uma voz crítica a ele. Suas obras foram apenas o começo: os contos de fada estavam prestes a desenvolver uma nova natureza de protesto social consciente.

III

Apesar de dois homens não poderem ter as personalidades e convicções mais díspares do que George MacDonald e Oscar Wilde, existem semelhanças surpreendentes em suas vidas que são responsáveis por uma tentativa comum de reformular os termos do processo civilizador por meio dos contos de fada na Inglaterra vitoriana. Ambos nasceram fora da sociedade inglesa estabelecida – MacDonald nasceu na Escócia e Wilde nasceu na Irlanda, dois países conhecidos por seu folclore nativo e único, e por sua política contra os ingleses. Os dois foram influenciados pelo movimento social de reforma de seu tempo e diretamente por artistas inovadores com consciência política, como John Ruskin e William Morris. Ambos odiavam a hipocrisia e as convenções rígidas das classes privilegiadas da Inglaterra, e buscavam usar sua arte para expressar opiniões religiosas diretamente opostas à igreja anglicana. Como vimos, a forma que a crítica social de MacDonald assumiu em seus contos de fada foi influenciada por seu misticismo cristão; Wilde era marcado por um comprometimento fora do comum com o socialismo cristão que celebrava o individualismo e a arte. Ironicamente, Wilde, o esteta, era mais radical no que pregava por meio de seus contos de fada envolventes do que MacDonald, o reformista cristão.

A vida e a arte fascinantes e o final infeliz de Wilde foram explorados a fundo por diversos pesquisadores e críticos – e os livros contra e a favor dele continuam a ser publicados[19]. Mas muito poucos lidaram com profundidade sobre o tema de seus contos de fada, que talvez sejam as suas obras mais conhecidas. Eles não só venderam aos milhões em diversas línguas, mas também foram adaptados de várias formas para o teatro, o cinema, o rádio e em discos. Ironicamente, esses contos fora do comum alcançaram um *status* clássico e, pelo fato de estarem ligados à vida rebelde dele, devemos analisar certos aspectos de seu desenvolvimento como escritor para compreender por que ele buscou transformar o discurso dos contos de fada e seguiu o exemplo de MacDonald, apesar de nunca ter sido influenciado diretamente pelo escocês. No mínimo, os dois eram tocados pelo mesmo espírito – mudar os conteúdos anacrônicos e o estilo dos contos de fada que não faziam parte da realidade social e política da Inglaterra moderna.

Como se sabe, tanto o pai de Wilde, William, quanto sua mãe, Jane Francesca Elgee, eram celebridades sociais e escritores que levavam vidas excêntricas em Dublin. Seu pai era conhecido por suas descobertas na medicina e na arqueologia, além de suas façanhas com as mulheres. Sua mãe alcançou a fama como poeta, escritora e defensora patriótica dos direitos dos irlandeses. A partir dos dois anos de idade, Wilde participava de todas as refeições com seus pais e convidados, e essa participação é obviamente o motivo pelo qual ele se tornou um contador de histórias tão habilidoso e refinado. No entanto, mais importante para as suas opiniões sociais e estéticas é o fato de que Wilde teve a oportunidade de testemunhar como as pessoas refinadas brincavam com as convenções sociais para zombar da conformidade, e ele aprendeu a explorar alternativas às formas sufocantes de socialização desde uma tenra idade. Como consequência, empregava suas extraordinárias habilidades retóricas e criativas tanto para chamar a atenção quanto para manter o mundo a uma certa distância. Em Dublin, onde a alta sociedade vivia de obscenidades e escândalos, Wilde aprendeu a assumir poses, e a se dedicar aos seus estudos e à arte com o objetivo principal de sobreviver.

Depois de ganhar diversos prêmios no Trinity College, ele foi para o Magdalen College em Oxford, em 1874. Ali, passou a ser influenciado por Ruskin e Pater, que o estimularam em duas direções que não são necessariamente opostas como muitos críticos gostam de acreditar. Ruskin chamou a atenção de Wilde para as questões sociais e as conexões entre a arte e a vida prática concreta, enquanto Pater demonstrava como a experiência particular é essencial para compreender a natureza profunda e bela do mundo exterior. No final das contas, Wilde sintetizou as ideias desses dois brilhantes acadêmicos para formar o seu próprio conceito social da estética, e em alguns aspectos a sua própria personalidade foi simbolicamente mais representativa desse conceito: ele sempre tendia a fazer de si mesmo uma obra de arte.

Em Oxford, começou a se vestir, comportar-se, conversar, escrever e agir de maneira ousada e extravagante. A maioria de seus contemporâneos, assim como os críticos que escreveram sobre a vida dele, desprezaram seu dandismo como um comportamento egocêntrico e esnobe. Mas não pode haver dúvidas de que ele levava a sério sua postura e sua conversação engenhosa, e veio a se perceber como um tipo de criação artística de maneira consciente e inconsciente. Como Philippe Jullian destacou, Wilde gostava de dizer: "Para entrar na sociedade hoje em dia é preciso alimentar ou chocar as pessoas – só isso"[20]. Seus anos em Oxford foram como um estágio, a não ser pelo fato de que ele foi seu próprio professor e aprendeu a cultivar o bizarro e o extraordinário. Quando entrou na sociedade londrina em 1878, Wilde transformou em moda o fato de ser absurdo, enquanto mostrava como a sociedade era ainda mais absurda a sua própria maneira. Num certo sentido, ele se tornou uma expressão tardia do bobo da corte que sempre era perdoado por espelhar as deficiências da sociedade aristocrática, apesar da verdade chocante. George Woodcock aponta que,

> Ao longo de duas décadas como figura pública nos salões de Londres, ele descobriu que os aristocratas nem sequer justificavam a sua riqueza e seus privilégios demonstrando virtudes ou servindo a qualquer propósito social, e ele rapidamente passou a desprezar a maioria deles. Em suas peças, eles se transformaram nas figuras mais grotescas, as Ladies Bracknell e os Lordes Caversham; a estupidez das classes privilegiadas era ridicularizada em seus parlamentares aristocratas e idosos, e na vulgaridade dosada em suas nobres viúvas e duquesas.[21]

No fundo, a conversação e a apresentação cuidadosamente calculadas de Wilde eram baseadas em um desdém pelas pessoas que ele também admirava. Nesse sentido, ele era muito diferente de outro escritor de contos de fada que amava e flertava com o destaque social, o submisso Hans Christian Andersen. Assim como Andersen, Wilde achava que ele era mais nobre e digno de respeito que a própria nobreza. Ao contrário de Andersen, no entanto, ele se recusava a baixar a cabeça para as convenções sociais e autoridades desprezíveis, pois queria ser aceito pela sociedade como inaceitável. Esse era o seu trunfo, e quanto mais ele era aceito pela sociedade, mais buscava quebrar as normas e testar a tolerância repressiva de um sistema cruel de justiça de classes.

Entre 1878 e a publicação de *The Happy Prince and Other Stories* (O Príncipe Feliz e Outros Contos) em 1888, Wilde ainda estava no processo de aprender a sua arte, mas dessa vez suas experiências não ficaram restritas às salas da universidade. Ele foi exposto a condições sociais precárias em Londres, e em viagens aos Estados Unidos e outros países da Europa, e trocou opiniões críticas sobre arte e literatura com os melhores escritores da época. Sua poesia, crítica, aulas e trabalho editorial começaram a florescer, e o surgimento de seus contos de fada sinalizaram o começo de seu grande período criativo: *The Soul of Man under Socialism* (A Alma do Homem Sob o Socialismo, 1891), *A House of Pomegranates* (A Casa das Romãs, 1891), *The Picture of Dorian Gray* (O Retrato de Dorian Gray, 1891), *Lady Windermere's Fan* (O Leque de Lady Windermere, 1892), *A Woman of No Importance* (Uma Mulher Sem Importância, 1893), *An Ideal Husband* (Um Marido Ideal, 1895) e *The Importance of Being Earnest* (A Importância de Ser Prudente, 1895). Conforme Wilde se tornava cada vez mais inovador em sua escrita, se tornava também cada vez mais ousado e intolerável em sua vida pessoal e social. Apesar de ter tentado proteger a sua família, ele professava sua homossexualidade no limite da recriminação social e quase exigia que sua arte fosse idolatrada. Estranhamente, sua arte era o meio tanto para estabelecer seu individualismo como para manter distância de uma sociedade aviltante da qual ele esperava grande, se não excessiva, admiração.

É muito apropriado que o volume *O Príncipe Feliz e Outros Contos* tenha sido a obra que inaugurou o seu grande período criativo, pois ela revela como Wilde estava muito incomodado pela maneira como a sociedade condicionava e punia os jovens se eles não se adequassem às regras apropriadas. No final da vida, ele escreveu sobre o tratamento cruel dado aos delinquentes juvenis que testemunhou na prisão[22]. Mas sempre foi sensível à rigidez da escola e da Igreja, que se esperava que a maioria das crianças inglesas tolerasse. Seus contos são impregnados de uma noção socialista cristã de humanismo, e discordam do processo civilizador como era praticado na Inglaterra. Para atingir o efeito desejado, Wilde rompeu com a apologética dos contos de fada clássicos e das histórias vitorianas pueris para refletir problemas sociais da Inglaterra vitoriana com um toque de esperança – com um impulso utópico por mudança. Como Isobel Murray destaca,

> O tom suave cristão de "O Príncipe Feliz" – e de "O Jovem Rei", escrito logo depois, e a linguagem quase bíblica associam o modo dos contos de fada com os tremendos problemas da poesia, do privilégio e da arte vitorianos, como Tennyson apresentou de maneira bastante esquemática em *The Palace of Art*... Temas que são recorrentes em Andersen certamente ocorrem em Wilde. "O Rouxinol" é uma parábola sobre a natureza, a arte e o artifício que certamente atrairiam Wilde, e "As Famílias Vizinhas" tem um apelo semelhante. E Wilde provavelmente aprendeu com Andersen os toques espirituosos e desconcertantes que davam graça às histórias, mas nunca,

nem mesmo em "O Gigante Egoísta", ele se deixa cair em um profundo sentimentalismo como Andersen. Ele pega animais e objetos divertidos e falantes e os usa como molduras para histórias, como em "O Amigo Dedicado," mas evita os momentos enjoativos de Andersen, e em geral os transcende.[23]

Talvez *subversão* seja uma palavra melhor que *transcendência* para descrever o propósito subjacente de Wilde ao escrever seus contos. Ele evidentemente queria subverter as mensagens expressas pelos contos de Andersen, mas mais do que isso, o seu estilo poético lembrava os ritmos e a linguagem da *Bíblia* para contestar o rigoroso código cristão. Suas interpretações do cristianismo demostravam as práticas ruins da Igreja e questionavam a maneira comprometedora com que os líderes das igrejas usavam o cristianismo para distorcer os instintos de prazer e para racionalizar o sistema socioeconômico de exploração. Os contos "escriturais" de Wilde foram criados para entrar no discurso da tradição dos contos de fada e para mudar a sua direção de uma maneira radical. Seu ensaio *A Alma do Homem Sob o Socialismo*, escrito em 1891, é fundamental para compreender a tendência estética social de seus contos.

Wilde já tinha concebido algumas de suas principais ideias anarquistas e noções sobre o individualismo em seu importante ensaio "Chuang Zu" sobre o taoismo. *A Alma do Homem Sob o Socialismo* reúne suas opiniões divergentes sobre o socialismo em resposta ao discurso proferido por George Bernard Shaw sobre o socialismo fabiano[24], e sua importância não está em sua contribuição teórica à causa do socialismo, mas em como nos leva a compreender a estética social única de Wilde. Um de seus ditados favoritos afirmava que não é preciso muito para transformar os humanos em socialistas, mas transformar socialistas em humanos era uma tarefa árdua. Essa é a ideia central desse ensaio, que depende de Cristo como sua estrutura teórica, e todos os seus contos de fada transparecem os mesmos sentimentos. A principal razão pela qual Wilde defende o socialismo é que ele levará ao individualismo em um sentido humanitário. Primeiro, ele acusa a propriedade privada e a filantropia dos ricos de evitar o crescimento do socialismo.

A verdadeira perfeição do homem reside não no que o homem tem, mas no que o homem é. A propriedade privada esmagou o verdadeiro individualismo e criou um individualismo falso. Impediu que uma parcela da comunidade social se individualizasse, fazendo-a passar fome. E também à outra, desviando-a do rumo certo e interpondo-lhe obstáculos no caminho. De fato, a personalidade do homem foi tão completamente absorvida por suas posses que a justiça inglesa sempre tratou com um rigor muito maior as transgressões contra a propriedade do que as transgressões contra a pessoa, e a propriedade ainda é a garantia da cidadania plena.[25]

No entanto, para o socialismo não é necessário apenas eliminar a propriedade privada, mas também desenvolver por consequência uma atitude antiautoritária, em especial entre os pobres. Cristo é apresentado como modelo de uma pessoa "que é aquele que não é outro senão ele mesmo, perfeita e integralmente"[26]. Com o socialismo, com a perfeição do individualismo, não haveria crimes e as máquinas libertariam as pessoas para serem criativas. "Um mapa-múndi que não inclua a utopia não é digno de consulta, pois deixa de fora as terras à que a humanidade está sempre aportando. E nelas aportando, sobe à gávea e, se divisa terras melhores, torna a içar velas. O progresso é a concretização de utopias."[27] Wilde tinha um interesse declarado em falar a favor do socialismo porque seu advento iria promover a causa da arte, que "é a manifestação mais intensa de individualismo que o mundo conhece"[28].

Na luta por melhores condições de vida, as pessoas foram muito condicionadas a aceitar a dor, e aqui o sofrimento de Cristo foi visto e utilizado de maneira errada como um objetivo por si só:

> Será por meio da alegria que se desenvolverá o individualismo do futuro. Cristo não fez nenhuma tentativa de reconstruir a sociedade, e, assim, o individualismo que ele pregou ao homem só poderia ser alcançado por meio da dor ou da solidão. Os ideais que devemos a Cristo são os ideais do homem que abandona a sociedade por completo, ou daquele que a suporta incondicionalmente. Mas o homem é social por natureza.[29]

O que é importante aqui – e isso é essencial para compreender os contos de fada – é que, por um lado, Cristo é defendido como um modelo antiautoritário e humanista, mas que, por outro lado, deve ser transcendido por meio de uma luta comum da alegria em direção ao socialismo. Em oposição a Cristo, "o mundo moderno tem projetos. Propõe dar fim à pobreza e à dor que ela acarreta. Deseja livrar-se da dor e do sofrimento que ela acarreta. Confia no socialismo e na ciência como seus métodos. Visa a um individualismo que se expresse por meio da alegria [...]"[30]. Paradoxalmente, a luta individual contra a sociedade não é suficiente para a criação do individualismo, que pressupõe uma construção coletiva do paraíso na Terra.

Em certa medida, Wilde estava criticando a si mesmo quando discutiu as deficiências de Cristo, com quem obviamente se identificava. O fato de que ele descreveu tantos protagonistas parecidos com Cristo em seus contos de fada não quer dizer que queria propagar o modo cristão como o caminho para a salvação, ou que se sentia obrigado a se entregar à moralização cristã em nome das crianças, como alguns críticos erroneamente argumentaram. Embora comportar-se como Cristo seja algo louvável, não é radical o suficiente, e o sofrimento não é aceitável como recurso para um sistema social de dominação que parece ser imutável. Na verdade, Wilde usou a figura de Cristo para mostrar a necessidade de subverter a mensagem cristã tradicional. "O Príncipe Feliz" é um bom exemplo de como ele colocou uma figura que lembrava Cristo em um contexto que tinha como objetivo alterar o discurso clássico dos contos de fada e provocar os leitores a pensar sobre mudanças sociais.

Bem acima da cidade, sobre uma comprida coluna, fica a estátua de chumbo de um príncipe morto que parece magnífico, pois está todo enfeitado com safiras, rubis e ouro. Todos o admiram, em especial os vereadores, porque ele era tão bonito e parecia ser um modelo da felicidade que um dia viveu. No entanto, essa felicidade era baseada na ignorância, pois ele nunca se deu conta do quanto o seu povo sofria. Só compreendeu esse sofrimento depois que morreu. O príncipe decide compensar a sua negligência e o seu egocentrismo do passado propondo a uma andorinha dedicada que distribua as joias da estátua entre uma costureira pobre, um artista e uma menina que vendia fósforos. A andorinha acaba morrendo por causa da exposição ao frio do inverno, e a estátua é derretida porque não é mais bonita e útil para o prefeito e os vereadores, que gostariam que fizessem estátuas deles.

Com esse breve resumo, fica óbvio que o príncipe "crucificado" se assemelha a Cristo e a andorinha é um tipo de apóstolo. Suas ações humanas são exemplares. O príncipe supera uma posição de arte pela arte, e assim revela a essência social de toda a beleza. A andorinha esquece do amor volúvel que sentia por um junco e desenvolve uma compaixão pelos pobres por meio de sua ligação de amor com o príncipe. A perspectiva ideológica da história contém tanto simpatia quanto crítica ao príncipe, e assim Wilde é capaz de destacar as grandes disparidades da sociedade inglesa ao ironicamente fazer o pedestal do príncipe tão alto de modo que ele consegue perceber como as pessoas comuns são infelizes e o quanto ele é responsável pela infelicidade delas; isto é, como maior representante da classe dominante. Mas – e esse é o ponto principal da história de Wilde –, as ações individuais de uma pessoa parecida com Cristo não são suficientes para acabar com a pobreza, a injustiça e a exploração. Apesar de o príncipe e o pássaro serem abençoados no final, o prefeito e os vereadores mantêm o controle sobre a cidade. Esses bufões vaidosos certamente irão governar em benefício próprio, e as ações filantrópicas do príncipe não vão dar em nada.

O poder da história de Wilde está nas tensões não resolvidas. O tecido da sociedade não muda. Ninguém aprende nada com as boas ações do príncipe, talvez com exceção dos leitores do conto que Wilde tinha a intenção de provocar. Em outras palavras, a real beleza do príncipe passa despercebida porque os vereadores e as pessoas estão muito acostumados a relacionar a beleza com a riqueza material e o esplendor. Wilde sugere que a beleza do príncipe não pode ser apreciada em uma sociedade capitalista que favorece a ganância e a pompa. Ele não prega a derrubada dessas condições. Mas sua reverência ao príncipe é expressa por ritmos e metáforas que sugerem uma parábola religiosa, e ele coloca o seu ponto de vista ao contrastar o príncipe com os políticos da cidade.

Existe um discurso sobre maneiras e valores em *O Príncipe Feliz* que mostra o quanto Wilde estava profundamente preocupado com a hipocrisia da classe alta e da burguesia inglesas. Todos os seus contos de fada são tentativas artísticas de expor seus modos arbitrários e cruéis ao justapor figuras parecidas com Cristo com as normas reforçadas pelo processo civilizador – e devo ressaltar que Wilde tomou o cuidado de mostrar que a figura de Cristo também tinha defeitos. Essa figura era o artefato estético de Wilde, empregado em suas histórias como um instrumento para revelar os conflitos e as contradições sociais. Enquanto a rejeição da sociedade e a compaixão pelos pobres são defendidas como humanas e belas, Wilde quer que nos tornemos mais conscientes de como são constituídos os mecanismos de ações horríveis como a dominação e a exploração. Começando por perceber como o processo civilizador contribui para a degradação dos seres humanos e que se pode lutar contra ele.

Por exemplo, no primeiro conto de *A Casa das Romãs*, Wilde continuou a elaborar o tema apresentado em *O Príncipe Feliz* ao descrever o funcionamento da sociedade de maneira mais evidente. Aqui, em "O Jovem Rei", um pastor de cabras é pego de surpresa quando lhe dizem que ele é o único herdeiro (o filho ilegítimo da filha do rei) de seu avô real, que está prestes a morrer. Ele é arrancado da natureza e levado para a cidade, e precisa fazer os preparativos para a coroação depois de um período de luto. No entanto, ele tem visões muito ao estilo das epifanias dos contos de MacDonald – iluminações religiosas –, que abrem os olhos do jovem rei para que possa ver que a beleza em sua sociedade é baseada no abuso dos trabalhadores. Como não fará parte disso, ele decide cavalgar para sua coroação usando suas antigas roupas de pastor, e com uma flor como coroa. Wilde inverte a ideia de "o hábito faz as pessoas" e transforma o motivo de escárnio de "As Roupas do Imperador" de Andersen em uma afirmação ideológica radical[31]. O rei como um pedinte semelhante a Cristo se opõe às convenções sociais, à Igreja e à nobreza. Quando um bispo tenta dissuadi-lo, ele pergunta: "Deve a Alegria vestir o que foi feito pela Dor?"[32] O rei representa o indivíduo que se recusa a fazer concessões até as pessoas aprenderem a ver que a sociedade precisa mudar. Sua aparência de pedinte é enobrecida e se torna radiante aos olhos de seus observadores, porque ele descobriu a essência social da beleza.

Em oposição ao príncipe feliz, que acaba sendo crucificado apesar (ou talvez por causa) de suas ações filantrópicas, o jovem rei aponta um caminho para a utopia ao estabelecer um modelo de comportamento que ele espera que todos reconheçam e sigam. Ele basicamente demonstra que a aparência bela do mundo civilizado só serve para esconder as condições bárbaras de trabalho.

Sua rejeição pela túnica, pela coroa e pelo cetro é uma rejeição à propriedade privada, à ornamentação e ao poder injusto. Ao se recusar a ser um parasita, e ao vestir suas roupas de origem, ele se torna tanto um indivíduo quanto um igual entre os homens. A beleza de seus atos deriva da compaixão pela humanidade e de uma percepção de que seu próprio potencial depende de as pessoas serem verdadeiramente livres. Apesar dos antagonismos sociais continuarem não resolvidos no final, Wilde foi além de "O Príncipe Feliz" ao transformar a figura semelhante a Cristo em um símbolo de alegria com a intenção de abrir o caminho para a utopia.

Na verdade, a maioria de seus contos não são tão otimistas como esse e seguem mais o padrão de "O Príncipe Feliz" para levar os leitores a questionar por que as relações sociais não criam um mundo melhor. "The Nightingale and the Rose" (O Rouxinol e a Rosa), "The Devoted Friend" (O Amigo Dedicado), "The Remarkable Rocket" (O Foguete Notável), "The Star Child" (O Filho da Estrela) e "The Fisherman and His Soul" (O Pescador e Sua Alma), em geral descrevem como as convenções sociais hipócritas e a dupla moral servem para manter um governo injusto. O resultado é dor e sofrimento, e as tramas dos contos negam um final feliz porque as relações de propriedade e o caráter social não são alterados. O estado pessoal mais elevado que alguém pode atingir em tais condições é a crucificação. O estilo de Wilde, a maneira como ele escolhe apresentar as suas opiniões sobre religião, arte e civilização, tem a ver com uma reutilização sutil da linguagem bíblica e dos motivos tradicionais dos contos de fada. Isto é, ele transforma o estilo e os temas da *Bíblia* e dos contos de fada clássicos, e faz novos usos deles para expressar as suas ideias a respeito do socialismo cristão.

Por exemplo, "O Filho da Estrela" é o inverso de "O Patinho Feio" de Andersen e incorpora temas do nascimento de Cristo[33]. Enquanto Andersen vê a beleza ligada à graciosidade externa do pato como um cisne e a subserviência ligada à aristocracia dos cisnes, a posição ideológica de Wilde zomba implicitamente de Andersen enquanto apresenta uma ideia mais complexa de beleza. Para Wilde, a beleza se baseava em um reconhecimento festivo de que a pobreza pode ser superada pela oposição ao poder abusivo e à propriedade privada. Em "O Filho da Estrela", um lindo menino que é orgulhoso, cruel e egoísta precisa aprender que a sua aparência afortunada não lhe dá o direito de maltratar as pessoas menos afortunadas. Fazem com que ele fique feio e o colocam na posição delas. Depois de vagar por anos e ajudar os outros, ele recupera a beleza, que é ainda mais arrebatadora porque é espiritual, e é reconhecido como um rei que governa seu povo com justiça e piedade. No entanto, Wilde não fica satisfeito de nos deixar com uma ideia de que tudo está bem quando acaba bem para uma pessoa. O tom bíblico que encerra a história soa como um aviso: "Mas não reinou por muito tempo, pois tão grandes haviam sido os seus sofrimentos, tão intenso o fogo de sua provação, que ao fim de três anos ele morreu. E o que veio reinar depois dele reinou com maldade."[34] Ao contrário de Andersen, Wilde sempre insistiu na necessidade de livrar a sociedade da dominação se a essência da beleza se manifestar por conta própria.

Em "O Pescador e Sua Alma", ele inverte novamente uma história de Andersen. Dessa vez foi "A Pequena Sereia", e ao invés de ser uma sereia que se mutila e se exaure para conseguir uma alma, Wilde faz um pescador se apaixonar por uma sereia e abrir mão de sua alma. No entanto, sua alma, que representa o superego e as convenções sociais, tem inveja e quer vingança. Ela faz com que o pescador faça coisas terríveis, mas o amor do pescador pela sereia é tão forte que ele consegue virar as costas para a Igreja e para a sociedade, e se unir à sereia na morte. A não conformidade do pescador é uma recusa simbólica em atender aos interesses do padre e dos comerciantes. O amor é uma experiência libertadora e permite que ele se concilie consigo mesmo sem a interferência de uma alma. Ironicamente, Wilde exalta a vida de um homem que recusa uma alma e por isso o considera um santo. O tom reverencial e as imagens religiosas servem para denunciar a hipocrisia das práticas cristãs ortodoxas que racionalizam o sofrimento em nome dos ricos.

Como vimos, a maioria dos contos de Wilde termina de maneira provocativa, com figuras que lembram Cristo morrendo, e o leitor é levado a questionar por que protagonistas tão notáveis não poderiam se realizar *dentro* da sociedade. A provocação se origina do impulso utópico de Wilde, que foi desenvolvido de maneira mais positiva em apenas dois contos: "O Jovem Rei" e "The Selfish Giant" (O Gigante Egoísta). Este último conto, um dos mais conhecidos dele, talvez seja a sua afirmação mais perfeita sobre as relações capitalistas de propriedade e a necessidade de reestruturar a sociedade de acordo com o socialismo. O conto tem três etapas. A primeira etapa tem a ver com a expulsão das crianças do jardim. O gigante, como dono da terra, se opõe às crianças como coletivo. A segunda etapa é a epifania. O gigante é egoísta porque não consegue compartilhar sua riqueza. Seu coração se derrete quando percebe como seu próprio egoísmo está fazendo um menino infeliz. A última etapa é a transformação de seu jardim em um paraíso para as crianças. Ele compartilha a sua propriedade com todos e assim, também, sua felicidade. Nessa última fase, o gigante procura o menino que ele ajudou, mas só o encontra antes de morrer. Ele, então, se dá conta de que o menino é a reencarnação de Cristo, que leva o gigante para o paraíso. Esse final pode ser interpretado de várias maneiras. Obviamente, tem a ver com a homossexualidade de Wilde, e ele descreveu o amor pelo menino como uma forma de libertação. Em outro nível, esse amor é o tipo de compaixão humana que Wilde achava necessária para a construção do socialismo. Finalmente, a busca do gigante e a união com Cristo é a busca de Cristo dentro de nós e, como sabemos a partir do ensaio *A Alma de um Homem Sob o Socialismo*, esse tipo de individualismo festivo só pode florescer no progresso realizado em direção à utopia.

Como MacDonald, Wilde tinha o cuidado de *não* retratar os contornos da utopia porque ele estava tão acostumado com as sórdidas condições da Inglaterra vitoriana e percebeu que haveria uma longa batalha antes que pudéssemos começar a ter uma vaga ideia do que seria a real utopia social. Por isso ele, assim como MacDonald, deu muito destaque à reversão do processo de socialização ou civilizador no discurso de seus contos de fada. A construção de uma moral e de uma sensibilidade estética para a ação social estava na raiz dos contos desses dois escritores. Enquanto MacDonald queria que seus protagonistas sobretudo corrigissem os malefícios, Wilde insistia que seus heróis tentassem compreender as raízes da existência para mudar a sociedade. O padrão da maioria dos seus contos de fada é extremamente parecido e reflete sobre a socialização na Inglaterra. Em termos gerais, um protagonista jovem, ignorante e inocente experimenta um despertar por meio de um sonho ou uma visão. A essa altura, o protagonista vê o que aflige a sociedade, e as ações *dele* ou *dela* tendem a ir contra o *status quo* da sociedade. A ação configuradora dos heróis insinuava uma crítica ao processo civilizador e uma ideia de utopia que refletia sobre o atual estado de mumificação da sociedade inglesa. Tendo em conta as disparidades sociais e as condições sombrias da Inglaterra no final do século XIX, não surpreende que MacDonald e Wilde tenham optado por destacar o potencial da perfeição humana e não a perfeição social. Se alguém fosse pintar as possibilidades de uma utopia moderna nos contos de fada, essa pessoa teria de ser um norte-americano "ingênuo".

IV

É mérito de Frank Baum que ele tenha passado quase vinte anos de sua vida adulta retratando uma utopia de contos de fada com fortes traços socialistas e matriarcais para expressar seu desencanto com os Estados Unidos, se não com a civilização ocidental como um todo. Baum foi moldado na mesma forma que MacDonald e Wilde. Sonhador, idealista e reformador, ele era um homem que acreditava fortemente na perfeição humana, mas que não acreditava que a humanidade perfeita poderia ser atingida por meio da conformidade a uma sociedade que permitia que pessoas comuns fossem aviltadas. Assim como MacDonald e Wilde, ele seguiu os passos de Ruskin e Morris ao impregnar sua arte com um propósito social. Entre 1888 e 1901, foram publicados mais de sessenta romances utópicos nos Estados Unidos, e Baum, um ávido leitor, era fã especialmente de *Looking Backward* (Olhando Para Trás, 1888), de Edward Bellamy, e *News from Nowhere* (Notícias de Lugar Nenhum, 1891), de Morris[35]. Mas, ao invés de usar o romance para apoiar a sua concepção de utopia, ele escolheu o conto de fada clássico. O mais importante é que ele se sentiu incumbido de "americanizar" esse gênero literário predominantemente europeu e, ao fazer isso, abriu novas fronteiras para o discurso dos contos de fada sobre a civilização e abriu caminho para que escritores depois dele experimentassem ainda mais o potencial de *sequência* de contos de fada que apresentassem alternativas radicais à realidade social.

Existem poucos contos de fada utópicos longos como *O Mágico de Oz* que tenham conseguido se manter populares como um clássico. Isso pode, na verdade, ter a ver com a maneira engenhosa com a qual ele ilumina uma saída do mundo cinzento que nos rodeia e desperta nossas energias criativas, sugerindo que podemos nos tornar o que quisermos sem comprometer os nossos sonhos. Logo após o lançamento em 1900, *O Mágico de Oz* com as impressionantes ilustrações de W.W. Denslow cativou os jovens leitores norte-americanos, e logo iria seduzir os adultos como um musical em 1902. A partir daí as treze continuações do livro original encantaram crianças e adultos ao redor do mundo. Em 1939 foi transformado em um filme musical parcialmente animado com atuações memoráveis de Judy Garland, Bert Lahr, Ray Bolger e Jack Haley, e assim o classicismo do conto de fada garantiu a imortalidade cinematográfica pela MGM[36]. A melodia de "somewhere over the rainbow way up high, there's a land that I dreamed of" ("lá no alto, em algum lugar além do arco-íris, existe um país com o qual sonhei") continua a dar esperança a milhões de espectadores que são levados a acreditar que a experiência de uma viagem a Oz pode ajudar a transformar as condições em casa. A esse respeito, o filme, apesar de ter mudado muitas passagens, manteve o impulso utópico do livro. O livro e o filme celebram a necessidade da utopia. Mas existe um lado trágico do conceito de Oz criado por Baum que o filme (mas poucos críticos) explorou a fundo: o livro e suas continuações se originam da sensibilidade de um escritor ingênuo que ficou perturbado com a Era Dourada, que encobriu a situação econômica desesperadora dos fazendeiros e trabalhadores, especialmente no Meio-Oeste americano. E o filme também levantou-se *contra* os antecedentes da grande Depressão econômica da década de 1930.

Baum não era um filósofo e não buscava expor grandes visões de mundo em *O Mágico de Oz*. Quando muito, era ingênuo, bem-intencionado e confiante de uma maneira impressionante e até dolorosa. Sua escrita reflete uma propensão incomum para a inventividade e a franqueza. Ele era muito bom com trocadilhos, o burlesco e absurdo. Seu estilo e mensagem eram diretos e lúcidos: odiava a violência e a exploração da paixão humana. Há muito pouca sutileza nas tramas de seus livros, e as personagens, apesar de incomuns, raramente eram desenvolvidas de maneira complexa. Tal simplicidade pode ser tediosa de ler (e é em algumas continuações), mas existe uma visão profunda e cintilante dos Estados Unidos expressa por meio de seus contos de fada sedutores, e sua visão crítica lhes dá um poder extraordinário. As narrativas francas e honestas nos desarmam e deixam a nossa imaginação perigosamente aberta a ideias subversivas. Uma viagem para Oz não é uma fuga, porque somos forçados a ter consciência do que falta nos Estados Unidos e no mundo como um todo. É interessante que Baum inicialmente acreditou que as faltas da vida cinzenta e chata de Dorothy poderiam ser preenchidas após uma curta viagem para Oz. Quanto mais ele ficava decepcionado com o modo de vida norte-americano, mais ele permitia que Dorothy passasse tempo e se divertisse em Oz. No livro seis, *The Emerald City* (A Cidade das Esmeraldas, 1908), ele a faz dar as costas para o Kansas e para a "casa" dela de vez. Oz se torna sua casa, um exílio autoimposto dos Estados Unidos. Um ato estranho. Foi o fechamento das fronteiras e as limitações da sociedade norte-americana que fizerem Baum obrigar Dorothy a permanecer em Oz? O que ele viu no "processo civilizador" norte-americano que o forçou a tornar Oz invisível ao mundo exterior para sua própria proteção?

O curso que a vida de Baum tomou pode explicar em parte a natureza de seu discurso sobre a civilização e a utopia nos livros de Oz. Sua queda única; sua mobilidade social para baixo a partir da classe alta; suas experiências como ator, vendedor, estoquista e jornalista; suas viagens da Costa Leste para a Costa Oeste; tudo isso forneceu a ele uma base para compreender e simpatizar com o sofrimento das pessoas comuns nos Estados Unidos durante a Era de Ouro – um período de grande expansão e crise econômicas. Devemos ter em mente que o autoproclamado "apolítico" Baum tinha uma percepção política fora do comum que devia muito aos seus escritos utópicos, ao populismo norte-americano e ao movimento sufragista. É sempre curioso ler as obras imaginativas de um escritor que afirma ter pouco a ver com política, mas que fez disso a essência de sua obra. É nessa ingenuidade que muitas vezes encontramos as visões políticas mais aguçadas sobre as contradições dos tempos.

Simbolicamente, Baum nasceu com um defeito cardíaco em 1856 no norte do estado de Nova York[37]. Seu pai, Benjamin Ward Baum, era um rico executivo do setor do petróleo e tinha condições de oferecer ao filho todo o cuidado e proteção que permitiria com que ele levasse uma vida razoavelmente normal. Mesmo assim, Baum viveu com o medo de que pudesse ter um ataque cardíaco e morrer a qualquer hora, e esse medo era a base para o seu olhar e apreciação profundos para qualquer forma de vida, e também para que evitasse conflitos e violência. Educado em casa em uma propriedade de quinze acres na área rural de Syracuse, Baum pôde explorar a fazenda e as florestas próximas à vontade. Ele gostava particularmente das galinhas que criava e passava grande parte de seu tempo lendo quando não estava tendo aulas particulares. É interessante notar que ele mergulhava nos contos dos irmãos Grimm e de Andersen, mas não gostava de sua violência, crueldade e tristeza. Baum tinha a tendência de ver o lado bom da vida, pois ele nunca sabia quanto tempo mais teria para apreciar o mundo ao seu redor.

Foi enviado para a Peekskill Military Academy, em 1868, pois seus pais queriam que seu filho sonhador colocasse os pés no chão, mas ele ficou lá por menos de dois anos porque odiava as punições corporais e a disciplina da instituição. Depois disso, terminou sua educação em casa, com tutores particulares, e Dickens se tornou um de seus autores favoritos. Em 1873, estava pronto para experimentar uma carreira no jornalismo e assumiu um emprego como foca do *New York World*. Logo ele se envolveu em outros projetos do jornal e, em 1875, começou a administrar uma gráfica em Bradford, Pensilvânia, onde fundou o jornal *New Era*. Como seu pai era dono de algumas casas de ópera e teatros em Nova York e na Pensilvânia, Baum começou a administrá-los, e se envolveu no teatro como escritor e ator. Seu primeiro grande sucesso foi o musical de comédia irlandês *The Maid of Arran* (A Criada de Arran, 1881), e essa peça o encorajou a fazer carreira no teatro. Por causa de sua ingenuidade, no entanto, o caminho não seria fácil. Em vários níveis, seu pai (quase como uma fada madrinha) já tinha oferecido ajuda e contatos, ou pago sua fiança quando a confiança de Baum havia sido abusada. Isso não quer dizer que ele era um menino rico e mimado que constantemente precisava de um pai dedicado. Pelo contrário, era um inventor incansável, extremamente talentoso e versátil como músico, escritor e trabalhador manual.

Não há dúvidas de que, em 1881, ele era um jovem em ascensão e, quando conheceu Maud Gage naquele mesmo ano, parecia que tinha o sucesso estampado nos olhos. Maud era filha de Matilda Gage, que colaborou com Susan B. Anthony e Elizabeth Cady Stanton para escrever os quatro volumes de *History of Woman Suffrage* (História do Sufrágio Feminino [1881-1887]) e que era famosa pela sua obra *Woman, Church and State* (Mulher, Igreja e Estado [1893]). Não é preciso dizer que Maud, que estudou em Cornell, veio de um ambiente social diferente de Baum, mas ainda assim os dois pareciam se completar, ela com suas ideias sociais sóbrias, e ele com seu idealismo e imaginação sem limites. Eles iriam precisar tanto da sobriedade quanto do idealismo depois de seu casamento em 1882, pois uma série de acidentes e acontecimentos trágicos estavam prestes a colocá-los ladeira abaixo na mobilidade social.

Em 1884, Baum perdeu as ações que tinha de uma cadeia de casas de ópera por causa da má administração e de incêndios. Então, criou uma pequena empresa para vender produtos petrolíferos brutos em conjunto com os negócios do pai. No entanto, a empresa do pai estava falindo porque alguns empregados fraudavam a contabilidade. Quando Benjamin Baum morreu em 1887, o negócio tinha entrado em colapso, e a fortuna do petróleo tinha desaparecido.

Como muitos norte-americanos de seu tempo, Baum dirigiu-se para o Oeste em direção às novas fronteiras e mudou-se para Aberdeen, Dakota do Sul, com Maud e o primeiro de seus três filhos. Ele abriu uma loja chamada Baum's Bazaar, mas como sempre dava crédito para os clientes pobres, especialmente os fazendeiros, e passava muito tempo contando histórias para os jovens que frequentavam a loja, foi forçado a fechar em 1890. Isso aconteceu no auge de uma severa depressão econômica, e ele foi testemunha de como os fazendeiros eram explorados pelos banqueiros e negociantes em geral. Execução hipotecária e pobreza eram condições comuns na Dakota do Sul, e Baum escreveu sobre isso no *Aberdeen Saturday Pioneer*, que editou por um ano. Em 1891, se mudou com a família (agora eram três filhos) para Chicago, onde teve uma série de empregos como repórter para o *Chicago Evening Post* e depois trabalhou como representante comercial de uma empresa de porcelanas e cristais. Durante os primeiros seis anos em Chicago, ele de fato participou de passeatas populistas, e sua simpatia claramente estava com os grupos de reformas sociais que eram muito ativos e radicais naquela época. No entanto, sua maior preocupação era sobreviver e sustentar a família. Em 1897, fadiga e hemorragias nasais, sinais de um coração cansado, fizeram com que ele se aposentasse como representante comercial e assumisse a edição da *Show Window*, a primeira revista para decoradores de vitrines a ser publicada nos Estados Unidos. Ao mesmo tempo, encorajado por sua sogra Matilda Gage, ele começou a produzir livros infantis: *Mother Goose in the Prose* (Mamãe Ganso em Prosa, 1897), *My Candalabara's Glare* (Meu Brilho de Candalabara, 1898) e *Father Goose* (Papai Ganso, 1899). Todos foram bem-sucedidos, mas foi a publicação de *O Mágico de Oz* em 1900 que permitiu que ele pedisse demissão de seu cargo de editor da *Show Window* e se dedicasse à escrita e ao teatro. Na verdade, Baum nunca teve a intenção de escrever uma série de livros de Oz. Depois de *O Mágico de Oz* vieram *Dot and Tot of Merryland* (Dot e Tod da Terra da Alegria) e *Baum's American Fairy Tales* (Contos de Fada Americanos de Baum) em 1901, *The Life and Adventures of Santa Claus* (A Vida e as Aventuras de Papai Noel) em 1902, e *The Enchanted Island of Yew* (A Ilha Encantada de Yew) em 1903. Ele só foi publicar uma continuação em 1904, *The Marvelous Land of Oz* (O Maravilhoso País de Oz), e os motivos eram diversos. Primeiro, leitores de todas as idades pediam uma continuação de *O Mágico de Oz*, e o sucesso da adaptação musical de 1902 aumentou ainda mais o interesse por Oz. Em segundo lugar, Baum estava em dificuldades financeiras por causa de suas aventuras teatrais, e ele sabia que uma continuação com possibilidades de adaptação para o teatro forneceria os fundos de que precisava. Assim, desenvolveu uma curiosa relação com os livros de Oz: era o pote de ouro a que ele poderia recorrer quando precisasse de dinheiro, e era o meio pelo qual tinha contato com centenas, se não milhares, de leitores que escreviam e faziam sugestões de personagens, acontecimentos e tramas.

Quando Baum decidiu se mudar definitivamente para Hollywood em 1909 e tentar a vida com os filmes – estava sempre pronto para novas experiências e projetos fantásticos e até pensou em construir uma "Ozland" em uma ilha na costa da Califórnia –, tentou terminar os livros de Oz com *The Emerald City of Oz*, em 1910. No entanto, sua empresa cinematográfica não deu certo, e ele declarou falência pessoal em 1911. Logo depois, em 1913, voltou a publicar livros da série Oz com *The Patchwork Girl of Oz* (A Menina Patchwork de Oz). A partir daí, a maioria das obras que ele escreveu na Califórnia tratava de projeções utópicas, e parece que elas só podiam se concretizar em Oz. Isso foi muito conveniente, porque foi por meio dos livros de Oz que ele ganhou a sensação de trazer felicidade para incontáveis leitores que compartilhavam de sua fantasia utópica. E, conforme adoecia por causa de seu coração fraco – ele sofreu debilitantes ataques de paralisia facial em 1914 e ficou acamado em 1917 –, recorreu cada vez mais a Oz como uma fonte de conforto. Tudo isso aconteceu em sua casa "Ozcot", perto de Hollywood, onde Walt Disney iria estabelecer o seu estúdio anos mais tarde. A Califórnia era o lugar ideal para o descanso de Baum, a fronteira final. Era quase como se ele tivesse dirigido da Costa Leste para a Costa Oeste em busca de um Estados Unidos, sabendo o tempo todo, o seu segredo obscuro, que nunca o encontraria. Era difícil admitir isso, e talvez seja por isso que, até a sua morte em 1919, ele tentou dar esperança aos leitores de que talvez houvesse outra maneira de buscar o sonho norte-americano do que como se buscava com vingança na realidade.

Existem diversos bons e abrangentes estudos sobre as obras de Baum, e até uma sociedade internacional e uma revista Baum dedicada a manter o seu espírito vivo. Mas poucos dos ensaios escritos sobre os livros de Oz os colocaram no contexto histórico do discurso dos contos de fada, e muito poucos escreveram sobre os tons trágicos de sua escrita. Gostaria de fazer ambas as coisas ao enfatizar a diferença entre *O Mágico de Oz* e os cinco livros que vieram depois, dando mais atenção para *The Emerald City of Oz*. Como é bem sabido, Baum escreveu os contos de fada de Oz em três fases, e as duas primeiras são muito importantes porque inicialmente ele queria que Dorothy voltasse para casa e encarasse a música cinzenta do Kansas. Na segunda fase, ele mandou ela ir e vir entre Oz e Kansas, até que decidiu que Dorothy e seus tios nunca seriam felizes nos Estados Unidos. A última fase – as oito continuações escritas na Califórnia – é interessante porque tem a ver com o seu desejo de terminar a descrição da utopia e resolver certos problemas. Em todas as suas obras, a civilização de Oz se opõe à civilização norte-americana, e devemos compreender como e por que sua crítica à socialização e aos valores norte-americanos se tornou tão dura que ele colocou Dorothy em exílio permanente.

Um dos estudos mais reveladores sobre o conto de fada original de Oz é o ensaio de Henry M. Littlefield, "The Wizard of Oz: Parable on Populism"[38] (O Mágico de Oz: Parábola do

Populismo), no qual ele demonstra de maneira convincente que o livro reflete o estado empobrecido dos fazendeiros da Dakota do Sul, a depressão e as greves da década de 1890, a guerra contra a Espanha, e o populismo democrático de Baum. Sua principal tese é de que Baum "delineou um retrato vibrante e irônico do Meio-Oeste desse país enquanto ele adentrava o século XX [...] ao longo da história, Baum coloca uma ideia central: o desejo norte-americano por símbolos de realização é ilusório. As necessidades reais estão em outro lugar"[39]. Os paralelos alegóricos que Littlefield traça são instrutivos. Levados pela inocência e protegidos pela benevolência (Dorothy), o fazendeiro (o espantalho), o operário (o homem de lata) e o político (o leão) abordam o místico detentor do poder nacional (o mágico) para pedir realizações pessoais e só então descobrem que, no final das contas, devem providenciá-las sozinhos.

A tese de Littlefiled deve ser reconhecida e expandida. Para começar, Baum não era de jeito nenhum uma pessoa do Meio-Oeste, e sua posição ideológica deve ser esclarecida se queremos compreender a essência de seu discurso sobre a civilização norte-americana por meio dos contos de fada. Quando começou a escrever os contos de fada de Oz, Baum tinha se tornado "desclassificado"; isto é, ele tinha despencado das classes dominantes e passado pelo trauma da mobilidade social para baixo. Além disso, sua consciência política tinha sido despertada pelo feminismo de sua sogra e esposa, pelas lutas dos fazendeiros no Meio-Oeste e pelo movimento populista. Seu retrato dos Estados Unidos era o de um homem de classe alta da Costa Leste, cujas expectativas sociais tinham sido traídas e que "traiu" a sua classe ao tentar acabar com as falsas ilusões das crianças de que os Estados Unidos eram a terra das oportunidades.

Essa profunda preocupação com a realidade norte-americana levou Baum a transformar e a "americanizar" o padrão e os temas dos contos de fada clássicos encontrados nas narrativas dos irmãos Grimm e de Andersen. Em geral, o herói tem três encontros de diversos tipos para alcançar um tipo de peripécia, e então outros três encontros para atingir o seu objetivo. Os encontros são, em sua maioria, com amigos ou qualidades de que o herói precisa para que ele ou ela possa superar os obstáculos e o mal. Em *O Mágico de Oz*, a paisagem cinzenta é imediatamente reconhecida como sendo norte-americana, e Dorothy é tão americana quanto uma torta de maçã. Além disso, ela é uma órfã que expressa grande compaixão pelos excêntricos oprimidos em sua jornada por Oz. O espantalho, o homem de lata e o leão são tipos norte-americanos reconhecíveis e Baum emprega a convenção tradicional dos contos de fada para sintetizar as qualidades de cada um por meio de uma figura *feminina*. Seu objetivo é reunir os solitários e os marginais para descrever o quanto eles são capazes. Está implícita a ideia de que as pessoas comuns não precisam de administradores ou intermediários para cuidar de suas coisas, que o potencial criativo latente em cada pessoa simples só precisa ser despertado e encorajado para ser desenvolvido. As principais personagens de Baum em *O Mágico de Oz* não são competitivas ou exploradoras. Elas não querem dinheiro ou sucesso. E não dão muita importância para a educação formal ou para convenções sociais irrelevantes. Elas respeitam as diferenças entre todas as criaturas e buscam a oportunidade de preencher um vazio em suas vidas. Ao descrever o comportamento delas, Baum desenvolve um discurso sobre maneiras e normas que contradiz o discurso padrão dos contos dos irmãos Grimm e de Andersen, e que questiona o processo civilizador nos Estados Unidos da época.

Talvez Baum tenha buscado subverter o processo de socialização norte-americano baseado na competição e na conquista porque ficou petrificado com o que testemunhou na Dakota do Sul e em Chicago. Não há dúvida de que ele queria educar os leitores para o fato de que o individualismo poderia ser alcançado de outras formas – por meio da sensibilidade, da boa vontade e da cooperação. Ser inteligente, solidário e corajoso é ter qualidades que podem ser colocadas em prática para superar a alienação. As cores e o ambiente de Oz são partes de uma atmosfera que permite a criatividade e a harmonia junto com um senso de responsabilidade social. Dorothy vê e sente isso. Ela fica "encantada" com sua viagem por Oz, e Baum sabe que ela é mais forte e pode encarar a falta de cor do Kansas. É por isso que ele termina o livro nos Estados Unidos: Dorothy tem em si a faísca da utopia que a manteria viva em lugares cinzentos.

Nos quatro livros seguintes, *The Marvelous Land of Oz* (O Maravilhoso País de Oz, 1904), *Ozma of Oz* (Ozma de Oz, 1907), *Dorothy and the Wizard of Oz* (Dorothy e o Mágico de Oz, 1908) e *The Road to Oz* (A Estrada Para Oz, 1909), Baum elaborou seu conceito de utopia e explorou suas relações sociais em contraste com os Estados Unidos. Em *The Marvelous Land of Oz*, ele *aparentemente* zomba do movimento sufragista feminino, mas ainda assim o herói de seu conto de fada acaba revelando ser uma heroína, representando os ideais femininos. Muitos bibliotecários norte-americanos ainda precisam perdoar Baum por um certo ato de travestismo – ele transformou o menino Tip em uma menina para que ela pudesse voltar a sua forma apropriada e transformar-se em Ozma de Oz, a governante graciosa e justa[40]. Seja lá por quais razões psicológicas, seja porque ele sempre desejou ter uma filha, seja porque ele nunca conseguiu ter uma relação próxima com a mãe, ou seja porque ele estava buscando a aprovação da esposa Maud, Baum exalta qualidades femininas como pré-requisitos para a fundação da utopia. Em *Ozma of Oz*, Dorothy e Ozma têm seu primeiro encontro com o rei Nome[41], que representa a ganância materialista e o desejo do poder pelo poder. Sua derrota só faz com que ele tenha um desejo sinistro de vingança. Em *Dorothy and the Wizard of Oz*, a menina que tem eternamente seis anos se encontra novamente com o mágico, e eles são salvos por Ozma de criaturas subterrâneas que não têm coração ou ideais humanos. Aqui o mágico volta para Oz de vez, o primeiro de uma série de movimentos dos Estados Unidos em direção a Oz. Em *The Road to Oz*, Dorothy encontra o Shaggy Man (o Homem Desgrenhado), que tem um imã do amor, e ele diz a Dorothy que o dinheiro faz as pessoas ficarem orgulhosas e arrogantes, e que ele não quer ser orgulhoso e arrogante. Tudo o que ele quer é que as pessoas o amem, o que elas farão enquanto ele possuir o imã do amor. Isso pode ser necessário nos Estados Unidos, a terra da discórdia e da alienação, mas assim que chega a Oz, Shaggy Man descobre que não precisa ter posses ou mágica para obter o que busca. Ozma diz a ele que as pessoas de Oz são amadas apenas pelo que elas são, por sua gentileza com os outros, e por suas boas ações. Assim, Shaggy Man decide, como o Mágico, ficar em Oz, onde ele é aceito e amado pelo que é.

Quando Baum escreveu *The Emerald City of Oz* em 1910, ele já tinha desenvolvido princípios precisos para sua utopia, e os elaborou no começo do livro:

Cada homem/mulher, não importa o que ele ou ela produzisse para o bem da comunidade, recebia dos vizinhos bens e roupas, uma casa e mobília, e enfeites e jogos. Se por um acaso o fornecedor ficasse sem estoque, bastava buscar mais nos grandes depósitos do Governante, que mais tarde eram abastecidos novamente quando houvesse mais oferta de um determinado artigo do que as pessoas precisassem.

Todos trabalhavam meio período e brincavam no outro meio período, e as pessoas gostavam do trabalho tanto quanto das brincadeiras, porque é bom ficar ocupado e ter algo para fazer.

Não havia supervisores cruéis encarregados de observá-las, e ninguém para repreendê-las ou encontrar defeitos nelas. Então todos tinham orgulho de fazer todo o possível por seus amigos e vizinhos, e ficavam felizes quando aceitavam as coisas que tinham produzido.

Como Oz era um país justo, as pessoas, claro, eram pessoas justas; mas não quer dizer que todas elas fossem muito diferentes das pessoas do nosso mundo. Havia todo o tipo de personagem estranha entre elas, mas nenhuma era má, ou tinha uma natureza egoísta ou violenta. Eram pacíficas, generosas, amáveis e alegres, e todos os habitantes adoravam a linda menina que os governava, e obedeciam com prazer a todos os seus comandos.[42]

A utopia socialista de Baum é estranha porque é *governada* por uma princesa chamada Ozma, mas não existe uma hierarquia real ou uma classe dominante em Oz. A hermafrodita Ozma é um símbolo do matriarcado e garante o desenvolvimento do humanismo socialista em Oz ao regular a mágica, especialmente ao banir a feitiçaria. Ela não apenas recebe bem os oprimidos Tia Em e Tio Henry, que foram igualmente maltratados por banqueiros e ficaram completamente isolados nos Estados Unidos, mas também protege Oz do vingativo rei Nome com estratégias de não violência. *The Emerald City of Oz* é, do ponto de vista estético, o conto de fada de Baum mais inovador e com o tema mais radical. A narrativa é baseada em uma trama dupla com cenas dialéticas que introduzem um dramático suspense à ação. Enquanto Dorothy tenta "recivilizar" Tia Em e Tio Henry, mostrando a eles as maravilhas do novo lar, o rei Nome reúne um grande exército e tenta destruir Oz. Baum traça um paralelo entre os banqueiros, que são impiedosos e destroem velhos fazendeiros que não conseguem mais emprego porque não têm mais boa saúde, e o rei Nome e seus aliados, os Whimsies, os Growleywogs e os Phanfasms, que querem escravizar as pessoas para ganhar riqueza e poder. Cada passo que Tia Em e Tio Henry dão para compreender e valorizar os princípios libertadores e o ambiente de Oz é associado a um passo dado pelo rei Nome para destruir a civilização utópica. A perspectiva narrativa leva o leitor a se identificar com a causa de Oz, e Baum demonstra visão e ingenuidade na maneira como faz com que Ozma salve Oz e garanta sua existência eterna. Como era contra qualquer tipo de violência, Baum inventou uma fonte com água do esquecimento. Um gole da água faz a pessoa esquecer de tudo, em especial de suas intenções maléficas, e os inimigos de Oz são levados a provar da água, esquecer e voltar para suas casas fora de Oz. Baum não prega que se ofereça a outra face da maneira cristã. Ao invés disso, ele estava mais ciente de que, se alguém usa os mesmos métodos que seu inimigo, pode facilmente se tornar como eles. Tornar-se um assassino e militante como os gnomos e os banqueiros seria macular o espírito e os princípios de Oz, então a busca de ser diferente e humanitário ao mesmo tempo gera um grande senso de criatividade e humanidade em Ozma e seus amigos. Mas por causa desse conflito com os inimigos, Ozma decide tornar Oz invisível e inacessível a estranhos porque eles são uma tragédia para a utopia. Do ponto de vista ideológico de Baum, ele compreendia que a tecnologia nas mãos dos empreendedores capitalistas significaria a desgraça para desenvolvimentos utópicos como Oz. Ao tornar seu país invisível, ele estava dizendo que as chances de concretização da utopia nos Estados Unidos tinham sido canceladas e perdidas. O sonho norte-americano não tinha chance contra o mundo real das finanças, que manipulava e explorava os sonhos segundo seus próprios interesses.

Em um dos ensaios mais incisivos sobre os livros de Oz, Gore Vidal[43] concorda com a ideia de Marius Bewley[44] de que a tensão entre a tecnologia e o pastoralismo é uma das coisas sobre as quais os livros de Oz trata, Baum tendo consciência disso ou não.

> Em Oz, ele apresenta o sonho pastoral de Jefferson (os escravos foram substituídos pela magia e pela boa vontade); e nesse Éden ele introduz o conhecimento proibido na forma da feitiçaria (a máquina) que a boa mágica (os valores da sociedade pastoral) deve superar.

Na visão de Bewley é porque "os ozites têm muita consciência da natureza científica da mágica, que Ozma sabiamente limita a prática da magia". Como resultado, a magia controlada aprimora a sociedade assim como a industrialização controlada poderia aprimorar (e talvez até salvar) uma sociedade como a nossa. Infelizmente, o rei Nome governou os Estados Unidos por mais de um século; e não demonstra nenhum sinal de que queria abdicar. Enquanto isso, a vida de muitos definitivamente não têm nome e o meio ambiente foi, talvez, prejudicado de maneira irreversível. Na medida em que Baum faz com que seus leitores tenham consciência de que os arranjos "práticos" do nosso país são inferiores ao de Oz, ele é um escritor verdadeiramente subversivo.[45]

Como tentei demonstrar, Baum não estava sozinho no desenvolvimento de uma "arte da subversão" por meio dos contos de fada. Com o crescimento da industrialização e a exploração racionalizada das classes trabalhadoras vieram os diferentes movimentos de reforma social e os métodos aprimorados de educação que as pessoas usavam para expor as contradições do processo civilizador dos chamados países tecnologicamente avançados. Em geral, a maioria dos escritores de contos de fada da Inglaterra e dos Estados Unidos do século XIX continuaram a usar o formato para apaziguar e pedir desculpas por promessas não cumpridas de uma vida melhor conforme as condições de trabalho, e as relações sociais se tornaram mais estressantes e alienantes. No entanto, como vimos, existia um pequeno, mas poderoso grupo de oposição de escritores de contos de fada como Dickens, Ruskin, MacDonald, Wilde e Baum, para citar alguns, que transformaram o discurso dos contos de fada sobre morais e costumes por meio de uma perspectiva política e que colocaram em xeque tanto os contos de fada clássicos quanto a sociedade. Também havia um público leitor novo e maior composto por jovens das classes trabalhadoras e pequeno-burguesas que eram os alvos tanto dos escritores de contos de fada tradicionais quanto dos oposicionistas. E, é claro, as crianças das classes privilegiadas incluídas de maneira consistente como parte do público geral que se buscava atingir.

O que é importante saber sobre os escritores de contos de fada com ideias reformistas é que eles viam a possibilidade de oferecer um novo tipo de consciência política que poderia dar mais confirmação social aos leitores relativamente "novos" das classes desprivilegiadas, e talvez tornar os leitores privilegiados mais conscientes de sua verdadeira responsabilidade social. É claro que existe uma mudança na ideologia da perspectiva narrativa que se afasta de Perrault, dos irmãos Grimm e de Andersen no final do século XVIII: outro mundo é visto por meio das lentes ideológicas de escritores que se recusam a legitimar as ideias das classes privilegiadas na Inglaterra e nos Estados Unidos, e que conceberam configurações estéticas para expressar impulsos utópicos socialistas. Em resumo, o conto de fada literário estava se tornando cada vez mais uma arma política usada para desafiar ou capturar as mentes e os sentimentos dos jovens. Esse sempre foi mais ou menos o caso, mas o gênero em sua forma e substância clássicos tinha usado a magia e a metáfora para reprimir os desejos e as necessidades dos leitores. Os novos contos de fada clássicos de MacDonald, Wilde e Baum faziam parte de um processo de libertação social. Sua arte era um ato simbólico subversivo que tinha a intenção de iluminar utopias concretas que estavam à espera de serem realizadas assim que o governo autoritário do rei Nome fosse vencido.

7 A Disputa Sobre o Discurso dos Contos de Fada

Família, Fricção e Socialização Durante a República Weimar e na Alemanha Nazista

Míldio[1]

Mais do que nunca, as pessoas estão convivendo com ele.
As crianças não são criadas sem ele. Elas o carregam consigo
ou sofrem com ele até que elas mesmas sejam como os pais.
Mesmo a pessoa que não ouve, fica sabendo das discussões por
meio das pessoas comuns. O que resta é a reunião em volta da
mesa da cozinha, a fofoca, as visitas, as risadas artificiais e
o veneno genuíno que eles espalham entre si. Mesmo a pessoa
que não inspira é saudada com o ar viciado. Ele se infiltra nos
jovens abaixo e nas pessoas bonitas acima. As coisas continuam
boas e calmas por aqui, boas e em silêncio por lá.

ERNST BLOCH, *Erbschaft dieser Zeit*
(Henrança dos Nossos Tempos, 1934).

Apesar das importantes e recentes tentativas de compreender as principais características das culturas da República de Weimar e da Alemanha nazista, e as ligações fundamentais entre essas duas fases da história alemã, é notável que pouca atenção tenha sido dada aos contos de fada[2]. Eu uso a palavra *notável* por um bom motivo. Ao contrário de qualquer outro país do mundo ocidental, talvez com a exceção do Reino Unido, a Alemanha incorporou os contos populares e os contos de fada de tal modo em seu processo literário de socialização que eles desempenham um papel extremamente formador no cultivo do gosto estético e do sistema de valores. Na verdade, é praticamente impossível pensar em contos populares e em contos de fada sem pensar primeiro nos irmãos Grimm e na Alemanha. Apesar de não ser recomendável atribuir influência demais a qualquer produto cultural na formação dos costumes e da consciência de uma nação, não há dúvida de que os contos populares e os contos de fada tiveram uma participação importante na criação de crenças e normas, e refletiram simbolicamente as mudanças nas ordens sociais da Alemanha. Como sabemos, os contos de fada em particular foram usados de maneira consciente e inconsciente durante o surgimento da burguesia para indicar às crianças os papéis socialmente aceitos e para proporcionar a elas cultura, a versão alemã da *civilité*.

O próprio fato de os nazistas reconhecerem a necessidade de criar uma política em relação aos contos populares e aos contos de fada demonstrava uma ampla consciência sobre o seu impacto cultural em crianças e adultos. Mesmo antes de os nazistas entrarem em cena, havia debates entre os membros das classes instruídas na Alemanha sobre os efeitos negativos e positivos dos contos populares e dos contos de fada, especialmente nas crianças. Esses debates começaram no século XVIII durante o Iluminismo e acontecem até hoje. Como disputas públicas, eles podem ser considerados uma extensão do discurso dos contos de fada dentro da equivalente instituição da crítica, e eles tratam dos efeitos que os contos têm sobre a psiquê das crianças e por consequência sobre as suas atitudes sociais, o seu comportamento e a sua criatividade. Como é extremamente difícil medir tal efeito, as diferentes opiniões são importantes, principalmente na medida em que as *próprias posições* revelam as visões ideológicas e sociais sobre a literatura e a educação das crianças em um determinado período histórico. No caso da República de Weimar e da Alemanha nazista, existe muito a ser aprendido sobre família, socialização e atitudes culturais, ao se estudar a produção cultural dos contos de fada e o seu uso na esfera pública. Como esse assunto é vasto, quero me limitar à questão dos padrões de comportamento da família e à ideologia da competição e da dominação.

Os períodos Weimar e nazista são extremamente importantes no desenvolvimento geral do gênero dos contos de fada no mundo ocidental como um todo. Como vimos, o discurso sobre a civilização por meio dos contos de fada para crianças no mundo ocidental foi expandido, invertido e subvertido perto do final do século XIX. Isso resultou em uma acirrada discussão pública sobre ele no começo do século XX, e em nenhum outro lugar ficou tão evidente que o discurso dos contos de fada estava ligado ao processo civilizador do que na Alemanha. Isso aconteceu por causa dos levantes políticos que polarizaram a sociedade e levaram os escritores a assumirem posições ideológicas evidentes em seus atos simbólicos. Podemos traçar paralelos com outros países nesse período e as analogias podem nos ajudar a perceber os contornos muito similares dos contos de fada para crianças no Ocidente assim como as diferenças e particularidades dos desenvolvimentos culturais. Como foco que escolhi para este capítulo, os contos de fada literários alemães permitem compreender o rumo que o processo civilizador estava tomando no mundo ocidental e, como estudo de caso, é interessante ver como eles romperam ainda mais com os padrões clássicos dos contos de fada para discutir a dominação e a barbárie. A tentativa imprescindível de encontrar um antídoto para o "míldio" na Alemanha – a metáfora de Bloch para aquelas atitudes atávicas que os nazistas usaram para criar o seu império – revigorou o discurso dos contos de fada na República de Weimar, que depois sucumbiu ao veneno da década de 1930. Como as inquietações dos contos de fada para crianças e dos contos de fada para adultos eram muito próximas na República de Weimar e na Alemanha nazista, tentarei mostrar neste capítulo como eles forjaram uma ampla disputa generalizada sobre o discurso dos contos de fada na qual muitas vezes se insinuava que o futuro da civilização corria perigo. Essa batalha também estava sendo travada por escritores de contos de fada em outros países ocidentais e é com uma consciência da guerra totalmente literária, cuja história ainda está para ser escrita, que a Alemanha pode nos ajudar a compreender os aspectos das lacunas históricas que precisam ser preenchidas como texto crítico.

I

A importância dos contos de fada clássicos para crianças na Alemanha no começo do século XX pode ser medida em grande parte pela enorme atenção dada aos contos por acadêmicos de diferentes disciplinas[3]. Por "clássico" estou me referindo às obras populares padrão dos irmãos Grimm, de Andersen e de Bechstein, que eram os principais pontos de referência nos debates e discussões alemães, e que muitas vezes eram vistos como contos populares. No campo da psicologia, as obras mais importantes foram escritas por Charlotte Bühler, *Das Märchen und die Phantasie des Kindes* (Os Contos de Fada e a Imaginação da Criança, 1919), Hans H. Busse,

Das literarische Verständnis der werktätigen Jugend zwischen 14 und 18 (A Compreensão Literária da Juventude Trabalhadora Entre 14 e 18, 1923), e Erwin Müller, *Psychologie des deutschen Volksmärchens* (Psicologia dos Contos Populares Alemães, 1928). Junto com o interesse das escolas freudiana e junguiana pelos sonhos e por sua relação com os contos de fada, esses estudos apontavam para a importância geral dos contos de fada em ajudar as crianças a desenvolverem personalidades completas e defendiam as virtudes positivas para o desenvolvimento e o amadurecimento dos papéis no processo civilizador. Os estudos sociológicos e pedagógicos, *Das Märchen in Schule und Haus* (Os Contos de Fada na Escola e em Casa, 1926) de Wilhelm Ledermann e *Analyse der freien Märchenproduktion* (Análise da Livre Produção de Contos de Fada, 1931) de Reinhard Nolte, documentaram a popularidade e o uso amplos dos contos de fada clássicos e apoiaram as descobertas de Bühler, Busse e outros[4]. Walter A. Berendsohn se aventurou a fazer distinções claras entre o conto de fada e outras formas curtas de prosa narrativa em *Grundformen volkstümlicher Erzählkunst in den Kinder- und Hausmärchen der Brüder Grimm* (Formas Básicas da Arte Popular da Narração nos Contos Domésticos dos Irmãos Grimm, 1922). Os pesquisadores de uma tradição popular conservadora buscaram ligar as figuras simbólicas dos contos de fada e dos contos populares clássicos aos mitos e religiões nórdicos. Aqui, a obra de Karl von Spiess, *Das deutsche Volksmärchen* (O Conto Popular Alemão, 1925), Georg Schott, *Weissagung und Erfüllung im deutschen Volksmärchen* (Profecia e Realização no Conto Popular Alemão, 1925), e Werner von Bülow, *Märchendeutungen durch Runen: Geheimsprache der deutschen Märchen* (O Significado dos Contos de Fada Por Meio das Runas: A Linguagem Secreta dos Contos de Fada Alemães, 1925) ajudaram a abrir caminho para estudos fascistas unilaterais e para obras antropológicas formativas no campo do folclore. Finalmente, Edwin Hoernle tratou longamente da recepção e do uso dos contos de fada de um ponto de vista marxista em *Arbeit in den Kommunistischen Kindergruppen* (O Trabalho nos Grupos de Crianças Comunistas, 1923), o que foi desenvolvido de maneira mais sofisticada por Ernst Bloch[5] e Walter Benjamin[6] na década de 1930.

A discussão acalorada sobre o valor e os efeitos dos contos de fada clássicos durante o período Weimar deve ser vista dentro do contexto de um debate que tem a ver com a função dos livros infantis no processo de socialização desencadeado anteriormente pelo livro de Heinrich Wolgast, *Das Elend unserer Jugendliteratur. Ein Beitrag zur künstlerischen Erziehung der Jugend* (A Miséria da Nossa Literatura Juvenil: Uma Contribuição Para a Educação Artística dos Jovens, 1896). Wolgast, um liberal de esquerda, que simpatizava com o Partido Social-Democrata[7], ajudou a fundar uma organização chamada Jugendschriftenbewegung (Movimento dos Textos Juvenis), que buscava higienizar os livros para crianças e jovens e aumentar os padrões estéticos. Na década de 1920, sua posição era mais bem representada por Herman L. Köster, autor de *Geschichte der deutschen Jugendliteratur in Monographien* (História da Literatura Juvenil Alemã em Monografias, escrita em 1906 e revisada em 1927). Como cofundador do Jugendschriftenbewegung, Köster e outros trabalharam durante a década de 1920 para manter os padrões artísticos da literatura infantil elevados e moralmente descentes. Sua posição ideológica básica, no entanto, permitia mais e mais livros sexistas e militaristas e outros volumes ilustrados que implicitamente reforçavam os sistemas de valores da ala conservadora da burguesia.

Em oposição à tendência conservadora do Jugendschriften-bewegung, que acabou sendo controlado pelos nazistas sob a liderança de Severin Rüttgers, havia um forte movimento liderado por comunistas, radicais e progressistas para politizar abertamente a literatura infantil e com isso aumentar a qualidade artística e ideológica da literatura para os jovens. Como os contos de fada os eram usados principalmente para ajudar as crianças a se adap-tarem aos papéis esperados pelo processo de socialização burguês, não é por acaso que esse gênero foi o primeiro que os socialistas tentaram revisar e reutilizar. Em 1923, Edwin Hoernle defendeu,

Todos nós devemos aprender novamente a contar histórias, essas histórias fantásticas e despojadas ouvidas nos tempos pré-capitalistas nas salas de fiar dos camponeses e nas casas dos artesãos. Os pensamentos e as emoções das massas são espelhados nelas da forma mais simples e por isso eles são mais claros. O capitalismo, a sua destruição da família e a sua mecanização dos seres humanos trabalhadores aniquilou essa antiga "arte popular" (*Volkskunst*) de contar histórias.

O proletariado irá criar os novos contos de fada nos quais as lutas dos trabalhadores, as vidas e as ideias deles estarão refletidas e corresponderão ao grau no qual demonstram como podem se tornar humanos várias vezes e como podem construir novas sociedades educacionais no lugar das sociedades antigas e decrépitas. Não faz sentido reclamar que não temos contos de fada adequados para as nossas crianças. Os escritores profissionais não vão criá-los. Os contos de fada não surgem nas escrivaninhas. Os verdadeiros contos de fada surgem de maneira inconsciente e coletiva ao longo de grandes períodos de tempo e o trabalho do escritor consiste principalmente em refinar e arredondar o material à disposição. O novo conto de fada proletário e industrial surgirá assim que o proletariado criar um lugar no qual conte os contos de fada, e não os leia em voz alta, e onde eles serão criados oralmente, não repetidos. As máquinas, as ferramentas, as caldeiras, os trens, os navios, os telégrafos e os telefones, as minas e os tubos de ensaio se tornarão vivos e começarão a falar assim como antigamente o lobo e a chaleira falavam nos contos populares dos camponeses e da pequena burguesia.[8]

Como sabemos, essa previsão de Hoernle não se tornou inteiramente verdadeira, mas a produção de contos de fada progressistas e de orientação socialista de fato começou, e muito antes do que ele se deu conta. Já existiam evidentes tendências socialistas nos contos de fada para crianças por toda a Europa e América no final do século XIX. Ainda assim, foi apenas no final da Primeira Guerra Mundial que uma chuva de contos de fada comprovadamente comunistas e socialistas começou a aparecer. Na Alemanha, Hermynia Zur Mühle começou a escrever contos de fada políticos para crianças em 1921 com *Was Peterchens Freunde erzählen* (O Que Contam os Amigos de Pedrinho), e logo depois vieram outras coletâneas, como *Das Schloss der Wahrheit* (O Castelo da Verdade, 1924) e *Es war einmal, ... und es wird sein* (Era uma Vez, ... e Assim Será, 1930). Além disso, Ernst Friedrich reuniu alguns interessantes contos políticos de Berta Lask, Carl Ewald e Robert Grötzsch em *Proletarischer Kindergarten* (Jardim de Infância Proletário, 1921), enquanto *Grossstadt-Märchen* (Contos de Fada da Cidade Grande, 1923) de Bruno Schönlank, *Märchen der Wirklichkeit* (Contos de

Fada da Realidade, 1923) de Walter Eschbach, *Von Menschlein, Tierlein und Dinglein* (Sobre Pessoas, Animais e Coisas Pequenas, 1925) de Heinrich Schulz, *Das geheimnisvolle Land* (O País Misterioso, 1925) de Cläre Meyer-Lugau, e *Hans Urian* (1931) de Lisa Tetzner demonstravam como os contos de fada podiam ser usados para explicar as contradições sociais para as crianças de maneira muito esclarecedora. No entanto, o movimento para radicalizar os contos de fada nunca criou raízes de verdade entre as crianças e os adultos da República de Weimar. Os contos de fada clássicos dos irmãos Grimm, de Andersen e de Bechstein reinavam supremos e eram imitados por um conjunto de escritores medíocres que fomentaram um cânone de contos condescendentes e moralmente didáticos, que basicamente eram usados para adoçar as vidas das crianças como doces. Além disso, os contos de fada clássicos eram agora disseminados por meio do rádio e do cinema e essa distribuição tornou o seu impacto ainda maior entre crianças de todas as classes sociais. O míldio agora não era espalhado apenas por meio das conversas do dia a dia, mas também era transmitido pelos meios de comunicação de massa. A tecnologia moderna a serviço de uma ideologia anacrônica.

Quando os nazistas assumiram o poder em 1933, houve uma mudança gradual na produção de contos de fada para crianças. Primeiro, claro, as experimentações socialistas foram banidas. Depois, os escritores eram cada vez menos encorajados a escrever contos de fada. Os contos populares eram considerados relíquias arianas sagradas. Portanto, os contos de fada clássicos dos irmãos Grimm, de Andersen e de Bechstein eram promovidos como sendo ideais nas listas de leituras recomendadas para crianças junto com os de Musäus, enquanto os contos de fada românticos e outros *Künstmärchen*[9] deveriam ser evitados. A partir de então, uma política de higienização para recuperar a tradição puramente ariana começou a ganhar destaque e a fazer parte da política em relação aos contos de fada. Como aponta Christa Kamenetsky,

> A concepção de povo, comunidade, camponês e folclore do nacional-socialismo diferia substancialmente daquilo que havia surgido mesmo nos escritos mais nacionalistas dos irmãos Grimm e de Herder, Arndt, Goerres ou Jahn, pois ela combinava algumas ideias românticas com a orientação

ideológica do Terceiro Reich. A "comunidade popular bata-
lhadora" que ficava "em uma fila única" atrás do Führer, unida
e inquestionavelmente leal, tinha muito pouco a ver com a
comunidade popular de uma aldeia idílica. Os inocentes contos populares foram transformados em uma arma ideológica
com o objetivo de servir à construção do Reich de Mil Anos.
Assim, o oficial do partido Alfred Eyd anunciou em 1935 que
"os contos populares alemães devem se tornar os meios mais
valiosos para nós na educação política e racial dos jovens".[10]

Isso não significava que uma nova tradição de contos populares
ou de fada deveria ser criada (como pretendiam os socialistas e os
comunistas). Se alguém examinar as coletâneas de contos populares e de fada, e a produção durante o período fascista, na verdade
é notável o pouco que foi realmente feito para mudar o formato
dos livros. Não se pode falar em conto popular no sentido estrito
da palavra porque a maioria dos contos para crianças reunidos em
coletâneas e publicados era de contos de fada clássicos dos irmãos
Grimm e de Andersen e Bechstein. As ilustrações também eram
largamente influenciadas por artistas do século XIX (Rackham,
Dulac, Doré) ou imitações de cenas camponesas idílicas. Em outras
palavras, não houve uma grande tentativa de reescrever os contos
destacando as suas características arianas ou de fazer ilustrações
com figuras nórdicas. Houve, no entanto, um enorme esforço por
parte de educadores, funcionários do partido e críticos literários
de renovar a interpretação dos contos de acordo com a ideologia
nazista e de usar essas interpretações para as crianças aprenderem
sobre socialização. Além disso, havia muitos artigos e debates
sobre filmes de contos de fada para crianças no jornal oficial do
partido, *Film und Bild*[11]. Os comentários de Josef Prestel sobre as
qualidades nórdicas do conto de fada clássico podem nos dar uma
ideia das tendências gerais da reinterpretação fascista dos contos
e de como ela era colocada em uso:

No sentido heroico racista, também se olha se um jeito novo
para o papel da filha do rei no conto de fada. Ela é o prêmio
máximo do herói. Qualquer risco que ele corre em vida será
recompensado em vida. Quem a filha do rei escolhe? O corajoso, o de bom coração, o leal, mesmo se ele for um pastor

ou um caçador. Ele traz consigo as melhores qualidades "do povo". Ele entra vitorioso no círculo da corte. As poderosas qualidades do povo unidas à portadora de uma nobre raça: a filha do rei como a recompensa do herói é o símbolo do aprimoramento da espécie, da ideia racista suprema, da perpetuação da raça, "e assim ainda vivem hoje" [...] O conto de fada oferece em imagens palpáveis o reflexo do mundo moral irradiado pela certeza da salvação associada ao otimismo infantil. Mas ele é feito especificamente para exibir as virtudes do povo: lealdade, resolução, perseverança, coragem no caso dos heróis masculinos; um senso de sacrifício, dedicação humilde e simpatia no caso das heroínas.[12]

Além das explicações obviamente antissemitas de contos como "Der Jude im Dorn" (O Judeu Entre os Espinhos) ou a associação do roubo e do golpe aos judeus, a maioria das interpretações nacional-socialistas destacava a luta entre dois mundos: o mundo puramente ariano *versus* o mundo estrangeiro desconhecido. Assim, G. Grenz conseguiu interpretar "Cinderela" da seguinte maneira:

> Então esses dois mundos lutam entre si, e parece que a mentira e a falsidade triunfam. Mas a natureza não se deixa enganar ou iludir. Ela se abre para a pessoa pura e para o devoto. Ela revela a sua ajuda para essa pessoa! Ela funde os exemplares adequados de uma espécie e assim aperfeiçoa as leis naturais com uma consistência lógica implacável. E o príncipe encontra a noiva genuína e digna porque os seus instintos imaculados o guiam, pois a voz de seu sangue lhe diz que ela é a escolhida.[13]

Se por um lado o conto de fada clássico foi usado durante o período fascista para transmitir às crianças uma ideia de herança e raça nórdicos e oferecer a elas noções de comunidade feudal e papéis heroicos com os quais pudessem se identificar; por outro, os contos também ofereciam uma fuga para as crianças e os jovens. Isto é, os livros nem sempre eram lidos na presença de professores e funcionários do partido e, como muitos contos não estavam investidos de símbolos políticos explícitos ou não tinham sido reescritos para pregar as glórias do Terceiro Reich, eles podiam ser usados por crianças e adultos para compensar o bombardeamento político de suas vidas diárias. De acordo com um historiador da literatura infantil, os contos de fada se tornaram cada vez mais populares perto do fim da Segunda Guerra Mundial porque eram um tipo de refúgio da realidade amarga da guerra e da batalha ideológica[14]. Ainda assim, a função social predominante do conto de fada clássico tendia a promover a ilusão de que os nazistas estavam recriando uma comunidade popular para atender às necessidades não satisfeitas do povo alemão que, sob a liderança de Hitler, agora podia se levantar, lutar e exigir a sua posição digna no mundo.

Como vimos, quase não houve mudanças na produção dos contos de fada clássicos nos períodos Weimar e nazista, mas houve mudanças definitivas no emprego estratégico e na interpretação dos contos na esfera pública. No que diz respeito aos contos de fada para adultos, as mudanças durante esses dois períodos foram muito maiores. O conto de fada literário como variação do conto popular desenvolveu uma longa tradição de comentar e refletir sobre a realidade social de maneira crítica por meio de representações e do uso engenhoso de símbolos, temas e tramas. Desde o século XVIII até o período Weimar, os escritores alemães de contos de fada ficaram famosos por suas habilidades subversivas. Dependendo do ponto de vista político e filosófico de um determinado autor, o conto de fada era usado como um ato simbólico social de diferentes maneiras. Portanto, é perfeitamente lógico que Hartmut Geerken, em sua coletânea de contos de fada expressionistas *Die goldene Bombe* (A Bomba Dourada)[15], tenha criado as seguintes categorias para descrever as experimentações com o conto no começo do século XX: 1. Deus está morto – o ser humano no cosmos; 2. magia – humor ácido; 3. movimentos dos cavaleiros – sátiras – grotesco; 4. aspectos astrais; 5. o Satânico na cama de casal; 6. político-social; 7. o conto antigo; e 8. Dadá. Sua obra reúne contos de diferentes escritores, tais como Hans Arp, Hugo Ball, Berltolt Brecht, Theodor Däubler, Albert Ehrenstein, Hans von Flesch-Brunningen, Oskar Maria Graf, Victor Hadwiger, Franz Held, Georg Heym, Jacob von Hoddis, Franz Kafka, Klabund, Fritz Lamp, Kurd Lasswitz, Gustav Meyrink, Carlo Mierendorff, Alfred Mombert, Mynona, Oskar Panizza, Hans Reimann, Paul Scheebart, Hans Schiebhelbuth, Kurt Schwitters, Reinhard Johannes Sorge e Otto Stoessl. Muitos desses nomes são praticamente desconhecidos hoje em dia, mas esses escritores eram bem conhecidos em seu tempo e representavam uma importante tradição *avant-garde* nas artes que refletia as grandes mudanças sociais do começo do século XX. A coletânea de contos com datas entre 1900 e 1930 revela uma continuidade da maneira como os românticos usavam o conto de fada para projetar a sua insatisfação com o estado atual das coisas de uma maneira simbólica e altamente complexa. Ao comentar sobre a tendência geral do conto de fada expressionista, Christoph Eykmann afirma:

> O conto de fada em sua forma velada muitas vezes tem a capacidade de realizar o que se propõe de maneira mais efetiva do que a afirmação polêmica direta. É quase esperado que o expressionista típico consiga expressar melhor a sua imagem ideal utópica de um mundo melhor e puro no conto de fada do que em qualquer outra forma literária. Mas – assim como em outras formas literárias expressionistas que não o conto de fada –, a ênfase é colocada de maneira quase exclusiva no aspecto crítico ao estado atual das coisas e não na concepção antecipatória de como as coisas deveriam ser. Certamente, o objetivo dos contos de fada de Scheebart é um mundo melhor. No entanto, ele é frustrado pelas forças da natureza. No conto de Hadwiger, a representação do mundo melhor, o gigante, torna-se vítima de uma realidade básica. No conto de Ehrenstein, "A Culpa", a humanidade se autodestrói. A morte é a única saída para o mundo social estagnado.[16]

Como Eykmann admite, esse pessimismo avassalador não é predominante na maioria dos contos de fada, mas está ligado às características essenciais dos contos de fada escritos durante o período Weimar. Ao contrário dos românticos, que conceberam novos mundos utópicos a partir do colapso de uma ordem social refletida em seus contos, os escritores de contos de fada para adultos entre 1919 e 1933 não propuseram, ou não quiseram propor, soluções utópicas. Eles desenvolveram outra característica que surgiu a partir do conto de fada romântico durante a transição do feudalismo para o capitalismo, a saber, a ambivalência dos protagonistas presos entre ordens sociais em mudança, com o desejo de criar novas estruturas, mas divididos entre o antigo e o novo. Se analisar alguns dos outros contos de fada singulares produzidos durante o período Weimar e não reunidos por Geerken, o final aberto que espelha as relações conturbadas e a ambivalência parecem ser as principais características das obras. "Merkwürdige Nachricht von einem anderen Stern" (Notícias Estranhas de Outra Estrela), "Der Dichter" (O Poeta), e outros contos de fada de Hesse impressos em 1919 projetam um desejo de paz e harmonia praticamente impossíveis de alcançar na *sociedade* daquela época, nem para os heróis, nem para os leitores. O monumental *Der Zauberberg* (A Montanha Mágica, 1924), de Thomas Mann, totalmente moldado na forma do conto de fada romântico, descreve um herói hesitante chafurdando na lama no final de sua narrativa irônica. Os *Sportmärchen* (Contos Esportivos, 1924) de Ödön von Horváth e seus outros contos escritos nessa época mostram a superficialidade da vida pequeno burguesa e a inutilidade das tradições herdadas: suas personagens se tornam caricaturas delas mesmas, presas em suas formas banais de pensar e falar. Oscar Maria Graf cria os cenários de seus contos de fada em *Licht und Schatten* (Luz e Sombras, 1927) como se fossem comunidades fragmentadas que precisam ser reconstruídas pelas pessoas que as destruíram. Em dois contos de fada escritos em 1929, Bertolt Brecht aborda a falta de comunicação em mundos virados de pernas para o ar. Mesmo nos contos mais conservadores de Hermann Stehr e Hans Friedrich Blunck escritos durante a década de 1920 existe uma busca implícita pela comunidade, pela restauração de um mundo com virtudes que irão reabilitar a humanidade à beira do desespero.

Apesar de as estruturas artísticas e os conteúdos dos contos de fada variarem, existiam dois pressupostos que geralmente estavam em operação na literatura do período Weimar: as antigas formas do conto popular e do conto de fada clássico só eram úteis quando forneciam modelos de anacronismos que tinham que ser superados nas configurações intimamente ligadas à realidade social do período Weimar; e as configurações e os protagonistas não tinham nada a ver com a comunidade popular idílica do passado, mas simbolizavam a ruptura das relações humanas no mundo capitalista e revelavam assim as tendências negativas da mecanização, da automação e do fetichismo pelas *commodities*. Dado o otimismo fascista e a ênfase doutrinaria em uma nova ordem mundial, o motivo de os novos contos de fada literários do período Weimar não terem prosperado na Alemanha nazista é bastante óbvio.

A maioria dos autores de contos de fada progressistas fugiu da Alemanha nazista e se continuaram a produzir contos de fada, eles não foram distribuídos e não circularam em sua terra natal. Qualquer conto que tivesse a permissão de circular, tais como os de Blunck, Stehr, Hesse e Willhelm Matthiessen, não contradiziam a ideologia popular dos nacional-socialistas, mas podiam ser usados para promover a orientação nazista no sentido da pureza, da lealdade, do sacrifício materno e da coragem masculina. Assim, a tradição crítica do conto de fada romântico foi privada de um público e fizeram com que ela parecesse nefasta. Christa Kamenetsky destaca um discurso sobre "O Conto de Fada Romântico", preparado pelo dr. Albert Krebs no começo da década de 1930, como um exemplo de como os nazistas se opunham ao conto de fada literário:

> Krebs era autor de várias antologias, didáticas ou não, e seus livros eram recomendados pelos editores da revista educacional *Die Volksschule*, publicada pela Associação de Professores Nacional-Socialistas. Alinhado com as tendências mais recentes, ele chamou a atenção para a visão de mundo "saudável e orgânica" do conto popular, em contraste agudo com a "visão artificial e decadente" do conto de fada literário. O conto de fada literário, como uma expressão dos primeiros escritores românticos, era produto de uma percepção barroca e distorcida da realidade, ele disse, e deveria ser mantido fora das prateleiras de livros infantis.[17]

Os contos de fada românticos não apenas foram banidos para as crianças, como foram reavaliados para os adultos e declarados inferiores aos contos clássicos. Como resultado da ideologia popular e do desprezo pelo conto de fada literário, considerado estranho à cultura popular, poucos contos de certa expressão foram produzidos por escritores fascistas, e poucos escritores alemães ousaram usar esse gênero literário para expressar a sua insatisfação com o estado das coisas da época. Em 1939, Gehart Hauptmann escreveu o seu "Das Märchen" (O Conto de Fada) extremamente esotérico, imitando o conto de Goethe e que continha uma afirmação política de descontentamento. Ernst Wiechert escreveu contos de fada perto do final da guerra com uma arma debaixo do travesseiro.

Esses contos, que tinham características antifascistas, só foram publicados depois do colapso da ordem mundial nazista. Felizmente, esse colapso permitiu que os escritores alemães voltassem aos poucos a suas experimentações com o conto de fada literário e, em certo grau, a expectativa de Hoernle pelo florescimento de novos contos de fada radicais com parafernálias modernas e ideias socialistas teve uma segunda chance, mas esse desenvolvimento pós-guerra também enfrentou um discurso dominante nos contos de fada que olhava com desconfiança para a utopia radical.

II

Se levarmos em consideração que os contos de fada clássicos eram as histórias mais disseminadas e conhecidas por crianças e adultos no período Weimar e na Alemanha nazista, e que eram usados de maneira ampla no processo de socialização, é importante examinarmos os padrões e os papéis normativos retratados nesses contos e analisarmos suas possíveis implicações ideológicas. Os resultados podem nos ajudar a compreender mais sobre as tendências sociais e culturais nesses dois períodos da história alemã e seu efeito no discurso dos contos de fada em geral. Como os contos de fada clássicos não foram escritos nessa época, mas sim usados de uma maneira política específica para educar tanto crianças quanto adultos, é necessário comparar e contrastar as suas funções como produtos culturais exemplares com os experimentos a partir dos contos de fada literários, que eram, no mínimo, provocativos e inquietantes. Aqui, as formas novas e inovadoras podem revelar quais mudanças no processo civilizador estavam em andamento naquela época e que ainda podem estar em nossos tempos. Como sempre, veremos que as questões do poder e da dominação são cruciais para a interpretação e a recepção dos contos de fadas, já que dizem respeito à família e à socialização.

Em seu ensaio "Familie und Natur im Märchen" (Família e Natureza nos Contos de Fada), Max Lüthi afirma que a família tem um papel predominante no conto popular mágico (*Zaubermärchen*)[18]. E não é a família estendida (*Grossfamilie*), como costuma-se acreditar, mas a pequena família, ou a família nuclear (*Kleinefamilie*), que tem papel central no conto de fada. Segundo Lüthi, o foco na pequena família oferece ao conto uma moldura simples e compreensível. Dentro dessa estrutura, não é a harmonia que caracteriza as relações familiares e sim a tensão, a briga e o conflito. Lüthi levanta os seguintes pontos principais:

1. Muitas vezes, a criança é colocada em perigo pelos pais, que querem dá-la ou são levados a isso por madrastas, irmãos ou irmãs malvados, que têm inveja dela; ou por um caçador ou serviçal que recebe a ordem de matá-la.

2. A maioria dos contos de fada não tem a ver com crianças, mas com jovens que em geral querem se libertar da família e saem de casa no início do conto. O tema principal tem a ver com o amadurecimento do indivíduo. O jovem precisa confiar na natureza e em suas próprias qualidades para encontrar a felicidade.

3. O casamento é o objetivo da maioria dos contos de fada, mas não é o tema. Assim como a realeza, é simbólico. Personagens masculinas e femininas buscam esse objetivo e muitas vezes a própria família causa dificuldades.

4. Os antagonistas nos contos de fada são com frequência seres humanos e membros da família, mais do que animais.

Em resumo, o perigo no círculo íntimo e a segurança na natureza e do universo são formas especiais de interdependência e isolamento nas quais podem ser vistos os padrões básicos da imagem da humanidade nos contos de fada. E a intensificação das tensões familiares a ponto de se chegar à morte não deve ser interpretada apenas do ponto de vista psicológico e antropológico. Tal intensificação é característica do estilo do conto de fada, que busca ir a todos os extremos na representação da beleza e da recompensa, assim como na representação do crime e da punição. Além disso, a disposição para o sacrifício, a capacidade de sofrimento e a perseverança da irmã que salva os irmãos ou da esposa que procura o marido são intensificadas e tornam-se irreais (e ao mesmo tempo, transpostos para que se tornem visíveis). Aqui, também, existem fortes tensões e esforços, mas de natureza positiva. O poder do amor nas relações familiares não fica completamente oculto no conto de fada. E, quando a realidade é sombria, a possibilidade continua a ser uma luz, e o casamento real irradia como objetivo[19].

As hipóteses de Lüthi são úteis, mas também são enganosas se quisermos compreender o significado geral da representação da família no conto de fada clássico. Antes de lidar com as conclusões de Lüthi em detalhes, gostaria de examinar as observações de Eleasar Meletinsky sobre o casamento no conto de fada clássico.

Uma das formas com uma função social era o "intercâmbio" conjugal e o resultado era a consolidação social das tribos. Foi com isso que a troca de valores começou. Dessa maneira, o "intercâmbio conjugal" se origina no mito. No conto de fada, onde a questão não mais tem a ver com o bem-estar da tribo, mas sim com a felicidade do indivíduo, o "intercâmbio" conjugal se afasta cada vez mais de sua "função comunicativa" e assume um novo significado. De fato, para um indivíduo isso significa uma determinada fuga "milagrosa" dos conflitos sociais expostos que são personificados por formas de relações cotidianas no conto de fada. (Deve-se notar que a família no conto de fada é em grande parte uma família estendida [*Grossfamilie*], isto é, ela tipifica a comunidade patriarcal do tipo semigentio) [...] As contradições básicas (do tipo vida-morte etc.) aderem aos conflitos sociais ativos que em geral são revelados na esfera familiar. A mediação é expressa na maneira como o herói foge do conflito e passa para um *status* social superior. Essa mudança de *status* social é resultado do casamento com o filho do rei, do mercador, ou com a filha do rei, dependendo de quem é o protagonista. Desse modo, no conto de fada, o "casamento" se transforma no veículo de mediação para que uma pessoa se emancipe das relações sociais básicas.[20]

Meletinsky, que combina descobertas de Lévi-Strauss com a sua própria pesquisa, contradiz Lüthi no que diz respeito a dois pontos importantes. Primeiro, ele associa de maneira correta a família dos contos de fada com a família estendida patriarcal. Em segundo lugar, ele mostra como o casamento não é simplesmente o objetivo da maioria dos contos de fada, mas uma *mediação*, a maneira como todas as personagens se relacionam umas com as outras, e como tal, determina as ações normativas dos protagonistas e das tramas. Além disso, o método antropológico de Melentinsky aponta para uma abordagem mais substancial em direção à compreensão do significado da família e das relações familiares nos contos de fada do que o método descritivo literário de Lüthi. O papel da família no conto de fada clássico não pode ser avaliado apenas pela observação das personagens, temas e dilemas ontológicos. Pelo contrário, precisamos analisar as configurações e as constelações formadas por meio da interação de personagens que representam tipos familiares que destacam certos valores e visões de mundo. No caso específico dos contos de fada, devemos tentar entender as referências sociogenéticas dos conflitos familiares e os padrões em relação à ideologia e à função social mantida pela família no conto.

Lüthi e Meletinsky não estão preocupados com a recepção do conto de fada clássico em uma determinada época histórica, e nenhum dos dois opera com uma ideia evidente e definida de família e socialização. Desse modo, seus estudos são limitados por explicarem o que acontece entre os membros da família sem explorar as origens sócio-históricas por trás disso e as implicações dos contos. Eles também se mantêm dentro da disciplina geral do folclore e olham para os *Zaubermärchen* como se fossem contos populares. No nosso presente estudo, devemos ir além do trabalho deles se quisermos descobrir como os contos de fada com suas imagens de família e ideologia de competição e dominação funcionavam no processo socializador na Alemanha dos períodos Weimar e nazista.

Como sabermos, os *Zaubermärchen* estudados por Lüthi e Meletinksy já tinham se tornado contos de fada clássicos como resultado da obra dos irmãos Grimm e seus discípulos no século xix. Os componentes originais primitivos e feudais foram retrabalhados e adaptados para o sistema de valores da burguesia em ascensão na época. Em resumo, o conto de fada clássico, como foi registrado pelos irmãos Grimm e depois por outros pesquisadores, e também adaptado por escritores como Bechstein, continha uma combinação de elementos de períodos pré-cristãos, feudais e do começo do capitalismo, mas os termos da linguagem e dos padrões normativos da forma como foram selecionados, registrados, modificados e publicados tiveram grande influência do processo civilizador burguês. O que isso significa quando falamos sobre família e socialização nos contos de fada clássicos, especialmente da safra dos irmãos Grimm?

Aqui, quero operar com certos pressupostos desenvolvidos por Mark Poster em *Critical Theory of the Family* (Teoria Crítica da Família). O estudo de Poster é importante pois se aventura a definir a família não de acordo com o tamanho, mas de acordo com as questões ligadas a padrões emocionais. Para ele, a família tem uma função dentro do processo civilizador, mas, como instituição, é basicamente o lugar social onde a estrutura psíquica é proeminente de maneira mais decisiva.

A família aqui é conceituada como uma estrutura emocional, com relativa autonomia, que constitui hierarquias de idade e sexo em formas psicológicas. A família é concebida como um sistema de objetos de afeto. Os padrões de criação dos filhos são teorizados como processos interativos, focados nos três primeiros estágios do desenvolvimento (oral, anal e genital). Nessas interações, um padrão de autoridade e amor é instituído pelos adultos formando um pano de fundo para as estratégias para a criação dos filhos. Finalmente, um padrão de identificação perceptível consolida os vínculos entre adultos e crianças. Quando essas categorias são estudadas em detalhe, uma estrutura familiar concreta torna-se inteligível.[21]

Poster também acrescenta que "Enquanto a família gera um padrão psicológico de hierarquias de idade e sexo internalizado, ela também participa de instituições sociais maiores. Esses tipos de participação devem ser tornados inteligíveis"[22].

Se tivemos em mente as ideias de Poster, em especial aquelas que têm a ver com os padrões emocionais e os processos interativos, temos um quadro mais diferenciado da família no conto de fada clássico do que aquele sugerido por Lüthi e Meletinsky. Para demonstrar o que essa imagem ou quadro pode significar, quero pegar os catorze contos de fadas mais populares na Alemanha segundo a lista de Charlotte Bühler de 1919 para examinar interações, relações familiares e vínculos, e seus significados já que eles dizem respeito à dominação e à competição. Os contos em questão são "Chapeuzinho Vermelho", "O Lobo e as Sete Crianças", "A Bela Adormecida", "João e Maria", "Branca de Neve", "A Senhora Holle", "Cinderela", "Irmãozinho e Irmãzinha", "A Pastora de Gansos", "O Príncipe Sapo", "O Ladrão Mestre", "Rei

Bico-de-Tordo", "Jorinda e Joringel" e "O Rei da Montanha Dourada". Em alguns momentos eu posso me referir a outros contos dos irmãos Grimm partindo do pressuposto de que também eram amplamente conhecidos. É importante notar que o tipo básico do conto de fada popular dos irmãos Grimm era o *Zaubermärchen* e não o *Schwankmärchen* (conto anedótico), que tendia a ser mais crítico à sociedade. Em outras palavras, a recepção social tendia a ser conservadora.

O ambiente dos contos de fada reflete condições agrárias feudais, as personagens são nobres, camponeses ou pertencem ao terceiro estado (*burguês*). Em outras palavras, três tipos sociais de famílias são retratados com distinções feitas de acordo com poder, dinheiro e gênero. Apesar de raramente todos os membros estarem presentes, cada núcleo familiar dá indicação de ser grande. Devemos nos lembrar de que serviçais e parentes próximos pertenciam à família estendida. Mesmo os animais (como a cabra) têm sete filhos ou mais, e a maioria dos contos lida com três, sete ou doze filhos e sugere que é um *pecado* não ter filhos. Em outras palavras, famílias férteis e numerosas são valorizadas no conto de fada. No comando da família estendida está um homem autoritário, que toma a maioria das decisões ("Bela Adormecida", "O Príncipe Sapo", "Rei Bico-de-Tordo" e "O Rei da Montanha Dourada"). Se a mãe, a rainha, ou a fada madrinha, aparece em um papel mais ativo do que o homem, ela ainda age em favor da sociedade patriarcal. Seja ela boa ou má, suas ações levam uma jovem a buscar a salvação no casamento com um príncipe ("Cinderela", "A Pastora de Gansos" e "Branca de Neve"). Para provar seu valor, a jovem precisa demonstrar qualidades por meio de seus atos como recato, dedicação, humildade, honestidade, capricho e virgindade. Além disso, ela precisa ser discreta e abnegada. O jovem em geral é mais ativo e deve demonstrar características como força, coragem, sabedoria, lealdade e, às vezes, um instinto assassino ("O Rei da Montanha Dourada"). Em todas as classes sociais, os jovens protagonistas masculinos e femininos devem ter conflitos com suas famílias de origem, mas eles não rejeitam a instituição da família patriarcal. Eles se afastam de suas famílias, interagem com forasteiros para demonstrar o seu valor – um valor de troca –, para que possam ser considerados dignos de contrair um casamento ou de serem aceitos em uma nova comunidade, e alcançar a felicidade individual. No processo, apesar de se afastar de uma família em conflito e subir de classe social, a ordem hierárquica básica da família patriarcal (pai como soberano seguido pela mãe, filhos homens e filhas mulheres) não é alterada, pelo contrário, reafirmada. O "sonho" da personagem de classe baixa ou da pessoa oprimida é realizado não por meio da criação de uma nova ordem social ou de novas relações familiares, mas atendendo às expectativas de papéis definidos e recebendo reconhecimento dentro e fora da família original.

Casar-se e tornar-se rei ou rainha de um reino tem muitas implicações sociopsicológicas que levariam muito tempo para serem exploradas a esta altura. No entanto, uma coisa é certa: a família é constituída por meio do casamento de um líder homem forte, o tomador de decisões, cujo poder e sabedoria absolutos oferecem a moldura dentro da qual alguém se comporta e se relaciona na família e na comunidade. O homem como salvador é dominante e protege as virtudes de uma mulher modesta se não humilhada ("Rei Bico-de-Tordo"), e juntos eles realizam a restauração dos padrões, vínculos emocionais e interações da família tradicional, ao manter valores sociais e padrões de identificação que podem ser associados com aqueles da burguesia em ascensão. Apesar de ser claro que o conto de fada clássico é marcado pelo feudalismo, a perspectiva narrativa dos contos de fada "mágicos" dos irmãos Grimm funde uma visão de mundo camponesa com o humanitarismo democrático da burguesia em ascensão. Assim, o tratamento dos membros da família muitas vezes se diferencia pela classe, dinheiro ou poder, mas o padrão emocional predominante que emerge das diversas representações da interação familiar está centrado em princípios de restrição moral, repressão sexual e abstenção determinados pelas figuras masculinas, que premiam a acumulação de valores burgueses apropriados com um casamento bom e sólido, ou com um lugar em uma ordem social segura. Os valores burgueses muitas vezes eram misturados com a ideologia aristocrata da lei do mais forte, mas, em grande parte, a justiça se baseia no uso judicioso do poder por líderes paternais que sabem o que é melhor para viúvas e filhos. Em alguns contos, especialmente naqueles que tem a ver com a realeza, a ideia de família implica um reino como instituição. Aqui, a família fica em segundo plano em relação ao reino, que determina o que deve ser valorizado e ter prioridade no processo civilizador. É importante ter um líder forte no reino que estabeleça um modelo para o restante da sociedade. A imagem da família está intimamente ligada à ordem social, como refletida no comportamento do rei e da rainha. Aqui vemos, novamente, uma combinação de absolutismo feudal e qualidades burguesas que eram aceitas e cultivadas pelos irmãos Grimm em sua transformação do conto popular em conto de fada clássico. Existe um sentido generalizado de aristocracia iluminada na maioria dos contos de fada que forja os papéis familiares e os padrões de comportamento entre os camponeses, a burguesia e a nobreza, e revela que a magia e o encantamento dos contos têm uma função utópica limitada: melhoram situação dos protagonistas para que eles possam se tornar pais e mestres de instituições que essencialmente *não* foram eles que criaram. Os padrões emocionais, as relações, as atitudes e os objetivos da família exemplar no conto de fada mágico dos irmãos Grimm se parecem com aqueles que passaram a ser defendidos na realidade pelo tipo de família burguesa dominante na República de Weimar e no Terceiro Reich. Assim, as bases para a recepção dos contos de fada clássicos eram favoráveis nas duas épocas, apesar de que se pode destacar diferentes aspectos e componentes ideológicos.

Ao lidar com a recepção dos contos nesses dois períodos, existe o risco de assumir que eles sempre foram usados de maneira ideológica para persuadir crianças a atenderem os padrões dominantes, em particular, no processo socializador ou que eles podiam (e podem) ter um efeito sociopsicológico definitivo sobre as crianças. Não há dúvida de que eram e ainda são extremamente instrumentais no processo socializador da Alemanha. Mas o fato é que é praticamente impossível determinar qual significado individual específico um conto de fada pode ter para uma criança e é extremamente difícil medir o significado geral em uma determinada época. Só estudando o discurso geral sobre contos de fada, o discurso dos contos de fada e o modo pelo qual os contos de fada foram colocados em uso pelos adultos é que podemos traçar algumas conclusões válidas sobre os seus possíveis efeitos em relação as maneiras, os gostos e as visões sociais. No caso da República de Weimar, sabemos que existiam diversos tipos de famílias (camponesas, proletárias, pequeno-burguesas, burguesas e aristocratas) e que a recepção variava de classe para classe. Em termos gerais, o uso concreto por meio dos livros álbum, do rádio, de propagandas, de cupons de descontos em caixas de cereais matinais e pacotes de cigarro, de peças, de filmes e de instruções nas escolas destacavam a *Kindertümlichkeit* (aquilo que é adequado para crianças), a ilusão moral de um *heile Welt* (um mundo harmonioso), o nacionalismo, e valores como a dedicação, o trabalho, a obediência, a parcimônia e a pureza. Já que a tendência na prática burguesa dominante de criação de filhos de dar mais atenção aos cuidados com a criança e de destacar a ordem e a propriedade se tornou mais intensa, sentia-se que os contos ofereciam padrões normativos para um amadurecimento saudável da mente e da imaginação e que reforçavam a crença em qualidades *germânicas* sólidas. Certamente, os papéis dos padrões femininos e masculinos de interação nos contos que permitiam o autoritarismo correspondiam a formas de comportamento que se esperava que as crianças aceitassem na família e na sociedade. Isto é, a estrutura paradigmática das relações familiares nos contos de fada clássicos não contradiz o modelo da família burguesa padrão ou as políticas de educação correntes durante a República de Weimar.

No período nazista, esses contos de fada assumiram uma importância ainda maior, especialmente os dos irmãos Grimm, que foram tidos como parte da herança cultural nórdica. Dependendo do elemento a ser destacado, a representação do mundo feudal poderia ser e era usada para fundamentar a ideologia nazista. No que diz respeito à família, os elementos de fertilidade, o príncipe corajoso e assertivo, a mãe virtuosa e abnegada, os filhos trabalhadores podiam ser vistos como as qualidades que faziam parte da formação de uma família germânica ideal. Na verdade, se olharmos atentamente para as interpretações e o uso nazistas, podemos ver que eles se encaixavam em uma política que na verdade comprometia a solidariedade dentro da família. Como Ingeborg Weber-Kellermann destacou[23], a família não devia desempenhar um papel importante no processo socializador, mas era considerada basicamente funcional para a produção e a reprodução, em sentido econômico e biológico. Apesar de os padrões emocionais de interação nos contos serem aceitos, as interpretações nazistas destacavam elementos que se adequavam às suas políticas; isto é, comunidade e raça acima da família, o rei e o reino acima de todos. Todas as qualidades e ações heroicas eram associadas à necessidade de purificar o mundo e estabelecer um novo Reich, em que a liderança e a autoridade eram associadas ao *Führer*. O papel submisso da mulher, que devia se sacrificar pelo bem do rei ou do reino, coincidia com a política nazista em mudança que encorajava as mulheres a ficarem em casa, criar famílias numerosas e um lar que funcionasse de maneira harmoniosa pelo bem do Reich. Quando as mulheres foram obrigadas a trabalhar nas fábricas e escritórios no final da década 1930, o elemento do sacrifício no conto de fada foi adequadamente distorcido para racionalizar as novas políticas[24].

Uma característica do conto de fada clássico que chamava atenção de crianças e adultos na Alemanha da República de Weimar e da nazista era a restauração de papéis fixos em uma família estável abençoada pela boa sorte. Apesar das grandes diferenças na ideologia desses dois períodos, líderes da República de Weimar e nazistas incentivavam a monogamia, as famílias numerosas, a dominação paternal, a deferência às figuras de autoridade e à aderência da família às políticas de Estado. A configuração do conto de fada clássico cria a ilusão de que, apesar dos conflitos entre os membros, a família tradicional e seus padrões emocionais (o míldio) podem ser reestabelecidos. O conto parece seguir adiante ao mesmo tempo que se agarra desesperadamente ao passado. Isto é, a ordem social e a família tradicionais são vistas como objetivos assim que a fricção é resolvida. O apelo e o uso do conto de fada tanto na República de Weimar quanto no período nazista tinham muito a ver com as ideias de Ernst Bloch sobre *Ungleichzeitigkeit* (não simultaneidade) e *Heimat* (lar)[25]. Nesses dois períodos históricos, o conto de fada clássico manteve vivos aqueles desejos e necessidades não realizados dos estratos mais baixos da sociedade e ofereceu uma compensação para todas as classes de pessoas que se sentiram atropeladas pelo rápido progresso tecnológico e pelas mudanças socioeconômicas que as desenraizaram psicologicamente de tal maneira que elas de fato se tornaram incapazes de acompanhar os tempos. Além disso, não conseguiam expressar concretamente a sua insatisfação e a sensação de desajuste. Elas se sentiam atropeladas e procuravam ansiosas por um porto seguro. Assim, existia uma saudade dos velhos e bons tempos, da estabilidade e da ordem do que tinha sido projetado para ser um período mais idílico. A esse respeito, o conto de fada clássico com sua imagem tradicional da família e do casamento, e a promessa de *Heimat* era usado como um fator de estabilização no processo civilizador tanto do período Weimar quanto do período nazista na Alemanha.

Essa tendência geral também é a razão pela qual as experimentações com o conto de fada literário para crianças e adultos devem ser levadas em consideração e comparadas com o conto de fada clássico e seu uso nesses períodos. Elas representam tentativas simbólicas de intervir no processo civilizador percebido como sendo destrutivo, de refletir artisticamente sobre a competição e a dominação na sociedade e de projetar alternativas possíveis para o estado existente das coisas. Primeiro vamos olhar alguns dos extraordinários contos de fada para crianças e depois para adultos, tanto no período Weimar quanto no período nazista. O fato de eles serem praticamente desconhecidos hoje em dia é a razão pela qual devemos tentar reconstruir o seu discurso.

III

Durante o período Weimar, as obras de Bruno Schönlank, Hermynia Zur Mühlen e Lisa Tetzner são importantes[26]. Apesar de haver diferenças entre elas, todas partiam do mesmo ponto: queriam retratar as condições sociais correntes como eram vividas por uma criança da classe trabalhadora, em grande parte no ambiente urbano sob a influência da tecnologia moderna, e indicavam que as condições precárias da família não poderiam ser transformadas a menos que grandes mudanças sociais fossem realizadas. O ponto de vista narrativo é o do oprimido. Os temas da magia e dos contos de fada são utilizados para expor (e não para esconder) a fonte da dominação e as contradições sociais reais.

Os contos de fada de Bruno Schönlank publicados em *Grossstadt-Märchen* (Contos de Fada da Cidade Grande, 1923) às vezes tendem a ser sentimentais e idealistas. Mesmo assim, ele consegue investigar as razões por trás da tensão e da fricção na família e na sociedade. Em "Die geflickte Hose" ("As Calças Remendadas"), uma velha viúva trabalha para pessoas ricas e consegue alimentar e vestir os filhos com muita dificuldade. O filho mais novo, Franz, só usa roupas que foram de seus irmãos mais velhos. Como suas roupas estão sempre remendadas, as outras crianças zombam dele. Um dia, Franz e seus irmãos conhecem um velho vendedor de sucata que tem dois papagaios. Eles são convidados para entrar na loja e todas as roupas, os artigos usados e as velharias, contam histórias para os meninos sobre os seus donos anteriores e como a vida era dura. O vendedor de sucata revela que ele já tinha sido rico e se recusou a ajudar um homem pobre quando este quis vender um quadro velho. O homem rico disse que o quadro era uma velharia e por isso o homem pobre o sentenciou a aprender o verdadeiro significado da sucata. Foi assim que o homem rico se transformou em um vendedor de sucata e suas duas filhas mimadas foram transformadas em papagaios. O vendedor de sucata conta como nos anos que se seguiram ele descobriu que o sofrimento, o amor e a alegria faziam parte da sucata, e como ele passou a considerar os itens usados mais valiosos que joias. Depois de ouvir essa história, Franz aprende a valorizar as suas calças remendadas como produtos do amor, e, quando pedem a ele que as dê para os papagaios, ele hesita, mas faz isso por empatia. Esse ato de atenção faz com que eles se transformem em duas lindas meninas, e o pai volta a ser forte novamente. Todos vão para a casa de Franz, onde o vendedor de sucata diz à mãe que quer viver com ela e tornar o fardo de cada um mais leve. Em "Das Märchen von Lokomotivenpfiff" (O Conto de Fada Sobre o Apito da Locomotiva) o mesmo motivo de solidariedade é introduzido por um tocador de realejo que reúne as pessoas e lhes dá a sensação de que elas podem transformar a si mesmas e à cidade quando estão juntas, quando trabalham e brincam juntas. Isso também vale para "Die bunte Stadt" (A Cidade Colorida), em que uma cidade inteira é retratada como sendo cinzenta e seu povo sombrio, com exceção de um feliz jovem aprendiz de pintor. Um dia, depois de ajudar uma velha senhora, ele ganha um pote mágico que contém uma mulher pintora que o permite pintar qualquer coisa com uma enorme variedade de cores. Ele, então, deixa a cidade toda colorida, e as pessoas começam a mudar o comportamento delas. O jovem se casa com a pintora, e a cidade continua a se beneficiar do trabalho dos dois. Em todos os contos de Schönlank, a interação dos membros da família entre os pobres muda da dominação para a cooperação. A pobreza e a opressão são superadas apenas por meio da ação coletiva ou usando o talento e a imaginação de alguém em benefício da comunidade. Os papéis do homem e da mulher não são determinados de acordo com os padrões tradicionais. A ênfase em todas as relações está na mudança e na possibilidade de colocar em prática padrões emocionais de maneira que eles expressem um senso de justiça. O típico final feliz conservador dá espaço para uma crença otimista na necessidade e na bondade da mudança social.

O tema da transformação social também é destacado na maioria dos contos inovadores de Hermynia Zur Mühlen, que por acaso foram traduzidos para o inglês como *Fairy Tales for Workers' Children* (Contos de Fada Para Filhos de Trabalhadores) e publicados pela Daily Worker Publishing Company em 1925. Em "Der Spatz" (O Pardal), um jovem pardal abandona a sua casa pequeno burguesa porque acha tudo muito pretensioso e sufocante. Seus pais querem que ele admire os pássaros ricos e mais nobres, e seja como eles. No entanto – e aqui Zur Mühlen escreve o contrário de Andersen em seu "O Patinho Feio" –, o jovem pardal quer mostrar para os pais dele e para os outros pardais que mesmo o menor dos pássaros pode voar para outros países como fazem os grandes pássaros, e viver e trabalhar em condições mais favoráveis. Ele sai de casa, e por meio de sua coragem, determinação e inteligência, consegue viajar milhares de quilômetros para o Sul. No caminho, ele descobre como o mundo é dividido entre pobres e ricos, oprimidos e opressores, e quer voltar e compartilhar conhecimento com os irmãos e irmãs dele para que possam se libertar de seus limites. No entanto, o pardal morre no caminho, e sua mensagem precisa ser levada por um jovem, que aparentemente seguirá com a sua luta.

A morte de um animal que dedicou sua vida à emancipação das pessoas oprimidas também é o tema central de "Der graue Hund" (O Cachorro Cinza), no qual um cachorro morre para salvar a vida de um jovem escravizado nos Estados Unidos que fugiu para o Norte. Zur Mühlen coloca o tema do sacrifício em um contexto diferente do conto de fada clássico, onde viúvas e filhos em geral são retratados como abnegados para que possam conquistar o amor de um homem. Aqui o sacrifício é de um grupo de pessoas dominadas que querem acabar com a exploração. Uma mudança nas relações de dominação da família está implícita. Assim como o pardal abandona sua casa pequeno burguesa, o escravo e o cachorro fogem da plantação feudalista.

Em outros contos, como "Die Brillen" (Os Óculos), "Die Rote Fahne" (A Bandeira Vermelha), e "Wie Said der Träumer zu Said dem Verräter wurde" (Como Said, o Sonhador, Transformou-se em

Said, o Traidor), Zur Mühlen queria demonstrar como a exploração, a dominação e a injustiça surgiam a partir da acumulação de bens e riquezas, e como as condições sociais podem ser alteradas. Ao contrário dos contos de fada clássicos, seus contos não retratavam o casamento e o reestabelecimento dos reinos no final. Ao invés disso, a autora destacava a luta e a mudança permanentes. As ilusões eram evitadas em seus contos de fada para iluminar a esperança por um mundo melhor. As virtudes (muitas vezes as mesmas destacadas pela burguesia) eram moldadas para endossar padrões emocionais de diferentes qualidades e relações sociais não alienantes. Por consequência, a função da família passou por uma mudança. Os jovens eram retratados em seus contos como indo além dos limites estreitos da família privada fechada e todas as pessoas eram consideradas membros de uma grande família na qual o apoio coletivo e a luta contra a opressão são vistos como meios para colocar em prática condições de vida mais humanas e satisfatórias.

O movimento para unir em uma família todas as raças e criaturas do mundo é retratado no extraordinário romance-conto de fada *Hans Urian oder die Geschichte einer Weltreise* (Hans Urian ou a História de uma Viagem ao Redor do Mundo, 1931), de Lisa Tetzner. Com estrutura similar à peça de Brecht, *Mann ist Mann* (Um Homem É um Homem), na qual Galy Gay sai para comprar peixe no mercado e acaba descobrindo como os homens são transformados em monstros, esse conto de fada mostra como Hans, um pobre menino de nove anos de idade, sai de casa para conseguir um pouco de pão para a sua família faminta e é levado a fazer uma viagem ao redor do mundo para descobrir sob quais condições opressoras as pessoas precisam trabalhar para conseguir pão. No momento em que ele aprende com o padeiro que não pode ter o pão se não tiver dinheiro, não importa o quão faminta esteja a sua família, ele encontra o coelho Trillewipp, que também está procurando comida para alimentar a sua mãe e sua família. Eles reúnem esforços e, ao descobrir que na América é possível ganhar dinheiro e conseguir pão, decidem viajar até lá. (As longas orelhas de Trillewipp são propulsoras e ele tem o poder mágico de voar.) No caminho, fazem amizade com o esquimó Kagsgsuk, e nos Estados Unidos conhecem Bill, cujo pai rico produz canhões para os esforços de guerra. Em todo lugar a que vão nos

Estados Unidos, as crianças descobrem que as pessoas querem tirar vantagem delas e do coelho, e explorá-las sem dar dinheiro pelo trabalho deles. Na África e depois na China, as crianças e Trillewipp são capturados e tratados como escravos. Finalmente, para se salvar, as crianças formam uma trupe circense, colocam Trillewipp em uma jaula, e fingem ser cruéis com ele assim como outros seres humanos seriam. Depois de vagar pela China e pela Mongólia, seguem viagem para a Rússia, onde, pela primeira vez, são tratados de maneira humana e colocados em um orfanato junto com outras crianças enquanto Trillewipp é libertado. As crianças aprender a trabalhar com os outros jovens e a determinar as suas necessidades e vontades. Depois de um tempo, Hans e Trillewipp voam para casa, e Trillewipp sugere que Hans se torne um coelho e viva com a família dele, uma vez que os coelhos se tratam de maneira mais humana do que os humanos. No entanto, Hans recusa, argumentando que quer melhorar as condições em casa e ajudar a tornar os seres humanos mais humanos. Mas ele encontra dificuldades quando chega. A polícia e seu professor querem excluí-lo da comunidade e da escola, enquanto a mãe dele e as crianças da vizinhança lhe dão as boas-vindas. Depois de ouvir a sua história, as crianças se unem e insistem que a escola deva aceitá-lo de volta porque ele não havia infringido nenhuma lei: apenas fez um caminho mais longo para trazer pão para a sua mãe.

Escrito entre 1928-1929 e publicado em 1931, o livro de Tetzner tem uma história curiosa. A obra foi banida pelos nazistas em 1933, e, quando foi republicada na Alemanha Ocidental depois da Segunda Guerra, foi banida novamente em 1948 pelas forças de ocupação americanas porque falava mal dos Estados Unidos. Do ponto de vista histórico, fica claro que Tetzner usava a União Soviética como uma sociedade modelo na qual as crianças são respeitadas, protegidas e encorajadas a trabalhar juntas para poderem traçar seus próprios destinos. Quando Tetzner escreveu o conto de fada, tal modelo correspondia mais à realidade do que nos dias atuais, apesar de os Estados Unidos certamente não terem perdido o seu valor simbólico como selva capitalista. Em geral, o seu ato simbólico estava voltado para a transformação da Rússia em uma construção utópica para crianças alemãs, e as configurações do conto mapeiam uma estratégia para a concepção de utopia: a solidariedade e a confiança entre o alemão Hans, o esquimó Kagsgsuk, o americano Bill e o coelho Trillewipp, de diferentes classes e raças, representam as ligações emocionais da interação normativa na qual a família e as relações sociais do futuro poderiam se basear. Mais uma vez, como nos contos de Schönlank e Zur Mühlen, a família é pobre e sofre porque as relações sociais são baseadas em dinheiro, poder e exploração. A família de classe baixa, como ela é, precisa ser modificada ou pode ser modificada apenas se as condições sociais externas melhorarem. A noção de família como o núcleo da sociedade é ampliada no discurso narrativo junto com as classes sociais de solidariedade para incluir os oprimidos. Por consequência, o valor de um indivíduo não se baseia na troca de valores, não depende da riqueza material e do poder da família, mas no uso dos talentos para promover a igualdade e a cooperação. A família ainda precisa ser definida, isto é, redefinida. O final é aberto. Ninguém vive feliz para sempre. O final significa luta e ideias sobre possíveis novas relações.

Os poucos exemplos de novos contos de fada literários que temos na Alemanha nazista apontam em outra direção. Por exemplo, o volume *Geschichten aus der Murkelei* (Histórias de Murkelei, 1937), de Hans Fallada, traz contos que destacam temas que lembram o cruel clássico alemão *João Felpudo*. Quase todas as histórias têm a ver com crianças que são malcriadas ou fogem dos padrões morais e éticos da época. Elas são brutalmente punidas ou atormentadas até aprenderem a se adequar. No primeiro conto, "Geschichte von der kleinen Geschichte" (História Sobre a Pequena História), uma criança que não quer comer a comida dela é mandada para a cama e proibida de ouvir as histórias contadas pela mãe. Pior ainda é a história de "Nuschelpeter" (Pedro Resmungão) na qual um menino apanha de um colega da escola para aprender a pronunciar as palavras corretamente. Quase todas as histórias têm a intenção de despertar o medo nas crianças que querem ser diferentes, que tem seus próprios interesses, ou que experimentam outros tipos de relação. Em algumas histórias como "Geschichte von Brüderchen" (História do Irmãozinho) e "Geschichte von Murkelei" (História de Murkelei), a ênfase é colocada na função biológica da família como um centro reprodutivo e como o espaço em que as crianças são socializadas pelo medo para respeitar as leis. Os padrões emocionais elaborados nas tramas estão centrados na fertilidade e na obediência e são baseados na dominação pelas figuras autoritárias masculinas, que exercem o poder por meio da punição corporal ou da suspensão do amor.

Se os contos de Fallada não eram histórias explicitamente ideológicas e estavam mais alinhados com a literatura burguesa tradicional da *Kindertümlichkeit*, *Das Kind im Berge* (A Criança na Montanha, 1944), de Hilde Stansch, cumpria todas as ideias adequadas de um conto de fada fascista ideal para crianças. O cenário é rural e idílico. Unna e seu marido, Helge, estão casados há alguns anos e sempre quiseram filhos, mas seus desejos não foram atendidos. Unna visita Erda, uma parente sábia, que revela como ter filhos. Unna precisa procurar uma montanha sagrada e, depois de muitas aventuras, ela encontra a criança sagrada no berço. Quando volta para o marido, dá à luz doze crianças nos anos seguintes. Erda passa o segredo da fertilidade para ela ao morrer. A sabedoria e o segredo permanecem em seu sangue. Todos os elementos de um perfeito conto de fada ariano estão ali: a mulher é a mãe terra, fértil, humilde, sábia; o homem é forte e produtivo, retratado nos campos. A raça escolhida resiste e vai resistir por toda a eternidade.

Nem todos os contos literários produzidos durante o período nazista eram tão conservadores e antiquados como os escritos por Fallada e Stansch. Por exemplo, *Das Männlein Mittenzwei* (O Manequim Mittenzwei, 1937), de Paul Alverdes, tem certos elementos que constituem uma crítica à maneira negligente com que as crianças tratam brinquedos, objetos e outras criaturas. No entanto, nem o conto de Alverdes e nem outros contos de fada produzidos explicitamente para crianças durante o período nazista, tais como os de Blunck, de Matthiessen, e dos escritores de *Auerbachs Kinderkalender* (O Calendário Infantil de Auerbach), introduziram novas ideias sobre a interação familiar ou sobre o comportamento social que sugerissem uma ruptura com o racismo, a dominação, o autoritarismo e as falsas ilusões sobre as duras realidades do Terceiro Reich. Se houve experiências inovadoras no campo da literatura infantil, elas tendiam a reforçar a ideologia fascista dominante e os padrões emocionais do autoritarismo. Isso pode ser visto de maneira clara nas cartilhas, nos almanaques e na ficção em geral produzidos com tais objetivos. Além disso, como sabemos, o conto de fada clássico em seu formato tradicional podia ser usado para ilustrar a maneira correta de viver em família e na comunidade de acordo com a ideologia nazista.

IV

Se nos voltarmos para os contos de fada literários produzidos para os adultos durante a República de Weimar e o período nazista, a imagem da família no que diz respeito aos papéis ideológicos, aos padrões emocionais e à dominação são um pouco diferentes. No período Weimar, havia mais variedade e uma crítica aberta às condições familiares tradicionais. No período nazista, os contos de fada literários foram praticamente abolidos, e, com exceção da publicação de obras dos séculos XVIII, XIX e do começo do século XX, houve pouca continuidade das obras que floresceram na década de 1920. Um olhar breve sobre o discurso do conto de fada da década de 1920 e os padrões de interação familiar incorporados aos contos irão indicar o porquê.

Hermann Hesse meio que ditou o tom do período Weimar quando publicou sua coletânea de *Märchen* (Contos de Fada) em 1919. Esses contos não apenas expressaram as suas preocupações pacifistas sobre a guerra, mas também foram influenciados por seus problemas conjugais e o seu desejo ambivalente de se libertar da vida familiar tradicional burguesa. Nesse aspecto, Hesse retomou os primeiros românticos, e sua obra é indicativa de como outros escritores alemães do começo do século XX viam a si mesmos como trabalhando dentro da tradição arraigada dos *Kunstmärchen*. Assim, seria errôneo argumentar que os contos de Hesse iniciaram um experimento vanguardista com contos de fada na República de Weimar ou que outros escritores alemães estavam rompendo com o discurso convencional dos contos de fada. No máximo, estavam expandindo e subvertendo o discurso: os contos de fada de Hesse e todos os outros produzidos durante o período Weimar são importantes porque usam o discurso dos contos de fada de diversas maneiras surpreendentemente criativas para comentar sobre os problemas sociais que afetavam os rumos do processo civilizador.

Hesse publicou sete contos de fada em 1919: "Augustus", "Der Dichter" (O Poeta), "Merkwürdige Nachricht von einem andern Stern" (Notícias Estranhas de Outra Estrela), "Der schwere Weg" (O Caminho Difícil), "Eine Traumfolge" (A Sequência de um Sonho), "Faldum" e "Iris", e assim como todos os seus romances tendem a repetir a mesma mensagem e o mesmo padrão, o mesmo acontece com seus contos. Um jovem talentoso percebe que tem uma missão poética e sente-se limitado pelos pais ou pela família. Ele foge de casa, em geral passa por duas fases de sensualidade e ascetismo antes de cair em si; isto é, antes de entrar em paz consigo mesmo e ficar satisfeito com o seu desenvolvimento pessoal. É importante notar que, com poucas exceções, o herói dos contos de fada de Hesse não permanece com a antiga família ou comunidade nem constrói uma nova sociedade. Ele continua a ser um estranho, apesar de poder haver alguma reconciliação com a família que o rejeitou.

Em "Augustus", um jovem, que nunca reconheceu os esforços que sua mãe fez por ele, volta para casa depois de levar uma vida decadente por muitos anos. Ali, ele se arrepende e, por intermédio de seu padrinho estranho, porém santo, é misticamente reunido com a mãe morta. Ainda assim, no final ele não é nada mais do que um andarilho arrependido. Em "Der Dichter", Hank Fook abandona a sua noiva e a sua família para viver como poeta. Ele volta para casa e descobre que todos estão mortos, mas ainda assim ele supostamente realizou coisas mais importantes ao renunciar a vida tradicional em família. Em "Merkwürdige Nachricht von einem andern Stern", Hesse faz um jovem aprender sobre o significado do caos e da morte para que ele passe a se dedicar à harmonia e a ajudar os seus vizinhos a recuperar a comunidade depois de um terremoto. Esse é o único conto de Hesse no qual existe alguma ideia sobre a necessidade de cooperação social para a reconstrução. Em geral, os contos de Hesse são antissociais e especialmente antifamília em sua descrição de um padrão de rebeldia e autotranscendência. A família é retratada como estática, o bastião do conservadorismo. Isso nem sempre é feito de maneira negativa, mas as formas familiares são apresentadas como fora de moda, e se um jovem quer se desenvolver ele precisa abandonar esse ambiente limitante. Hesse pode ter pensado nessa opção como sendo libertadora, mas há um forte elemento de autoengano em seus contos, pois seus heróis *escapam* para um mundo interno que deve sua validade apenas à tolerância repressiva de uma sociedade que prefere indivíduos que não se intrometam a rebeldes que não irão seguir as suas convenções de jeito nenhum e que irão desafiar a sociedade por meio de atos sociais. Apesar de os heróis de Hesse revelarem um padrão de comportamento e ação críticos ao comportamento autoritário e à dominação masculina arbitrária, eles também fazem uma concessão, ou as pazes, com o estado atual das coisas. A rejeição da família patriarcal tradicional não é absoluta, e apenas na alma feliz do herói escolhido é que existe a sugestão de uma alternativa real: o papel masculino do guru personifica novas normas místicas e pacifistas que podem ter um valor exemplar em contraste com o processo civilizador ocidental.

A importância dos contos de Hesse em 1919 é que eles sinalizaram as duas maneiras com que outros escritores iriam refletir sobre a família nas décadas de 1920 e 1930: ou havia uma completa rejeição do míldio banal do filistinismo e da família tradicional autoritária masculina, que era ridicularizada, parodiada ou seriamente criticada, ou havia uma tentativa de retratar como a família poderia ser recuperada com padrões normativos que determinavam fortes ligações medievais com tons teutônicos e verdadeiro amor cristão. Os dois extremos do discurso do conto de fada devem ser observados à luz de fortes tendências díspares que existiam entre a juventude alemã desde o começo do século XX. O movimento Wandervogel, uma importante organização juvenil, fragmentou-se depois da Primeira Guerra e, desde então, existiam diversos grupos de jovens mobilizados *contra* a geração anterior. Natureza, pureza e independência se tornaram os *slogans* dos grupos de jovens burgueses, enquanto outras organizações buscavam alianças partidárias com os comunistas, os socialistas ou os social-nacionalistas para articular os seus protestos. Esse era o contexto do discurso do conto de fada sobre civilização na época, e as diversas vozes muitas vezes falam sobre parricídio e protesto.

Por exemplo, na antologia de contos de fada expressionistas de Geerken, *Die goldene Bombe*, a tendência geral é diminuir a família burguesa dominante e seus padrões de papéis correspondentes. A maioria dos contos expõe de forma implícita ou explícita a hipocrisia do "lar doce lar". As relações entre os seres humanos são retratadas como superficiais e objetificadas, pois as pessoas baseiam o comportamento delas na competição, no dinheiro e no poder. A ilusão de uma possível restauração da família e da sociedade é destruída em contos como "Der Metaphysische Kanarienvogel" (O Canário Metafísico, 1917), de Hans von Flesch-Brunningen, e "Die Vegetabilische Vaterschaft" (A Paternidade Vegetal, 1919), de Salomo Friedländer (Mynona). O clássico final feliz com um novo reino do conto de fada foi subvertido, pois os escritores expressionistas viam a família como uma instituição que não podia funcionar para proteger as crianças ou oferecer a elas a força de espírito e as habilidades necessárias para realizar as suas necessidades e sonhos. Nos contos de fada de outros escritores do período Weimar, como Ödon von Horvát e Oskar Maria Graf, o cenário é igualmente desolador.

Horvát escreveu coletâneas de contos de fada intituladas *Sportmärchen, Fräulein Pollinger und andere Märchen* (Contos de Fada Esportivos, Senhorita Pollinger e Outros Contos de Fada) e *Zwei Märchen* (Dois Contos de Fada) durante a década de 1920, e elas estavam intimamente ligadas a dramas populares que satirizavam a banalidade e a falta de comunicação entre as pessoas de classe baixa. Em "Das Märchen in unserer Zeit" (Os Contos de Fada em Nosso Tempo), uma menina abandona a família em busca de um conto de fada. Ninguém consegue ajudá-la até que ela chega a um velho cavalo que está prestes a ser abatido por causa da idade e por não servir para mais nada. O cavalo comenta que a própria menina é um conto de fada e que deveria contar uma história para ele. Depois de um momento de hesitação, ela conta. Então o cavalo é levado embora. Quando a menina volta para casa e se recusa a comer a carne de cavalo que está na mesa, a mãe dela e os outros membros da família a chamam de "princesa mimada". Ela não come, pensa no cavalo e perde a fome. A falta de compreensão com que essa menina se depara é ressaltada em "Das Märchen vom Fräulein Pollinger" (O Conto de Fada da Senhorita Pollinger). Aqui, Horváth conta uma história sobre uma mulher comum, com um corpo comum e um rosto comum que trabalha no departamento de contabilidade de uma oficina mecânica. Para ser aceita pelos homens na oficina e para andar nas motocicletas deles, ela dorme com eles de vez em quanto. Depois de sair com um homem chamado Fritz durante um ano, ela fica grávida e é abandonada. Sem príncipe. Sem casamento. Sem família. Horváth explode as ideias da vida familiar idílica e feliz. Em vez disso, as relações cruas e exploradoras que dependem do valor de uma pessoa como produto transformam todas as pessoas em mercadorias dispensáveis.

Os aspectos brutais da vida e das relações familiares também são destacados na coletânea de contos de fada de Graf chamada *Licht und Schatten* (Luz e Sombras, 1927). Assim como muitos escritores socialistas desse período, Graf não estava interessado em retratar a vitória eminente do movimento comunista, mas em mostrar até que ponto os seres humanos foram transformados em animais e privados de uma consciência social. Todos os contos de Graf – e eram direcionados aos jovens – retratavam como a família e a vida social tinham se tornado estéreis, selvagens e pobres. Até mesmo a pátria devia passar por isso. Em uma narrativa amarga e irônica, "Was das Vaterland einmal erlebte" (O Que a Pátria Viveu Certa Vez), Graf faz com que a pátria se transforme em um ser humano para ver quem o amava mais. Para sua decepção – ele visita todo os tipos sociais e classes –, é constantemente maltratado, ignorado, agredido e levado a mendigar. A única pessoa que o trata com gentiliza e simpatia é um pedinte, que conta a história dele à pátria de como ele tinha sido aceito na sociedade contanto que produzisse e desse algo. Mas depois que o pedinte ficou velho e doente, ninguém mais ligava para ele. Os dois choram baixinho e depois adormecem de mãos dadas como se fossem irmãos. A ideia de que a Alemanha era uma grande família feliz é completamente destruída nesse conto e mais ainda em "Das Märchen von König" (O Conto de Fada do Rei), no qual temos um quadro aterrorizante de um patriarca. Aqui o rei tem prazer em iniciar guerras e levar as pessoas à morte. Ele se torna tão indisciplinado que ninguém quer ser seu ministro e atender as ordens dele. Todas as pessoas o abandonam, e só resta um deficiente no reino, e ele mostra ser a personificação de todo o medo, da necessidade e da injustiça que o rei havia causado. Milagrosamente, o deficiente consegue punir o tirano, e a paz reina novamente no país devastado.

A insatisfação com o modo brutal e explorador com que as pessoas pareciam tratar umas às outras dentro e fora da família durante o período Weimar foi expressa de maneira um pouco diferente por escritores mais conservadores de contos de fada, como Hermann Stehr e Hans Friedrich Blunck, dois dos autores mais populares nessa época. Em 1929, três contos de Stehr foram publicados sob o título de *Das Märchen vom deutschen Herzen* (Os Contos de Fada do Coração Alemão), que propunham uma alternativa aos contos de fada mais críticos e sarcásticos dos escritores radicais e progressistas. Por exemplo, na história que dá título ao volume sobre o coração *alemão*, Stehr conta como Deus primeiro distinguiu os seres humanos dos animais ao lhes dar o poder da razão. No entanto, isso fez com que eles ficassem ricos, satisfeitos e competitivos. Milhões de seres humanos morrem por causa da cobiça e da guerra a ponto de a espécie humana ficar ameaçada de extinção. Deus fica preocupado e decide oferecer um equilíbrio para os seres humanos que restaram na terra; isto é, lhes dá mais coração. Ele fica particularmente atraído por uma criatura com cabelos loiros acinzentados. "Seu adorável homem alemão", fala, olhando para os olhos azuis cheio de expectativa, "lhe darei o dobro da chama do coração para que você possa servir a todos em nome de Deus e assim, ao superar a si mesmo, você irá superar a todos."[27] Deus, constantemente referido como um pai de família imortal, observa o seu favorito, o homem loiro alemão, realizar o seu desejo. As implicações racistas dessa mensagem cristã também são transmitidas no conto de fada "Wendelin Heinelt", no qual a família ariana Heinelt é apresentada como uma unidade exemplar de pessoas abençoadas e unidas pela maneira com que ajudam as pessoas pobres. De acordo com os contos de fada de Stehr, que exalam piedade, falta caridade cristã na Terra, e certos grupos de pessoas são escolhidos para recuperar o caminho até Deus. Apesar de Stehr se pronunciar contra a exploração e o maltrato de seres humanos, existem referencias ideológicas obvias no pronunciamento que ele faz sobre a civilização ocidental, em especial no conto sobre o coração alemão. O papel masculino do patriarca é paralelo ao de Deus, e só é possível encontrar a vida divina ao seguir os mandamentos dos dois. O padrão de relações patriarcais na família tradicional não é alterado, mas sim recuperado e reforçado contra as forças decadentes do modernismo.

A restauração das relações familiares e os papéis fixos que correspondiam mais a um mundo agrário feudal do que ao cenário da Alemanha urbana da década de 1920 foi um dos temas principais nos contos de fada escritos por Hans Friedrich Blunck entre 1923 e 1931[28]. Quase todos os contos de Hans, dirigidos a adultos e crianças, lidam com o lado positivo do casamento e da fertilidade e se voltam com nostalgia sentimental para a tradição popular. As personagens principais são reis, rainhas, camponeses, mercadores, cidadãos, anões, ninfas, nixes ou criaturas da floresta. A principal personagem mágica é a Mãe Holl, que muitas vezes assume o papel da feiticeira do amor.

Um exemplo da postura ideológica difusa de Blunck em relação à família, à socialização e à dominação (mesmo que um pouco extremo) é o conto "Frau Holle und die Schifferfrau" (Senhora Holle e a Esposa do Marinheiro), que começa assim:

> Certa vez a nossa querida Deusa e Mãe Holle veio novamente à Terra. A linda mulher queria mostrar como tinha conseguido transformar o nosso país em um jardim. E o Senhor perguntou como os seres humanos estavam se dando entre si e se Seus comandos haviam sido seguidos. Em especial, ele queria saber se as mulheres estavam ficando em casa e se os homens estavam se movimentando na vida, lutando e trabalhando por suas famílias.[29]

Deus e a Mãe Holle encontram a esposa de um marinheiro que está insatisfeita pois seu marido está sempre longe de casa. Deus transforma marido e mulher em um jardim de rosas para que eles possam apreciar a companhia um do outro em circunstâncias idílicas. No entanto, quando Ele a visita novamente, ela não está feliz porque os filhos não têm a oportunidade de ver muito do mundo e conquistar grandes coisas. Então Deus transforma marido e mulher novamente para que eles possam navegar pelos mares. Depois de alguns anos, Deus vem pela terceira vez, e a mulher reclama que seus filhos a abandonaram e que levam uma vida muito difícil. Agora Deus, e a Mãe Holle, estão convencidos de que seria melhor para todos se Ele fizesse as coisas voltarem a como elas eram no começo. "Desde então, tem sido assim com todas as pessoas de bem. A mulher espera em casa com suas filhas enquanto os homens vão para alto mar."[30]

Em outro conto, "Frau Holle und die Liebenden" (Senhora Holle e os Amantes), um jovem poeta procura Mãe Holle uma vez que todas as pessoas na Terra perderam seu senso de amor e tempos ruins pairavam sobre elas. A noiva dele o espera pacientemente, e seu amor devoto e abnegado traz a Mãe Holle de volta a Terra, onde ela recupera a harmonia para todas as criaturas de Deus. Em "Feinsmütterchen" (Mãezinha de Fein), Mãe Holle ajuda a esposa de um rico vereador a se tornar fértil. A mulher, no entanto, é ingrata e desobedece às ordens da Mãe Holle. Então, a boa Mãe Holle precisa puni-la até a mulher se arrepender. Sua recompensa é a sua transformação em uma flor dedicada aos filhos.

A maioria dos contos de Blunck destaca incessantemente características ultrapassadas dos contos populares: a mulher é abnegada, o homem é corajoso e trabalhador. Se alguém segue um caminho correto e virtuoso, não precisa temer a fúria de Deus e da Mãe Holle. Isso é exemplificado em "Die Bräutigamseiche" (O Carvalho do Noivo), em que forças mágicas recompensam a dedicação e a paciência de uma mulher com o casamento. Os contos de Blunck de maneira nenhuma passam sermão ou são extremamente didáticos. No entanto, a atmosfera leve, espirituosa, ultrapassada e nostálgica de um idílio pastoral passa uma imagem falsa de mudança nas relações familiares e na socialização durante a década de 1920 nas regiões agrárias e urbanas da Alemanha. De fato, foi exatamente essa falsa imagem da vida em família e a projeção de papéis hierárquicos fixos para homens e mulheres que os nazistas exploraram para minar as necessidades reais das massas que ao serem sanadas poderiam torná-las mais seguras e realizadas. A harmonia agradável, os papéis determinados e a punição divina por forças sobrenaturais que determinam o destino de homens e mulheres virtuosos e trabalhadores são imagens criadas por Blunck em seus contos de fada e que surgiram a partir de seu próprio desejo na década de 1920 de superar as relações sociais coisificadas e o caos que ameaçava levar a Alemanha à beira da ruína. Porém, como muitos outros escritores que buscavam relembrar a sólida tradição popular alemã para apontar uma solução para o conflito social na década de 1920, ele ajudou a espalhar o míldio que se tornou cada vez mais venenoso nas mãos dos nazistas.

V

Não é por acasos que o discurso dos contos de fada de Stehr, Blunck, Matthiessen e de outros escritores com pontos de vista parecidos foram publicados durante o período nazista, e também não é uma coincidência que Blunck tenha se tornado um oficial nazista de alta patente da cultura. Na verdade, até mesmo os contos de Hesse foram reimpressos, apesar de não serem especialmente promovidos pelos fascistas. É importante notar que, por outro lado, a ativa experimentação com o conto de fada que levantou críticas sobre os problemas sociais e estimulou a reflexão sobre os papéis e as normas ultrapassados do processo de socialização foi forçada ao exílio ou banida. Foi então que Thomas Theodor Heine, antigo editor da *Simplicismus,* publicou sua sarcástica coletânea de contos intitulada *Die Märchen* (Os Contos de Fadas), em 1935. Por motivos políticos, o filósofo Max Horkheimer incluiu alguns contos de fada em sua importante obra *Die Dämmerung* (O Entardecer, 1935). Tanto Alfred Döblin quanto Joseph Roth fizeram experiências com o gênero na década de 1930, enquanto Brecht e Hórvath incluíram temas dos contos de fada em suas peças. No entanto, não se produziu nada de grande importância no gênero do conto de fada durante o exílio e nada de valor foi produzido dentro da pátria fascista, apesar de que vale mencionar duas tentativas simbólicas, de Gerhart Hauptmann e Ernst Wiechert.

Em 1941, Hauptmann escreveu e publicou "Das Märchen" (O Conto de Fada) na *Die Neue Rundschau.* Como uma tentativa consciente de modificar *Das Märchen* de Goethe e com o objetivo de comentar o fascismo, seu conto continua a ser muito obtuso para ser considerado eficiente. Teophrast, um velho peregrino, atravessa um rio com dois fogos-fátuos e chega a um país onde o antigo continua a viver em novas formas. Ele pensa em um leão, e de repente o leão está lá. Ele não pode desfazer o desejo e lhe parece que o leão sempre esteve com ele como parte de um amor aterrorizante (*Angstliebe*). Ele também encontra uma cobra do Jardim do Éden. O peregrino não tem um objetivo e continua a vagar com as bestas até encontrar um homem descalço chamado Johann Operin com quem tem várias discussões esotéricas e enigmáticas, e estranhas aventuras. Os fogos-fátuos querem levar o peregrino até um crematório que queima a estupidez, mas Theophrast se recusa por saber que a estupidez não tem corpo. Ela tem uma vida imortal. A partir daí, Theophrast deixa esse país que tem o crematório como o seu maior templo e volta com segurança para o seu habitat natural.

É quase impossível analisar esse conto porque sua estrutura estética é codificada de maneira singular para corresponder à vida e à época de Hauptmann. Apesar de ele ter recebido bem o surgimento do nacional-socialismo no começo da década de 1930, Hauptmann se desencantou com o Terceiro Reich e passou a ser mórbido na velhice. Como um dramaturgo que continuou a usar temas dos contos de fada em suas primeiras obras do século XX para comentar as condições sociais e políticas, é óbvio que era essa a sua intenção em "Das Märchen", e que o medo impediu que ele anunciasse sua crítica com símbolos mais compreensíveis. Mas um aspecto é evidente no movimento do peregrino que rejeita um mundo que obviamente reflete alguns dos aspectos mais brutais do nazismo. Em outras palavras, se recusa uma iniciação nos segredos do nazismo, e o herói continua a ser um forasteiro que questiona um mundo que depende da lógica da irracionalidade para racionalizar suas tendências destrutivas.

Wiechert é muito mais direto ao afirmar por que escreveu seus contos de fada, especialmente por que foram publicados depois do fim do Terceiro Reich:

> Comecei a escrever esse livro durante o último inverno da guerra enquanto o ódio e o fogo queimavam a terra e os corações. Ele foi escrito para todos os pobres filhos das pessoas pobres, e para o meu próprio coração, para que eu não perdesse a crença na verdade e na justiça, pois o mundo, da maneira como é construído no conto de fada, não é o mundo dos milagres e dos mágicos, mas um mundo de enorme e duradoura justiça com a qual as crianças e as pessoas de todas as épocas sonham.[31]

Na verdade, os contos de Wiechert não foram escritos especificamente para crianças, mas sim para os adultos, se levarmos em conta a complexidade das afirmações e da estrutura. Seis deles, que ele chamou de "Zeitmärchen" (Contos de Fadas Contemporâneos), "Die Königsmühle" (O Moinho do Rei), "Der Vogel 'Niemalsmehr'" (O Pássaro "Nunca Mais"), "Die Wölfe" (Os Lobos), "Sieben Söhne" (Sete Filhos), "Die Liebste auf der Welt" (O Mais Querido do Mundo), são especialmente interessantes porque lidam com a guerra, a exploração, a violência e a tirania em um nível simbólico. Como o cenário dos contos em geral é o distante passado medieval, os paralelos com o fascismo só podem ser feitos quando se conhece o contexto no qual Wiechert escreveu. Ele não era um socialista ou um radical que buscava retratar a possibilidade de novas relações sociais na família. Sua posição era a de um moralista cristão que se opunha aos crimes do período nazista. Por isso, os contos dele trazem certas contradições: apesar de falarem em justiça, também lançam as bases para mais explorações.

Por exemplo, em "Die Wölfe", um irmão e uma irmã demonstram por meio da coragem que a justiça pode ser alcançada ao se oporem à tirania de um rei. A irmã se sacrifica para um lobo no intuito de salvar o seu povo da destruição, e o lobo revela ser um rei encantado, que é libertado pelo que ela faz. Ele então lidera um exército contra o tirano e se torna o governante por direito do reino. A menina vira sua filha adotiva e irá ocupar seu lugar quando ele morrer. O povo deve servi-la e honrá-la. A harmonia e a justiça são recuperadas nessa sociedade medieval, mas o padrão hierárquico e as relações sociais não mudam realmente, então existe uma ilusão de justiça baseada simplesmente na qualidade moral de um único indivíduo.

Em "Sieben Söhne", uma viúva tenta proteger seus sete filhos de serem explorados pelo rei em uma guerra sem sentido. Depois de seis filhos morrerem, ela vai até o rei para tentar manter o mais novo em casa. Em uma crítica indireta à política nazista[32], ela ataca o rei por não honrar a pátria. Sua coragem, no entanto, não ajuda a salvar o filho mais novo. Ele também vai lealmente em direção à morte, e a mãe precisa aprender a carregar esse fardo. A ideia de um juiz supremo, Deus, que está acima de todos e que tomará as decisões finais, está implícita em toda a história. Quando o tempo de alguém acaba, essa pessoa precisa encarar o destino da maneira mais corajosa possível. Mais uma vez, apesar de a mãe ser apresentada de maneira digna, Wiechert não sugere que os papéis básicos e a socialização familiar sejam alterados. Apesar de os protagonistas de seu conto de fada agirem com princípios éticos e buscarem objetivos humanos de perdão e de justiça, é possível que esses contos mesmos tenham sido aceitos e publicados durante o período nazista por não haver nenhuma transformação dos padrões de dominação. O poder devia ser usado de maneira mais criteriosa e em nome do povo, e, como sabemos, Hitler via a si mesmo como um rei sábio que queria exercer o poder de seu povo e evitar que as forças do mal invadissem a pátria.

Hitler como rei de um conto de fada. A Alemanha como um reino glorioso. A estética da política a serviço da mistificação. Essa perversão nazista da esfera pública burguesa e todas as suas consequências terríveis para o povo alemão condicionaram o discurso dos contos de fada durante as décadas de 1930 e 1940. Como um todo, o gênero ficou restrito e se tornou contrário à experimentação. O míldio dos contos de fada clássicos que tinha sido questionado na década de 1920 foi revivido como algo básico para legitimar o racismo, o sexismo e o autoritarismo travestidos como herança teutônica. Os propósitos atávicos do fascismo germânico, no entanto, não podiam encobrir e reprimir os sinais e as demandas por democracia que já tinham se tornado urgentes na década de 1920. O Terceiro Reich estava condenado ao fracasso desde o começo e o mesmo valia para as suas muitas instituições culturais que nos parecem absurdamente terríveis para os dias de hoje. Assim que a Segunda Guerra acabou, o debate sobre a civilização dentro do discurso dos contos de fada voltou à superfície. Escritores começaram novamente a fazer experimentos, e, aos poucos, se aventuraram a mostrar que o conto de fada clássico para crianças tinha sobrevivido ao seu propósito social. Eles buscaram libertar a forma com objetivos progressistas, e a expansão e a subversão do discurso dos contos de fada se tornou cada vez mais perceptível não apenas na Alemanha, mas em todo o mundo ocidental durante a década de 1960. E é para esse desenvolvimento do gênero literário cultivado para as crianças que vamos nos voltar agora.

8 O Potencial Libertador do Fantástico nos Contos de Fada Contemporâneos Para Crianças

A questão é que nós não formamos esse mundo antigo – ele é que nos formou. Nós o ingerimos integralmente quando crianças, tivemos seus valores e consciência impressos em nossas mentes como verdades absolutas muito antes de sermos de fato homens e mulheres. Levamos os contos de fada da infância para a vida adulta, mastigados, mas ainda em nossos estômagos, como uma identidade real.

Entre a Branca de Neve e o seu heroico príncipe, nossas duas grandes ficções, nunca tivemos muita chance. A certa altura, aconteceu a Grande Divisão: eles (os meninos) sonhavam em montar o cavalo branco e roubar a Branca de Neve dos anões; nós (as meninas) queríamos nos tornar aquele objeto que todo necrófilo deseja – a Bela Adormecida, vitimizada e inocente, um lindo amontoado de mercadoria adormecida. Apesar de não querermos, às vezes de maneira consciente, relutante, incapazes de fazer de outra maneira, representamos os papéis que nos foram ensinados.

ANDREA DWORKIN, *Woman Hating* (1974).

Nossa visão sobre a criação dos filhos, a socialização, a tecnologia e a política mudou tanto desde a Segunda Guerra que os contos populares e os contos de fada clássicos parecem ser retrógrados demais para muitos críticos e escritores progressistas. Os contos não apenas são considerados sexistas, racistas e autoritários, mas se diz que o conteúdo em geral reflete as preocupações de sociedades semifeudais e patriarcais[1]. O que pode ter criado esperanças por uma vida melhor séculos atrás, tornou-se mais inibidor para as crianças de hoje em dia no mundo ocidental. O discurso dos contos de fada clássicos, seu efeito final, não pode ser considerado esclarecedor e emancipatório diante da possibilidade de uma guerra nuclear, da destruição do meio-ambiente, da crescente regulamentação governamental e industrial, e das intensas crises econômicas.

Claro, existem diversos contos populares e de fada clássicos que falam às necessidades das crianças e iluminam possibilidades para ganhar autonomia pessoal e liberdade social, e seria uma bobagem rejeitar todo o cânone clássico como sendo socialmente inútil ou esteticamente fora de moda. Além disso, como sabemos, o conto de fada clássico enquanto gênero não é estático. Escritores do século XIX como Charles Dickens, George MacDonald, John Ruskin, George Sand, Oscar Wilde, Andrew Lang, Edith Nesbit, L. Frank Baum, e outros, chamados agora de "clássicos", se opuseram às tendências autoritárias do processo civilizador e expandiram os horizontes do discurso dos contos de fada para crianças. Eles preparam o caminho para experimentos utópicos e subversivos que modificaram o discurso do conto de fada no começo do século XX. A esperança por mudanças libertadoras nas relações sociais e nas estruturas políticas foi expressada por meio de atos simbólicos de escritores que criticavam o tratamento abusivo dado às crianças e os métodos repressores da pedagogia sexual.

Ainda assim, os contos inovadores para crianças produzidos durante as primeiras três décadas do século XX não conseguiram reutilizar bem as projeções e as configurações fantásticas dos contos de fada clássicos para ter ampla aceitação entre crianças e adultos. Pelo contrário, o fantástico foi usado para compensar a crescente racionalização da cultura, do trabalho e da vida familiar na sociedade ocidental, para defender a imaginação das crianças. O fantástico estava realmente na defensiva quando parecia estar na ofensiva. Outras coisas estavam em marcha em nome do progresso e da civilização. A taylorização da fábrica e dos escritórios; a ampla organização das escolas, hospitais e prisões; a sincronização técnica da arte de criar formações de coristas e coreografias que lembravam esteiras rolantes; a celebração do poder militar uniforme em desfiles e guerras; o uso da tecnologia para promover o consumismo; e a formação de uma cultura das celebridades eram as verdadeiras tendências sociopolíticas contra as quais os contos de fada progressistas e experimentais para crianças reagiam no começo do século XX. Eram essas as forças que limitavam e subjugavam os elementos de protesto no discurso do conto de fada durante das décadas de 1930, 1940 e 1950.

Desde então, o fantástico no conto de fada para crianças têm sido forçado a assumir a ofensiva, e essa situação surgiu não porque o fantástico está assumindo um papel mais libertador, mas porque está no auge de uma batalha derradeira contra o que muitos escritores descreveram como forças tecnologicamente instrumentais e manipuladoras que operam em grande parte em nome de interesses comerciais e que jogam um sombra "totalitária" sobre a sociedade ao fazer com que as pessoas se sintam indefesas e ineficazes em suas tentativas de transformar e determinar as próprias vidas. "1984", "admirável mundo novo" e "sociedade unidimensional" tornaram-se palavras-chave nas críticas ao desenvolvimento social tanto no Ocidente quanto no Oriente. Ao comentar o conto de fada no mundo pós-guerra, Marion Lochhead afirmou que a quase vitória do fascismo era a maior preocupação de escritores como C.S. Lewis e J.R.R. Tolkien. "A criação de mitos continua. A renascença do maravilhoso chegou à maturidade. E quando precisávamos. O conflito entre o bem e o mal – o mal absoluto –, no qual os heróis da fantasia da criança são pegos e levados ao limite de sua resistência, tornou-se um tema comum."[2] Mas não é apenas a sobrevivência do bem que está refletida nos contos de fada contemporâneos, mas a projeção fantástica das possibilidades de condições de vida não alienantes. A esperança por um futuro como esse veio depois das lutas da década de 1960, que foram marcadas pelos movimentos de direitos civis, protestos contra a guerra, pelo crescimento do feminismo e pelas demandas por autonomia de grupos minoritários e pequenas nações carentes de todo o mundo. Apesar de essa esperança ter diminuído de alguma forma no começo do século XXI, e a tendência utópica ter se transformado em distópica, muitos escritores ainda enxergam o conto de fada como um meio de criticar as reviravoltas bárbaras do processo civilizador – e eles fazem isso com a crença de que a mudança social ainda é possível.

Já que é muito difícil cobrir todo o desenvolvimento do conto de fada para crianças em resposta a essas lutas desde 1945 e demonstrar como e por que os escritores de contos de fada tiveram que buscar usar as projeções fantásticas de uma maneira libertadora, quero me limitar a um pequeno número de escritores representativos do Reino Unido, dos Estados Unidos, da Itália, da Alemanha e da França que tentaram expressamente tornar seus contos mais emancipatórios e críticos à luz das restrições nos países industrialmente avançados. Tenho duas preocupações: quero retratar os motivos, ideias, estilos e métodos usados por esses escritores para tornar as projeções fantásticas dentro dos contos de fada mais libertadoras, e quero questionar se as intenções de um conto de fada mais libertador realmente podem ter o efeito desejado pelo escritor nas sociedades em que a socialização está mais preocupada com o controle, a disciplina e a racionalização.

Antes de eu lidar com esses dois pontos, quero discutir o "poder" dos contos de fada em geral, os clássicos e os inovadores, para esclarecer os significados de termos como *progressista* e *regressista*, *libertador* e *inibidor*. Em outras palavras, os contos de fada clássicos não mantiveram o seu apelo entre crianças e adultos só porque cumprem as normas do processo civilizador. Eles têm um poder extraordinário, e Georges Jean localiza esse poder no nível consciente pela maneira como todos os bons contos de fada estruturam e usam esteticamente elementos fantásticos e milagrosos para nos preparar para a vida cotidiana[3]. Paradoxalmente, a magia é usada não para nos enganar, mas para nos esclarecer. Em um nível inconsciente, Jean acredita que os melhores contos de fada combinam impulsos subjetivos e de assimilação com sugestões objetivas de uma conjuntura social que intrigam os leitores e permitem diferentes intepretações de acordo com a ideologia e a crença de cada um[4]. No final das contas, Jean argumenta que o poder fantástico do conto de fada consiste na maneira única com que ele oferece um canal para a realidade social. Mas dada a interdição do discurso do conto de fada dentro de um processo civilizador prescrito historicamente, é preciso fazer uma distinção mais cuidadosa entre os aspectos regressistas e progressistas do poder do conto de fada em geral para compreender o potencial libertador dos contos contemporâneos para crianças. Aqui quero discutir o conceito de "inquietante" de Sigmund Freud e de "lar" de Ernst Bloch como elementos constitutivos do impulso libertador por trás das projeções fantásticas nos contos de fada, sejam eles clássicos ou experimentais. Irei relacionar as ideias deles às de Jean Piaget sobre como a criança vê e se adapta ao mundo para que possamos compreender as características progressistas e regressistas dos contos de fada contemporâneos como atos simbólicos políticos que buscam deixar sua marca na história.

I

Em seu ensaio sobre o inquietante, Freud destaca que a palavra *heimlich* indica o que é familiar e reconfortante *e* também o que é isolado e mantido fora de vista, e ele conclui que *heimlich* é uma palavra cujo significado se desenvolve em direção à ambivalência, até que ela finalmente coincide com o seu oposto, *unheimlich* ou inquietante[5]. Por meio de um estudo profundo do conto de fada *Der Sandmann* (O Homem de Areia) de E.T.A. Hoffmann, Freud argumenta que o inquietante ou infamiliar (*unheimlich*) nos coloca em contato íntimo com o familiar (*heimlich*) porque toca em distúrbios emocionais e nos faz retornar a fases reprimidas de nossa evolução:

> Se a teoria psicanalítica está correta ao dizer que todo afeto de um impulso emocional, não importando sua espécie, é transformado em angústia pela repressão, tem de haver um grupo, entre os casos angustiantes, em que se pode mostrar que o elemento angustiante é algo reprimido que retorna. Tal espécie de coisa angustiante seria justamente o inquietante, e nisso não deve importar se originalmente era ele próprio angustiante ou carregado de outro afeto. Segundo, se tal for realmente a natureza secreta do inquietante, compreendemos que o uso da linguagem faça o *heimlich* converter-se no seu oposto, o *unheimlich*, pois esse *unheimlich* não é realmente algo novo ou alheio, mas algo há muito familiar à psique, que apenas mediante o processo da repressão alheou-se dela. O vínculo com a repressão também nos esclarece agora a definição de Schelling, segundo a qual o inquietante é algo que deveria permanecer oculto, mas apareceu.[6]

Freud insiste que devemos ser extremamente cuidadosos ao usar a categoria do inquietante pois nem tudo que retoma desejos reprimidos e modos de pensamento superados pertencem à pré--história do indivíduo e da espécie humana, e pode ser considerado inquietante. Em especial, Freud menciona que os contos de fada excluem o inquietante.

Nos contos de fada, por exemplo, o mundo da realidade é deixado para trás logo de cara, e o sistema animista de crenças é adotado abertamente. Realização de desejos, poderes secretos, onipotência dos pensamentos e animação de objetos inanimados – todos elementos tão comuns nos contos de fada – não exercem nenhuma influência inquietante aqui; pois, como aprendemos, esse sentimento não pode surgir a menos que exista um conflito de julgamento sobre se as coisas que foram "superadas" e são vistas como inacreditáveis não poderiam, no final das contas, ser possíveis, e esse problema é eliminado desde o início pelos postulados do mundo dos contos de fada[7].

Apesar de ser verdade que o inquietante se torna familiar e norma no conto de fada porque a perspectiva narrativa aceita isso integralmente, ainda há espaço para *outro tipo de experiência inquietante* dentro dos postulados e constructos do conto de fada. Isto é, o argumento de Freud deve ser classificado levando em consideração as maquinações do conto de fada. No entanto, não quero me preocupar com isso neste momento. Ao contrário, quero apenas sugerir que o inquietante tem um papel importante no ato de ler ou ouvir um conto de fada. Usando ou modificando a categoria freudiana do inquietante, quero argumentar que *o próprio ato de ler um conto de fada é uma experiência inquietante pois separa o leitor das restrições da realidade desde o início e torna o infamiliar reprimido novamente em familiar*. Bruno Bettelheim mencionou que o conto de fada afasta a criança do mundo real e permite que ela lide com problemas psicológicos profundos e incidentes causadores de ansiedade de modo a alcançar a autonomia[8]. Se isso é verdade, isto é, se um conto de fada realmente pode oferecer os meios para lidar com distúrbios do ego, como Bettleheim afirma[9], está para ser visto. É verdade, no entanto, que assim que começamos a ouvir ou a ler um conto de fada, experimentamos um estranhamento ou uma separação do mundo conhecido, despertando um sentimento inquietante que pode ser ao mesmo tempo *assustador e reconfortante*.

Na verdade, a reversão completa do mundo real aconteceu com o escritor antes de começarmos a ler um conto de fada, e o escritor convida o leitor a repetir essa experiência inquietante. O processo de ler tem a ver com deslocar o leitor de seu cenário familiar e então se identificar com o protagonista deslocado para que a busca pelo *Heimische*, ou lar verdadeiro, possa começar. O conto de fada dá início a uma dupla busca pelo lar. Uma acontece na mente do leitor, é psicológica e difícil de interpretar, porque a recepção de um conto individual varia de acordo com a formação e a experiência do leitor. A segunda acontece dentro do conto e indica um processo de socialização e de aquisição de valores para participar em uma sociedade na qual o protagonista tem mais poder de decisão. Essa segunda busca pelo lar pode ser *regressiva* ou *progressiva*, dependendo do posicionamento do autor em relação à sociedade. Nas duas buscas, a ideia de lar ou *Heimat*, que está ligada etimologicamente à *heimlich* ou *unheimlich*, retém uma poderosa atração progressista para os leitores de contos de fada. Apesar dos cenários e dos temas inquietantes do conto de fada já se abrirem para a recorrência de experiências primordiais, ao mesmo tempo também podemos seguir adiante porque ele se abre para o que Freud chama de "todas as possibilidades não realizadas de configuração do destino, a que a fantasia ainda se apega, e todas as tendências do Eu que não puderam se impor devido a circunstâncias desfavoráveis, assim como todas as decisões volitivas coartadas, que suscitaram a ilusão do livre-arbítrio"[10].

Obviamente, Freud não perdoaria se nos apegássemos a nossas fantasias na realidade. Mas Ernst Bloch diria que é importante cultivar e defender algumas delas porque representam a nossa urgência radical e revolucionária de reestruturar a sociedade para que possamos finalmente chegar ao lar. Sonhos que ficam parados não trazem nada de bom.

> Mas se isso se transforma em um sonhar com o futuro, então a sua causa parece estar viva de uma maneira diferente e excitante. As características vagas e debilitantes que podem ser próprias de simples anseios, desaparecem; e o anseio pode demonstrar o que realmente é capaz de realizar. É a maneira do mundo aconselhar os homens a se ajustarem às pressões do mundo, e eles aprenderam essa lição; apenas os seus sonhos e desejos não vão dar ouvidos a isso. Nesse respeito, praticamente todos os seres humanos são futuristas; eles transcendem a sua vida passada, e na medida em que estão satisfeitos, pensam que merecem uma vida melhor (apesar de isso poder ser retratado de maneira banal e egoísta), e veem a insuficiência de seu destino como uma barreira e não simplesmente como o mundo é.
>
> Nessa medida, o pensamento ilusório mais íntimo e ignorante é preferível a qualquer marcha estúpida; pois o pensamento ilusório é capaz de despertar uma consciência revolucionária e pode entrar para o carrossel da história sem necessariamente abandonar o bom conteúdo dos sonhos durante o processo.[11]

O que Bloch denomina o bom conteúdo dos sonhos é muitas vezes a fantasia e a ação projetadas dos contos de fada com uma aparência progressista e libertadora: seres humanos em uma postura ereta que se esforçam para ter uma existência autônoma e um cenário não alienante que permite a cooperação democrática e o respeito humano. A história real que tem a ver com a autodeterminação humana independente não pode começar enquanto houver a exploração e a escravização de humanos por outros humanos. A luta ativa contra as condições injustas e bárbaras no mundo levam ao lar, ou à utopia, um lugar que ninguém nunca conheceu, mas que representa a realização da humanidade:

> O verdadeiro gênesis não está no começo, mas no fim, e ele só começa quando a sociedade e a existência se tornam radicais; isto é, compreendem as suas próprias raízes. Mas a raiz da história é o homem que trabalha e cria, que reconstrói e transforma as circunstâncias dadas do mundo. Uma vez que o homem compreendeu a si mesmo e estabeleceu o seu próprio domínio na democracia real, sem despersonalização e alienação, surge algo no mundo que todos vislumbraram na infância: um lugar e um estado no qual ninguém esteve ainda. E o nome desse algo é lar ou pátria.[12]

Do ponto de vista filosófico, então, *o verdadeiro retorno ao lar ou a recorrência do inquietante é um movimento para o futuro do que tinha sido reprimido e nunca realizado*. O padrão da maioria dos contos de fada tem a ver com a constituição do lar em outro plano, e isso é responsável pelo seu poder de atrair crianças e adultos.

Nos dois ensaios mais importantes de Bloch sobre contos de fada, "Das Märchen geht selber in Zeit" (O Conto de Fada se Movimenta em Seu Próprio Tempo) e "Bessere Luftschlösser in Jahrmarkt unz Zirkus, in Märchen und Kolportage" (Os Melhores Castelos no Ar em Feiras e Circos, nos Contos de Fada e nos Livros Populares)[13], ele está preocupado em como o herói e os constructos estéticos do conto iluminam o caminho para superar a opressão. Foca em como o desfavorecido, a pessoa pequena, usa a sua esperteza não apenas para sobreviver, mas também para ter uma vida melhor. Bloch insiste que existe uma boa razão para a atemporalidade dos contos de fada tradicionais: "O conto de fada não apenas continua atual como a saudade e o amor, mas o mal demoníaco, abundante no conto de fada, ainda é visto em ação aqui no presente, e a felicidade do 'era uma vez', que abunda ainda mais, continua afetando a nossa visão de futuro."[14]

Não é apenas o aspecto atemporal do conto de fada tradicional que interessa a Bloch, mas como ele é modernizado e atrai todas as classes e idades da sociedade. Ao invés de menosprezar a cultura popular e o apelo comum, Bloch tenta explorar os romances de aventura, os romances modernos, os quadrinhos, os circos, as quermesses e coisas do tipo. Ele se recusa a fazer julgamentos qualitativos simplistas de formas de arte simples ou sofisticadas; ao contrário, ele busca compreender o impulso utópico na produção e na recepção de obras de arte para o público de massa. Repetidas vezes, ele foca no conto de fada como indicação de caminhos a serem tomados na realidade.

> O que é importante nesse tipo de "conto de fada moderno" é que a própria razão é que leva às projeções do desejo do antigo conto de fada e serve a eles. Mais uma vez, o que se prova é uma combinação entre coragem e astúcia, como aquele tipo de esclarecimento que já caracteriza "João e Maria": considere que nasceu livre e com o direito de ser inteiramente feliz, ouse usar o seu poder de argumentação, olhe para o resultado das coisas como amigáveis. Essas são máximas genuínas dos contos de fada e felizmente para nós elas não aparecem apenas no passado, mas no agora.[15]

Se Bloch e Freud determinam os limites gerais para nos ajudar a compreender como a saudade do lar, que é desconfortante e reconfortante, nos atrai nos contos populares e nos contos de fada, agora precisamos começar a ser mais específicos e focar no interesse das crianças no conto de fada. Na verdade, já sabemos a partir de estudos sociológicos e psicológicos que surgiram depois da Segunda Guerra que as crianças entre cinco e dez anos de idade são o primeiro grande público de todo os tipos de contos de fada[16]. Dado esse conhecimento comum e as pesquisas, que podem ser interpretadas de diversas maneiras, devemos perguntar se o interesse da criança pelos contos de fada pode estar relacionado ao seu desejo por um lar ideal; isto é, um mundo ou um estado no qual elas se sentem realizadas.

Em *Child and Tale: The Origins of Interest* (A Criança e o Conto: As Origens do Interesse), André Favat explora a utilidade das teorias de Jean Piaget para explicar por que as crianças são atraídas pelos contos de fada. Ao se concentrar na faixa etária entre seis e oito anos de idade, Favat demonstra que o conteúdo e a forma do conto de fada clássico (Perrault, os irmãos Grimm e Andersen) correspondem à maneira como a criança dessa idade concebe o mundo segundo Piaget. Durante essa fase especial do desenvolvimento, as crianças acreditam em relações mágicas entre pensamentos e coisas, veem objetos inanimados como animados, respeitam a autoridade na forma da justiça pelo castigo e a punição expiatória, veem a causalidade como paratática, não se distinguem do mundo exterior, e acreditam que objetos podem ser movidos numa resposta contínua aos seus desejos. Favat sustenta que tal concepção do mundo da criança em geral é afirmada pelo conto de fada, mesmo que o conto não tenha sido criado exatamente para atender as necessidades das crianças.

Entre os seis e os oito anos, a criança percebe seu mundo sendo cada vez mais testado por forças externas, e é por isso que Favat faz uma diferenciação cuidadosa quando fala sobre a resposta da criança e a sua necessidade de estabilidade. Seguindo Piaget, Favat também destaca que o desenvolvimento relativo das crianças e a sua concepção de mundo precisam ser classificados de acordo com a socialização cultural específica pela qual a criança passou. Assim, conforme o animismo e o egocentrismo da criança dão espaço para a socialização e a uma maior interação consciente com a sociedade, em geral existe uma rejeição dos contos de fada quando ela chega aos dez anos de idade. Por volta dessa idade, a criança se acostuma mais com o mundo real e vê o conto de fada como um impedimento para que continue a se adaptar. Só mais tarde, depois do fim da adolescência, os jovens e os adultos retornam aos contos de fada e à literatura fantástica, muitas vezes para recuperar a criança dentro deles.

Recuperar a criança não é um projeto fútil, mas uma empreitada séria em busca da autogratificação e da autorrealização. Tal sinceridade pode ser vista na atração inicial que as crianças sentem pelos contos de fada. Como Favat afirma,

> As crianças se interessarem pelo conto não se deve a uma recreação casual ou uma diversão agradável; ao contrário, trata-se de uma busca insistente por um mundo organizado mais satisfatório do que o real, um esforço sério para lidar com a crise

de experiência pela qual estão passando. Em tal visão, é até possível, não importa qual seja a posição de alguém em relação à biblioterapia, ver o interesse das crianças pelo conto como uma utilização saudável de um dispositivo implícito à cultura. Além disso, aparentemente, depois de ler um conto de fada, o leitor investe o mundo real com os constructos do conto.[17]

Se sintetizarmos as ideias de Freud e Bloch, e as ideias Favat sobre Piaget em relação ao lar como sendo libertador, agora podemos compreender o potencial libertador do fantástico no conto de fada. Em um nível psicológico, por meio do uso de símbolos não familiares (*unheimlich*), o conto de fada liberta os leitores de diferentes faixas etárias para retornar a perturbações do ego reprimido; isto é, para retornar aos momentos primários familiares (*heimlich*) de suas vidas, mas o conto de fada não pode ser verdadeiramente libertador a menos que ele projete nos níveis consciente, literário e filosófico a objetificação do lar como uma democracia real sob condições não alienantes. Isso significa não apenas que o conto de fada libertador precisa ter uma resolução moral e doutrinária, mas que para ser libertador ele precisa refletir um *processo de luta* contra todos os tipos de supressão e autoritarismo e propor diversas possibilidades para a realização concreta da utopia. Do contrário, as palavras *libertador* e *emancipatório* não têm nenhuma substância estética categórica.

Piaget nota que, entre os seis e os doze anos de idade, o senso de moralidade e justiça passa de uma crença na justiça pelo castigo por meio de punições expiatórias para uma justiça equitativa com igualdade. Correspondendo à fase inicial do desenvolvimento, os contos populares tradicionais e os contos de fada clássicos tendem a reforçar uma ideia retrógrada de lar ao centrar a autoridade arbitrária (em geral na forma de monarcas ou de monarcas em construção) como a última instância da justiça. O poder bruto é usado para corrigir erros e defender uma combinação de normas feudais e patriarcais burguesas que constituem o "final feliz", que não deve ser confundido com a utopia. Foi exatamente essa configuração nos contos clássicos – e existem muitas exceções[18] – que fez com que diversos autores ao longo dos dois últimos séculos fizessem experiências com o discurso do conto de fada. E, como a nossa própria concepção do que constitui a substância da libertação na cultura ocidental mudou, os contos de fada revisados para crianças muitas vezes deram sinais de uma tendência mais radical e sofisticada. A pergunta que devemos fazer agora é como alguns escritores contemporâneos, que irei chamar de "contraculturais", se empenham em tornar seus contos mais libertadores e propícios a uma busca progressista do lar em contraste com as buscas regressistas dos contos de outrora.

II

Ao examinar os modos narrativos únicos desenvolvidos pelos escritores de contos de fada contraculturais, veremos que seus experimentos estão ligados a tentativas de transformar o processo civilizador. Eles primeiro se inserem no discurso do conto de fada sobre a civilização ao se distanciarem das formas convencionais regressivas de escrever, pensar e ilustrar: o familiar é transformado em não familiar apenas para recuperar o sentido do que pode ser a autenticidade em um nível psicológico e sociogenético. Ou, para colocar de outra maneira, ao procurar o que pode significar o lar "inalterado" sob condições não alienantes, os escritores de contos de fada transfiguram as narrativas clássicas e diferenciam suas constelações finais de lar ao provocar o leitor a refletir de maneira crítica sobre as condições e as limitações da socialização. A intenção contracultural é manifestada por meio de técnicas alienantes que não se baseiam mais nas ilusões sedutoras e encantadoras de um final feliz como legitimação do atual processo civilizador, mas no uso de símbolos discordantes que exigem um fim para as ilusões sobrepostas. O objetivo é fazer com que os leitores percebam os verdadeiros limites e possibilidades de seus desejos pessoais profundos em um contexto social.

A voz narrativa sonda e tentar revelar os conflitos sócio-psicológicos reprimidos e perturbadores para que o jovem leitor possa imaginar de maneira mais clara quais forças operam na realidade para restringir a liberdade de ação. Questões desconfortáveis sobre o autoritarismo arbitrário, a dominação sexual e a opressão social são levantadas para mostrar situações que pedem mudança e que podem ser modificadas. Em contraste aos contos de fada clássicos do processo civilizador, as projeções fantásticas dos contos libertadores não são usadas com objetivos racionais para instrumentalizar a imaginação dos leitores, mas para subverter os controles da racionalização para que os leitores possam refletir mais livremente sobre os distúrbios do ego, e talvez traçar paralelos com a situação social dos outros que permitam que eles imaginem o trabalho e a brincadeira de maneira coletiva.

Não é preciso dizer que existe uma variedade de maneiras de escrever um conto libertador. Quero me concentrar aqui em apenas dois dos principais modos de experimentação que têm influência direta nos padrões culturais do Ocidente. Um tipo pode ser chamado de transfiguração do conto de fada clássico. Em geral, o autor assume que o jovem leitor já conhece o conto clássico e descreve o familiar de uma maneira estranha. Por consequência, o leitor é levado a considerar os aspectos negativos das formas anacrônicas e talvez transcendê-las. A tendência é romper, alterar, desmistificar ou rearranjar os temas tradicionais para libertar o leitor do modo artificial e programado de recepção literária. A transfiguração não apaga as características ou os valores reconhecíveis do conto de fada clássico, mas cancela a sua negatividade ao mostrar como uma configuração estética e social diferente relativiza todos os valores. Nessa medida, o ato de transfiguração criativa realizado pelo autor e o produto artístico final como transfiguração são orientados a fazer com que os leitores percebam que a civilização e a vida são processos que podem ser moldados para atender as necessidades básicas dos leitores. Os contos de fada clássicos e os libertadores até podem ter algumas características e valores similares, mas a ênfase colocada na transfiguração como processo, tanto como forma narrativa quanto como substância, cria uma diferença qualitativa.

O segundo tipo de experimentação, parecido com a transfiguração, pode ser chamado de fusão das configurações tradicionais com referências contemporâneas dentro de cenários e tramas desconhecidos dos leitores, mas criados para despertar a sua curiosidade e interesse. Projeções fantásticas são usadas aqui para demonstrar a variabilidade das relações sociais contemporâneas, e a fusão reúne todos os meios possíveis para iluminar uma utopia concreta. Na verdade, as técnicas narrativas de fusão e transfiguração têm o objetivo de perturbar e surpreender os leitores para que eles percam a sua atitude complacente em relação ao *status quo* da sociedade e prevejam maneiras de colocar a sua individualidade em prática dentro dos contextos coletivos e democráticos. No entanto, o que distingue os escritores contemporâneos de contos libertadores é a sua posição veementemente antissexista e antiautoritária.

Por exemplo, *The Forest Princess* (A Princesa da Floresta, 1975) de Harriet Herman modifica o tradicional conto de fada "Rapunzel" para questionar a dominação masculina e os estereótipos sexuais. Sua história tem a ver com "uma princesa que vivia sozinha em uma torre alta no meio da floresta. Um espírito invisível a levou até ali quando ela era apenas uma menina. O espírito cuidou dela, trazendo comida e roupas e lhe dando presentes especiais no seu aniversário"[19]. Um dia, depois de uma tempestade, ela salva um príncipe que havia naufragado. Primeiro ela pensa que também é um príncipe porque se parece muito com ele, e não sabe que existem diferenças entre os sexos. Eles começam a viver juntos e a ensinar um ao outro as habilidades que cada um tem. Mas o príncipe sente saudades de casa, e a princesa concorda em ir para o palácio dourado se ele ensinar a ela os segredos daquele lugar. No entanto, a princesa é forçada a mudar no castelo dourado – a usar roupas sofisticadas e maquiagem, e a restringir suas atividades à companhia de outras garotas. Contra as ordens do rei, ela as ensina a ler, e como o príncipe não quer ir andar a cavalo com ela, ela vai sozinha. No décimo quarto aniversário do príncipe, ela exibe incríveis habilidades na montaria para toda a corte. O rei decide premiá-la com um desejo, e ela responde, "Sua majestade, o que eu fiz hoje poderia ter sido feito por qualquer garoto ou garota do seu reino. Como prêmio, quero que meninos e meninas andem a cavalo juntos, que leiam livros e brinquem juntos"[20]. Mas o rei se recusa a realizar o seu desejo, dizendo que meninos e meninas são felizes assim – apesar do protesto deles. A princesa percebe que ela precisa ir embora do castelo dourado, e ninguém sabe onde ela está hoje. No entanto, o narrador nos conta que depois de sua partida, seu desejo se realizou porque os contos de fada *precisam* ter um final feliz.

A ironia do final sugere um contraste: apesar de os contos de fada precisarem acabar bem, a vida não tem que acabar desse jeito, e assim o leitor é levado a analisar as razões para a falta de felicidade ou de lar na realidade[21]. Além disso, é dada a possibilidade de se fazer uma comparação com a "Rapunzel" tradicional para que o autoritarismo do conto antigo se torne visível.

Assim como Herman, quatro mulheres do Merseyside Women's Liberation Movement (Movimento de Libertação das Mulheres de Merseyside) de Liverpool, na Inglaterra, começaram a publicar contos de fada para se contrapor aos valores que eram trazidos pelos contos de fada tradicionais: a agressividade gananciosa nos homens e o encorajamento zeloso dessa agressividade por parte das mulheres. Elas defendiam que

> Os contos de fada são políticos. Eles ajudam a formar os valores das crianças e as ensinam a aceitar a nossa sociedade e os seus papéis nela. Um elemento central dessa sociedade é a pressuposição de que a dominação e a submissão são a base natural de nossos relacionamentos.[22]

Como resposta, elas reescreveram clássicos conhecidos como "The Prince and the Swineherd" (O Pastor de Porcos), "Rapunzel", "Chapeuzinho Vermelho" e "Branca de Neve", todos publicados em 1972. Em "O Pastor de Porcos", o pastor transforma um príncipe glutão em motivo de risada para o povo. Em "Chapeuzinho Vermelho", o cenário é uma cidade madeireira no Norte, e a tímida Nádia aprende a superar o seu medo da floresta para salvar a avó do lobo, e ela o mata. Sua pele é usada para forrar a capa da Chapeuzinho Vermelho e a avó lhe diz, "[a]gora essa capa tem poderes especiais. Sempre que você encontrar outra criança que é tímida e envergonhada, empreste a capa para ela enquanto vocês brincam juntas na floresta e então, assim como você, ela ficará corajosa"[23]. A partir daí Chapeuzinho Vermelho explora e se embrenha cada vez mais na floresta.

Nesses dois contos, os protagonistas pequenos e oprimidos aprendem a usar seus poderes para se libertar de criaturas parasitas. A vida é descrita como uma luta e um processo eternos e, portanto, o final feliz não é uma ilusão; isto é, ele não é descrito como um fim em si mesmo, mas na verdade como o começo de um desenvolvimento. O elemento emancipatório aparece quando a fantasia (a imaginação) dos protagonistas é projetada dentro do conto como um meio pelo qual eles podem se realizar e ajudar os outros em situações parecidas.

Assim como grupo Merseyside, Tomi Ungerer também teve vontade de reescrever "Chapeuzinho Vermelho" (1974), que ele chamou de "um conto reruminado"[24]. Apesar de sua posição ser emancipatória, é muito diferente da do grupo Merseyside. Em sua revisão de "A Menininha dos Fósforos", que ele chamou de "Allumete", ele é irreverente, malicioso e anárquico. Seu lobo, vestido como um barão sofisticado, é muito diferente do lobo desonesto do conto tradicional, e sua Chapeuzinho Vermelho é a "a verdadeira *não-nonsense*", o que significa que ela não é ingênua ou tem medo de expressar a sua opinião. Descobrimos que a avó é má e chata e até bate nela às vezes. Então ela começa a colher frutinhas no caminho para atrasar a sua visita. Quando o lobo aparece, ele afirma abertamente: "Eu conheço a sua avó e tudo o que posso dizer é que a reputação dela é pior do que a minha."[25] Ele se oferece para levá-la ao castelo dele e a trata como se fosse uma princesa de contos de fada. Chapeuzinho Vermelho fica desconfiada. Ela começa a fazer perguntas sobre as mandíbulas e a língua do lobo, e ele insiste para que ela pare de fazer perguntas bobas. Ele supera as objeções dela e diz a ela que seus pais e sua avó conseguirão cuidar de si mesmos. Então o lobo e a Chapeuzinho Vermelho se casam, têm filhos e vivem felizes para sempre, e a desagradável avó diminui de tamanho e continua a ser mais má do que nunca.

O conto de Ungerer usa a ironia e inversões inteligentes para quebrar o tabu sexual do conto tradicional. O lobo "inquietante" passa a ser identificado com desejos sexuais familiares aos instintos de prazer infantil e as transformações no conto são efeitos libertadores calculados, comparados com a função do superego dos pais e da avó. O lobo permite que Chapeuzinho Vermelho cresça e entre em uma relação sexual madura. O que se transforma em lar neste conto de fada tem menos implicações sociais do que em outros contos libertadores, mas ele reivindica a autonomia da menina e do lobo, o que demonstra que a reputação propagada por meio de rumores dos contos antigos não é mais verdadeira e não deveria ser levada em consideração hoje em dia.

Em grande parte, os contos "Chapeuzinho Vermelho" pós-1945 transfiguram e criticam a transgressão tradicional perpetuada contra a menina como uma coisa indefesa, ingênua e doce e contra o lobo como um predador malvado e estuprador problemático. Em "Little Polly Riding Hood" (1967)[26], Catherine Storr descreve uma menina inteligente e independente, que um lobo atrapalhado gostaria de comer. Em várias ocasiões ela é mais esperta do que o lobo cômico, que usa o antigo conto "Chapeuzinho Vermelho" como manual sobre como se deve se comportar. Naturalmente, as expectativas anunciadas nunca se concretizam. Em um viés mais sério, Max Von der Grün reescreveu o conto para falar sobre preconceito e conformismo. Sua Chapeuzinho Vermelho é condenada ao ostracismo pela comunidade por causa de sua capa vermelha, o que sugere fortemente os sentimentos antissemitas e anticomunistas que existiam na Alemanha naquela época. Também existem contos escritos a favor do lobo, como "Little Redhead and the Wolf" (A Ruivinha e o Lobo, 1974) de Iring Fetscher e "Little Acqua Riding Hood" (Chapeuzinho da Água, 1977) de Philippe Dumas e Boris Moissard[27]. Fetscher faz uma interpretação seca e pseudopsicológica que descreve o pai matando o lobo porque o animal fez amizade com o irmão de Chapeuzinho Vermelho, de quem o pai neurótico não gosta. Na história de Dumas e Moissard, há um outro retrato irônico; dessa vez, é a neta da Chapeuzinho Vermelho que salva o sobrinho neto do lobo do zoológico no Jardins de Plantes de Paris porque ela quer reviver a história clássica e tornar-se uma estrela na sociedade parisiense. No entanto, o lobo é sábio, pois ele aprendeu a lição com as tragédias que aconteceram em sua família. Ele foge para a Sibéria e adverte os lobos mais jovens sobre os perigos da "civilização" na França.

A inversão dos contos de fada clássicos está no centro de outras histórias do livro *Conte à l'envers* (Contos de Cabeça Para Baixo) de Dumas e Moissard e é a base de outras coletâneas como *The Practical Princess and Other Liberating Tales* (A Princesa Prática e Outros Contos Libertadores, 1979) de Jay Williams, *Dream Weaver* (Tecelão de Sonhos, 1979) de Jane Yolen e *Neues vom Rumpelstilzchen* (Novas da Rapunzel, 1976) de Hans-Joachim Gelberg. As histórias tradicionais são transfiguradas de modo que a essência repressiva é subvertida. A inversão da forma, das personagens e dos temas tem a intenção de expandir as possibilidades para questionar o discurso dos contos de fada dentro do processo civilizador.

Além da transfiguração, a segunda maneira mais comum pela qual os escritores de contos de fada se aventuraram a sugerir opções aos padrões culturais dominantes é por meio da fusão de referências verdadeiras a acontecimentos sociais perturbadores da sociedade contemporânea. Aqui quero focar em quatro experiências impressionantes com contos de fada na Itália, na Alemanha, na França e na Inglaterra. A busca *internacional* pela libertação e por um novo sentimento de lar, manifestados em diferentes contos de fada, é uma reação clara contra as tendências *internacionais* de dominação, padronização e exploração.

Na Itália, existe um protesto consistente por liberdade no trabalho criativo de Adela Turin, Francesca Cantarellis, Nella Bosnia, Margherita Soccaro e Sylvie Selig. Sete de seus livros foram traduzidos e distribuídos pela Writers and Readers Publishing Cooperative de Londres[28]. É importante destacar aqui o conto *Of Cannons and Caterpillars* (Canhões e Lagartas, 1975). O primeiro parágrafo já apresenta o dilema dramático da sociedade moderna:

> Ninguém mais no palácio do rei Valour se lembrava da primeira guerra. Nem os ministros, nem os conselheiros particulares, ou os secretários, os observadores ou os diretores, nem os jornalistas, os estrategistas ou os diplomatas; nem mesmo os generais, os coronéis, os sargentos, os majores ou os tenentes. Nem mesmo Terence Wild, o mais velho soldado vivo, costurado e remendado, com um olho de vidro, uma perna de pau, e um gancho no lugar da mão. Porque depois da primeira guerra, aconteceu uma segunda guerra, e depois uma terceira, uma quarta e uma quinta, e então uma vigésima, uma vigésima-primeira e uma vigésima-segunda, que ainda estava em andamento. E ninguém no palácio do rei Valour lembrava de nada sobre pêssegos e pardais, ou gatos malhados, ou geleia de mirtilo, ou rabanetes, ou lençóis estendidos na grama verde para secar. Além disso, o rei Valour estava animado com os planos para a vigésima segunda guerra: "Não vai sobrar uma árvore de pé, nem uma folhinha de grama vai sobreviver, nenhum trevo de quatro folhas ou grilo solitário", ele anunciou, "porque nós temos as armas definitivas, desfolhantes diabólicos, raios mortais, gases paralisantes e canhões de mira perfeita".[29]

Por mais grotesco e exagerado que o rei Valour possa parecer, o seu jeito de pensar não é diferente de alguns de nossos líderes contemporâneos. As suas ameaças e loucuras são tristemente reconhecidas pela própria esposa, a rainha Delphina, que está condenada a viver em um castelo arranha-céu moderno atrás de janelas a prova de bala com a sua filha, a princesa Philippina e 174 viúvas e órfãos de guerra, meninos e meninas. Confrontada com uma vida tecnológica sintética e sufocante, Delphina tenta ensinar a filha sobre a natureza, incluindo lagartos, flores, animais, legumes e assim por diante, escrevendo histórias ilustradas para ela. Conforme seu livro de histórias cresce, Philippina e todas as viúvas e órfãos do arranha-céu ficam menos tristes. Então "uma noite, o rei Valour voltou de muito bom humor: uma nova guerra havia sido declarada, e ela prometia ser a mais longa e mais sangrenta de todas [...] Então ele decidiu que a rainha, a princesa, as viúvas e os órfãos deveriam partir no domingo de manhã para o castelo do rei Copious, que ficava mais distante dos campos de batalha"[30].

Acaba que essa decisão é muito boa para a rainha e seu séquito. No caminho, eles param em um castelo abandonado destruído pelas guerras, e como ele fica num lugar muito bonito no campo, decidem reformar a construção e cultivar a terra. Eles então tiram o grande livro da bagagem e tentam realizar ao seu redor todos os sonhos que haviam sido descritos nele. Passam-se muitos anos, e descobrimos que o rei Valour e suas guerras estão esquecidas. No entanto, o castelo transformado floresce no meio de uma vila agitada e densamente povoada, e todos conhecem o nome de Delphina, a lendária escritora de lindos livros ilustrados.

Esse extraordinário conto antiguerra é ilustrado de maneira singular com imagens que projetam uma crítica ao autoritarismo e a possibilidade de uma vida coletiva e democrática: todo o conceito do conto de fada incentiva a concretização criativa de uma coexistência pacífica. Além disso, é um conto em homenagem ao poder utópico dos contos de fada. Delphina consegue manter o princípio da esperança e da humanidade no castelo-prisão de seu marido ao escrever livros ilustrados para seus compatriotas. Quando têm a oportunidade de escapar de uma situação doentia, eles se tornam alegres e criativos. Sua existência estéril é trocada por uma vida sem medo ou opressão. Assim, eles finalmente podem entrar em contato com as suas próprias habilidades e explorar a tecnologia a serviço de suas necessidades coletivas em paz.

O perigoso potencial da tecnologia e da burocracia de criar maneiras de escravizar a humanidade é retratado com mais conhecimento e originalidade no romance-conto de fada de 270 páginas escrito por Michael Ende, *Momo* (1973). Esta obra ganhou o prêmio alemão de livro jovem, foi traduzido para dezessete línguas e transformado em filme. Ele lembra a luta de uma pequena órfã italiana, uma menina forte e ingênua chamada Momo, de idade entre oito e doze anos, que transforma as ruínas de um antigo anfiteatro romano em seu lar. Como ela tem o incrível dom de ouvir os problemas das pessoas de uma maneira que elas ganham o poder de encontrar as suas próprias soluções, é vista como uma espécie de santa e é protegida por todos da vizinhança. Cercada por todo tipo de criança que brinca no anfiteatro e seus dois amigos especiais, Beppo, o varredor de ruas, e Gigi, uma vigarista, ela não sente falta de nada e prospera por meio da sua esperteza e criatividade. Em geral, todas as pessoas do município são pobres, mas tentam compartilhar e desfrutar do que têm com os outros e lutam para melhorar a sua qualidade de vida em seu próprio ritmo. Sem saber, no entanto, seu estilo de vida e de brincar está sendo ameaçado pelos ladrões do tempo, homens vestidos de cinza cujos rostos pintados com fuligem combinam com suas roupas. Eles vestem chapéus redondos rígidos, fumam cigarros cinzentos e carregam pastas azul acinzentadas. Ninguém sabe quem são esses homens, e todos se esquecem deles assim que começam a influenciar suas vidas para viverem de acordo com princípios como "tempo é dinheiro", "tempo custa caro" ou "tempo economizado vale por dois". O impacto clandestino deles é tão grande que a cidade aos poucos começa a se transformar em uma máquina que funciona sem problemas. Prédios e ruas são derrubados para abrir caminho para a tecnologia moderna e a automação. Todos andam apressados buscando maneiras de economizar tempo e fazer mais dinheiro. Toda a arquitetura da cidade informa que agora a psiquê das pessoas está direcionada ao trabalho em nome do trabalho. Os homens cinzentos ganham controle sobre todos e conseguem isolar Momo. Só depois que ela descobre o caminho para a "Casa de Lugar Nenhum" do Mestre Secundus Minutus Hora é que ela fica protegida da ameaça dos homens cinzentos, pois é o Mestre Hora, um guardião sábio e humano do tempo, que pode explicar a essência do tempo para Momo – que reside no coração de cada indivíduo e pode ser tão bonito quanto cada um quiser. Ao se dar conta disso, Momo busca lutar contra os homens cinzentos, e com a ajuda do Mestre Hora e de uma tartaruga mágica, acaba conseguindo minar os planos nefastos dos homens cinzentos: o tempo é libertado para que os homens possam determinar o seu destino.

O colorido romance-conto de fada de Ende é contado de tal maneira que os acontecimentos poderiam aparentemente ter lugar no passado, no presente ou no futuro. Em uma forma simbólica fora do comum, incorpora uma crítica à racionalização instrumental de maneira que ela se torna compreensível para leitores de oito a quinze anos. Como acontece na maioria dos contos de fada contemporâneos com potencial libertador, Ende tem uma protagonista feminina que promove ou aponta um caminho para a mudança. Enquanto Momo se realiza como um indivíduo, as relações sociais parecem ser reconstituídas de modo a permitir que o tempo possa florescer para todos. No entanto, existem problemas no final de *Momo*, que é enganosamente emancipatório. Isto é, Ende emprega o fantástico para celebrar a ação individualista ou a privatização da imaginação. Tal individualismo é supostamente a resposta para a crescente racionalização da vida cotidiana, e é celebrado no segundo *best-seller* de Ende, *Die unendliche Geschichte* (A História Sem Fim, 1979), no qual um menino gordo e medroso chamado Bastian descobre que pode usar sua imaginação para inventar uma história sem fim, que o ajuda a se adaptar à realidade. Ende faz Bastian roubar um livro, e, conforme o garoto o lê em um lugar isolado, ele se sente atraído pelo atribulado reino de Phantásien, no qual vive muitas aventuras. Ajudado por seu dedicado amigo Atréju e por animais mágicos, evita que Phantásien seja destruído. Depois de voltar para a realidade, faz as pazes com o pai e sente-se forte e corajoso o suficiente para enfrentar o mundo. Em comparação com *Momo*, *A História Sem Fim* descreve uma busca pelo lar como uma forma de regressão e de concessão. Além disso, existem *clichés* tradicionais e estereótipos demais na tentativa de Ende de endossar o *slogan* da revolta estudantil "todo poder à imaginação", tanto que, na análise final, sua história na verdade engana os leitores e evita que eles vejam o seu potencial e seus problemas no contexto da manipulação das forças sociais e da exploração da consciência e da imaginação.

Tal engano não acontece no incrível romance-conto-de-fada de Jean Pierre Andrevon, *La Fée et le géometre* (A Fada e o Agrimensor, 1981). Andrevon descreve um verdejante país idílico repleto de fadas, anões, gnomos, bruxas, magos, elfos, dragões e silfos, que vivem em harmonia entre si sem regras, dinheiro ou relações de produção racionalizadas. A natureza não está ameaçada pela exploração em massa. Todas as criaturas se beneficiam de suas interações e trocas e não existe discriminação sexual. Cada indivíduo trabalha e brinca de acordo com as suas próprias necessidades, isto é, até que Arthur Livingschwartz, um explorador que trabalha para um conglomerado internacional, descobre esse paraíso. Depois disso, Andrevon retrata a colonização gradual desse país verdejante. Técnicos, cientistas, soldados, arquitetos e empresários chegam e transformam o pequeno país virgem em um *resort* turístico com uma capacidade industrial minúscula. Estradas, cidades e fábricas são construídas. A natureza é devastada e poluída. Os gnomos, anões, fadas e elfos são levados a trabalhar por dinheiro e a organizar seu tempo e suas vidas de acordo com as demandas dos forasteiros, que agora controlam a produção do país. Acontecem casamentos entre os humanos e as criaturas mágicas, e algumas, como a fada Sibialle e o agrimensor Loïc, tentam se opor ao massacre da colonização e da industrialização. No entanto, é só quando a filha deles e outras crianças de casamentos mistos crescem e experimentam a exploração humana e a destruição ecológica em nome do progresso que um movimento de protesto forte e organizado se desenvolve. Há disputas sobre a construção de reatores nucleares, a violação da natureza pela indústria e pelas rodovias – tudo sem violência. Essas disputas se iniciam quando Adrevon conclui sua narração:

> O país das fadas nunca mais foi o mesmo. O país das fadas não voltará a ser o que era. Viver não significa andar para trás, mas ir adiante. Significa ser como o tubarão e avançar sem parar. E o tubarão não é uma criatura mal-intencionada. Ele precisa viver assim como nós. Só isso.
>
> A melhor coisa que pode acontecer para o país das fadas não é um retorno ao passado, e ele não deveria buscar se moldar de acordo com o mundo do humano. Ele pode se tornar *diferente*, combinando igualmente as qualidades das fadas e dos humanos.[31]

Se isso pode acontecer, se a luta das pessoas no país verdejante para mudar suas vidas pode dar certo, continua a ser uma pergunta em aberto no final desse conto. Mas Andrevon consegue levantar a maioria das perguntas sociais e políticas mais importantes da juventude de hoje em um discurso que oferece uma ideia de lar. Ele não pinta ilusões cor-de-rosa oferecendo uma solução individual para a instrumentalização da magia, da fantasia e das necessidades naturais como Ende faz em *A História Sem Fim*. Na verdade, ele vê a oposição coletiva à possível destruição ecológica e social surgindo das contradições criadas pela colonização capitalista. Nesse sentido, ele vê a tecnologia moderna e a industrialização como coisas revolucionárias, como forças transformadoras que podem ser benéficas para as criaturas vivas e para a natureza, se elas não forem empregadas em nome do lucro e da exploração. Diferente de alguns escritores românticos anticapitalistas de contos de fada como J.R.R. Tolkien e C.S. Lewis, que olham para trás de maneira conservadora em busca de salvação, Andrevon sabe que a tecnologia e a indústria não são más por si mesmas. Ele assume o ponto de vista do ecologista social e aponta com otimismo para a luta por um novo tipo de "pátria" melhor.

Nem todos os escritores progressistas de contos de fada são tão otimistas quanto Andrevon. Por exemplo, Michael de Larrabeiti escreve a partir da perspectiva da classe baixa urbana, e chega a conclusões diferentes de Andrevon em sua tentativa de subverter e satirizar *The Lord of Rings* (O Senhor dos Anéis), de Tolkien, e *Watership Down* (Em Busca de Watership, 1972) de Richard Adams. Em seu primeiro romance-conto-de-fada, *The Borribles* (1978), ele criou personagens ficcionais a partir de sua própria infância no bairro londrino de Battersea, que é conhecido por sua resistência social. Os borribles são pessoas marginalizadas ou fugitivas que valorizam a sua independência acima de tudo porque têm um grande prazer em ser quem são. Eles evitam os adultos e especialmente os policiais, que representam a autoridade arbitrária. Suas orelhas crescem, ficam longas e pontudas, um sinal de seu não conformismo, e se eles são pegos pela lei, suas orelhas são cortadas e seu desejo acaba. Existem borribles em todos os lugares do mundo, mas Larrabeiti escreve principalmente sobre os que vivem em Londres.

Em seu primeiro romance, ele escreveu sobre a grande luta dos borribles contra os altos e fortes rumbles, que representam os esnobes da classe média, e a perda de um enorme tesouro no rio Wendle. Na continuação, *The Borribles Go for Broke* (Os Borribles Ficam Quebrados, 1981), ele descreve as aventuras de um pequeno grupo de borribles, que são manipulados por Spiff, o irritadiço chefe borrible, para procurar o tesouro perdido no território subterrâneo dos traiçoeiros *wendles*. Na verdade, o grupo de borribles (que consiste em duas garotas duronas, Charlotte e Sidney, um menino de Bangladesh chamado Twilight, Stonks do distrito de Peckham, e Vulge do distrito de Stepney) quer resgatar o cavalo Sam, que tinha sido de grande utilidade para eles em sua Grande Caçada dos rumbles. A polícia, no entanto, criou um Grupo Especial Borrible (SBG, em inglês) sob o comando do fanático inspetor Sussworth, e os borribles são perseguidos por vingança. A certa altura, eles são capturados pelo SBG, mas são resgatados por um sem-teto extraordinário chamado Ben, um borrible que cresceu por conta própria. Apesar dos borribles e Ben não terem dificuldades para enganar a polícia, a história é diferente com os wendles nas ruas de Londres. Spiff faz de tudo para que os borribles precisem ajudá-lo a procurar o tesouro perdido e eliminar o tirânico manda-chuva Flinthead, que depois descobrimos ser irmão de Spiff. Por fim, Flinthead e Spiff morrem, os borribles escapam, e Sam é resgatado. No entanto, os borribles não ficam satisfeitos no final, a não ser que possam continuar a brigar e discutir entre si a respeito do próximo passo na oposição à rotina normal de uma sociedade opressiva.

É difícil fazer justiça ao estilo e à maneira como Larrabeiti torna crível o inacreditável. Seu ponto de partida é obviamente a juventude do *lumpemproletariado*, a mais baixa das classes baixas de Londres. Nesse romance, ele começa focando na interação entre Charlotte, uma garota durona e corajosa, e Twilight, um menino bengali sensível e sentimental. A sua preocupação imediata é estabelecer a integridade e as habilidades dessas duas personagens, representantes genéricos das mulheres e dos grupos minoritários. A partir daí, ele expande o escopo de sua atenção ao descrever as relações entre Ben como um adulto que abandonou a escola e os borribles como jovens excluídos e contestadores. No início, os borribles desconfiam de Ben, mas eles rapidamente aprendem que seus princípios são parecidos com os deles: ele vive um dia de cada vez, satisfeito com o lixo e a abundância de uma sociedade esbanjadora, tem horror aos horários da rotina, evita ter lucro e cuida da sua própria vida. Tudo isso é anunciado em sua canção especial:

Deixe o mundo girar e girar
Com seu povo trabalhador em grilhões:

Todos pensam que são os melhores
Loucos por dinheiro e obrigados à merda.

Faça a sua escolha, não são tantas assim,
Nenhuma ambição vale um peido;
A liberdade é uma obra de arte –
Fique do lado do tio Benny![32]

Juntos, Ben e os borribles revelam como alguém precisa ser criativo e astuto para conquistar e manter a própria independência. Eles não estão apenas cercados por forças sociais poderosas que exigem a lei e a ordem em nome da lei e da ordem, mas precisam lutar contra a natureza desrespeitosa e desconfiada dos outros. A projeção fantasiosa de De Larrabeti mostra a vida das classes baixas como ela é muito mais do que os chamados romances realistas para jovens leitores. Ele não economiza palavras ou socos. As descrições de suas personagens e seu comando do idioma coloquial, em especial do *cockney*[33], são impressionantes. Às vezes, as tramas são artificiais demais e ele se deixa levar pela imaginação. (Sim, mesmo na literatura fantástica isso é possível.) Ainda assim, consegue empregar o discurso dos contos de fada para lidar com temas ligados às lutas raciais, sexuais e políticas do presente de maneira que os jovens leitores conseguem compreender a importância e a urgência dos protestos feitos pelos excluídos. Não existe nada parecido com o "lar" nesse romance-conto-de-fada. É a recusa dos borribles em irem para casa, de ter um lar regular, que demonstra as falsas promessas dos contos de fada clássicos que celebram ideias retrógradas de lar em seus chamados finais felizes.

III

A maioria dos contos clássicos discutidos até aqui – e existem muitos outros que poderíamos discutir[34] – oferecem uma base social e política para a projeção fantástica de modo que ela está impregnada de um potencial libertador. As configurações do discurso experimental dos contos de fada mudam a perspectiva e o significado da socialização por meio da leitura. O comportamento ativo e agressivo dos tipos masculinos nos contos de fada clássicos dá espaço um ativismo misto por parte de homens e mulheres que revelam seus desejos, sonhos e necessidades negados pelas estruturas e instituições sociais. As projeções fantásticas expressas em tramas, personagens e temas dos contos refletem a possibilidade de uma transformação das condições sociais limitantes por meio de grandes mudanças nas relações sociais. O discurso dos contos de fada em geral é confrontado com uma demanda de mudança e para se tornar mais emancipatório e inovador. A questão, no entanto, continua a ser se os contos experimentais são realmente libertadores e se eles podem alcançar seus objetivos. Isto é, conseguem ter o efeito desejado nos jovens leitores?

Diversos críticos apontaram as dificuldades em prever o efeito que a literatura emancipadora pode ter sobre as crianças[35]. Em grande parte, especialmente em relação aos contos de fada clássicos, as crianças resistem à mudança. Se elas tiverem sido criadas com os contos antigos, elas não querem que eles mudem. Se suas expectativas sociais foram determinadas por um processo de socialização conservador, elas acham que as mudanças nos contos de fada são engraçadas, mas muitas vezes injustas e perturbadoras, mesmo que o propósito dos contos seja do interesse delas e busque a emancipação.

Mas é exatamente essa *perturbação* que os contos de fada libertadores buscam tanto no nível consciente quanto no inconsciente. Eles interferem no processo civilizador na esperança de gerar mudança e uma nova consciência sobre as condições sociais. Essa provocação é o motivo pelo qual é mais importante que os críticos reconheçam o efeito *perturbador* dos contos emancipatórios e estudem suas insinuações inquietantes para leitores jovens e adultos. A qualidade dos contos de fada emancipatórios deve ser julgada não pela maneira como são aceitos pelos leitores, mas pelas maneiras únicas que colocam em questão as relações sociais indesejáveis e forçam os leitores a questionar a si mesmos. Nesse sentido, o potencial libertador do fantástico nos contos de fada experimentais sempre será desconfortável, mesmo quando as utopias concretas forem explicitadas pela perspectiva narrativa.

Com algumas exceções, os contos emancipatórios são escritos de maneira habilidosa e empregam humor e talento de maneiras originais e instigantes para colocar em prática o seu paradoxal conforto desconfortável. A maior dificuldade que os contos de fada emancipatórios enfrentam, parece-me, está no sistema de distribuição e circulação e no uso dos contos, e tudo isso depende das opiniões pedagógicas de professores, bibliotecários, pais e dos adultos que trabalham com crianças nos centros comunitários. Os contos mais retrógrados de Perrault, dos irmãos Grimm, de Andersen e de outros escritores conservadores são usados em escolas, bibliotecas e lares sem pensar, enquanto as projeções fantásticas, progressistas e fora do comum dos contos de fada libertadores não foram aprovadas de maneira generalizada por editores e adultos que circulam os contos. Muitos grupos religiosos tentam banir os contos de fada de qualquer tipo das escolas por causa de seu conteúdo supostamente pagão e blasfemo.

Isso não quer dizer que os contos de fada experimentais e os adultos que fazem experiências com os contos de fada não tenham feito progresso. Por todo o mundo ocidental, contadores de histórias, escritores, editores e educadores têm desenvolvido novos métodos e técnicas para questionar e expandir o discurso dos contos de fada clássicos. Na Itália, Gianni Rodari[36], um famoso escritor para crianças, criou uma série de jogos com a intenção de desconstruir os contos de fada clássicos na esperança de estimular as crianças a criarem as suas próprias versões modernas. Ao introduzir elementos fora do comum no conto de fada, ao fazer, por exemplo com que Cinderela seja desobediente e rebelde, ou com que a Branca de Neve encontre gigantes em vez de anões e organize uma quadrilha, a criança é incentivada a romper com certa recepção uniforme dos contos de fada, a examinar os elementos dos contos de fada clássicos e a reconsiderar suas funções e significados, e se não seria melhor modificá-los. Rodari publicou diversos livros inovadores como *Venti stori più una* (Vinte Histórias e Mais Uma, 1969) e *Tante storie per giocare* (Histórias Para Brincar, 1971), nos quais ele revisou os contos de fada para um cenário contemporâneo ou propôs diferentes tramas e finais para os contos tradicionais. Como Maria Luisa Salvadori demonstrou[37], sua influência sobre os escritores de contos de fada da Itália de hoje, como Bianca Pitzorno, Roberto Piumini e Marcello Argilli, é imensa.

Na França, Georges Jean[38] descreveu diversos métodos pedagógicos que usou em escolas para permitir que as crianças se tornassem mais criativas em seu uso dos contos de fada. Ele descreve certos jogos de cartas nos quais a criança é chamada a mudar as personagens ou as situações dos contos de fada clássicos para que tenham mais a ver com suas próprias vidas. Jean considera a reinvenção dos contos de fada um meio para as crianças se tornarem conscientes do discurso tradicional e da necessidade de moderni-zá-lo. Talvez o melhor exemplo de tal reinvenção seja a produção de contos fora do comum por Pierre Gripari, que publicou três livros importantes, *Contes de la rue Broca* (Contos da Rua Brocá, 1967), *Contes de la rue Folie-Méricourt* (Contos da Rua Folie-Mé-ricourt, 1983) e *Patrouille du conte* (Patrulha dos Contos de Fada, 1983), que claramente comentam sobre as normas e os padrões do processo civilizador francês. Em especial, *Patrouille du conte* é um relato provocador de como oito crianças tentam humanizar o mundo e no final só provocam mais barbárie com sua agenda politicamente correta.

De fato, foi a tendência ao politicamente correto que suscitou a mudança, mas não de uma maneira doutrinaria ou destrutiva como Gripari projetou em seu romance-conto de fada. Nos Esta-dos Unidos, por exemplo, escritores e ilustradores de contos de fada para jovens leitores como Jane Yolen, William Steig, Maurice Sendak, Donna Jo Napoli, Francesca Lia Block, Gregory Maguire, entre outros, exploraram problemas que tinham a ver com o abuso sexual, drogas, sexismo, violência e intolerância por meio de suas transformações dos temas e tramas dos contos de fada tradicio-nais. Isso também aconteceu no Reino Unido, onde escritores como Philip Pullman, Anne Fine, Michael Rosen, Adèle Geras, Emma Donoghue, Michael Foreman, Diana Wynne Jones, Berlie Doherty, entre outros, produziram contos que refletem sobre as condições sociais de maneira divertida, porém ainda assim séria.

Um dos livros ilustrados mais excepcionais publicados no século XXI, um conto de fada libertador, que deve a sua profundi-dade política e artística aos experimentos progressistas feitos por escritores e ilustradores do pós-1945, é *Brundibár* (2003) escrito por Tony Kushner e ilustrado por Maurice Sendak. Baseado em uma ópera curta composta por Hans Krása com um libreto escrito por Adolf Hoffmeister em 1938, a história tem uma trama impor-tante ligada ao Holocausto. Ela tem a ver com um irmão e uma irmã chamados Pepicek e Aninku, respectivamente, que são envia-dos a uma vila próxima por um médico para buscar leite para sua mãe doente, caso contrário ela morrerá. As crianças não têm pai.

Além disso, elas não têm dinheiro. Então, quando chegam na vila, o leiteiro se recusa a dar o leite a elas. A única maneira de ganhar dinheiro é cantando, mas Brundibár, o tocador de realejo, abafa o canto delas e fica com todo o dinheiro. Felizmente, um pardal, um gato e um cachorro vêm ajudá-las, e Pepicek e Aninku recrutam as crianças da vila para cantar juntos e derrotar Brundibár. Então, eles pegam o dinheiro que ganharam dos espectadores, compram leite e salvam a mãe.

Em sua obra colaborativa, Kushner e Sendak modificaram um pouco a história para fazer paralelos com o período nazista e os Estados Unidos contemporâneo. Originalmente, Hoffmeister e Krása buscaram abordar as condições sob a ocupação nazista da Tchecoslováquia, e depois que a opera foi montada secretamente em um orfanato em Praga em 1941, foi apresentada quinze vezes por prisioneiros do campo de concentração Theresienstadt sem que os nazistas percebessem que o tocador de realejo Brundibár era uma representação simbólica de Hitler. No entanto, não há dúvida de quem Brundibár é no livro de Kushner e Sendak. Com um bigode ralo crescendo, ele lembra a postura de Hitler como um abusador, e Kushner e Sendak fizeram uma grande mudança no final do conto. Depois que as crianças cantam "O mal nunca vence! Ainda temos a nossa vitória! Os tiranos aparecem, mas espere para ver! Eles caem em três tempos! E assim termina a nossa canção. Nossos amigos nos fazem mais fortes!", eles acrescentam uma coda sóbria escrita por Brundibár: "Eles acham que ganharam a briga, acham que eu fui embora – não é bem assim! Nada se resolve facilmente – Os abusadores não desistem por completo. Um vai embora, outro aparece, e vamos nos encontrar novamente, queridos! Apesar de partir, não vou para muito longe... Eu voltarei."

A referência a outros abusadores e tiranos no mundo, incluindo o presidente dos Estados Unidos, é clara. Kushner e Sendak não precisam dar nomes e ser extremamente didáticos porque o conto de fada, apesar de ser otimista, busca mostrar como a barbárie do mundo civilizado não acabou com a destruição dos campos de concentração e com a morte de Hitler. Neste sentido, a sua história é uma incrível lição de história política que dá esperança às crianças ao mesmo tempo que abre os olhos para os perigos atuais da tirania. O estilo colorido, o verso livre e as impressionantes imagens *naïf* com os quais Kushner e Sendak narram como as duas crianças pegam o destino em suas mãos e salvam o seu lar são interessantes. Elas voltam para mãe com muita coragem, confiança e consciência. Libertadas do opressor Brundibár, elas deixam os leitores livres para pensar como devem usar seus talentos criativos e a sua imaginação para se libertarem.

No entanto, a obra de Kushner e Sendak, e de outros antes deles, deixa bem claro que até que as ideias sociais progressistas sejam colocadas em prática entre os adultos, os contos de fada libertadores continuarão a ter uso e efeito restritos sobre as crianças. Em outras palavras: até que aconteça uma mudança mais progressista no processo civilizador, o potencial libertador desses contos ficará restrito aos grupos sociais que buscam esse fim. Uma coisa, no entanto, é certa: os escritores e ilustradores experimentaram alguma sensação de libertação ao projetar suas fantasias por meio da magia dos contos de fada. O lar para eles é alcançável por meio da produção criativa desses contos subversivos, que lhes permitem recuperar uma ideia de seus desejos familiares por meio do inquietante. É essa experiência sensorial que querem compartilhar simbolicamente conosco, pois a sensação de libertação só pode ser confirmada quando os outros, especialmente as crianças, leem e se beneficiam do poder subversivo da arte deles.

9 A Missão Civilizadora de Walt Disney

Da Revolução à Restauração

Nenhum artista ou escritor do século xx conseguiu ter uma influência tão profunda na civilização de crianças quanto Walt Disney. Assim que ele descobriu a sua visão utópica e a sua missão, e aprendeu a organizar outros artistas para fazer o trabalho, buscou incansavelmente um mundo perfeitamente limpo e organizado que se refletiu em todos os filmes e livros de contos de fada que criou enquanto estava vivo e idealizou em seus parques temáticos. A sua visão utópica e o seu espírito eram tão poderosos, que mesmo depois de sua morte, a Disney Corporation continuou a operar como se ele estivesse vivo e como se ainda tivesse que moldar o conto de fada para atender aos desejos, realizar os sonhos e disseminar a ideologia dele. Não importa se as pessoas que trabalharam para ele e os milhões que assistiram e continuam a assistir os filmes de contos de fada da Disney realmente compartilhavam e compartilham de sua visão utópica da boa vida e do entretenimento integral, ele fez sua presença ser sentida: é impossível não lhe dar crédito por revolucionar o conto de fada por meio da tecnologia da indústria do cinema e da edição de livros. Mas na verdade, sua revolução foi uma grande regressão e fez com que muitos dos aspectos libertadores do conto de fada fossem domados e se voltassem contra si mesmos. O processo civilizador da Disney leva à degeneração da utopia.

Mas antes de explicar como Disney conseguiu domesticar o conto de fada e restaurar suas características conservadoras de maneira que perdesse as características rebeldes e progressistas, preciso resumir a condição do gênero no final do século xix, considerando que o conto de fada tinha se tornado socialmente institucionalizado na maioria dos países ocidentais, que havia diferenças na produção e na recepção dos contos nesses países e que havia uma tendência forte de infantilizar e higienizar o gênero para que as crianças não fossem prejudicadas de alguma maneira por algum conto de fada mais nefasto que supostamente poderia ser violento ou indecente demais para elas. Assim, o gênero nunca perdeu sua aura suspeita e pagã para a Igreja e para os educadores e pais convencionais, e sempre foi censurado e controlado conforme se tornava o elemento básico da cultura infantil. Algumas das funções mais evidentes e das tendências do gênero como instituição social no começo do século XX podem ser resumidas da seguinte forma.

1. Conforme o conto de fada foi cultivado como um gênero e uma instituição social para crianças no Reino Unido e nos Estados Unidos durante o século XIX, as ideias de elitismo e meritocracia cristã foram introduzidas nas histórias, e um cânone seleto de contos foi estabelecido para a socialização dos jovens, voltado para as crianças que já sabiam ler. Essas ideias são facilmente reconhecíveis na maioria dos contos de fada clássicos, em especial naqueles escritos por Hans Christian Andersen, que se tornou um dos escritores mais conhecidos na Europa e nos Estados Unidos durante o século XIX e no começo do século XX. A ênfase era a dada a indivíduos extremamente talentosos que deviam seu enriquecimento à benevolência de Deus ou a milagres do destino representados metaforicamente pela intervenção de uma fada ou de uma pessoa ou objeto com grandes poderes mágicos. Outro aspecto que atraia crianças e adultos era o comportamento de Horatio Alger que encorajava a ideia de tirar vantagem das oportunidades e subir na vida pelos seus próprios esforços.

2. Apesar de também ser contado em voz alta, o conto de fada impresso com ilustrações ganhou mais legitimidade e valor duradouro do que o conto oral, que desaparecia logo após ser contado a menos que fosse gravado ou registrado por escrito. A preservação dos contos de fada orais e as revisões feitas para atender uma ideologia cristã e da classe média estavam finalizados no começo do século XX no Reino Unido e nos Estados Unidos.

3. O conto de fada frequentemente era lido por um dos pais em um quarto de criança, biblioteca ou escola para divertir e para acalmar a ansiedade da criança porque os contos de fada para crianças eram otimistas e tinham tramas com uma resolução, isto é, com um final feliz. No final do século XIX, os contos de fada estavam entre as primeiras histórias a serem encenadas

por adultos e crianças, e eram montadas nos Estados Unidos e no Reino Unido. Além disso, eram lidos para as crianças por bibliotecários e professores e chegaram até as cartilhas.

4. Apesar de as tramas variarem e os temas e as personagens terem sido alterados, o conto de fada clássico para crianças e adultos reforçava a ordem simbólica patriarcal baseada em noções rígidas de sexualidade e de gênero. Os estereótipos, não os arquétipos, descritos nos livros e as versões encenadas dos contos de fada tendiam a seguir noções esquemáticas de como os rapazes e as garotas deveriam se comportar. Embora seja uma colocação um pouco simplista, a maioria dos heróis é sagaz, sortuda, aventureira, bonita e ousada; as heroínas são bonitas, passivas, obedientes, dedicadas e abnegadas. Conquanto alguns sejam das classes mais baixas e a despeito de o tema "dos trapos à riqueza" ter um papel importante, os camponeses e as figuras das classes baixas aprendem um certo *habitus*, o que Pierre Bourdieu descreve como um conjunto de maneiras, costumes, comportamentos normativos e pensamentos, que permite com que eles desempenhem um papel social, ascendam na sociedade e diferenciem-se de acordo com expectativas de classe social e gênero convencionais.

5. Na forma impressa, o conto de fada se tornou propriedade (diferente do conto popular). Ele foi vendido e anunciado, e os direitos de propriedade foram garantidos aos autores, organizadores de coletâneas e editores. Quando comprado, podia ser apropriado pelo seu "novo" dono e lido por ele a seu bel prazer como fuga, consolo ou inspiração. Um conto oral que certa vez pertencera à comunidade foi gradualmente retirado de seu contexto e privado de seu significado e relevância social originais.

6. Sempre houve uma tensão entre as tradições oral e literária. Os contos orais continuaram e continuam a ameaçar os contos mais convencionais e clássicos porque podem questionar, deslocar e desconstruir os contos escritos. Além disso, na tradição literária, diversos escritores do final do século XIX, como Charles Dickens, George MacDonald, Lewis Carroll, Oscar Wilde, Edith Nesbit e até mesmo L. Frank Baum questionaram o modelo padronizado do que um conto de fada deveria ser.

7. No final do século XIX, por meio da escrita, houve um debate em larga escala sobre o que eram os contos populares e os contos de fada e quais deveriam ser as suas respectivas funções. Nesta época, o conto de fada havia se expandido para formas de arte elevadas (ópera, balé, teatro), baixas (teatro popular, *vaudeville* e paródia) e alcançando uma forma desenvolvida de maneira clássica e experimental para crianças e adultos. Os contos orais continuaram a ser disseminados por meio das reuniões comunitárias de diversos tipos, mas também eram transmitidos via rádio e reunidos em livros por folcloristas. O desenvolvimento do folclore, e da antropologia, como um campo organizado de estudos e pesquisas no final do século XIX foi muito importante. Ele se tornou uma instituição social, e diversas escolas de folclore começaram a surgir. Quase não havia crítica literária que lidasse com os contos de fada e os contos populares naquela época.

8. Apesar de muitos livros e coletâneas de contos de fada serem ilustrados, e alguns ricamente ilustrados no final do século XIX, as imagens estavam em grande conformidade com o texto. Os ilustradores, na maioria homens, muitas vezes eram anônimos e não pareciam fazer diferença. Apesar de as ilustrações muitas vezes enriquecerem e aprofundarem o conto, elas eram mais subservientes ao texto e raramente apresentavam alternativas de como ler ou olhar para o texto.

No entanto, a predominância do mundo impresso no desenvolvimento do conto de fada como gênero estava prestes a mudar. A nova grande revolução na institucionalização do gênero foi trazida à tona pelo desenvolvimento tecnológico do cinema, pois as imagens agora se impunham em detrimento do texto e formavam o seu próprio texto, violando o impresso, mas contando com a ajuda da cultura impressa. E é aqui que Walt Disney e outros animadores entram em cena.

O SURGIMENTO MÁGICO DE DISNEY

No final do século XIX e no começo do século XX, existiam grandes ilustradores, tais como Gustav Doré, George Cruikshank, Ludwig

Richter, Walter Crane, Charles Robinson, Alice Woodward, Charles Folkard, Arthur Rackham, Margaret Tarrant, Francis Donkin Bedford, Maxfield Parrish, Howard Pyle, W.W. Denslow, entre outros, que já demostravam grande engenhosidade em suas interpretações dos contos de fada por meio de suas imagens. Além disso, os lambe-lambes, as impressões em tamanho padrão de jornal e as gravuras de Épinal tinham se espalhado pela Europa e pelos Estados Unidos durante o final do século XIX como predecessores das histórias em quadrinhos, e essas folhas com textos e imagens impressos antecipavam os primeiros desenhos animados que foram produzidos no começo do século XX. Na verdade, o cineasta francês Geoges Méliès já começou a fazer experiências em 1896 com temas de tipos de fantasias e contos de fada em suas *féeries,* ou filmes com truques[1]. Ele produziu versões de *Cinderela, Barba-azul* e *Chapeuzinho Vermelho* entre outras, e se tornou conhecido por sua abordagem irônica da tradição clássica e pela criação de ilusões extraordinárias que surgiam de situações comuns do dia a dia. Na França, Méliès não era o único cineasta com um profundo interesse pelos contos de fada. Ferdinand Zecca, Albert Capellani, Lucien Nonguet e Étienne Arnaud também produziram filmes fora do comum baseados em "O Barba Azul", "Bela Adormecida", "Gato de Botas" e "Cinderela" de Perrault[2]. No entanto, como a indústria cinematográfica ainda estava em seu estágio inicial de desenvolvimento, foi difícil para Méliès e esses outros cineastas realizarem qualquer mudança maior na institucionalização tecnológica e cinematográfica do gênero. Como Lewis Jacobs destacou, as obras de Méliès "ilustravam o conto de fada ao invés de recriá-lo. Mesmo assim, por mais primitivo que fosse, a ordem das cenas formava uma continuidade coerente, lógica e progressiva. Uma nova maneira de criar imagens em movimento tinha sido inventada. As cenas agora seriam encenadas e selecionadas especialmente para a câmera, e o cineasta podia controlar tanto o material quanto sua organização"[3].

Durante o começo do século XX, Winsor McCay, John Bray, Earl Hurd, Max e Dave Fleischer, Paul Terry, Walter Booth, Anson Dyer, Lotte Reiniger, Walter Lantz, entre outros, começaram a usar temas e tramas dos contos de fada de maneiras diferentes em filmes de truques e animações, mas nenhum desses primeiros animadores chegou à altura da intensidade com que Disney se ocupou dos contos de fada. Na verdade, é fato notório que as primeiras tentativas de Disney na animação (sem considerar os comerciais que fez) foram adaptações de contos de fada que ele produziu com Ub Iwerks na cidade de Kansas entre 1922-1923: *Os Quatro Músicos de Bremen*, *Chapeuzinho Vermelho*, *O Gato de Botas*, *João e o Pé-de-Feijão*, *Cachinhos Dourados e os Três Ursos* e *Cinderela*, que ele chamou de Laugh-O-Gram Films[4]. Todos esses curtas foram extremamente experimentais, em geral tinham finais abertos e criativos, e expressavam um vigor surpreendente e um uso original da arte e da técnica da animação. Além disso, todos eles se passavam nos Estados Unidos do século XX, tendiam a serem favoráveis aos excluídos das histórias e tinham heróis que muitas vezes lembravam Disney ou suas aspirações. Em *Chapeuzinho Vermelho*, a menina traz *rosquinhas* para a avó e é quase estuprada por um cavalheiro que lembrava um lobo. No entanto, um piloto de avião a resgata e joga o lobo em um lago. Em *Cinderela*, o príncipe que casa com a garota suja de cinzas, trabalhadora e explorada lembra muito um Walt Disney nobre. Em certo grau, Disney se identificava tanto com os contos de fada de que se apropriava que não surpreende que seu nome tenha praticamente virado sinônimo do gênero.

No caso dos filmes de contos fada do começo do século XX, existem aspectos "revolucionários" que podemos notar, e eles preparam o caminho para a crescente inovação que expandiu os horizontes dos espectadores e levou a uma maior compreensão das condições sociais e da cultura. Mas também havia usos regressistas da reprodução mecânica que provocaram o culto da personalidade e a comoditização das narrativas cinematográficas. Por exemplo, a princípio a voz nos filmes de contos de fada era apagada para que a imagem dominasse completamente a tela, e as palavras ou a voz narrativa só conseguia falar por meio de letreiros do animador, que, no caso de Walt Disney, assinava seu nome de maneira proeminente na tela. Na verdade, por um longo tempo, Disney não dava crédito aos artistas e técnicos que trabalhavam em seus filmes. Essas imagens tinham a intenção de destruir a aura de patrimônio e celebrar a ingenuidade, a inventividade e a genialidade do animador. Na maioria dos primeiros filmes de contos de fada, havia poucos enredos originais e a trama não importava. O que mais importava eram as *gags*, ou as invenções técnicas dos animadores, que iam desde a introdução de atores reais para interagir com personagens animadas, a melhoria dos movimentos das personagens de modo que elas não tremessem, a criação de cenas ridículas ou absurdas apenas em nome do espetáculo, e assim por diante. Não importava qual história estava sendo projetada desde que as imagens surpreendessem o público, capturassem sua imaginação por um curto período e fizessem as pessoas rirem ou ficarem maravilhadas. O objetivo dos primeiros filmes animados era fascinar o público e celebrar os talentos mágicos do animador como um semideus. Como resultado, o conto de fada como história era um veículo para os animadores expressarem seus talentos artísticos, zombar das histórias tradicionais e desenvolver a tecnologia. Os animadores buscavam impressionar os espectadores com suas habilidades de usar as imagens de uma maneira que faria com que eles esquecessem os antigos contos de fada e lembrassem das imagens que eles, os novos artistas, estavam criando. Por meio dessas imagens em movimento, os animadores se apropriaram dos contos populares e de fada para subordinar o mundo, para ter a palavra final, muitas vezes por meio de imagens e livros, pois Disney começou a publicar livros durante a década de 1930 para complementar seus filmes.

De todos os primeiros animadores, Disney foi o único que revolucionou o conto de fada como instituição por meio do cinema. Quase se pode dizer que ele tinha obsessão pelo gênero ou, colocando de uma outra forma, que Disney se sentia atraído pelos contos de fada porque eles refletiam as suas próprias dificuldades na vida. Afinal de contas, Disney veio de uma família relativamente pobre, sofreu com um pai explorador e disciplinador que não demonstrava nenhum afeto, foi recusado pelo seu primeiro amor, e fez sucesso por causa de sua tenacidade, engenhosidade e coragem, além de sua habilidade de reunir artistas talentosos como seu amigo Ub Iwerks e administradores como seu irmão Roy.

O Gato de Botas, um de seus primeiros filmes, é crucial para compreender a abordagem dos contos de fada e para entender como ele os usou para promover uma noção de empreendedorismo que marcaria o gênero por muitos anos. Disney não se importava especialmente se as pessoas conheciam ou não o texto original de *O Gato de Botas* ou outra versão popular. Também não se sabe qual texto ele de fato conhecia. No entanto, o que está claro é que Disney procurou substituir todas as versões com a sua versão animada e que sua animação é incrivelmente autobiográfica. Ao mesmo tempo, o filme mostra como ele começou a desafiar o *status quo* do processo civilizador em geral.

Só para lembrar, Perrault escreveu esse conto em 1697 para refletir sobre um gato esperto cuja vida está ameaçada e que consegue sobreviver usando sua inteligência para enganar um rei e um ogro. Em um nível simbólico, o gato representava a concepção que Perrault tinha dos homens da alta burguesia (a sua própria classe), que compunha a classe administrativa da corte de Luis XIV e muitas vezes eram mediadores entre o campesinato e a aristocracia. Claro que existem diversas maneiras de ler o conto de Perrault, mas não importa qual abordagem se escolha, é evidente que o protagonista é o gato.

Não é o que acontece no filme de Disney. O herói é um jovem, um homem comum, que está apaixonado pela filha do rei, e ela retribui esse afeto. Ao mesmo tempo, o gato preto do herói, uma fêmea, está tendo um caso com o cachorro branco real, o motorista do rei. Quando o gigantesco rei descobre que o jovem está cortejando sua filha, ele o expulsa do palácio, assim como à gata. A princípio, o herói não quer a ajuda da gata e não quer comprar as botas que ela viu em uma vitrine. Eles então vão ao cinema juntos para ver um filme com Rudolph Vaselino, uma referência ao famoso Rudolph Valentino, como um toureiro que estimula a imaginação da gata. Por consequência, ela diz para o herói que agora tem uma ideia que vai ajudá-lo a conquistar a filha do rei, desde que ele compre as botas para ela. Claro que o herói fará qualquer coisa para ficar com a filha do rei, e precisa se disfarçar de toureiro mascarado. Nesse meio tempo, a gata explica a ele que irá usar uma máquina de hipnose escondida para que ele possa derrotar o touro e ganhar a aprovação do rei. Quando chega o dia da tourada, o herói mascarado tem dificuldades, mas acaba conseguindo derrotar o touro. O rei fica tão impressionado com o seu desempenho que oferece a mão de sua filha em casamento. Quando o herói se revela, o rei fica bravo, mas o herói agarra a princesa e a leva até o motorista do rei, o cachorro branco, que pula para a frente do carro com a gata, e saem em alta velocidade, com o rei correndo em vão atrás deles.

Apesar de a gata esperta ser crucial neste filme, Disney foca grande parte de sua atenção no jovem que quer ser bem-sucedido a qualquer custo. Em comparação com o conto de fada tradicional, o herói não é um camponês ou um bobo. Lido como uma parábola da vida de Disney na época, o herói pode ser visto como um Disney jovem tentando invadir a indústria dos filmes animados (o rei) com ajuda de Ub Iwerks (a gata) e seu irmão Roy. O herói irrita o rei e foge com seu prêmio, a princesa virginal. Assim, o rei é deposto e o jovem o vence com ajuda de seus amigos.

Mas o filme de Disney também é um ataque à tradição literária dos contos de fada. Ele rouba a voz do conto literário e muda a sua forma e o seu significado. Como a mídia cinemática é uma forma popular de expressão e é acessível ao público em geral, Disney na verdade retoma o conto de fada para a maioria das pessoas. As imagens (cenas, quadros, personagens, gestos, piadas) são facilmente compreensíveis por jovens e adultos de diferentes classes sociais. Na verdade, o conto de fada é praticamente infantilizado, assim como as piadas são infantis. O enredo registra o desejo edipiano mais profundo de todo menino: o filho humilha e diminui o pai e foge com seu objeto de amor mais valioso, a filha ou a esposa. Ao simplificar esse enredo completo de maneira semiótica em desenhos em preto e branco, e ao zombar disso de maneira a ter um apelo comum, Disney também tocou em outros temas como democracia, tecnologia e modernidade. Mas naquela altura de sua vida, ele não se deu conta do potencial do cinema para desenvolver a sua missão civilizadora. Quando jovem, ele foi muito influenciado pelo populismo e celebrava o individualismo. Ele estava principalmente preocupado em focar nos excluídos; em especial, nas pessoas pequenas, muitas vezes antropomorfizadas em animais, que eram oprimidas, revelavam grande coragem e conseguiam se salvar graças a seus próprios esforços.

O herói de Disney também é o jovem empreendedor, o empresário, que usa a tecnologia em proveito próprio. Ele não faz nada para ajudar as pessoas ou a comunidade. Na verdade, engana as massas e o rei ao criar a ilusão de que é mais forte que o touro. Descobriu, com a ajuda da gata, que é possível alcançar a glória por meio da ilusão. É por meio do uso engenhoso das imagens que é possível influenciar os espectadores e ganhar a aprovação deles. A animação é uma trapaça – filmes com truques – pois as imagens estáticas são feitas para serem vistas como se estivessem em movimento por meio da automação. Desde que alguém consiga controlar as imagens (e as máquinas) essa pessoa reina suprema, assim como o herói está a salvo desde que esteja disfarçado. As imagens escondem os controles e as máquinas. Elas privam os espectadores de ver a produção e a manipulação, e no final das contas os espectadores não conseguem visualizar um conto de fada por si mesmos, como conseguem fazer quando o leem. Agora as imagens privam o público de imaginar suas próprias personagens, papéis e desejos. Ao mesmo tempo, Disney compensa a privação com o prazer da escopofilia e inunda o espectador com imagens prazerosas, figuras divertidas e signos eróticos. Em geral, o animador, Disney, projeta o divertido conto de fada de sua vida por meio de suas próprias imagens, e ele realiza seu sonho edipiano básico por meio de *stills* animados, sonho que representaria inúmeras vezes na maioria de seus filmes de contos de fada. É a repetição da tentativa anal e infantil de Disney de limpar o mundo – o cerne da mitologia americana – que permitiu com que ele ressoasse nos espectadores americanos desde a década de 1920 até os dias de hoje. No entanto, ao invés de celebrar a curiosidade infantil, a criança dentro de nós, Disney começou a insistir em domar, se não instrumentalizar, a imaginação para servir às forças da lei e da ordem.

QUEM TEM MEDO DO LOBO MAU?

Depois que Disney deixou o Kansas em 1924 e foi para Hollywood, abandonou o conto de fada como fonte para seus filmes, mas não por muito tempo. Em 1928, quando começou a produzir sua famosa série de animações *Silly Symphony*, ele voltou ao reino dos contos de fada e continuou a criar animações inovadoras e revolucionárias como *Os Anões Felizes* (1928), *O Patinho Feio* (1931), *Crianças na Floresta* (1932), *Os Três Porquinhos* (1933), *O Lobo Mau* (1934), *O Rato Voador* (1934), *O Toque de Ouro* (1935), *Os Três Lobinhos* (1936), *O Alfaiate Valente* (1938). Robert Sklar destacou:

O Mickey Mouse do começo e as animações *Silly Symphony* são mágicos. Livre dos pesos do tempo e da responsabilidade, os acontecimentos têm final aberto, são reversíveis, episódicos, sem um objetivo óbvio. Peripécias bizarras acontecem sem medo das consequências. Não há uma ordem fixa para as coisas: o mundo se molda de acordo com a imaginação e o desejo.[5]

Mas Sklar vai adiante e percebe uma mudança significativa na obra de Disney durante a década de 1930 que alterou completamente a ideologia de seus filmes de contos de fada e levou a sua visão de uma sociedade ideal que acabou sendo colocada em prática em seus parques temáticos e no Epcot (Protótipo Experimental da Comunidade do Amanhã, em inglês), uma cidade modelo.

Por volta de 1932, as animações de Disney começaram a mudar; em 1933 um mundo completamente novo havia surgido. As animações desse período são contos, muitos deles contos morais. Eles retomam o caminho reto e estreito do tempo. Eles têm começos e fins, e tudo o que acontece no meio tem consequências. O mundo tem regras, e é melhor que você as aprenda, senão vai ver. Não seja muito criativo, não seja muito questionador, não seja muito obstinado, ou você vai ter problemas – mas sempre haverá o momento de aprender a lição e dará tudo certo. Essas ideias estavam um ou dois anos a frente dos longas-metragens, – talvez porque os longas levem mais tempo para serem planejados, produzidos e comercializados – ao expressar o espírito do propósito social, no reforço de valores antigos, na cultura do final dos anos 1930.[6]

Devemos lembrar, é claro, que Disney não dirigia essas animações, mas ele estava envolvido na concepção da maioria dos enredos e sempre desempenhava um papel importante na determinação do que era produzido em seu estúdio. Assim, ele deixou a sua marca em todas essas animações que têm uma semelhança com os primeiros filmes da década de 1920, exceto que agora ele usava *technicolor* e som para torná-los ainda mais atraentes e melhorar os movimentos e a fluidez das personagens por meio do uso dos últimos avanços tecnológicos do cinema. Mais ricos em cor e personalidade, as qualidades primitivas, vibrantes e brutas dos filmes de conto de fada do período dos Laugh-O-Gram ainda são evidentes em um filme como *Babes in the Woods*, dirigido por Burt Gillet. Baseado em uma canção popular americana e no "João e Maria" dos irmãos Grimm, esse curta de animação é uma interpretação fora do comum do conto tradicional. Ele começa mostrando uma Rocha Encantada esculpida em uma floresta, e conta como a bruxa má foi derrotada e transformada em pedra. Logo após essa primeira cena, vemos duas crianças usando sapatos de madeira, aparentemente holandesas ou alemãs, caminhando em uma floresta. Elas estão perdidas e assustadas, e não fica claro por que estão nessa situação, pois não foram abandonadas pelos pais, como em "João e Maria". Felizmente, elas encontram uma comunidade de duendes felizes, que as convidam para participar de suas festividades e dançar. No entanto, uma bruxa vestida de trapos voando no céu estraga a festa. Os duendes desaparecem com medo, mas os irmãos ficam intrigados com a oferta de voar na vassoura até a sua casa feita de doces. Quando eles chegam, as crianças imediatamente começam a comer a casa. Então a bruxa os atrai para dentro, onde encontram todo o tipo de animais estranhos dentro de jaulas. De repente, ela pega uma poção mágica e transforma o menino em uma aranha e o coloca em uma jaula. Quando ela está prestes a pegar a menina, os duendes aparecem. Antes de entrar numa batalha aérea com eles, ela joga a menina no porão. Enquanto os duendes sobrevoam a casa montados em patos brancos e arremessam flechas na bruxa sobre a vassoura, o menino transformado em aranha consegue abrir a porta do porão. A menina foge e transforma o irmão em menino novamente com uma poção especial que eles usam para transformar todos os pobres animais engaiolados em meninos e meninas. Finalmente, eles levam o caldeirão fervente da bruxa para fora e ela cai da sua vassoura em uma poção que a transforma em uma rocha.

Não fica claro o que aconteceu ou vai acontecer com as duas crianças enquanto as outras dançam em volta da pedra, mas sabemos que eles estão livres para continuar a sua jornada. As cores exuberantes de cada frame e os movimentos vivos das crianças que nunca ficam desanimadas refletem o otimismo do filme: as crianças são agentes ativos que tomam a iniciativa e têm sucesso na floresta apesar do perigo representado pela bruxa. Não há nenhuma sugestão de que elas foram irresponsáveis ou que não deveriam ser curiosas. Elas não são punidas por um erro. Não existe nenhuma sugestão de que elas deveriam se comportar ou algo do tipo. Elas simplesmente precisam aprender a sobreviver em um mundo cheio de perigos e emoções.

No entanto, a mensagem em todos os filmes da Disney estava prestes a mudar na época em que esse foi feito, em 1932. Indicativa dessa mudança é a maior e mais famosa animação desse período, *Os Três Porquinhos*, produzida em 1933 e com duas continuações, *O Lobo Mau* (1934) e *Os Três Lobinhos* (1936), sendo que todas expressam a mesma moral e celebram a famosa canção "Who's Afraid of the Big Bad Wolf?" (Quem Tem Medo do Lobo Mau?), escrita por Frank Churchill. Diversos críticos da época e de depois comentaram que essa animação em especial capturou a imaginação do povo americano porque o lobo simbolizava a Grande Depressão e os porcos eram as pessoas comuns que enfrentaram o lobo e saíram vitoriosas. No entanto, não importa o quanto essa interpretação seja válida para a época, ela é falha pois a vitória sobre o lobo não é uma vitória das pessoas comuns, que aliás primeiro foi associado com um caixeiro-viajante judeu (capitalismo) em *Os Três Porquinhos* e mais tarde com Hitler (fascismo) em *Os Três Lobinhos*. Pelo contrário, é a vitória do mestre construtor, o porco mais velho, que coloca todos e tudo no seu devido lugar. A imagem do porco trabalhador e de vida honesta contrasta com seus irmãos festeiros, que estão constantemente com medo de serem engolidos pelo lobo ganancioso e voraz. Mesmo quando cantam a rima "Who's Afraid of the Big Bad Wolf?", eles nunca desenvolvem a confiança para lidar com essa criatura terrível, porém risível. Apenas o irmão consegue lidar com ele, assim como Disney, que supervisionava os funcionários de seu estúdio e dava exemplo como *workaholic*. O porco vigoroso e sério, o empreendedor, que sabe defender os seus interesses, é o único que consegue sobreviver em um mundo cão, ou lobo. Em *O Lobo Mau*, o porco construtor até salva a Chapeuzinho Vermelho e sua avó; ele já tem aspectos do príncipe encantado confiável e tem relação com a gata e o jovem herói do filme anterior de Disney, *O Gato de Botas*. As mensagens que Disney começa a comunicar agora em seus filmes de contos de fada são as seguintes: não se arrisque, não seja curioso, saiba o seu lugar na ordem das coisas, e não vá muito longe de casa. Por exemplo, em *O Rato Voador* (1934), um jovem rato que quer desesperadamente voar como um pássaro tem seu desejo atendido quando salva uma borboleta de uma aranha. A borboleta se transforma em uma fada-princesa que lhe concede o poder de voar. No entanto, ao invés de ser admirado por seus amigos e parentes, ele é rejeitado porque parece um morcego ou um vampiro com suas asas. Além disso, os maldosos morcegos da caverna implicam com ele chamando-o de "nada mais do que nada". A princesa disse a ele que um rato nunca deveria voar, e ele aprende sua lição e implora para que a fada o faça retornar ao seu estado apropriado na vida. Na verdade, ele se torna alguém, mas esse alguém é um rato domado que volta correndo para casa, para a barra da saia da mãe. O filme é um aviso para as crianças que querem abrir as suas asinhas, serem independentes ou fazer algo extraordinário.

Mas essa ideologia conservadora de Disney que estava se desenvolvendo tinha mais do que conformismo e convencionalismo nesses filmes de contos de fada. Existe uma forte dose de fetiche com a limpeza ligada ao desejo de Disney de tornar o mundo um lugar impecável e seguro. As determinações para o comportamento civilizado apropriado estavam se tornando claras em sua cabeça, e os curtas de animação de *Silly Symphonies* eram apenas o campo de testes para seu monumental filme de conto de fada *Branca de Neve e os Sete Anões* (1937), com o qual ele se ocupou durante todo o começo da década de 1930.

LANÇANDO O FEITIÇO DA MERCADORIA COM A BRANCA DE NEVE

Entre 1933 e 1937, Disney trabalhou de perto com todos os animadores e técnicos da produção de *Branca de Neve*. Naquela altura, ele tinha dividido seu estúdio em diversos departamentos como animação, *layout*, som, música, *storytelling*, e assim por diante, havia até mesmo subdivisões para que determinados animadores ficassem a cargo de desenvolver as personagens de Branca de Neve, do príncipe, dos anões e da rainha/bruxa. Disney gastou milhares de dólares em uma câmera multiplano para captar as ações ao vivo que ele queria, a profundidade das cenas e os closes. Além disso, fez com que seus pesquisadores realizassem experiências usando géis coloridos, focos embaçados e filmagens através de vidro congelado e empregou as últimas invenções em som e música para melhorar a sincronização com as personagens na tela. Ao longo de toda a produção desse filme, Disney tinha que ser consultado e tinha que aprovar todos os estágios do desenvolvimento. Afinal de contas, *Branca de Neve* era a história que ele tinha pegado dos irmãos Grimm e mudado completamente para atender ao seu gosto e às suas crenças[7]. Ele jogou um feitiço sobre esse conto alemão e o transformou em algo particularmente americano.

Mas quais foram as mudanças que ele provocou?

1. Branca de Neve é órfã. Nem o pai nem a mãe estão vivos e ela primeiro é descrita como uma espécie de Cinderela, limpando o castelo como uma empregada em um vestido remendado. Na versão dos irmãos Grimm existe a morte emocional da mãe. Seu pai continua vivo e ela nunca é forçada a fazer o trabalho das pessoas comuns, como lavar os degraus de uma escada.

2. O príncipe aparece logo no começo do filme em um cavalo branco e canta uma canção de amor e devoção para Branca de Neve. Na versão dos irmãos Grimm, ele desempenha um papel negligenciável e só aparece bem no final do conto.

3. Não só a rainha tem ciúmes de Branca de Neve ser mais bonita do que ela, mas também vê o príncipe cantando para a Branca de Neve e tem inveja porque a enteada tem um pretendente tão bonito.

4. Apesar de a floresta e de os animais não falarem, eles são antropomorfizados. Os animais em especial se tornam amigos da Branca de Neve e passam a protegê-la. Eles a ajudam a limpar a casa, têm o gênero neutro e parecem fofos como se fossem animais de pelúcia.

5. Os anões são mineiros ricos e trabalhadores. Todos eles têm nomes – Soneca, Dengoso, Feliz, Atchim, Mestre, Zangado e Dunga – e representam certas características humanas. Eles ganham destaque e tornam-se astros do filme. Suas ações são essenciais para derrotar o mal. Eles também oferecem um alívio cômico. No conto dos irmãos Grimm, os anões são anônimos e desempenham um papel modesto.

6. A rainha vem apenas uma vez em vez de três, como na versão dos irmãos Grimm, e ela é morta de maneira quase acidental enquanto tenta destruir os anões rolando uma enorme pedra montanha abaixo para esmagá-los. A punição no conto dos

irmãos Grimm é mais terrível porque ela precisa dançar com sapatos de ferro quente no casamento da Branca de Neve.

7. Branca de Neve não volta à vida quando um anão tropeça enquanto carrega o caixão de vidro como acontece no conto dos irmãos Grimm. Ela volta à vida quando o príncipe, que procurou por ela em todos os lugares, chega e dá um beijo em seus lábios. Seu beijo de amor é o único antídoto para o veneno da rainha.

À primeira vista, parece que Disney não fez mudanças importantes. Se lembrarmos da análise penetrante de Sandra Gilbert e Susan Gubar em seu livro *The Madwoman in the Attic* (A Louca no Sótão), o filme segue a clássica narrativa sexista sobre enquadrar a vida das mulheres por meio do discurso masculino. Tal enquadramento masculino leva a mulher à frustração e, algumas, à beira da loucura. Ele também coloca mulheres contra mulheres na competição pela aprovação masculina (o espelho) da sua beleza, que tem vida curta. Não importa o que façam, as mulheres não podem traçar a própria vida sem a manipulação e a intervenção masculina, e no filme da Disney o príncipe tem um papel de enquadramento ainda mais importante porque ele aparece no começo enquanto Branca de Neve está cantando "I'm Wishing for the One I Love to Find Me Today" ("Desejo que aquele que amo me encontre hoje"). Ele também aparece no final do filme como a realização de seus sonhos.

Não há dúvidas de que Disney manteve as principais características ideológicas do conto de fada dos irmãos Grimm que reforçam as ideias patriarcais do século XIX, que Disney compartilhava com eles. De certa maneira, ele até pode ser considerado o "discípulo" perfeito deles, pois preserva e leva adiante muitas de suas atitudes benevolentes estereotipadas em relação à mulher. Por exemplo, no conto dos irmãos Grimm, quando a Branca de Neve chega na cabana, ela implora aos anões que a deixem ficar a promete que irá lavar a louça, remendar as roupas e limpar a casa. No filme de Disney, ela chega e percebe que a casa está suja. Então, ela convence os animais a ajudá-la a limpar a casa, assim talvez os anões a deixem ficar lá. Claro, para os irmãos Grimm e para Disney, a casa era o lugar em que as boas meninas ficavam, e um dos aspectos do conto de fada e do filme trata sobre a domesticação das mulheres.

No entanto, Disney foi muito além dos irmãos Grimm para tornar esse filme mais inesquecível do que o conto, pois ele não celebra a domesticação das mulheres tanto quanto celebra o triunfo dos banidos e dos excluídos. Isso é, ele celebra o seu destino e, na medida em que compartilhava do *status* marginal de tantos americanos, ele também celebrava um mito americano de Horatio Alger: um mito masculino sobre perseverança, trabalho duro, dedicação, lealdade e justiça – características-chave da ética protestante, que forma a base do chamado processo civilizador americano.

Pode parecer estranho argumentar que Disney perpetuou um mito masculino por meio de seus filmes de contos de fada quando, com a exceção de *Pinóquio* (1940), todos eles tinham mulheres como heroínas, como em *Cinderela* (1950) e *A Bela Adormecida* (1959). No entanto, apesar de sua beleza e charme, essas figuras são pálidas e patéticas se comparadas com as personagens mais ativas e demoníacas dos filmes. As bruxas não só são agentes do mal, mas também representam forças eróticas e subversivas que são mais atraentes tanto para os artistas que as desenharam quanto para os públicos[8]. As jovens são enfeites indefesos que precisam de proteção, e nos momentos de ação dos filmes elas são omitidas. Em *Branca de Neve e os Sete Anões*, o filme só se torna realmente vivo quando os anões entram em cena. Eles são personagens misteriosas que vivem em uma cabana, e é por meio de seu trabalho duro e solidariedade que conseguem manter a justiça e restaurar a harmonia do mundo. Os anões podem ser interpretados como os modestos trabalhadores americanos que conseguiram sobreviver durante a depressão. Mantêm seus espíritos elevados cantando "Eu vou, eu vou, pro trabalho agora eu vou" ou "Eu vou, eu vou, pra casa agora eu vou", e a sua determinação é a determinação de todo trabalhador, que será bem-sucedido desde que faça a sua parte enquanto a mulher fica em casa e a mantém limpa. Claro, também é possível ver os trabalhadores como os empregados de Disney, de quem ele dependia para o resultado glorioso de seu filme. Nesse sentido, o príncipe pode ser interpretado como Disney, que dirigiu a história de amor desde o começo. Lembrando que é o príncipe que enquadra a narrativa. Ele anuncia seu grande amor no começo do filme, e Branca de Neve não se sentirá realizada até que ele chegue para beijá-la. Durante as principais cenas de ação, ele, assim como Disney, está escondido ao fundo esperando a hora certa de se revelar. Quando ele chega, recebe todos os créditos como o herói dos desfavorecidos e leva Branca de Neve para o castelo dele enquanto os anões são deixados como guardiões da floresta.

Mas o que príncipe fez para receber todos os créditos? O que Disney realmente fez para imprimir o nome dele como uma marca, significando a apropriação do conto de fada em seu nome? Como produtor de filmes de contos de fada e principal dono dos Estúdios Disney, ele queria aparecer no filme, e conseguiu isso estampando a sua assinatura como proprietário no mesmo quadro que traz o título e por ter se personificado na figura do príncipe. É o Príncipe Disney, ou o mestre construtor, que fez as figuras inanimadas ganharem vida por meio de suas animações, e é o príncipe que é glorificado em *Branca de Neve e os Sete Anões* quando ele ressuscita Branca de Neve com um beijo mágico. Depois, ele a segura em seus braços e, no quadro final, a leva em um cavalo branco para seu castelo dourado em uma colina. O castelo dourado – o sonho de toda mulher – supera o castelo sombrio e sinistro da rainha. O príncipe se torna a sua recompensa, e o poder e a riqueza dele são glorificados no final.

Existem óbvias mensagens contraditórias ou múltiplas em *Branca de Neve e os Sete Anões*, mas o signo que prevalece, na minha avaliação, é a assinatura da autoglorificação de Disney como organizador, higienizador e empreendedor. Disney quer um mundo *limpo*, e as cores pastéis com suas linhas de contorno acentuadas criam imagens de limpeza, assim como cada sequência reflete um destino claramente concebido e pré-instituído para todas as personagens do filme. Peter Brunette fala sobre as características de obsessão anal do filme. Por exemplo, "a ênfase contínua em lavar, limpar e transformar a cabana dos anões em uma agradável habitação suburbana de classe média claramente aponta nessa direção"[9], isto é, na direção do estágio anal do desenvolvimento, algo que Brunette liga à tenacidade da mentalidade puritana da cultura americana. Ao contrário de seus curtas de contos de fada anteriores mais experimentais, Disney dá um fechamento absoluto ao conto – purificando a floresta com o amor inocente e estampando um selo patriarcal na história. Para Disney, o conto dos irmãos Grimm não é um veículo para explorar as implicações profundas da narrativa e sua história, ou para questionar a sua condição clássica[10], mas para propagar a sua mensagem a respeito dos papéis sexuais, comportamentos, maneiras e costumes apropriados. Se houve uma mudança maior na trama, ela está centrada no poder do príncipe, o único que consegue salva Branca de Neve, e que se torna o ponto focal no final da história.

Nos trabalhos anteriores de Disney com contos de fada na cidade de Kansas, ele tinha uma postura bastante irônica e irreverente em relação às narrativas clássicas, e havia uma forte sugestão na maneira como ele e Iwerks reescreviam e filmavam os contos de que eles eram revolucionários, os novos garotos do bairro, que estavam prestes a introduzir métodos inovadores de animação na indústria cinematográfica e a falar em nome dos excluídos. No entanto, em 1934 Disney já era um dos mandachuvas da animação, e usa todo que aprendeu para reforçar o seu poder e comando da animação de contos de fada. O modo como ele copiou os musicais e os filmes de sua época, e sua adaptação próxima dos contos de fada com códigos patriarcais, indicava que todas as experimentações técnicas não seriam usadas para promover a mudança social nos Estados Unidos, mas para manter o poder nas mãos de indivíduos como ele, que sentiam que tinham o poder para desenhar e criar novos mundos. Como Richard Schickel destacou de maneira inteligente, Disney

> poderia fazer algo próprio, tudo bem, mas aquele processo quase roubou a singularidade do trabalho em curso, roubou a sua alma, se preferir. Em seu lugar, ele colocou piadas, canções e efeitos assustadores, mas sempre pareceu que ele diminuía o que tocava. Ele sempre veio como um conquistador, nunca como um serviçal. Essa é uma característica, como muitos já observaram, de que muitos americanos compartilham quando se aventuram em terras estrangeiras na esperança de fazer o bem, mas equipados apenas com o conhecimento, e não com a simpatia ou o respeito pelas tradições estrangeiras.[11][12]

Disney sempre quis fazer algo novo e singular desde que tivesse controle absoluto. Ele também sabia que a novidade dependeria das habilidades coletivas de seus empregados, que ele tinha que manter felizes ou em dívida com ele de alguma maneira. Portanto, a partir de 1934, quando começou a conceber seu primeiro longa-metragem de contos de fada, Disney se tornou o mestre construtor e o orquestrador de uma rede corporativa que modificou a função do gênero dos contos de fada nos Estados Unidos. O poder dos filmes de contos de fada da Disney não está em sua singularidade ou na novidade das produções, mas no grande talento de Disney em manter imóveis muitas visões antiquadas sobre o processo civilizador por meio da animação e pelo uso dos últimos desenvolvimentos tecnológicos do cinema em seu benefício. Suas adaptações de contos de fada literários para a tela levaram às seguintes mudanças na instituição do gênero:

1. A técnica tem prioridade em relação à história, e a história é usada para celebrar o técnico como mestre construtor e seus meios de trabalho. Nesse caso, apesar de muitas mãos terem contribuído para um filme de contos de fada de Disney, foi Disney que determinou como a técnica e a tecnologia seriam usados.

2. As imagens cuidadosamente organizadas narram por meio da sedução e da imposição pela mão do animador na câmera. Os espectadores não devem pensar por si mesmos. Eles devem ser levados pelo espetáculo controlado pelo mestre construtor.

3. As imagens e as sequências geram um senso de integralidade, de totalidade perfeita e de harmonia que é orquestrado por um salvador/técnico dentro e fora da tela.

4. Apesar de as personagens ganharem substância para se tornarem mais realistas, elas também são unidimensionais e devem cumprir funções no filme. Não existe desenvolvimento de personagem porque elas são estereótipos, organizadas de acordo com a crença na domesticação da imaginação.

5. A domesticação está relacionada com a colonização na medida em que as ideias e os tipos são retratados como modelos de comportamento a serem emulados. Exportados por meio da tela como modelos, o chamado conto de fada americano coloniza outras audiências nacionais. O que é bom para Disney é bom para o mundo, e o que é bom em um conto de fada de Disney é bom no resto do mundo. A generalização parece simplista, mas tem a ver com uma prática que é exercida de maneira contínua por grandes corporações ao redor do planeta, americanas, europeias ou globais.

6. A ênfase temática na indústria da limpeza, do controle e da organização reforça as técnicas do filme: os quadros limpos com atenção para cada detalhe o desenho preciso e a manipulação das personagens como se fossem pessoas reais; o planejamento cuidadoso dos acontecimentos que focam na salvação por meio do herói.

7. O prazer privado da leitura é substituído pela visualização aprazível em um cinema impessoal. Aqui um expectador é reunido com outros não para desenvolver uma comunidade, mas para se divertir no sentido francês da palavra *divertissement* e no sentido estadunidense de *diversion*.

8. A diversão do conto de fada de Disney é voltada para o assistir não reflexivo. Tudo está na superfície, é unidimensional, e devemos ter prazer com um retrato e um pensamento unidimensional, pois eles são adoráveis, fáceis e reconfortantes em sua simplicidade.

Assim que Disney se deu conta do sucesso que teve com a sua fórmula para longas-metragens de contos de fada, ele nunca a abandonou e na verdade é como se os temas e motivos da arrumação dos contos de fada e da arrumação do mundo atravessassem todas as adaptações cinematográficas durante a sua vida e além. Sua missão de restaurar uma ideologia conservadora por meio de tramas que exemplificavam um processo civilizador tradicional e que convencionalizassem o conto de fada por meio da repetição de espetáculos que divertem estava bem estabelecida em 1940 com a produção de *Pinóquio*. Aqui está um menino de madeira desajeitado que precisa provar que é obediente, responsável, dócil e gentil se quiser ser aceito na chamada sociedade civilizada, que mais lembra uma casa de bonecas da Baviera do que as vilas e cidades rústicas da Itália do século XIX. Pinóquio precisa se comportar melhor para merecer a clemência da Fada Azul. A fofura gentil do Grilo Falante, que na verdade é morto no romance original de Carlo Collodi, é a voz da razão que estabelece os princípios éticos e morais de comportamento que mais uma vez são determinados de acordo com o código da ética protestante e dos princípios da tradição patriarcal.

Isso também vale para *Mary Poppins* (1964), em que uma governanta mágica responde a um anúncio de jornal para salvar a família Banks do caos; ela não tenta servir à imaginação das crianças ou cultivar os talentos delas. Pelo contrário, apesar de ser uma figura que lembra uma fada, ela age como a babá estereotipada ou a faxineira de uma família bagunceira de classe alta. Apesar do musical ser charmoso, seu charme esconde como Disney restaura as tendências conservadoras do conto de fada clássico. Mary Poppins usa sua mágica e sua imaginação para domar as crianças, assim permitindo que o sr. Banks possa procurar um emprego melhor no banco, e minimiza a participação da Sra. Banks no movimento sufragista. O que passa por um final feliz pode ser comparado a um abafamento da curiosidade e da diversidade, apesar de o filme ter sido visto como uma sensação inspiradora. Como nota Steven Watts,

> O retrato de *Mary Poppins* como um exercício moral virtuoso ganhou um brilho adicional com a publicidade atribuída a seus dois maiores astros. Tanto Julie Andrews, retratada como uma mãe devota que modestamente confessa que "suspeito que meu melhor talento seja o de ser dona de casa" como Dick Van Dyke, retratado como um religioso ardente e um homem de família, eram apresentados em publicações nacionais como modelos de valores íntegros [...] Mas a crítica moral favorável de *Mary Poppins* deu início a um conflito em uma guerra cultural muito mais ampla. De um lado estavam os americanos comuns, que em geral adoravam a diversão inocente, a fantasia, o levantamento da moral e a emoção sentimental das produções de Disney. De outro lado estavam muitos críticos, que cada vez mais odiavam o seu trabalho por ser moralmente ingênuo, socialmente conservador e terrível do ponto de vista artístico.[13]

O que torna a arte terrível, não importa o quão encantadoras sejam algumas das personagens e das cenas, é a repetição de um padrão típico de Hollywood e dos musicais da Broadway com os mesmos finais felizes. Desde *Branca de Neve e os Sete Anões* até *A Bela e a Fera*, os roteiristas e diretores dos estúdios Disney operaram com uma fórmula: existe uma canção de abertura que anuncia o desejo de uma heroína; a jovem, sempre virginal e doce, é vitimizada e capturada ou presa por forças malignas; ao mesmo tempo animais engraçados ou objetos animados, como no caso de *A Bela e a Fera*, oferecem o alívio cômico e tentam ajudar a heroína perseguida; a certa altura o herói é apresentado junto com uma ou duas canções românticas; e como a garota não consegue salvar a si mesma, o herói é chamado para derrotar as forças sinistras representadas por uma bruxa, um agente manipulador ou um brutamontes burro. Claro que existem variações do padrão, mas elas são pequenas. A mensagem nesses filmes "preto e brancos" é simplista: o mal é representado pelas forças sombrias da discórdia, da impropriedade ou do exagero. Não existe complexidade em um filme de conto de fada da Disney, nenhuma exploração da personagem ou das causas que criam obstáculos para os protagonistas nas narrativas. A ênfase está na purificação, na preparação para ser o escolhido, um membro da elite, e esse processo de limpeza americano baseado na meritocracia substitui o antigo esquema do conto de fada europeu enquanto ao mesmo tempo restaura noções de hierarquia e elitismo, reforça um tipo de comportamento redundante controlado por um mestre construtor como Disney, e leva a uma visão distópica estática do mundo, isto é, a uma degeneração da utopia.

Existe uma forte ligação entre o tipo de comportamento e pensamento promovidos pelos filmes de contos de fada de Disney e os parques temáticos da Disney, Epcot Center e a vila Celebration, construída pela Corporação Disney. Se focarmos nos pressupostos ideológicos implícitos na apropriação dos contos de fada feita por Disney e em como ele dessexualizava e ordenava o mundo por meio de imagens e música que sugerem integridade, inocência, entusiasmo, limpeza e obediência, podemos ver como ele tentou implantar as mesmas ideias de mundo perfeito e feliz em seus parques temáticos, conseguindo até animar as pessoas de sua corporação a levarem essas ideias adiante depois de sua morte em 1966. Por exemplo, depois da sua criação inicial da Disneylândia da Califórnia em 1955, ele começou a trabalhar nos planos para o Epcot, que ele descreveu como "uma comunidade planejada e controlada, um caso exemplar para as comunidades industriais, acadêmicas, escolares, culturais e educacionais dos Estados Unidos"[14]. A ênfase, como em todas as operações e filmes de Disney, estava no controle, e quando o Epcot passou a existir depois da morte de Disney, era evidente que a liberdade de imaginação e de movimento tinha que ser limitada. Como Alexander Wilson comentou,

O princípio organizador da paisagem do Epcot é o controle. É dada uma direção para o olhar do espectador; as perspectivas visuais, os terrenos auditivos, os tipos de movimentos permitidos – tudo reforça e reinterpreta os diversos temas do Centro... O Epcot é um ambiente sem falhas; nunca há um momento que não esteja programado visualmente, sonoramente e olfativamente pelos administradores do resort Disney.[15]

A experiência com o Epcot acabou levando à criação de uma vila chamada Celebration que tinha as mesmas características homogeneizadas e estáticas do Epcot e dos parques temáticos, e perda de controle pelos habitantes[16].

Apesar da privação de direitos civis, da contínua instrumentalização da imaginação e do aumento das medidas de segurança para conter a violência da vida americana, o apelo da visão que Disney tinha de como o mundo deveria ser simetricamente ordenado e controlado não se abateu[17]. Louis Marin, o grande filósofo francês, há muito tempo apontou por que a verve utópica de Disney ainda é popular, muito significativa e alarmante não apenas nos Estados Unidos, mas no mundo todo:

A Disneylândia é a representação concretizada em um espaço geográfico da relação imaginária que os grupos dominantes da sociedade americana mantêm com as suas reais condições de existência, com a história *real* dos Estados Unidos, e com o espaço externo às suas fronteiras A Disneylândia é uma projeção fantasmagórica da história da nação americana, da maneira como essa história foi concebida em relação aos outros povos e ao mundo natural. A Disneylândia é uma imensa metáfora deslocada do sistema de representação e valores único à sociedade americana. Essa função tem uma função ideológica óbvia. Ela aliena o visitante com uma representação distorcida e fantasmagórica da vida cotidiana, com uma imagem fascinante do passado e do futuro, com o que é estranho e o que é familiar: conforto, bem-estar, consumo, progresso científico e tecnológico, superpoderes e moralidade. Esses são valores obtidos por meio da violência e da exploração; aqui eles são projetados sob os auspícios da lei e da ordem.[18]

Marin estava preocupado com a degeneração da utopia e como isso estava assumindo a forma de um mito. No caso de Disney, a degeneração da utopia em seus filmes de contos de fada começou durante a década de 1930 quando ele se tornou mais consciente da influência civilizadora de suas obras e de como ele de fato capturou e retratou os valores americanos em seus filmes. Até que ponto Disney influenciou as pessoas, jovens e adultas, por meio da sua infinidade diversa de filmes é uma questão a ser debatida, mas o desenvolvimento de sua missão civilizadora e o seu uso dos contos de fada como meio de expressar a sua missão não podem ser discutidos. Disney passou a representar a essência da ideologia americana – seu populismo, puritanismo, elitismo e consumismo – e achou que esses valores deveriam ser propagados pelo mundo todo por meio de todos os seus produtos. Seus longas-metragens de conto de fada, aqueles que ele produziu e aqueles produzidos por sua corporação depois de sua morte, nunca foram filmes de propaganda, mas eles mudaram a função civilizadora dos contos de fada e refletiam a ideologia pessoal de Disney.

Felizmente, o uso dos contos de fada pela Disney no cinema foi questionado, mas assim como os irmãos Grimm no século XIX, ele estabeleceu um padrão mundial no século XX a partir do qual todos os filmes de contos de fada, sejam animações ou *live-actions*, eram medidos. É crédito dele ter desenvolvido modos inovadores e experimentais de animação para recuperar o papel básico dos contos de fada como a diversão familiar, mas as suas premissas ideológicas há muito tempo ultrapassaram a sua validade e justificação. Os filmes de contos de fadas recentes *Shrek* (2001) e *Shrek 2* (2003), produzidos pelo estúdio americano Dreamworks, e *A Viagem de Chihiro* (2001) e *Howl's Moving Castle* (O Castelo Animado, 2004), criados pelo diretor japonês Hayao Miyazaki, sugerem que o filme de contos de fada está sendo usado agora para questionar a degeneração da utopia. Em especial, os dois filmes do Shrek fazem referência óbvia à corporação e ao mundo ideológico da Disney para criticá-los e questioná-los. No primeiro filme, todas as personagens de contos de fada desde os contos dos irmãos Grimm até os filmes da Disney são banidos para o pântano de Shrek, onde são felizes e encontram refúgio da brutal força puritana do Lorde Farquaad – que parece com Michael Eisner, antigo presidente da Disney Corporation – que odeia fantasia e personagens estranhas que parecem mutantes. O que é organizado, limpo e bonito em sua corte, que lembra a antisséptica Disneylândia, esconde a violência e a feiura do império de Farquaad. O lorde acaba sendo desmascarado como um tirano mesquinho e vira motivo de risadas enquanto os feios Shrek e Fiona se mudam para o pântano bagunçado – mas não vivem felizes para sempre, pois existe uma continuação. No segundo *Shrek*, as noções de beleza, consumismo e fama são menosprezadas pelo comportamento de Shrek, da princesa Fiona e do esperto Gato de Botas. Nesse filme hilário, os pais de Fiona vivem em um reino que parece Hollywood, e o Príncipe Encantado é o filho de uma bruxa, que cria um mundo artificial que ela controla até que Shrek e seus amigos revelam seus métodos de chantagem e dissimulação. Mais uma vez, no final, Fiona decide ficar com Shrek e viver no pântano com as criaturas marginalizadas.

Nos filmes de contos de fada de Shrek, príncipes bonitos não salvam virgens indefesas, e as qualidades incomuns de garotas intrépidas são integralmente representadas nos filmes de Miyazaki, *A Viagem de Chihiro* e *O Castelo Animado*. No primeiro, a pequena Chihiro entra em uma cidade fantasma e mostra-se destemida quando salva os pais que tinham sido transformados em porcos por uma bruxa gananciosa. No segundo, baseado em um romance de fantasia de Diana Wynne Jones, Sophie, uma jovem chapeleira, junta-se ao mago Howl para derrotar a Bruxa das Terras Abandonadas. Em todos os filmes de Miyazaki pode-se sentir a libertação da imaginação que se contrapõe à realidade social e à maneira como os filmes de contos de fada para crianças têm sido feitos tradicionalmente. Em 2001, em uma entrevista para Tom Mes, ele afirmou:

Acredito que a fantasia no sentido da imaginação é muito importante. Nós não deveríamos nos apegar demais à realidade do dia a dia, mas dar espaço para a realidade do coração, da mente e da imaginação. Essas coisas podem nos ajudar na vida. Mas precisamos ter cuidado ao usar a palavra fantasia. Hoje em dia no Japão, a palavra fantasia é usada para tudo, de programas de TV a vídeo games, como realidade virtual. A realidade virtual é a negação da realidade. Precisamos estar abertos para os poderes da imaginação, que traz algo de útil para a realidade. A realidade virtual pode aprisionar as pessoas. É um dilema com qual me debato em meu trabalho, esse equilíbrio entre os mundos imaginários e os mundos virtuais.[19]

É claro que tais filmes de contos de fada imaginativos e subversivos incomuns do século XXI, como as obras de Miyazaki e da Dreamworks, devem concorrer com centenas de filmes de contos de fada convencionais nos quais a imaginação é instrumentalizada para que eles possam continuar a formular e disseminar a ideologia americana Disney, seja o filme feito pela Disney Corporation ou por uma empresa parecida. No entanto, é significativo que a missão civilizadora da Disney tenha se mostrado falha e tenha levado a uma degeneração da utopia. Se essa exposição vai levar a um tipo de filme de conto de fada utópico diferente e de final mais aberto nos Estados Unidos vai depender não tanto das mudanças na indústria cultural e mais das mudanças sociais no processo civilizador e da inclinação ideológica do povo norte-americano e como eles vão tentar impor seus valores de democracia aos outros países do mundo.

Notas

INTRODUÇÃO À TERCEIRA EDIÇÃO

1 Ainda que a língua inglesa considere "contos de fada" e "contos maravilhosos" textos da mesa natureza, é possível encontrar diferenciações em outras culturas e idiomas. Nesse sentido, "contos maravilhosos" pressupõem transformação e elementos mágicos e "contos de fada" contêm personagens feéricos.

2 E. Taylor, *Grimm's Goblins: Grimm's Household Stories, Translated from the Kinder und Haus Marchen*.

3 G. Lakoff; M. Johnson, *Metaphors We Live By*, p. 247.

1 O DISCURSO DOS CONTOS DE FADA

1 F. Jameson, *The Political Unconscious*, p. 35. (Tradução nossa, como em todos os casos em que não for citada uma edição nacional ou indicado diferentemente.)

2 Ibidem, p. 40.

3 Ibidem, p. 77.

4 Ibidem, p. 79.

5 Ver M. Soriano, From Tales of Warning to Formulettes: The Oral Tradition in French Children's Literature, *Yale French Studies*, v. 43 e *Guide de littérature pour la jeunesse*; I. Jan, *Essai sur la littérature enfantine*; D. Richter e J. Merkel, *Märchen, Phantasie und soziales Lernen*; e F.J. Darton, *Children's Books in England*. Existem muitos outros estudos que abordam esse assunto.

6 Ver R. Mandrou, *De la culture populaire aux XVIIe et XVIIIe siècles*.

7 Ver T. DiScanno, *Les Contes de fées à l'époque classique (1680-1715)*, p. 20-30.

8 Ver C. Schmölders (ed.), *Die Kunst des Gesprächs*, p. 9-67.

9 F. Jameson, *The Political Unconscious*, p. 106-107.

10 V. Propp, *Morfologia do Conto Maravilhoso*.

11 A.J. Greimas, *Semântica Estrutural*.

12 M.L. Tenèze (ed.), Du Conte merveilleux comme genre, *Approches de nos traditions orales*, p. 11-65.

13 Ibidem, p. 23-24.

14 C. Lévi-Strauss, *Tristes Trópicos*, p. 36-37.

15 M.L. Tenèze (ed.), Du Conte merveilleux comme genre, *Approches de nos traditions orales*, p. 28-29.

16 Ibidem, p. 65.

17 A. Nitschke, *Soziale Ordnungen im Spiegel der Märchen*.

18 H. Göttner-Abendroth, *Die Göttin und ihr Heros*.

19 Ver o capítulo "Might Makes Right – The Politics of Folk and Fairy Tales" na edição revisada e aumentada do meu livro *Breaking the Magic Spell: Radical Theories of Folk and Fairy Tales*, p. 23-46.

20 Ver E. Weber, Fairies and Hard Facts: The Reality of Folktales.

21 Ver M. Lüthi, *Das europäische Volksmärchen* e *Die Gabe im Märchen*.

22 D. Escarpit, *La Littérature d'enfance et de jeunesse en Europe*, p. 39-40.

2 AS ORIGENS DOS CONTOS DE FADA NA ITÁLIA

1 Para um excelente estudo sobre a influência de Straparola e Basile sobre autores de contos de fada franceses, ver C. Trinquet, *La Petite histoire des contes de fées littéraires em France* (História Concisa dos Contos de Fada Literários na França, 1690-1705).

2 G. Basile, *The Pentamerone of Giambattista Basile*, trad. N.M. Penzer, v. 1, p. 5. Essa edição tem uma excelente introdução escrita por Benedetto Croce sobre a vida e a obra de Basile.

3 Ver N. Canepa, Basile e il Carnavalesco, *Giovan Battista Basile e l'invenzione della fiaba*.

4 Para uma discussão completa sobre essa influência, ver C. Trinquet, *La Petite histoire des contes de fées littéraires (1690-1705)*.

5 Recentemente, madame D'Aulnoy tem recebido mais atenção e ganhou mais reconhecimento como sendo a força motora por trás da moda dos contos de fada da década de 1690. Ver J. Mainil, *Madame D'Aulnoy et le rire des fées: Essai sur la subversion féerique et le merveilleux comique sous l'Ancien Régime*; A. Duggan, *Salonnières, Furies, and Fairies: The Politics of Gender and Cultural Change in Absolutist France*; e Allison Stedman, *D'Aulnoy's Histoire d'Hypolite, comte de Duglas* (1690): *A Fairy-Tale Manifesto*. Ver também a excelente bibliografia na edição especial de Marvels & Tales, *Reframing the Early French Fairy Tale*, editada por H. Tucker.

6 Ver J. DeJean, *Tender Geographies: The Politics of Female Authorship under the Late Ancien Régime*.

7 Ver. P. Hannon, *Fabulous Identities: Women's Fairy Tales in Seventeenth-Century France*.

8 Ver N. Elias, The Retreat of Sociologists into the Present, *Theory, Culture & Society*, v. 4, n. 1-2, p. 223-247.

9 Ibidem, p. 243.

10 P. Bourdieu, *A Dominação Masculina*, p. 18-20.

11 Michele Rak, Il Sistema dei racconti nel *Cunto de li cunti* di Basile, em Michelangelo Piccone; Alfred Messerli (a cura di), *Giovan Battista Basile e l'invenzione della fiaba*. "L'opera è stata allestita

prevedeno le sue modalità d'uso nell'ottica del passatempo (intrattenimento) e delle pratiche della conversazione di corte con i suoi generi registri teatrali, comici, devianti, neil limiti di una situazione sociale prevista nel catalogo del costume corrente e delle sue maniere. L'opera è uno degli anelli barccchi della tradizione del raconto di gruppo europeo che va dalle veglie medievali intorno al fuoco al racconto di fate dei salotti francesi del Settecento." (Tradução nossa.)

12 J. Zipes (ed.), *The Great Fairy Tale Tradition: From Straparola and Basile to the Brothers Grimm*, p. 106. (Tradução nossa.)

13 Ibidem, p. 132. (Tradução nossa.)

14 Ibidem, p. 205.

3 ESTABELECENDO PADRÕES PARA A CIVILIZAÇÃO POR MEIO DOS CONTOS DE FADA

1 P. Ariès, *A História Social da Criança e da Família*, p. 61.

2 Pequenos livretos, muitas vezes uma folha única dobrada várias vezes, que eram vendidos em mercados populares e por caixeiros viajantes (*chapmen*). Semelhantes ao cordel brasileiro. (N. da T.)

3 Algumas obras importantes que lidam com essa moda, em ordem cronológica, são: M.E. Storer, *La Mode des contes des fées* (1685-1700); J. Barchilon, *Le Conte merveilleux français de 1690 à 1790*; R. Robert, *Le Conte de fées littéraire en France de la fin du XVIIe à la fin du XVIIIe siècle*; L. Seifert, *Fairy Tales, Sexuality and Gender in France, 1690-1715: Nostalgic Utopias*; P. Hannon, *Fabulous Identities: Women's Fairy Tales in Seventeenth-Century France*; e Charlotte Trinquet, *La Petite histoire des contes de fées littéraires en France* (1690-1705).

4 Ver A. Stedman, *D'Aulnoy's Histoire d'Hypolite, comte de Duglas* (1690): *A Fairy-Tale Manifesto*, p. 32-53.

5 Para uma excelente antologia que cobre não apenas esse período, mas toda a tradição literária na França, ver F. Lacassin, *Si les fées m'étaient contées... 140 contes de fées de Charles Perrault à Jean Cocteau*.

6 G. Rouger (ed.), *Contes de Perrault*, p. 3. Todas as traduções deste capítulo são nossas, feitas a partir das traduções que o autor fez do francês para o inglês.

7 Ibidem, p. 5-6.

8 Ibidem, p. 89.

9 R. Samber, *The Authentic Mother Goose Fairy Tales and Nursery Rhymes*, p. iv–v.

10 Trad. Ruy Jungman, 2 v. Esse fascinante estudo foi publicado pela primeira vez em 1939 pela editora Haus zum Falken, em Basel (Suíça), e recebeu pouca atenção por causa da Segunda Guerra Mundial e das dificuldades do autor durante a imigração. Foi redescoberto e republicado em 1969 pela editora Francke em Berna (Suíça). Desde então teve uma profunda influência sobre os mais importantes sociólogos e historiadores europeus. Ver ensaios de W. Lepenies, Norbert Elias: An Outsider of Unprejudiced Insight, p. 57-64, e A. Wehowsky, Making Ourselves More Flexible Than We Are: Reflections on Norbert Elias, p. 65-82, e a resenha de G. Mosse, p. 178-183, todos na *New German Critique*, v. 15.

11 C. Zimmer, *Cinéma et politique*, p. 138.

12 N. Elias, *O Processo Civilizador*, v. 1, p.15.

13 O relato mais completo e estimulante sobre a vida e a obra de Perrault é *Les Contes de Perrault, Culture savante et traditions populares* de M. Soriano. Ver também seu outro livro, *Le Dossier Perrault*.

14 N. Elias, *O Processo Civilizador*, v. 1, p. 52.

15 Ibidem, p. 65-202.

16 P. Bourdieu, *A Distinção: Crítica Social do Julgamento*. Existem conexões muito importantes entre as obras de Elias e de Bourdieu que explicam como a literatura de fato incorporou e disseminou as atitudes e os comportamentos sociais.

17 *O Processo Civilizador*, p. 116.

18 Ver A. Dworkin, *Woman Hating*; C. Honegger, *Die Hexen der Neuzeit. Studien zur Sozialgeschichte eines kulturellen Deutungsmusters*; S. Bovenschen, The Contemporary Witch, the Historical Witch, and the Witch Myth, *New German Critique*, v. 15, p. 83-120; e H.P. Duerr, *Traumzeit. Über die Grenze Zwischen Wildnis und Zivilisation*, p. 13-90.

19 H.R. Trevor-Roper, The European Witch-Craze of the Sixteenth and Seventeenth Centuries, *Religion, the Reformation and Social Change*, p. 90-192.

20 Ver M. Foucault, *Discipline and Punish*.

21 Ver R. Zur Lippe, *Naturbeherrschung am Menschen*.

22 *O Processo Civilizador*, p. 147.

23 L. Mourey, *Introduction aux contes de Grimm et de Perrault*, p. 40.

24 *Contes de Perrault*, p. 102.

25 Ver o excelente estudo de P. Lewis: *Seeing through the Mother Goose Tales: Visual Turns in the Writings of Charles Perrault*. Ele demonstra como o pensamento e o estilo de Perrault deve muito à filosofia cartesiana.

26 Eu tentei desenvolver esse conceito de maneira mais cuidadosa no meu livro *Breaking the Magic Spell: Radical Theories of Folk and Fairy Tales*.

27 Ver P. Delarue, Le Petit Chaperon Rouge, *Le Conte Populaire Français*, v. 1, p. 337-338; M. Rumpf, *Rotkäppchen: Eine vergleichende Märchenuntersuchung* e *Ursprung und Entstehung von Warn- und Schreckmärchen*; M. Soriano, From Tales of Warning to Formulettes: The Oral Tradition in French Children's Literature, *Yale French Studies*, v. 43; e J. Zipes, *The Trials and Tribulations of Little Red Riding Hood*.

notas

28 Ver E. O'Donell, *Werewolves*; K. Müller, *Die Werwolfsage*; e M. Summers, *The Werewolf*.

29 P. Delarue, *The Borzoi Book of French Folk Tales*, p. 383.

30 Y. Verdier, Grands-mères, sie vous saviez: le Petit Chaperon Rouge dans la tradition orale, *Cahiers de Littérature Orale*, v. 4.

31 *Traumzeit*, p. 82 (citado em *O Processo Civilizador*; ver nota 17).

32 Para um estudo abrangente sobre as inúmeras versões de Cinderela, ver M.R. Cox, *Cinderella: Three Hundred and Forty-Five Variants*. Também existem artigos importantes em A. Dundes (ed.), *Cinderella: A Folklore Casebook*. O artigo "America's Cinderella" de J. Yolen demonstra que a representação positiva de Cinderella como uma heroína ativa na tradição popular foi deformada na época de Perrault. A base matriarcal do conto é confirmada em *Soziale Ordnungen im Spiegel der Märchen*, de A.Nitschke; e em *Die Göttin und ihr Heros*, de H. Göttner-Abendroth's.

33 *Introduction aux contes de Grimm et de Perrault*, p. 36.

34 B. Bettelheim, *The Uses of Enchantment,* p. 307-308.

35 *Le Conte merveilleux français de 1690 à 1790*, p. 10.

36 Ver *História da Sexualidade* de Foucault; *O Processo Civilizador* de Elias; e *Sexualunterdruckung: Geschichte der Sexualfeindschaft* de Ussel.

37 H. Göttner-Abendroth, Matriarchale Mythologie, p. 224. Ver também seu livro *Die Göttin und ihr Heros*, p. 134-171.

38 Ver D. Fehling, *Armor und Psyche: Die Schöpfung des Apuleius und ihre Einwirkung auf das Märchen.*

39 *Contes de Perrault*, p. 180.

40 Ver C. Honegger, *Die Hexen der Neuzeit*; e Sylvia Bovenschen, The Contemporary Witch, the Historical Witch, and the Witch Myth (citada em *A Distinção*; ver nota 16).

41 Ver J. Roche-Mazon, *Autour des contes de fées*, p. 61-91.

42 Riquet à la houppe, *Contes de fées du grand siècle*, p. 78.

43 J. Zipes (ed. e trad.), The Ram, *Beauties, Beasts and Enchantment: Classic French Fairy Tales*, p. 399.

44 Madame D'Aulnoy tinha muitos problemas com o próprio marido, que ela considerava muito desagradável. Ela o acusou de um crime e o levou aos tribunais. Mas o caso virou contra ela e madame D'Aulnoy foi banida de Paris. Dois de seus cúmplices na conspiração contra o marido foram decapitados. Outra amiga, madame Ticquet, foi executada por matar o próprio marido. madame D'Aulnoy estava de alguma forma envolvida neste crime e quase não escapou com vida. Ver M.E. Storer, *La Mode des contes de fées*, p. 18-41; J. Roche-Mazon, *En marge de "l'Oiseau bleu"*; e o capítulo "Le Voyage d'Espagne de madame D'Aulnoy", em *Autour des contes de fées*, p. 7-20.

45 Casamento entre classes sociais diferentes. (N. da T.)

46 Por exemplo, quando o mercador e sua família se mudam para o campo, o narrador do conto de madame Leprince destaca que, "primeiro, [Bela] teve muita dificuldade porque não estava acostumada a trabalhar como serviçal. Mas depois de dois meses, ela ficou mais forte e o trabalho pesado melhorou sua saúde. Depois de terminar suas tarefas, ela geralmente lia, tocava cravo ou cantava enquanto fiava. Por outro lado, suas duas irmãs estavam entediadas. Elas levantavam às dez da manhã, faziam caminhadas o dia todo, e se distraiam reclamando sobre a perda de suas lindas roupas e das boas companhias que costumavam ter.

"'Veja nossa irmãzinha', elas diziam uma para a outra. 'Ela é tão lenta e estúpida que se satisfaz com essa situação miserável.'

"O bom mercador não concordava com elas. Ele sabia que Bela tinha mais possibilidades de se destacar como companhia do que elas. Ele admirava as virtudes da jovem – especialmente sua paciência, porque suas irmãs não se contentavam apenas em deixar que ela fizesse todo o trabalho da casa, mas também a insultavam sempre que podiam."

47 Ver J. Zipes, *Beauty, Beasts and Enchantment: Classic French Fairy Tales*, p. 234.

4 QUEM TEM MEDO DOS IRMÃOS GRIMM?

1 Sempre foi moda tentar reescrever os contos de fada e clássicos dos irmãos Grimm. No entanto, a tendência recente tem um escopo mais internacional, não apenas centrado na Alemanha, e uma intenção mais política. Para alguns exemplos, ver J. Williams, *The Practical Princess and Other Liberating Fairy Tales*; A. Lindgren, *Märchen*, que originalmente foi publicado em sueco; *The Prince and the Swineherd, Red Riding Hood* e *Snow White,* publicados pela Fairy Story Collective, três diferentes publicações escritas por quatro mulheres do Merseyside Women's Liberation Movement. Eu discuto essa tendência internacional no capítulo 8, "O Potencial Libertador do Fantástico nos Contos de Fada Contemporâneos Para Crianças".

2 Eu me concentro apenas nos desenvolvimentos na Alemanha Ocidental. A atitude oficial da Alemanha Oriental em relação aos contos de fada passou por diferentes fases desde 1949. Primeiro, foram rejeitados, mas existiu uma política mais favorável durante a década de 1980, desde que os contos não questionassem o estado atual das coisas. Assim, os antigos contos de fada dos irmãos Grimm foram reconhecidos, enquanto a reutilização dos contos de uma maneira explicitamente política e crítica ao Estado não foi tolerada. Ver S. Brandt, *Rotkäppchen und der Klassenkampf, Der Monat*, 12 Jahrg, n. 144. Eu também escrevi de maneira mais detalhada sobre os desenvolvimentos nas Alemanhas Oriental e Ocidental em "The Struggle for the Grimms' Throne: The Legacy of the Grimms' Tales in the FRG and GDR since 1945".

3 Ver D. Richert; J. Vogt (eds.), *Die heimlichen Erzieher, Kinderbücher und politisches Lernen*; e Linda Dégh, Grimm's Household Tales and Its Place in the Household: The Social Relevance of a Controversial Classic, *Western Folklore*, v. 38, n. 2.

4 Ver E. Kaiser, "Ent-Grimm-te" Märchen, *Westermanns Pädagogische Beiträge*, Jahrgang 27, Heft 8; e H. Pischke, Das veränderte Märchen, em Maria Lypp (ed.), *Literatur für Kinder*.

5 Ver a introdução e os comentários de H. Rölleke ao manuscrito de 1810 escrito pelos irmãos Grimm em *Die älteste Märchensammlung der Brüder Grimm*; W. Psaar e M. Klein, *Wer hat Angst vor der bösen Geiss?*, p. 9-30; e a introdução de I. Weber-Kellermann's a *Kinder- und Hausmärchen gesammelt durch die Brüder Grimm*, v. I, p. 9-18.

6 Weber-Kellermann, *Kinder- und Hausmärchen gesammelt durch die Brüder Grimm*, v. I, p. 14.

7 Ibidem, p. 23-24. Retirado do prefácio de 1819 escrito pelos irmãos Grimm.

8 Ibidem, p. 24.

9 H. Rölleke (ed.), *Die älteste Marchensammlung der Brüder Grimm*, p. 144. A menos que haja indicação contrária, todas as traduções deste capítulo foram feitas por mim. Na maioria dos casos, tentei ser o mais literal possível para documentar a natureza histórica dos textos.

10 Ibidem, p. 145.

11 *Kinder- und Hausmärchen gesammelt durch die Brüder Grimm*, p. 35-36.

12 G. Rouger (ed.), *Contes de Perrault*, p. 113.

13 Irmãos Grimm, *Kinder- und Hausmärchen. In der ersten Gestalt*, p. 78.

14 C. Hanks; D.T. Hanks Jr., Perrault's "Little Red Riding Hood": Victim of Revision, *Children's Literature*, v. 7.

15 Para a melhor análise sobre Perrault e o seu tempo, ver M. Soriano, *Les Contes de Perrault*.

16 A palavra *sittsam* é usada na edição de 1857 e carrega um sentido de castidade, virtude e bom comportamento.

17 *Die älteste Märchensammlung der Brüder Grimm*, p. 246 e 248 (ver nota 6).

18 Ibidem, p. 249 e 251.

19 Ibidem, p. 250.

20 W. Psaar; M. Klein, *Wer hat Angst vor der bösen Geiss?*, p. 112-36.

21 Ver B. Bettelheim, *The Uses of Enchantment: The Meaning and Importance of Fairy Tales*. Para uma posição crítica a Bettelheim, ver J.W. Heisig, Bruno Bettelheim and the Fairy Tales, *Children's Literature*, v. 6, p. 93-114, e minha própria crítica no capítulo "On the Use and Abuse of Folk and Fairy Tales: Bruno Bettelheim's Moralistic Magic Wand" de *Breaking the Magic Spell: Radical Theories of Folk and Fairy Tales*, p. 160-182.

22 H. Fend, *Sozialisation durch Literaturi*, p. 30, destaca que "A socialização prova ser um processo de ressubjetificação das objetificações culturais. Em culturas e sociedades altamente complexas isso tem a ver com o aprendizado de complexos sistemas de signos e formas elevadas de conhecimento, assim como com a compreensão geral do mundo para lidar com os problemas naturais e a auto compreensão ampla dos seres humanos. Por meio do processo de ressubjetificação das objetificações culturais, estruturas de consciência, isto é, mundos subjetivos de significados, são construídas. A psicologia vê isso formalmente como uma abstração de conteúdos particulares e fala sobre a construção de cognições, sobre a construção de um "mapa cognitivo", ou um processo de internalização. Em uma descrição de como os padrões culturais são presumidos de uma maneira substantiva, a questão tem a ver com as concepções que uma pessoa faz de si mesma, que habilidades e padrões ou interpretações, quais normas e valores uma pessoa pega e aceita em uma determinada cultura relativa a uma sub-esfera de uma sociedade. De modo geral, o que acontece no processo de socialização é o que a pesquisa hermenêutica define como "compreensão". A compreensão é desenvolvida e vista aqui como uma apropriação interpretativa de significados transmitidos linguisticamente que representam formas de vida sócio-históricas. Certamente, essa compreensão tem um nível de desenvolvimento diferenciado que com frequência está ligado à classe social."

23 Ver R. Hoggart, *The Uses of Literacy*; R.A Houston, *Literacy in Early Modern Europe: Culture and Education 1500-1800*.

24 R. Schenda, *Volk ohne Buch*.

25 E.K. Schwartz, A Psychoanalytical Study of the Fairy Tale. Ver também J.E. Heuscher, *A Psychiatric Study of Fairy Tales*.

26 Os termos são do excelente estudo de V. Laruccia, "Little Red Riding Hood's Metacommentary: Paradoxical Injunction, Semiotics and Behavior". A nota de Laruccia (p. 520), "Todas as mensagens têm dois aspectos, um comando e um relato, sendo que o primeiro é uma mensagem sobre a natureza do relacionamento entre o emissor e o receptor, e o segundo, a mensagem do conteúdo. A reflexão crucial é como essas duas mensagens se relacionam. Esse relacionamento é fundamental para todas as atividades direcionadas a um objetivo em qualquer comunidade já que todos os objetivos humanos necessariamente têm a ver com uma relação com os outros". O ensaio de Laruc-

notas

cia inclui uma discussão sobre como a dominação masculina e as relações entre senhor e escravo funcionam nos contos dos irmãos Grimm.

27 Ver D. Richter (ed.), *Das politische Kinderbuch*. Diversos escritores tais como Kurd Lasswitz começaram a criar contos de fada políticos no final do século XIX. Uma das primeiras coleções de contos de fadas políticos publicada durante o período Weimar é E. Friedrich (ed.), *Proletarischer Kindergarten*, que contém histórias e poemas.

28 Todos esses escritores ou escreveram contos de fada políticos ou escreveram sobre eles durante os anos 1920 e parte dos 1930. Poderíamos acrescentar muitos outros nomes a essa lista, como Ernst Bloch, Bruno Schönlank, Berta Lask, Oskar Maria Graf, Kurt Held, Robert Grötzsch e até mesmo Bertolt Brecht. O mais importante é ter em mente que, além da história não escrita sobre esse desenvolvimento, os escritores alemães da década de 1970 começaram a relembrar essa era.

29 Ver meu artigo "Down with Heidi, Down with Struwwelpeter, Three Cheers for the Revolution: Towards a New Children's Literature in West Germany".

30 Friedrich Karl Waechter foi um dos mais talentosos escritores e ilustradores de literatura infantil da Alemanha durante o final do século XX. Ele morreu em 2005. Ele é especialmente conhecido pelos seguintes livros: *Der Anti-Struwwelpeter* (O Anti-João Felpudo, 1973), *Wir können noch viel zusammenmachen* (Podemos Fazer Muito Mais Coisas Juntos, 1973), *Die Kronenklauer* (O Ladrão de Coroas, 1975), e *Die Bauern im Brunnen* (Os Fazendeiros no Poço, 1978).

31 A editora de *Der Feuerdrache Minimax* é a Rowohlt de Reinbek, Hamburgo. Angela Hopf escreveu diversos livros interessantes relacionados aos contos de fada políticos: *Fabeljan* (1968), *Die grosse Elefanten-Olympiade* (As Grandes Olimpíadas dos Elefantes, 1972), *Die Minimax-Comix* (1974), e *Der Regentropfen Pling Plang Pling* (As Gotas de Chuva Pling Plang Pling, 1981).

32 Para uma análise mais ampla e inteligente desse livro, ver H. Hinkel; H. Kammler, Der Feuerdra-

che Minimax – ein Märchen? – ein Bilderbuch, *Die Grundschule*, 7, Heft 3.

33 Entre os estudos mais interessantes sobre os contos de fada estão D. Richter e J. Merkel, *Märchen, Phantasie und soziales Lernen*; A. Kuhn, *Tugend und Arbeit. Zur Sozialisation durch Kinder- und Jugendliteratur im 18. Jahrhundert*; e A. Kuhn e J. Merkel, *Sentimentalität und Geschäft. Zur Sozialisation durch Kinder- und Jugendliteratur im 19. Jahrhundert*.

34 *Janosch erzählt Grimms Märchen* foi publicado por Beltz e Gelberg em Weinheim. Janosch, cujo verdadeiro nome é Horst Eckert, é considerado um dos ilustradores e escritores mais criativos e provocadores para crianças e jovens da Alemanha. Entre os títulos que escreveu, os mais importantes são *Das Auto heisst Ferdinand* (O Carro Se Chama Ferdinand, 1964), *Wir haben einen Hund zu Haus* (Temos um Cachorro em Casa, 1968), *Ich sag, du bist ein Bär* (Estou Dizendo Que Você É um Urso, 1977), *Oh, wie schön ist Panama* (Ah, Que Lindo É o Panamá, 1978) e *Die Maus hat rote Strümpfe an* (O Rato Usa Meias Vermelhas, 1978). Muitos de seus livros foram traduzidos ou transformados em filmes em inglês.

35 Um bom exemplo é o *Erstes Jahrbuch der Kinderliteratur*. "Geh und spiel mit dem Riesen" (Primeiro Anuário da Literatura Infantil. "Vá e Brinque Com o Gigante"), editado por H.-J. Gelberg, publicado pela Beltz em 1971 o qual ganhou o Prêmio de Literatura Infantil Alemã de 1972.

36 Muitos dos contos foram impressos em outros livros editados por Gelberg, ou em outros lugares, o que indica a grande tendência de reutilizar os contos de fada.

37 As traduções dos contos de Brender e Künzler para o inglês foram publicadas no meu livro *Breaking the Magic Spell*, p. 180-182.

38 Gmelin foi especialmente ativo em analisar os valores dos contos de fada e mudou de posição ao longo dos últimos oito anos. Ver O. Gmelin, Böses kommt aus Märchen, *Die Grundschule*, 7, Heft 3.

39 D. Lerche; O. Gmelin, *Märchen für tapfere Mädchen*, p. 16.

---

5 HANS CHRISTIAN ANDERSEN E O DISCURSO DO DOMINADO

1 "Er kam mir vor, wie ein Schneider; er sieht auch wirklich ganz so aus. Er ist ein hagerer Mann mit einem hohlen, eingefallenen Gesichte und verrät in seinem äußeren Anstande ein ängstliches, devotes Benehmen, so wie die Fürsten es gern lieben. Daher hat Andersen auch bei allen Fürsten eine so glänzende Aufnahme gefunden. Er repräsentiert vollkommen die Dichter wie die Fürsten sie gern haben wollen." H. Teschner, *Hans Christian Andersen und Heinrich Heine: Ihre literarischen und persönlichen Beziehungen*, p. 177-178.

2 N. Kofoed, Hans Christian Andersen and the

European Literary Tradition, em Sven Hakon Rossel (ed.), *Hans Christian Andersen: Danish Writer and Citizen of the World*, p. 216-217.

3 O *paper cutting* (a arte de recortar figuras em papel) era uma atividade de lazer comum na Dinamarca da época. Andersen dedicava muito tempo e energia esse hobby e costumava fazer figuras e contar histórias em reuniões sociais. Quando as histórias acabavam, ele dava as figuras de presente. Apesar de serem feitas com material frágil, cerca de 400 delas sobreviveram e muitas podem ser vistas no museu da cidade de Odense, Dinamarca. (N. da T.)

4 E. Bredsdorff, *Hans Christian Andersen*, p. 152.

5 Ibidem, p. 179. É possível encontrar muitas outras afirmações como essas nas cartas e diários de Andersen. Ver F. Crawford, *Hans Christian Andersen's Correspondence with the Late Grand-duke of Saxe-Weimar, Charles Dickens, Etc*; H.C. Andersen, *The Diaries of Hans Christian Andersen*, ed. P. Conroy e S. Rossel; H.C. Andersen, *Das Märchen meines Lebens. Briefe. Tagebücher*; e *Aus Andersens Tagebüchern*, ed. H. Barüske.

6 Ibidem, p. 132-133.

7 N. Bisseret, *Education, Class Language and Ideology*, p. 1-2.

8 See J.M. Blum, *Pseudoscience and Mental Ability*, e S.L. Chorover, *From Genesis to Genocide: The Meaning of Human Nature and the Power of Behavior Control*.

9 Para o desenvolvimento geral na Europa, ver J. Habermas, *Mudança Estrutural da Esfera Pública*, e C. Morazé, *The Triumph of the Middle Classes: A Political and Social History of Europe in the Nineteenth Century*. Para a Dinamarca, ver W.G. Jones, *Denmark*.

10 M. Foucault, *Vigiar e Punir*.

11 *Education, Class Language and Ideology*, p. 26.

12 *Hans Christian Andersen*, p. 54.

13 Ibidem, p. 69.

14 Ver *The Fairy Tale of My Life*. Andersen escreveu três autobiografias ao longo de sua vida, e cada uma é recheada de distorções e ornamentações sobre sua vida.

15 *Denmark*, p. 66-67.

16 Ver P.V. Rubow, Idea and Form in Hans Christian Andersen's Fairy Tales, *A Book on the Danish Writer Hans Christian Andersen: His Life and Work*.

17 N. Bisseret, *Education, Class Language and Ideology*, p. 63-64.

18 Ibidem, p. 65.

19 B. Holbek, Hans Christian Andersen's Use of Folktales, em Hilda Ellis Davidson; Anna Chaudri (eds.), *A Companion to the Fairy Tale*, p. 153.

20 Aqui o autor faz menção à conhecida e enigmática rima da literatura infanto-juvenil inglesa *Humpty Dumpty*, cuja personagem, um ovo antropomorfizado, aparece em diversas histórias como *Alice no País dos Espelhos* de Lewis Carroll: "Humpty Dumpty sat on a wall,/ Humpty Dumpty had a great fall. / All the king's horses and all the king's men/ Couldn't put Humpty together again." ("Humpty Dumpty sentou em um muro,/ Humpty Dumpty sofreu uma grande queda. / Todos os cavalos e homens do rei/ Não conseguiram juntá-lo Humpty de novo." (N. da T.)

21 F.H. Mortensen, *A Tale of Tales: Hans Christian Andersen and Children's Literature*, partes III e IV, p. 16-17.

22 Ver L. Röhrich, Dankbarer Toter, em Kurt Ranke et al. (eds.), *Enzyklopädie des Märchens*.

23 A. Aarne; S. Thompson, *The Types of the Folktale*, p. 171-175.

24 H.C. Andersen, *Contos de Hans Christian Andersen*, p. 61.

25 O táler era a moeda corrente na Dinamarca desde o século XVII até 1873, quando foi subtituída pela coroa dinamarquesa. (N. da T.)

26 Ibidem, p. 66.

27 Ibidem, p. 71.

28 Ibidem, p. 79.

29 Hans Christian Andersen's Use of Folktales, em Hilda Ellis Davidson; Anna Chaudri (eds.), op. cit., p. 155.

30 H.C. Andersen, *Contos de Hans Christian Andersen*, p. 171.

31 Ibidem, p. 179.

32 Ibidem, p. 185.

33 Ibidem, p. 197.

34 Ibidem.

35 Ibidem, p. 265.

36 Ibidem, p. 269.

37 Ibidem.

38 Ibidem.

39 Ibidem, p. 312.

40 Ibidem, p. 317.

41 Ibidem, p. 319.

42 H.C. Andersen, *The Complete Fairy Tales and Stories*, p. 427. (Tradução nossa).

43 H.C. Andersen, *Contos de Hans Christian Andersen*, p. 734.

44 Ibidem, p. 736.

45 Ibidem, p. 737.

6 INVERTER E SUBVERTER O MUNDO COM ESPERANÇA

1 Ver J. Habermas, *Strukturwandel der Öffentlichkeit*. Tradução para o português: *Mudança Estrutural da Esfera Pública*.

2 B. Alderson, Tracts, Rewards and Fairies: The Victorian Contribution to Children's Literature, *Essays in the History of Publishing in Celebration of the 250th Anniversary of the House of Longman, 1724-1974*. Ver também R.L. Green, *Tellers of Tales*, p. 23-73.

3 J. Cott, *Beyond the Looking Glass: Extraordinary Works of Fairy Tale and Fantasy*. Ver também J. Zipes (ed.), *Victorian Fairy Tales*; M.P. Hearn (ed.), *The Victorian Fairy Book*; e N. Auerbach e lrich K. (eds.), *Forbidden Journeys: Fairy Tales and Fantasies by Victorian Women Writers*.

4 *Beyond the Looking Glass*, p. xlvi.

5 M. Butor, On Fairy Tales, em Vernon W. Gras (ed.), *European Literary Theory and Practice: From Existential Phenomenology to Structuralism*, p. 352.

6 R. Jackson, *Fantasy: The Literature of Subversion*, p. 91.

7 Ibidem, p. 33.

8 Ibidem, p. 35.

notas

9 Ibidem.

10 Para uma discussão ampla sobre a vida de Mac-Donald, ver G. MacDonald, *George MacDonald and His Wife*; e R.H. Reis, *George MacDonald*.

11 *George MacDonald*, p. 45.

12 *Unspoken Sermons*, p. 49.

13 Citado em Richard H. Reis, *George MacDonald*, p. 43.

14 *The Complete Fairy Tales of George MacDonald*, p. 17.

15 Ibidem, p. 35.

16 Para uma análise psicanalítica completa e estimulante das implicações sexuais nas obras de MacDonald, ver R.L. Wolff, *The Golden Key: A Study of the Fiction of George MacDonald*.

17 *The Complete Fairy Tales of George MacDonald*, p. 267.

18 Ibidem, p. 271.

19 Ver E.H. Mikhail, *Oscar Wilde: An Annotated Bibliography of Criticism*; e também a útil bibliografia de H.M. Hyde, *Oscar Wilde*, p. 520-531.

20 P. Jullian, *Oscar Wilde*, p. 62.

21 G. Woodcock, *The Paradox of Oscar Wilde*, p. 139.

22 Ver P. Jullian, *Oscar Wilde*, p. 283-297; e H. Hyde, *Oscar Wilde*, p. 376-410.

23 I. Murray na introdução a O. Wilde, *Complete Shorter Fiction*, p. 10-11.

24 O socialismo fabiano é um movimento político e ideológico caracterizado pelo pragmatismo, que rejeitava ideias utópicas e era a favor de uma alternativa às propriedades dos meios de produção para pôr fim ao capitalismo. (N. da T.)

25 O. Wilde, *A Alma do Homem Sob o Socialismo*, p. 27.

26 Ibidem, p. 36-37.

27 Ibidem, p. 44.

28 Ibidem, p. 45-46.

29 Ibidem, p. 78.

30 Ibidem, p. 81-82.

31 Ver o excelente ensaio de V. Klotz sobre as principais diferenças entre Andersen e Wild, Wie Wilde

seine Märchen über Andersen hinwegerzählt, em Gregor Laschen; Manfred Schlösser, *Der zerstückte Traum: Für Erich Arendt zum 75. Geburtstag*.

32 *Histórias de Fadas*, p. 73.

33 Ver Wie Wilde seine Märchen über Andersen hinwegerzählt, em Gregor Laschen; Manfred Schlösser, op. cit., p. 225-228.

34 *Histórias de Fadas*, p. 114.

35 Ver F.J. Baum e R.P. MacFall, *To Please a Child: A Biography of L. Frank Baum*, que contém importante material biográfico e histórico.

36 Ver A. Harmetz, *The Making of the Wizard of Oz*.

37 Além da biografia escrita por F.J. Baum e R.P. MacFall, ver *The Wonderful Wizard, Marvelous Land* de R. Moore para ter mais informações valiosas para o estudo da vida de Baum.

38 H.M. Littlefield, "The Wizard of Oz": Parable on Populism, em Hennig Cohen (ed.), *American Culture: Approaches to the Study of the United States*. Ver também F. Erisman, L. Frank Baum and the Progressive Dilemma, *American Quarterly*, v. 20, n. 3.

39 Ibidem, p. 373 e 380.

40 Muitos críticos discutiram a censura exercida por bibliotecários americanos contra Baum. Em especial, ver M. Gardner; R.B. Nye, *The Wizard of Oz and Who He Was*. Esse estudo foi um dos primeiros a reestabelecer a importância de Baum para a cultura americana.

41 Na história, rei de um povo chamado Nome. (N. da T.)

42 L.F. Baum, *The Emerald City*, p. 22.

43 Ver o ensaio em duas partes de G. Vidal, The Wizard of the "Wizard" e On Rereading the Oz Books, ambos publicados no *New York Review of Books*.

44 Ver M. Bewley, The Land of Oz: America's Great Good Place, *Masks and Mirrors: Essays on Criticism*.

45 On Rereading the Oz Books, *New York Review of Books*, p. 42.

---

7 A DISPUTA SOBRE O DISCURSO DOS CONTOS DE FADA

1 Designação de diversos fungos que atacam as plantas. (N. da T.)

2 Nos últimos trinta e cinco anos houve uma verdadeira enxurrada de estudos sobre as literaturas e as culturas da República Weimar e nazista, mas ninguém investigou a importância dos contos de fada. Entre as melhores obras que podem ser usadas como material de referência e para contexto estão G. Mosse, *Nazi Culture: Intellectual and Social Life in the Third Reich*; P. Gay, *Weimar Culture: The Outsider as Insider*; W. Rothe (ed.), *Die deutsche Literatur in der Weimarer Republik*; H. Denkler e K. Prümm, *Die deutsche Literatur im Dritten Reich*; J. Hermand e F. Trommler, *Die Kultur der Weimarer Republik*; J. Willett, *The New Sobriety, 1917–1933: Art and Politics in the Weimar Period*; e E. Alker, *Profile und Gestalten der deutschen Literatur nach 1914*, ed. Eugen Thurnher.

3 U. Bastian tratou de maneira mais exaustiva sobre os debates em *Die Kinder und Hausmärchen der Brüder Grimm in der literaturpädagogischen Diskussion des 19. und 20*. Ver também B. Dolle, Märchen und Erziehung. Versuch einer historischen Skizze zur didaktischen Verwendung Grimmscher Märchen, em Helmut Brackert (Hrsg.), *Und wenn sie nicht gestorben sind…: Perspektiven auf das Märchen*.

4 Para outros estudos importantes, ver E. Linde, *Die Bildungsaufgabe der deutschen Dichtung*; A. Jalkotzy, *Märchen und Gegenwart*; A. Kunzfeld, *Vom Märchenerzähler und Märchenillustrieren*; M. Troll, *Der Märchenunterricht*; e W. Wenk, *Das Volksmärchen als Bildungsgut*.

5 Ver E. Bloch, Das Märchen geht selber in der Zeit, *Die Kunst, Schiller zu sprechen und andere literarische Aufsätze*. Para a tradução e a discussão desse ensaio em inglês, ver J. Zipes, The Utopian Function of Fairy Tales and Fantasy: Ernst Bloch the Marxist and J.R.R. Tolkien the Catholic, *Breaking the Magic Spell: Radical Theories of Folk and Fairy Tales*. Todos os ensaios de Bloch sobre contos de fada podem ser encontrados em E. Bloch, *The Utopian Function of Art and Literature*.

6   Ver W. Benjamin, Der Erzähler, *Gesammelte Schriften*, v. 2. Para uma tradução para o português, ver W. Benjamin, O Contador de Histórias, *O Contador de Histórias e Outros Textos*.

7   Ver H. Mörchen, Notizen zu Wolgast: Anmerkungen zur Rezeption von Das Elend unserer Jugendliteratur, em Maria Lypp, (Hrsg.), *Literatur für Kinder: Studien über ihr Verhältnis zur Gesamtliteratur*.

8   Edwin Hoernle, Die Arbeit in den kommunistischen Kindergruppen, em Dieter Richter (ed.), *Das politische Kinderbuch*, p. 220-221.

9   *Kunstmärchen* (algo como "contos inventados") é um termo utilizado em contraposição aos contos populares e refere-se a contos que não se originaram na tradição oral, mas que foram criados pela imaginação de um artista ou escritor. (N. da T.)

10 C. Kamenetsky, Folktale and Ideology in the Third Reich, *Journal of American Folklore*, v. 90, n. 356, p. 169. Ver também C. Kamenetsky, Folklore as a Political Tool in Nazi Germany, *Journal of American Folklore*, v. 85, n. 337.

11 Para mais informações sobre as tendências dessa época, ver P. Aley, *Jugendliteratur im Dritten Reich*, e W. Emmerich, *Germanistische Volkstumsideologie, Genese und Kritik der Volksforschung im Dritten Reich*. Para duas das muitas publicações sobre contos de fada e o cinema, ver A. Reichwein, Märchen und Film, *Film und Bild*, n. 2, e M. Meurer, Das Märchen in Bild und Film, von der Schule aus gesehen, *Film und Bild*, v. 5.

12 J. Prestel, *Märchen als Lebensdichtung*, p. 86.

13 Citado em *Jugendliteratur im Dritten Reich*, p. 102.

14 Ver I. Dyhrenfurth, *Geschichte des deutschen Jugendbuches*, p. 262.

15 Hartmut Geerken, *Die goldene Bombe*. Reimpresso com o título de *Fischer-Taschenbuch*.

16 C. Eykmann, Das Märchen im Expressionismus, *Denk- und Stilformen des Expressionismus*, p. 126.

17 C. Kamenetsky, Folktale and Ideology in the Third Reich, op. cit., p. 177.

18 M. Lüthi, Familie und Natur im Märchen, *Volksliteratur und Hochliteratur*.

19 Ibidem, p. 77.

20 E. Meletinsky, Die Ehe im Zaubermärchen, *Acta Ethnographica Academiae Scientiarum Hungaricae*, tomus 19, p. 288.

21 M. Poster, *Critical Theory of the Family*, p. 155.

22 Ibidem, p. 155.

23 I. Weber-Kellermann, *Die deutsche Familie*, p. 176-192.

24 Ver R. Bridenthal, Something Old, Something New: Women in Nazi Germany e C. Koonz, Mothers in the Fatherland: Women in Nazi Germany, em R. Bridenthal; C. Koonz (eds.), *Becoming Visible: Women in European History*, p. 422-444, 445-471; e J. McIntyre Stephenson, *Women in Nazi Society*.

25 Ver E. Bloch, Nonsynchronism and the Obligation to Its Dialectics, *New German Critique*, n. 11. É importante ver também a análise de A. Rabinbach (Ernst Bloch's Heritage of Our Times and the Theory of Fascism, p. 5-21) sobre a não simultaneidade no mesmo número da revista.

26 Houve várias tentativas de radicalizar os contos de fada e de torná-los socialmente mais relevantes para as crianças. As obras de Zur Mühlen, Schönlank e Tetzner estão entre os melhores exemplos desse movimento. Para outros escritores importantes e seus contos, ver as histórias de Berta Lask, Karl Ewald e Robert Grötzsch em E. Friedrich, *Proletarischer Kindergarten, Ein Märchen- und Lesebuch für Gross und Klein*; de Bela Balázs, *Das richtige Himmelblau e Sieben Märchen*; de Robert Grotzsch, *Der Zauberer Burufu*; de Bela Illes, *Rote Märchen*; de Kurd Lasswitz, *Traumkristalle*; de József Lengyel, *Sternekund und Reinekind*; de Eugen Lewin-Dorsch, *Die Dollarmännchen*; Irene Rona, *Was Paulchen werden will*; de Maria Szucisich, *Die Träume des Zauberbuches e Silavus*; e de Julius Zerfass, *Die Reise mit dem Lumpensack*.

27 H. Stehr, *Das Märchen vom deutschen Herzen*, p. 13.

28 Ver H.F. Blunck, *Gesammelte Werke*.

29 Ibidem, v. 8, p. 32.

30 Ibidem, v. 8, p. 34.

31 E. Wiechert, *Sämtliche Werke*, v. 8, p. 9.

32 Ibidem, p. 212-213.

8   O POTENCIAL LIBERTADOR DO FANTÁSTICO NOS CONTOS DE FADA CONTEMPORÂNEOS PARA CRIANÇAS

1   Ver C.R. Farrer, *Women and Folklore*; M. Kolbenschlag, *Kiss Sleeping Beauty Good-bye: Breaking the Spell of Feminine Myths and Models*; M. Lieberman, "Some Day My Prince Will Come": Female Acculturation through the Fairy Tale, *College English*, v. 34, n. 3; A. Lurie, Fairy Tale Liberation, *New York Review of Books*; H. Lyons, Some Second Thoughts on Sexism in Fairy Tales, em Elizabeth Grugeon; Peter Walden (eds.), *Literature and Learning*; R. Moore, From Rags to Witches: Stereotypes, Distortions and Anti-Humanism in Fairy Tales, *Interracial Books for Children*, v. 6, n. 7; J. Yolen, America's Cinderella, *Children's Literature in Education*, v. 8; e Göttner-Abendroth, *Die Göttin und ihr Heros*.

notas

2 M. Lochhead, *The Renaissance of Wonder in Children's*, p. 154.

3 G. Jean, *Le Pouvoir des Contes*, p. 153-154.

4 Ibidem, p. 206-209.

5 Ver também H. Cixous, Fiction and Its Phantoms: A Reading of Freud's Das Unheimliche, *New Literary History*, v. 7, n. 3.

6 S. Freud, O Inquietante, *Obras Completas – Volume 14: História de uma Neurose Infantil ("O Homem dos Lobos"), Além do Princícpio do Prazer e Outros Textos (1917-1920)*, p. 360.

7 Ibidem p. 372.

8 Ver B. Bettelheim, *A Psicanálise dos Contos de Fadas*.

9 Veja minha crítica ao livro de Bettelheim, On the Use and Abuse of Folk and Fairy Tales with Children: Bruno Bettelheim's Moralistic Magic Wand, *Breaking the Magic Spell: Radical Theories of Folk and Fairy Tales*, p. 160-182.

10 S. Freud, O Inquietante, op. cit., p. 353.

11 E. Bloch, Karl Marx and Humanity: The Material of Hope, *On Karl Marx*, p. 30-31.

12 Ibidem, p. 44-45.

13 Para uma discussão detalhada sobre os ensaios de Bloch, ver o meu "Introduction: Toward a Realization of Anticipatory Illumination" em E. Bloch, *The Utopian Function of Art and Literature*, p. xi–xliii; e meu capítulo "The Utopian Function of Fairy Tales and Fantasy: Ernst Bloch the Marxist and J.R.R. Tolkien the Catholic" em *Breaking the Magic Spell*, p. 129-159.

14 Ibidem, p. 133.

15 Ibidem, p. 135.

16 Ver C. Bühler, *Das Märchen und die Phantasie des Kindes*; A. Jalkotzy, *Märchen und Gegenwart*; A. Kunzfeld, *Vom Märchenerzähler und*; W. Ledermann, *Das Märchen in Schule und Haus*; E. Müller, *Psychologie des deutschen*; e R. Nolte, *Analyse der freien Märchenproduktion*.

17 A. Favat, *Child and Tale*, p. 54.

18 Existe uma tendência de pensar que os padrões dos contos populares e dos contos de fada clássicos não variam muito. No entanto, essa crença generalizada, baseada em *Morfologia do Conto Maravilhoso* de Vladimir Propp, não considera os efeitos das diferenças culturais sobre os conteúdos e as configurações dos contos. Para mais pontos de vistas diversificados, ver A. Nitzschke, *Soziale Ordnungen im Spiegel der Märchen*.

19 H. Herman, *The Forest Princess*, p. 1-2.

20 Ibidem, p. 38.

21 Herman escreveu uma continuação para essa história, *Return of the Forest Princess* (Berkeley: RainbowPress, 1975), que, no entanto, não é tão instigante e não tem o final aberto como seu primeiro livro.

22 Merseyside Women's Liberation Movement, *Red Riding Hood*, p. 6.

23 Ibidem, p. 5.

24 Para ver as muitas maneiras como "Chapeuzinho Vermelho" foi revisitado ao longo da história, ver meu livro *The Trials and Tribulations of Little Red Riding Hood: Versions of the Tale in Sociocultural Context*. Para uma análise mais recente, ver S. Beckett, *Recycling Red Riding Hood* e C. Orenstein, *Little Red Riding Hood Uncloaked: Sex, Morality, and the Evolution of a Fairy Tale*.

25 T. Ungerer, *A Storybook*, p. 88.

26 C. Storr, *Clever Polly and the Stupid Wolf*, p. 17-23.

27 Ver I. Fetscher, *Wer hat Dornröschen wachgeküßt?*, p. 28-32, e P. Dumas e B. Moissard, *Contes à l'envers*, p. 15-26.

28 Ver *The Breadtime Story*, de Adela Turin e Margherita Saccaro; *The Five Wives of Silverbeard*, de Adela Turin, Francesca Cantarelli e Nella Bosnia; *Of Cannons and Caterpillars*, de Adela Turin e Sylvie Selig; *Arthur and Clementine*, *A Fortunate Catastrophe*, *The Real Story of the Bonobos Who Wore Spectacles* e *Sugarpink Rose*, de Adela Turin e Nella Bosnia. Todos publicados pela Writers and Readers Publishing Cooperative entre 1975 e 1977. Também foram traduzidos para o alemão e o francês.

29 *Of Cannons and Caterpillars*, p. 1.

30 Ibidem, p. 17.

31 J.P. Andrevon, *La Fée et le géomètre*, p. 264.

32 M. de Larrabeiti, *The Borribles Go For Broke*, p. 80.

33 Dialeto falado em Londres, especialmente pelas classes baixas e trabalhadoras. (N. da T.)

34 Por examplo, ver *Wir pfeifen auf den Gurkenkönig* (Não Damos a Mínima Para o Rei Picles, 1972), de Christine Nöstlinger; *O feiticeiro de Terramar* (1968) e *Ornisian Tales* (Contos de Ornisia, 1976), de Ursula Le Guin; *Dragon, Dragon and Other Tales* (Dragão, Dragão e Outros Contos, 1975), *Gudgekin the Thistle Girl and Other Tales* (Gudgekin, A Menina Espinhenta e Outros Contos, 1976) e *The King of the Hummingbirds and Other Tales* (O Rei do Beija-Flores e Outros Contos, 1977), de John Gardner; e *Beauty* (Bela, 1980), de Robin McKinley.

35 Ver N. Tucker, How Children Respond to Fiction, *Writers, Critics, and Children*; e M. Nutz, Die Macht des Faktischen und die Utopie. Zur Rezeption emanzipatorischen Märchen, *Diskussion Deutsch 48*.

36 Ver G. Rodari, *Gramática da Fantasia*.

37 M.L. Salvadori, Apologizing to the Ancient Fable: Gianni Rodari and His Influence on Italian Children's Literature, *The Lion and the Unicorn*, v. 26, n. 2.

38 *Le Pouvoir des Contes*, p. 203-232.

9 A MISSÃO CIVILIZADORA DE WALT DISNEY

1 Ver L. Jacobs, Georges Méliès: Artificially Arranged Scenes, *The Emergence of Film Art: The Evolution and Development of the Motion Picture as an Art from 1900 to the Present*, p. 10-19; e F. de la Bretèque, Les Contes de Georges Méliès, em Carole Aurouet (dir.), *Contes et legends à l'écran*, p. 62-71.

2 B. Bastide, Présence de Perrault dans le cinéma français des premiers temps (1897-1912), em Carole Aurouet (dir.), *Contes et legends à l'écran*, p. 24-33.

3 L. Jacobs, Georges Méliès: Artificially Arranged Scenes, op. cit., p. 13.

4 Ver R. Merritt; J.B. Kaufman, *Walt in Wonderland: The Silent Films of Walt Disney*.

5 R. Sklar, The Making of Cultural Myths – Walt Disney, em D. Peary; G. Peary (eds.), *The American Animated Cartoon: A Critical Anthology*, p. 61.

6 Ibidem.

7 Para uma análise cuidadosa das diferenças entre o conto dos irmãos Grimm e o filme da Disney, veja o ensaio de Peter Brunette, Snow White and the Seven Dwarfs, *The American Animated Cartoon: A Critical Anthology*, p. 66-73.

8 Ver C. Solomon, Bad Girls Finish First in Memory of Disney Fans, *Milwaukee Journal*. Esse artigo cita a famosa frase de Woody Allen em *Annie Hall*: "Sabe, mesmo quando era criança eu sempre ia atrás das mulheres erradas. Quando minha mãe me levou para ver 'Branca de Neve', todos se apaixonaram pela Branca de Neve, e eu me apaixonei imediatamente pela Bruxa Má."

9 P. Brunette, Snow White and the Seven Dwarfs, p. 72

10 Ver K. Merritt, The Little Girl/Little Mother Transformation: The American Evolution of "Snow White and the Seven Dwarfs", em John Canemaker (ed.), *Storytelling in Animation: The Art of the Animated Image*. Merrit levanta um ponto interessante, dizendo que "A *Branca de Neve* de Disney é uma adaptação de uma peça infantil de 1912 (Disney a assistiu na forma de um filme mudo durante a sua adolescência) muito encenada até os dias de hoje, escrita por um produtor da Broadway com um pseudônimo feminino; essa peça era uma adaptação de uma peça para crianças imigrantes dos cortiços do baixo East Side de Nova York; e essa peça, por sua vez, era uma tradução e uma adaptação de uma peça alemã para crianças escrita por um prolífero escritor de comédias e contos de fada infantis para teatro. Por trás dessas peças estava a popularidade das pantomimas de contos de fada da época do Natal na Inglaterra, e as peças de contos de fada da Alemanha e dos Estados Unidos do final do século XIX e no começo do século XX. A imposição de um comportamento infantil aos anões, o consequente papel de mãe de Branca de Neve, as ambiguidades de idade tanto de Branca de Neve quanto dos anões, os elementos de "Cinderela", e a supressão de qualquer forma de sexualidade foram transmitidos por essa tradição teatral, que representava uma filosofia bem desenvolvida de educação moral nas representações para as crianças... Ao ler a *Branca de Neve* de Disney à luz do didatismo explícito dessas fontes, ele não parece mais ser o reacionário moral desprezado pelos críticos contemporâneos. Ao contrário, ele é o *entertainer* que eleva o subtexto de jogo encontrado em suas fontes e que se arrisca mais uma vez a assustar as crianças" (p. 106 – Tradução nossa).

11 Pode ser verdade que Disney foi mais influenciado pela tradição teatral e cinematográfica americana, mas a fonte de todas essas produções, a reconhecida por Disney, eram os contos dos irmãos Grimm. E, como defendi, Disney não estava especialmente interessado em experimentar com a narrativa para chocar as crianças ou para oferecer uma nova perspectiva sobre a história tradicional. Para todos os efeitos, seu filme reforça as mensagens didáticas do conto dos irmãos Grimm, e foi apenas nas inovações técnicas e nos desenhos que ele fez algo surpreendentemente novo. O objetivo da crítica não é "desdenhar" ou "condenar" Disney por se reapropriar da tradição dos irmãos Grimm para glorificar o grande desenhista, mas compreender as forças culturais e psicológicas que o levaram a traçar essas estratégias narrativas na animação de contos de fada.

12 R. Schickel, *The Disney Version*, p. 227.

13 Ibidem, p. 213.

14 S. Watts, *The Magic Kingdom: Walt Disney and the American Way of Life*, p. 408.

15 Citado em A. Wilson, The Betrayal of the Future: Walt Disney's Epcot Center, em E. Smoodin (ed.), *Disney Discourse: Producing the Magic Kingdom*, p. 118.

16 Ibidem, p. 121-122.

17 Ver H. Giroux, *The Mouse That Roared: Disney and the End of Innocence*, p. 63-81.

18 L. Marin, *Utopics: Spatial Play*, p. 240.

19 Tom Mes, Interview with Hayao Miyazaki, *Midnight Eye*. Também publicada na Internet: <http://midnighteye.com/interviews/hayao_miyazaki.shtml>.

Bibliografia

FONTES PRIMÁRIAS

ANDERSEN, Hans Christian. *The Complete Fairy Tales and Stories.* Trad. Erik Christian Haugaard. New York: Doubleday, 1974.
_____. *Contos de Hans Christian Andersen.* Trad. Silva Duarte. São Paulo: Paulinas, 2019, 4ª reimpressão.
ANDREVON, Jean-Pierre. *La Fée et le géomètre.* Paris: Casterman, 1981.
AUERBACH, Nina; KNOEPFLMACHER, Ulrich (eds.). *Forbidden Journeys: Fairy Tales and Fantasies by Victorian Women Writers.* Chicago: University of Chicago Press, 1993.
AULNOY, Marie-Catherine Le Jumel de Barneville, Baronne de. *Les Contes de fées.* Paris: Claude Barbin, 1697. 4 v.
_____. *Contes nouveaux ou les fées à la mode.* Paris: Veuve de Théodore Girard, 1698. 2 v.
_____. *Suite des contes nouveaux ou des fées à la mode.* Paris: Veuve de Théodore Girard, 1698. 2 v.
_____. *The Fairy Tales of Madame D'Aulnoy.* Trad. Annie Macdonell. Intro. Anne Thackeray Ritchie. London: Lawrence & Bullen, 1895.
_____. *Contes.* Ed. Philippe Houcade. Intr. Jacques Barchilon. Paris: Société des Textes Français Modernes, 1797–1798. 2 v.
BALÁZS, Bela. *Sieben Märchen.* Vienna: Rikola, 1921.
_____. *Das richtige Himmelblau.* Munchen: Drei-Masken, 1925.
BARCHILON, Jacques, ed. *Nouveau cabinet des fées.* Genéve: Slatkine Reprints, 1978. (Reimpressão parcial de *Le Cabinet des fées,* ed. Charles-Joseph Mayer. 18 v.)
BASILE, Giambattista. *Lo cunto de li cunti overo lo trattenemiento de peccerille.* De Gian Alessio Abbattutis. Napoli: Ottavio Beltrano, 1634–1636. 5 v.
_____. *The Pentamerone of Giambattista Basile.* Trad. N.M. Penzer. London: Bodley Head, 1932. 2 v.
_____. *Lo cunto de li cunti.* A cura di Michele Rak. Milano: Garazanti, 1986.
_____. *Il racconto dei racconti.* A cura di Alessandra Burani; Ruggero Guarini. Trad. Ruggero Guarini. Milano: Adelphi, 1994.
_____. *The Pentamerone.* Trad. Richard Burton. London: Spring, [s.d.]
BAUM, L. Frank. *The Emerald City.* New York: Ballantine, 1979. (Reimpressão do original de 1910.)
BERNARD, Catherine. *Inès de Cardoue, nouvelle espagnole.* Paris: Jouvenol, 1696; Geneva: Slatkine Reprints, 1979.
BLUNCK, Hans Friedrich. *Gesammelte Werke.* Hamburg: Hanseatische Verlagsanstalt, 1937. 10 v.
DUMAS, Philippe; MOISSARD, Boris. *Contes à l'envers.* Paris: L'École des Loisirs, 1977.
ENDE, Michael. *Momo e o Senhor do Tempo.* 2. ed. São Paulo: WMF Martins Fontes, 2012.
_____. *A História Sem Fim.* 11. Ed. São Paulo: Martins Fontes, 2021.

FETSCHER, Iring. *Wer hat Dornröschen wachgeküßt?* Frankfurt: Fischer, 1974.

FRIEDRICH, Ernst (ed.). *Proletarischer Kindergarten*. Berlin: Buchverlag der Arbeiter-Kunst-Ausstellung, 1921.

GALLAND, Antoine. *Les Milles et une nuit*. Paris: Florentin Delaulne, 1704 (v. 1–4.), 1706 (v. 5–7), 1709 (v. 8,), 1712 (v. 9–10). Lyon: Briasson, 1717 (v. 11–12). 12 v.

GEERKEN, Hartmut. *Die goldene Bombe*. Darmstadt: Agora, 1970.

_____. *Fischer-Taschenbuch*. Frankfurt: Fischer, 1979.

GELBERG, Hans-Joachim *Neues vom Rumpelstilzchen*. Weinheim: Beltz & Gelberg, 1976.

GRIMM, Jacob; GRIMM, Wilhelm. *Kinder- und Hausmärchen. Gesammelt durch die Brüder Grimm*. Berlin: Realschulbuchhandlung, 1812.

_____. *Kinder- und Hausmärchen: Gesammelt durch die Brüder Grimm*. Berlin: Realschulbuchhandlung, 1815. V. 2.

_____. *Kinder- und Hausmärchen: Gesammelt durch die Brüder Grimm*. 7. ed. rev. e exp. Göttingen: Dieterich, 1857. 2 v.

_____. *Kinder- und Hausmärchen: In der ersten Gestalt*. Frankfurt: Fischer Bücherei, 1962.

_____. *The Complete Fairy Tales of the Brothers Grimm*. Ed. e trad. Jack Zipes. New York: Bantam, 1987.

_____. *Contos Maravilhosos Infantis e Domésticos*. Trad. Christine Röhrig. São Paulo: Cosac Naif, 2015.

GRÖTZSCH, Robert. *Der Zauberer Burufu*. Berlin: Dietz, 1922.

GRÜN, Max von der. "Rotkäppchen". In: JUNG, Jochen (Hrsg.). *Bilderbogengeschichten: Märchen, Sagen, Abenteuer. Neu erzählt von Autoren unserer Zeit*. München: Deutscher Taschenbuch-Verlag (DTV), 1976.

HEARN, Michael Patrick (ed.). *The Victorian Fairy Tale Book*. New York: Pantheon, 1988.

HERMAN, Harriet. *The Forest Princess*. Berkeley: Rainbow, 1975.

ILLES, Bela. *Rote Märchen*. Leipzig: Freidenker-Verlag, 1925.

LA FORCE, Charlotte-Rose Caumont de. *Les Contes des contes par mlle de ****. Paris: S. Bernard, 1698.

_____. *Les Jeux d'esprit ou la promenade de la princesse de conti à eu par mademoiselle de La Force*. Ed. M. le Marquis de la Grange. Paris: Auguste Aubry, 1862.

LACASSIN, Francis. *Si les fées m'étaient contées... 140 contes de fées de Charles Perrault à Jean Cocteau*. Paris: Omnibus, 2003.

LARRABEITI, Michael de. *The Borribles*. London: Bodley Head, 1978.

_____. *The Borribles Go for Broke*. London: Bodley Head, 1981.

LASSWITZ, Kurd *Traumkristalle*. Berlin: Emil Felber, 1928.

LE NOBLE, Eustache. *Le Gage touché, histoires galantes*. Amsterdam: Jaques Desbordes, 1700.

LE PRINCE DE BEAUMONT, Marie. *Magasin des enfans, ou dialogue d'une sage gouvernante avec ses élèves de la première distinction*. Lyon: Reguilliat, 1756.

LENGYEL, József, *Sternekund und Reinekind*. Dresden: Verlags-Anstalt proletarischer Freidenker Deutschlands, 1923.

LERCHE, Doris; GMELIN, O.F. *Märchen für tapfere Mädchen*. Giessen: Schlot, 1978.

LEWIN-DORSCH, Eugen. *Die Dollarmännchen*. Berlin: Malik, 1923.

L'HÉRITIER DE VILLANDON, Marie-Jeanne. *Oeuvres meslées, contenant l'Innocente tromperie, l'avare puni, les enchantements de l'éloquence, les aventures de Finette, nouvelles, et autres ouvrages, en vers et en prose, de mlle de L'H***—avec le triomphe de mme Des-Houlières tel qu'il a été composé par mlle****. Paris: J. Guignard, 1696.

_____. *La Tour ténébreuse et les jours lumineux, contes anglois, accompagnés d'historiettes et tirés d'une ancienne chronique composée par Richard, surnommé Coeur de Lion, roi d'Angleterre, avec le récit des diverse aventures de ce roi.* Paris: Veuve de Claude Barbin, 1705.

LINDGREN, Astrid. *Märchen.* Hamburg: Oetingen, 1978.

MACDONALD, George. *The Complete Fairy Tales of George MacDonald.* Ed. Roger Lancelyn Green. New York: Schocken, 1977.

_____. *Unspoken Sermons: Second Series.* London: Longmans, Green, 1885.

MAILLY, Jean de. *Les Illustres fées, contes galans: Dédié aux dames.* Paris: M.-M. Brunet, 1698.

MAYER, Charles-Joseph (ed.). *Le Cabinet des fées; ou Collection choisie des contes des fées, et autres contes merveilleux.* Amsterdam: [s.n.], 1785. 41 v.

MERSEYSIDE Women's Liberation Movement. *The Prince and the Swineherd.* Liverpool: Fairy Story Collective, 1976.

_____. *Red Riding Hood.* Liverpool: Fairy Story Collective, 1976.

_____. *Snow White.* Liverpool: Fairy Story Collective, 1976.

MURAT, Henriette Julie de Castelnau, Comtesse de. *Contes de fées dédiez à S.A.S. madame la princesse douairière de Conty, par Mad, la comtesse de M***.* Paris: Claude Barbin, 1698.

_____. *Les Nouveaux contes de fées par mme de M***.* Paris: Claude Barbin, 1698.

_____. *Histoires sublimes et allégoriques.* Paris: Floentin Delaulne, 1699.

PERRAULT, Charles. *Histoires ou contes du temps passé.* Paris: Claude Barbin, 1697.

_____. *Contes de Perrault.* Ed. Gilbert Rouger. Paris: Garnier, 1967.

_____. *Contes.* Ed. Jean Pierre Collinet. Paris: Gallimard, 1981. (Col. Folio, n. 1281.)

_____. . *Contes.* Ed. Marc Soriano. Paris: Flammarion, 1989.

_____. *Contes.* Ed. Catherine Magnien. Paris: Le Livre de Poche, 1990.

RONA, Irene. *Was Paulchen werden will.* Berlin: Vereinigung Internationaler Verlagsanstalten, 1926.

RÖLLEKE, Heinz (ed.). *Die älteste Märchensammlung der Brüder Grimm.* Köln-Cologny: Fondation Martin Bodmer, 1975.

SAMBER, Robert. *The Authentic Mother Goose Fairy Tales and Nursery Rhymes.* Ed. Jacques Barchilon e Henry Petit. Denver: Swallow, 1960.

STEHR, Hermann. *Das Märchen vom deutschen Herzen.* Berlin: Horen, 1929.

STORER, Mary Elizabeth. *La Mode des contes de fées.* Paris: Champion, 1928.

_____ (ed.). *Contes de fées du grand siècle.* New York: Publications of the Institute of French Studies/Columbia University, 1934.

STORR, Catherine. *Clever Polly and the Stupid Wolf.* Harmondsworth: Puffin, 1967.

STRAPAROLA, Giovan Francesco. *Le piacevoli notti.* Venice: Comin da Trino, 1550/1553. 2 v.

_____. *The Facetious Nights of Straparola.* Trad. William G. Waters. Illus. Jules Garnier and E.R. Hughes. London: Lawrence and Bullen, 1894. 4 v.

_____. *Le piacevoli notti.* A cura di Giovanni Macchia. Milan: Bompiani, 1943.

_____. *Le piacevoli notti.* A cura di Bartolomeo Rossetti. Rome: Avanzini e Torraca, 1966.

_____. *Le piacevoli notti.* A cura di Manlio Pastore Stocchi. Rome-Bari: G. Laterza, 1979.

SZUCISICH, Maria. *Die Träume des Zauberbuches.* Dresden: Verlags-Anstalt proletarischer Freidenker Deutschlands, 1923.

_____. *Silavus.* Berlin: Malik, 1924.

UNGERER, Tomi. *A Storybook.* New York: Watts, 1974.

WARNER, Marina (ed.). *Wonder Tales: Six Stories of Enchantment.* London: Chatto & Windus, 1994.

WIECHERT, Ernst. *Sämtliche Werke.* Vienna: Desch, 1957.

WILDE, Oscar. *Complete Shorter Fiction*. Ed. Isobel Murray. Oxford: Oxford University Press, 1979.

_____. *Histórias de Fadas*. Trad. Barbara Heliodora. Rio de Janeiro: Nova Fronteira, 2019.

WILLIAMS, Jay. *The Practical Princess and Other Liberating Fairy Tales*. London: Chatto & Windus, 1979.

YOLEN, Jane. *Dream Weaver*. Cleveland: Collins, 1979.

ZERFASS, Julius. *Die Reise mit dem Lumpensack*. Berlin: Dietz, 1925.

ZIPES, Jack (ed.). *Victorian Fairy Tales*. New York: Methuen, 1987.

_____. (ed.). *Beauties, Beasts, and Enchantment: French Classical Fairy Tales*. New York: New American Library, 1989.

_____. (ed.). *Fairy Tales and Fables from Weimar Days*. Hanover: University Press of New England, 1989.

_____. (ed.). *Spells of Enchantment: The Wondrous Fairy Tales of Western Culture*. New York: Viking, 1991.

_____. (ed.). *The Outspoken Princess and the Gentle Knight: A Treasury of Modern Fairy Tales*. New York: Bantam, 1994.

_____. (ed.). *The Great Fairy Tale Tradition: From Straparola and Basile to the Brothers Grimm*. New York: Norton, 2001.

FONTES SECUNDÁRIAS

AARNE, Antti; THOMPSON, Stith. *The Types of the Folktale*. 2nd rev. ed. Helsinki: Suomalainen Tiedeaktatemia, 1961.

ALDERSON, Brian. Tracts, Rewards and Fairies: The Victorian Contribution to Children's Literature. *Essays in the History of Publishing in Celebration of the 250th Anniversary of the House of Longman, 1724-1974*. Ed. Asa Briggs. London: Longman, 1974.

ALEY, Peter. *Jugendliteratur im Dritten Reich*. Gütersloh: Bertelsmann, 1967.

ALKER, Ernst. *Profile und Gestalten der deutschen Literatur nach 1914*. Ed. Eugen Thurnher. Stuttgart: Kröner, 1979.

ANDERSEN, Hans Christian. *The Fairy Tale of My Life*. Trad. W. Glyn Jones. New York: British Book Centre, 1955.

_____. *Das Märchen meines Lebens: Briefe – Tagebücher*. Ed. Erling Nielsen. München: Winkler, 1961.

_____. *Aus Andersens Tagebüchern*. Ed. Heinz Barüske. Frankfurt: Fischer, 1980. 2 v.

APEL, Friedmar. *Die Zaubergärten der Phantasie: Zur Theorie und Geschichte des Kunstmärchens*. Heidelberg: Winter, 1978.

ARIÈS, Philippe. *Centuries of Childhood: A Social History of Family Life*. New York: Knopf, 1962. (*Trad. bras.: História Social da Criança e da Família*. Trad. Dora Flaksman. 2. ed. Rio de Janeiro: LTC, 2014.)

_____. At the Point of Origin. *Yale French Studies*, n. 43, 1969. (The Child's Part.)

ARMSTRONG, Nancy; TENNENHOUSE, Leonard (eds.). *The Violence of Representation: Literature and the History of Violence*. New York: Routledge, 1989.

AUROUET, Carole (dir.). *Contes et legends à l'écran*. Condé-sur-Noireau: Charles Corlet, 2005. (CinémAction n. 116.)

AVERY, Gillian. *Childhood's Pattern: A Study of Heroes and Heroines of Children's Fiction 1770–1950*. London: Hodder and Stoughton, 1975.

AZZARA, Claudio. *Le civiltà del Medievo*. Bologna: Mulino, 2004.

BARCHILON, Jacques. *Le Conte merveilleux français de 1690 à 1790*. Paris: Champion, 1975.

BARCHILON, Jacques; FLINDERS, Peter. *Charles Perrault*. Boston: Twayne, 1981.

BARCHILON, Jacques; PETIT, Henry. *The Authentic Mother Goose Fairy Tales and Nursery Rhymes*. Denver: Swallow, 1960.

BARTHES, Roland. *Elementos de Semiologia*. Trad. Izidoro Blikstein. São Paulo: Cultrix, 2012.

_____. *Le Degré zéro de l'écriture*. Paris: Points, 1972.

BASTIAN, Ulrike. *Die Kinder und Hausmärchen der Brüder Grimm in der literaturpädagogischen Diskussion des 19. und 20. Jahrhunderts*. Giessen: Haag & Herchen, 1981.

BASTIDE, Bernard. Présence de Perrault dans le cinéma français des premiers temps (1897-1912). In: AUROUET, Carole (dir.). *Contes et legends à l'écran*. Condé--sur-Noireau: Charles Corlet, 2005. (CinémAction n. 116.)

BAUM, Frank Joslyn; MACFALL, Russel P. *To Please a Child: A Biography of L. Frank Baum*. Chicago: Reilly & Lee, 1961.

BECKETT, Sandra. *Recycling Red Riding Hood*. New York: Routledge, 2002.

BECKWITH, Osmond. The Oddness of Oz. *Children's Literature*, v. 5, 1976.

BELMONT, Nicole. *Mythes et croyances dans l'ancienne France*. Paris: Flammarion, 1973.

BENJAMIN, Walter. Illuminations. Trans. Harry Zohn. New York: Harcourt, Brace & World, 1968. (Trad. bras.: *O Contador de Histórias e Outros Textos*. São Paulo: Hedra, 2020.)

_____. *Gesammelte Schriften*. Ed. Rolf Tiedemann e Hermann Schweppenhäuser. Frankfurt: Suhrkamp, 1977. 6 v.

BERENDSOHN, Walter A. *Grundformen volkstümlicher Erzählkunst in den Kinder- und Hausmärchen der Brüder Grimm*. 2. ed. rev. Wiesbaden: Sändig, 1968.

_____. *Phantasie und Wirklichkeit in den Märchen und Geschichten Hans Christian Andersen*. Wiesbaden: Sändig, 1973.

BETTELHEIM, Bruno. *The Uses of Enchantment: The Meaning and Importance of Fairy Tales*. New York: Knopf, 1976. (Trad. bras.: *A Psicanálise dos Contos de Fadas*. Rio de Janeiro: Paz & Terra, 2014.)

BIBLIOTHÈQUE NATIONALE. *Au temps des Précieuses: Les Salons littéraires au XVIIe siècle*. Paris: Bibliothèque Nationale, 1968.

BEWLEY, Marius. The Land of Oz: America's Great Good Place. *Masks and Mirrors: Essays on Criticism*. New York: Atheneum, 1970.

BISSERET, Noëlle. *Education, Class Language and Ideology*. London: Routledge Kegan Paul, 1979.

BLOCH, Ernst. *Das Prinzip Hoffnung*. Frankfurt: Suhrkamp, 1959. 3 v.

_____. Das Märchen geht selber in der Zeit. *Die Kunst, Schiller zu sprechen und andere literarische Aufsätze*. Frankfurt: Suhrkamp, 1969.

_____. Karl Marx and Humanity: The Material of Hope. *On Karl Marx*. New York: Seabury, 1971.

_____. *Erbschaft dieser Zeit*. Frankfurt: Suhrkamp, 1973.

_____. *Ästhetik des Vor-Scheins*. Hrsg. Gert Ueding. Frankfurt: Suhrkamp, 1974. 2 v.

_____. Nonsynchronism and the Obligation to Its Dialectics. *New German Critique* n. 11, Spring 1977.

_____. *The Utopian Function of Art and Literature*. Trad. Jack Zipes e Frank Mecklenburg. Cambridge: MIT Press, 1988

BLOUNT, Margaret. *Animal Land: The Creatures of Children's Fiction*. New York: Avon, 1974.

BLUM, Jeffrey M. *Pseudoscience and Mental Ability: The Origins and Fallacies of the IQ Controversy*. New York: Monthly Review Press, 1978.

BOLLÈME, Geneviève (ed.). *La Bibliothèque bleue*. Paris: Julliad, 1971.

BOOK, Fredrik. *Hans Christian Andersen: A Biography*. Trad. George C. Schoolfield. Norman: University of Oklahoma Press, 1962.

BOURDIEU, Pierre. *La Distinction: Critique Sociale du jugement*. Paris: Minuit, 1979. (Trad. bras.: *A Distinção: Crítica Social do Julgamento*. Porto Alegre: Zouk, 2011.)

_____. *Masculine Domination*. Trans. Richard Nice. Stanford: Stanford University Press, 2001. (Trad. bras.: *A Dominação Masculina*. Trad. Maria Helena Kühner 4. ed. Rio de Janeiro: Bertrand Brasil, 2019.)

BRACKERT, Helmut (Hrsg.). *Und wenn sie nicht gestorben sind...: Perspektiven auf das Märchen*. Frankfurt: Suhrkamp, 1980.

BRANDT, Sabine. Rotkäppchen und der Klassenkampf. *Der Monat*, 12 Jahrg, n. 144, September 1960.

BREDSDORFF, Elias. *Hans Christian Andersen*. London: Phaidon, 1975.

BRÉMOND, Claude. Les Bons récompensés et les méchants punis: Morphologie du conte merveilleux français. In: CHABROL, Claude et al. *Sémiotique narrative et textuelle*. Paris: Larousse, 1973.

_____. Le Méccano du conte. *Magazine littéraire*, n. 150, juillet-août 1979.

BRETÈQUE, François de la. Les Contes de Georges Méliès. In: AUROUET, Carole (dir.). *Contes et legends à l'écran*. Condé-sur-Noireau: Charles Corlet, 2005. (CinémAction n. 116.)

BRIDENTHAL, Renate; KOONZ, Claudia (eds.). *Becoming Visible: Women in European History*. Boston: Houghton Mifflin, 1977.

BRIGGS, K.M. *The Fairies in Tradition and Literature*. London: Routledge Kegan Paul, 1967.

BÜHLER, Charlotte; BELZ, Josefine. *Das Märchen und die Phantasie des Kindes*. Berlin: Springer, 1977.

BÜLOW, Werner von. *Märchendeutungen durch Runen: Die Geheimsprache der deutschen Märchen*. Hellerau bei Dresden: Hakenkreuz, 1925.

BUTOR, Michel. On Fairy Tales. In: GRAS, Vernon W. (ed.). *European Literary Theory and Practice: From Existential Phenomenology to Structuralism*. New York: Delta, 1973.

CANEPA, Nancy. Basile e il Carnavalesco. In: PICCONE, Michaelangelo; MESSERLI, Alfred (a cura di). *Giovan Battista Basile e l'invenzione della fiaba*. Ravenna: A. Longo, 2004.

CHOROVER, Stephan. *From Genesis to Genocide: The Meaning of Human Nature and the Power of Behavior Control*. Cambridge: MIT Press, 1979.

CIXOUS, Hélène. Fiction and Its Phantoms: A Reading of Freud's "Das Unheimliche". *New Literary History* v. 7, n. 3, Spring 1976.

COFFIN, Tristram Potter. *The Female Hero in Folklore and Legend*. New York: Seabury, 1975.

CONROY, Patricia; ROSSEL, Sven (eds.). *The Diaries of Hans Christian Andersen*. Seattle: University of Washington Press, 1990.

COOK, Elizabeth. *The Ordinary and the Fabulous: An Introduction to Myths, Legends and Fairy Tales for Teachers and Storytellers*. Cambridge: Cambridge University Press, 1969.

CORTEN, Irina H. Evgenii Shvarts as an Adapter of Hans Christian Andersen and Charles Perrault. *The Russian Review*, v. 37, n. 1, jan. 1978.

COTT, Jonathan (ed.). *Beyond the Looking Glass: Extraordinary Works of Fairy Tale and Fantasy*. New York: Stonehill, 1973.

COVENEY, Peter. *The Image of Childhood*. London: Penguin, 1967.

COX, Marian Roalfe. *Cinderella: Three Hundred and Forty-five Variants*. London: Publications of the Folklore Society, 1892.

CRAFTON, Donald. *Before Mickey: The Animated Film 1898–1928*. Cambridge: MIT Press, 1982.

CRAVERI, Benedetta. *La civiltà della conversazione*. Milano: Adelphi, 2001.

_____. *The Age of Conversation*. Trad. Teresa Waugh. New York: New York Review of Books, 2005.

CRAWFORD, Frederick (ed.). *Hans Christian Andersen's Correspondence with the Late Grand-duke of Saxe-Weimar, Charles Dickens, &c., &c.* London: Dean, 1891.

DAHL, Svend; Topsøe-Jensen, H.G. (eds.). *A Book on the Danish Writer Hans Christian Andersen: His Life and Work*. Copenhagen: Det Berlingske Bogtrykkeri, 1955.

DAL, Erik. Hans Christian Andersen's Tales and America. *Scandinavian Studies*, v. 40, n. 1, feb. 1968.

DARTON, F.J. Harvey. *Children's Books in England: Five Centuries of Social Life*. Cambridge: Cambridge University Press, 1960.

DEFRANCE, Anne. *Les Contes de fées et les nouvelles de madame D'Aulnoy (1690–98)*. Geneva: Droz, 1998.

DÉGH, Linda. *Folktales and Society*. Bloomington: Indiana University Press, 1969.

_____ (ed.). *Folklore Today*. Bloomington: Indiana University Research Center for Language and Semiotic Studies, 1976.

_____. Grimm's Household Tales and Its Place in the Household: The Social Relevance of a Controversial Classic. *Western Folklore*, v. 38, n. 2, april 1979.

DEJEAN, Joan. *Tender Geographies: Women and the Origins of the Novel in France*. New York: Columbia University Press, 1991.

DELARUE, Paul; TENÈZE, Marie-Louise. *Le Conte populaire français*. Paris: Erasme, 1957-1964.

_____. (ed.). *The Borzoi Book of French Folk Tales*. New York: Knopf, 1956.

DENKLER, Horst; PRÜMM, Karl (Hrsg.). *Die deutsche Literatur im Dritten Reich*. Stuttgart: Reclam, 1976.

DEWALD, Jonathan. *The European Nobility 1400–1800*. Cambridge: Cambridge University Press, 1996.

DI SCANNO, Teresa. *Les Contes de fées à l'époque classique (1680–1715)*. Nápoles: Liguori, 1975.

DIXON, Bob. *Catching Them Young: V. 1 – Sex, Race and Class in Children's Fiction / V. 2 – Political Ideas in Children's Fiction*. London: Pluto, 1977.

DODERER, Klaus (Hrsg.). *Klassische Kinder und Jugendbücher*. Weinheim: Beltz, 1969.

DOLLE, Bernd. Märchen und Erziehung. Versuch einer historischen Skizze zur didaktischen Verwendung Grimmscher Märchen. In: BRACKERT, Helmut (Hrsg.). *Und wenn sie nicht gestorben sind…: Perspektiven auf das Märchen*. Frankfurt: Suhrkamp, 1980.

DORSON, Richard M. *Folklore and Fakelore*. Cambridge: Harvard University Press, 1976.

DREWS, Jörg (Hrsg.). *Zum Kinderbuch*. Frankfurt: Insel, 1975.

DUERR, Hans Peter. *Traumzeit: Über die Grenze zwischen Wildnis und Zivilisation*. Frankfurt: Syndikat, 1978.

DUFFY, Maureen. *The Erotic World of Faery*. London: Hodder and Stoughton, 1972.

DUGGAN, Anne. *Salonnières, Furies, and Fairies: The Politics of Gender and Cultural Change in Absolutist France*. Newark: University of Delaware Press, 2005.

DUINDAM, Jeroen. *Myths of Power: Nobert Elias and Early-Modern European Court*. Amsterdam: Amsterdam University Press, 1994.

DULONG, Claude. *La Vie quotidienne des femmes au grand siècle*. Paris: Hachette, 1984.

DUNDES, Alan (ed.). *The Study of Folklore*. Englewood Cliffs: Prentice Hall, 1965.

_____ (ed.). *Cinderella: A Folklore Casebook*. New York: Garland, 1982.

DURAND, Gilbert. *Les Structures anthropologiques de l'Imaginaire*. Paris: Bordas, 1969.

DWORKIN, Andrea. *Woman Hating*. New York: Dutton, 1974.

DYHRENFURTH, Irene. *Geschichte des deutschen Jugendbuches*. Zurich: Atlantis, 1967.

ELIAS, Norbert. *Über den Prozess der Zivilisation*. Frankfurt: Suhrkamp, 1977. 2 v. (Trad. bras.: *O Processo Civilizador*. Trad. Ruy Jungman. Rio de Janeiro: Jorge Zahar, 1990. 2 v.)

_____. *The Civilizing Process*. Trad. Edmund Jephcott. Vol. 1. New York: Urizen, 1978.

_____. *The Court Society*. New York: Pantheon, 1983. (*Trad. bras.: A Sociedade da Corte*. Trad. Pedro Süssekind. Rio de Janeiro: Zahar, 2001.)

_____. The Retreat of Sociologists into the Present. *Theory, Culture & Society*, v. 4, n. 1-2, june 1987.

_____. *The Civilizing Process: Sociogenetic and Psychogenetic Investigations*. Rev. ed. Eds. Eric Dunning, Johann Godsblom e Stephen Mennell. Trad. Edmund Jephcott. Oxford: Blackwell, 2000.

ELIOT, Marc. *Walt Disney: Hollywood's Dark Prince*. New York: Birch Lane, 1993.

ELSCHENBROICH, Donata. *Kinder werden nicht geboren: Studien zur Entstehung der Kindheit*. Frankfurt: päd. extra buchverlag, 1980.

EMMERICH, Wolfgang. *Germanistische Volkstumsideologie: Genese und Kritik der Volksforschung im Dritten Reich*. Reutlingen: Tübingen Vereinigung für Volkskunde, 1968.

ERISMAN, Fred. L. Frank Baum and the Progressive Dilemma. *American Quarterly*, v. 20, n. 3, Autumn, 1968.

ESCARPIT, Denise. *La Littérature d'enfance et de jeunesse en Europe*. Paris: Presses Universitaires de France, 1981.

ESCHBACH, Walter. *Märchen der Wirklichkeit*. Leipzig: Oldenburg, 1924.

EYKMANN, Christoph. Das Märchen im Expressionismus. *Denk- und Stilformen des Expressionismus*. München: Fink, 1974.

FARRER, Claire R. (ed.). *Women and Folklore*. Austin: University of Texas Press, 1975.

FAVAT, F. André. *Child and Tale: The Origins of Interest*. Urbana: National Council of Teachers of English, 1977.

FEHLING, Detler. *Armor und Psyche: Die Schöpfung des Apuleius und ihre Einwirkung auf das Märchen*. Wiesbaden: Steiner, 1977.

FEND, Helmut. *Sozialisation durch Literatur*. Weinheim: Beltz, 1979.

FILSTRUP, Jane Merrill. Thirst for Enchanted Views in Ruskin's "The King of the Golden River". *Children's Literature*, v. 8, 1980.

FINK, Gonthier-Louis. *Naissance et apogée du conte merveilleux en Allemagne, 1740–1800*. Paris: Les Belles Lettres, 1966.

FISCHER, Maria. *Es war einmal- es ist noch: Das deutsche Märchen in seinen charakterlichen und sittlichen Werten*. Stuttgart: Union Deutsche Verlagsgesellschaft, 1944.

FOUCAULT, Michel. *Discipline and Punish: The Birth of the Prison*. Trans. Alan Sheridan. New York: Pantheon, 1978. (Trad. bras.: *Vigiar e Punir: Nascimento da Prisão*. Trad. Raquel Ramalhete. São Paulo: Vozes, 2014.)

_____. *The History of Sexuality*. New York: Pantheon, 1978. 3 v. (Trad. bras.: *História da Sexualidade*. Trad. Maria Thereza da Costa e J.A. Guilhon Albuquerque. Rio de Janeiro: Paz & Terra, 2020. 4 v.)

FOX, Geoff et al. (eds.). *Writers, Critics, and Children*. New York: Agathon, 1976.

FRANCE, Peter. The Pleasure of Their Company. *New York Review of Books*, June 23, 2005.

FRASER, James H. *Society and Children's Literature*. Boston: David Godine, 1978.

FREUD, Sigmund. O Inquietante. *Obras Completas – Volume 14: História de uma Neurose Infantil ("O Homem dos Lobos"), Além do Princípio do Prazer e Outros Textos (1917-1920)*. Trad. Paulo César de Souza. São Paulo: Companhia das Letras, 2010.

GARDNER, Martin; NYE, Russel B. (eds.) *The Wizard of Oz and Who He Was*. East Lansing: Michigan State University Press, 1957.

GAY, Peter. *Weimar Culture: The Outsider as Insider*. London: Secker and Warburg, 1969.

GERSTNER, Hermann. *Brüder Grimm in Selbstzeugnissen und Bilddokumenten*. Hamburg: Rowohlt, 1973.

GILBERT, Sandra; GUBAR, Susan. *The Madwoman in the Attic: The Woman Writer and the Nineteenth-Century Literary Imagination*. New Haven: Yale University Press, 1979.

GIROUX, Henry A. *The Mouse That Roared: Disney and the End of Innocence*. New York: Rowman & Littlefield, 1999.

GMELIN, Otto F. Böses kommt aus Märchen. *Die Grundschule*, 7, Heft 3, 1975.

GÖTTNER-ABENDROTH, Heide. *Die Göttin und ihr Heros: Die matriarchalen Religionen in Mythen, Märchen, Dichtung*. München: Frauenoffensive, 1980.

_____. Matriarchale Mythologie. In: WARTMANN, Brigitte (Hrgs.), *Weiblich-Männlich: Kulturgeschichtliche Spuren einer verdrängten Weiblichkeit*. Berlin: Ästhetik & Kommunikation, 1980.

GRAFF, Harvey. *The Legacies of Literacy: Continuities and Contradictions in Western Culture and Society*. Bloomington: University of Indiana Press, 1987.

GREEN, Roger Lancelyn. *Tellers of Tales: British Authors of Children's Books From 1800-1964*. New York: Watts, 1965.

GREENE, David L. The Concept of Oz. *Children's Literature*, v. 3, 1974.

GREENE, David L.; MARTIN, Dick. *The Oz Scrapbook*. New York: Random House, 1977.

GREIMAS, Algirdas Julius. *Sémantique structurale*. Paris: Larousse, 1964. (Trad. bras.: *Semântica Estrutural*. São Paulo: Cultrix, 1973.)

GRENZ, G. Vom Märchenerzählen. *Die Neue Gemeinschaft – Das Parteiarchiv für nationalsozialistische Feier und Freizeitgestaltung*, 9 Jahrgang, Heft 12, dez. 1943.

GRISWOLD, Jerome J. Sacrifice and Mercy in Wilde's "The Happy Prince". *Children's Literature*, v. 3, 1974.

GRØNBECH, Bo. *Hans Christian Andersen*. Boston: Twayne, 1980.

GRUGEON, Elizabeth; WALDEN, Peter (eds.). *Literature and Learning*. London: Open University Press, 1978.

HAASE DUBOSC, Danielle; VIENNOT, Eliane (dir.). *Femmes et pouvoirs sous l'Ancien Régime*. Paris: Rivages/Histoire, 1991.

HABERMAS, Jürgen. *Strukturwandel der Öffentlichkeit: Untersuchungen zu einer Kategorie der bürgerlichen Gesellschaft*. Neuwied: Luchterhand, 1962. (Trad. bras.: *Mudança Estrutural da Esfera Pública*. Trad. Denilson Luís Werle. São Paulo: Editora Unesp, 2014.)

_____. *Legitimation Crisis*. Trad. Thomas McCarthy. Boston: Beacon, 1975.

_____. *The Structural Transformation of the Public Sphere*. Trans. Thomas Burger. Cambridge: MIT Press, 1989.

HANKS, Carole; HANKS JR., D.T. Perrault's "Little Red Riding Hood": Victim of Revision. *Children's Literature*, v. 7, 1978.

HANNON, Patricia Ann. *Fabulous Identities: Women's Fairy Tales in Seventeenth-Century France*. Amsterdam: Rodopi, 1998.

HARMETZ, Haljean. *The Making of the Wizard of Oz*. New York: Knopf, 1978.

HARTH, Erica. *Ideology and Culture in Seventeenth-Century France*. Ithaca: Cornell University Press, 1983.

_____. The Salon Woman Goes Public. Or Does She? In: GOLDSMITH, Elisabeth C.; GOODMAN, Dena. *Going Public: Women and Publishing in Early Modern France,*. Ithaca: Cornell University Press, 1995.

HEARN, Michael Patrick (ed.). *The Annotated Wizard of Oz*. New York: Potter, 1973.

HEISIG, James W. Bruno Bettelheim and the Fairy Tales. *Children's Literature*, v. 6, 1977.

HELD, Jacqueline. *L'Imaginaire au pouvoir*. Paris: Les Éditions Ouvrières, 1975.

HERMAND, Jost; TROMMLER, Frank. *Die Kultur der Weimarer Republik*. München: Nymphenburg, 1978.

HERRMANN, Ulrich. Literatursoziologie und Lesergeschichte als Bildungsforschung. Historische Sozialisationsforschung im Medium der Kinder- und Jugendliteratur. *Internationales Archiv für Sozialgeschichte der deutschen Literatur*, v. 2, 1977.

HEUSCHER, Julius E. *A Psychiatric Study of Fairy Tales: Their Origin, Meaning, and Usefulness*. Springfield: Thomas, 1963.

HEYDEN, Franz. *Volksmärchen und Volksmärchenerzähler*. Hamburg: Hanseatische Verlagsanstalt, 1922.

HINKEL, Hermann; Kammler, Hans. Der Feuerdrache Minimax – ein Märchen? – Ein Bilderbuch! *Die Grundschule*, 7, Heft 3, 1975.

HOERNLE, Edwin. *Grundfragen der proletarischer Erziehung*. Herausgegeben: Lutz von Werder; Reinhart Wolff. Darmstadt: März, 1969.

_____. Die Arbeit in den kommunistischen Kindergruppen. In: RICHTER, Dieter (ed.). *Das politische Kinderbuch*. Darmstadt: Luchterhand, 1973.

HOGGART, Richard. *The Uses of Literacy*. London: Chatto & Windus, 1957.

HOLBEK, Bengt. Hans Christian Andersen's Use of Folktales. In: DAVIDSON, Hilda Ellis; CHAUDRI, Anna (eds.). *A Companion to the Fairy Tale*. Cambridge: D.S. Brewer, 2003.

HONEGGER, Claudia. *Die Hexen der Neuzeit: Studien zur Sozialgeschichte eines kulturellen Deutungsmusters*. Frankfurt: Suhrkamp, 1978.

HOUSTON, R.A. *Literacy in Early Modern Europe: Culture and Education 1500–1800*. 2. ed. London: Longman, 2002.

HYDE, H. Montgomery. *Oscar Wilde*. London: Methuen, 1976.

HURRELMANN, Bettina (Hrgs.). *Kinderliteratur und Rezeption*. Baltmannsweiler: Burgbücherei Schneider, 1980.

JACKSON, Rosemary. *Fantasy: The Literature of Subversion*. London: Methuen, 1981.

JACOBS, Lewis. Georges Méliès: Artificially Arranged Scenes. *The Emergence of Film Art: The Evolution and Development of the Motion Picture as an Art from 1900 to the Present*, ed. Lewis Jacobs. 2nd ed. New York: Norton, 1979.

JALKOTZY, Alois. *Märchen und Gegenwart*. Vienna: Jungbrunnen, 1930.

JAMESON, Fredric. *The Political Unconscious: Narrative as a Socially Symbolic Act*. Ithaca: Cornell University Press, 1981.

JAN, Isabelle. *Essai sur la littérature enfantine*. Paris: Éditions Ouvrières, 1969.

_____. *On Children's Literature*. New York: Schocken, 1974.

_____. *Andersen et ses contes*. Paris: Aubier, 1977.

JEAN, Georges. *Le Pouvoir des contes*. Paris: Casterman, 1981.

JOLLES, André. *Einfache Formen*. Tübingen: Niemeyer, 1958.

JONES, W. Glyn. *Denmark*. New York: Praeger, 1970.

JULLIAN, Philippe. *Oscar Wilde*. London: Constable, 1969.

KAISER, Erich. "Ent-Grimm-te" Märchen. *Westermanns Pädagogische Beiträge*, Jahrgang 27, Heft 8, 1975.

KAMENETSKY, Christa. Folklore as a Political Tool in Nazi Germany. *Journal of American Folklore*, v. 85, n. 337, Jul-Sep. 1972.

_____. Folktale and Ideology in the Third Reich. *Journal of American Folklore*, v. 90, n. 356, Apr.-June 1977.

KARLINGER, Felix (ed.). *Wege der Märchenforschung*. Darmstadt: Wissenschaftliche Buchgesellschaft, 1973.

KLOTZ, Volker. Wie Wilde seine Märchen über Andersen hinwegerzählt. In: LASCHEN, Gregor; SCHLÖSSER, Manfred. *Der zerstückte Traum: Für Erich Arendt zum 75. Geburtstag*. Berlin: Agora, 1978.

KOFOED, Niels. Hans Christian Andersen and the European Literary Tradition. In: ROSSEL, Sven Hakon (ed.). *Hans Christian Andersen: Danish Writer and Citizen of the World*. Amsterdam: Rodopi, 1996.

KOLBENSCHLAG, Madonna. *Kiss Sleeping Beauty Good-bye: Breaking the Spell of Feminine Myths and Models*. New York: Doubleday, 1979.

KUHN, Andrea. *Tugend und Arbeit: Zur Sozialisation durch Kinder- und Jugendliteratur im 18. Jahrhundert*. Berlin: Basis, 1975.

KUHN, Andrea; MERKEL, Johannes. *Sentimentalität und Geschäft. Zur Sozialisation durch Kinder- und Jugendliteratur im 19. Jahrhundert*. Berlin: Basis, 1977.

KUNZFELD, Alois. *Vom Märchenerzahlen und Märchenillustrieren*. Vienna: Deutscher Verlag für Jugend und Volk, 1926.

LABATUT, Jean-Pierre. *Les Noblesses européennes de la fin du XVe à la fin de XVIIIe siècle*. Paris: Presses Universitaires de France, 1978.

LAIBLIN, Wilhelm (Hrgs.). *Märchenforschung und Tiefenpsychologie*. Darmstadt: Wissenschaftliche Buchgesellschaft, 1969.

LAKOFF, George; JOHNSON, Mark. *Metaphors We Live By*. Chicago: University of Chicago Press, 2003.

LANES, Selma G. *Down the Rabbit Hole: Adventures and Misadventures in the Realm of Children's Literature*. New York: Atheneum, 1971.

LARUCCIA, Victor. Little Red Riding Hood's Metacommentary: Paradoxical Injunction, Semiotics and Behavior. *Modern Language Notes*, v. 90, n. 4, May 1975.

LEDERMANN, Wilhelm. *Das Märchen in Schule und Haus*. Langensalza: Schulbuchhandlung, 1921.

LÉVI-STRAUSS, Claude. *Tristes Tropiques*. Paris: Plon, 1955. (Trad. bras: *Tristes Trópicos*. São Paulo: Companhia das Letras, 1996.)

LEWIS, Philip. *Seeing through the Mother Goose Tales: Visual Turns in the Writings of Charles Perrault*. Stanford: Stanford University Press, 1996.

LEYEN, Friedrich von der. *Das Märchen*. Leipzig: Quelle & Meyer, 1917.

LIEBERMAN, Marcia R. "Some Day My Prince Will Come": Female Acculturation Through the Fairy Tale. *College English*, v. 34, n. 3, dec. 1972.

_____. The Feminist in Fairy Tales: Two Books from the Jung Institute, Zurich. *Children's Literature*, v. 2, 1973.

LINDE, Ernst. *Die Bildungsaufgabe der deutschen Dichtung*. Leipzig: Brandstetter, 1927.

LITTLEFIELD, Henry M. "The Wizard of Oz": Parable on Populism. In: COHEN, Hennig (ed.). *American Culture: Approaches to the Study of the United States*. New York: Houghton Mifflin, 1968.

LOCHHEAD, Marion. *The Renaissance of Wonder in Children's Literature*. Edinburgh: Canongate, 1977.

LURIE, Alison. Fairy Tale liberation. *New York Review of Books*, dec. 17, 1970.

_____. Witches and Fairies: Fitzgerald to Updike. *New York Review of Books*, dec. 2, 1971.

_____. Ford Madox Ford's Fairy Tales. *Children's Literature*, v. 8, 1980.

LÜTHI, Max. *Die Gabe im Märchen und in der Sage*. Berna: Francke, 1943.

_____. *Das europäische Volksmärchen*. 2. rev. ed. Berna: Francke, 1960.

_____. *Volksmärchen und Volkssage*. 2. rev. ed. Berna: Francke, 1966.

_____. *Märchen*. 3. rev. ed. Stuttgart: Metzler, 1968.

_____. Familie und Natur im Märchen. *Volksliteratur und Hochliteratur*. Berna: Francke, 1970.

_____. *Once upon a Time: On the Nature of Fairy Tales*. New York: Ungar, 1970.

_____. *Das Volksmärchen als Dichtung*. Köln: Diederichs, 1975.

LYONS, Heather. Some Second Thoughts on Sexism in Fairy Tales. In: GRUGEON, Elizabeth; WALDEN, Peter (eds.). *Literature and Learning*. London: Open University Press, 1978.

LYPP, Maria (ed.). *Literatur für Kinder*. Göttingen: Vandenhoeck & Ruprecht, 1977.

LYSTAD, Mary. *From Dr Mather to Dr Seuss: 200 Years of American Books for Children*. Boston: G.K. Hall, 1980.

MACDONALD, Greville. *George MacDonald and His Wife*. London: Allen & Unwin, 1924.

_____. *Reminiscences of a Specialist*. London: Allen & Unwin, 1932.

MAINIL, Jean. *Madame D'Aulnoy et le Rire des Fées: Essai sur la Subversion Féerique et le Merveilleux Comique sous L'Ancien Régime*. Paris: Klimé, 2001.

MANDROU, Robert. *De la culture populaire aux XVIIe et XVIIIe siècles*. Paris: Stock, 1964.

MANLOVE, C.N. *Modern Fantasy*. London: Cambridge University Press, 1975.

MARIN, Louis. Puss-in-Boots: Power of Signs – Signs of Power. *Diacritics*, v. 7, n. 2, Summer, 1977.

_____. *Utopics: Spatial Play*. Trad. Robert Vollrath. Atlantic Highlands: Humanities Press, 1984

MARTIN, Robert. K. Oscar Wilde and the Fairy Tale: "The Happy Prince" as Self-Dramatization. *Studies in Short Fiction*, v. 16, n. 1, Winter 1979.

MAYER, Hans. Vergebliche Renaissance: Das "Märchen" bei Goethe und Gerhart Hauptmann. *Von Lessing bis Thomas Mann*. Pfullingen: Neske, 1959.

_____. *Aussenseiter*. Frankfurt: Suhrkamp, 1975.

MELETINSKY, Eleasar. Die Ehe im Zaubermärchen. *Acta Ethnographica Academiae Scientiarum Hungaricae*, tomus 19, 1970.

MEURER, Max. Das Märchen in Bild und Film, von der Schule aus gesehen. *Film und Bild*, v. 5, 15 mai 1939.

MERRITT, Karen. The Little Girl/Little Mother Transformation: The American Evolution of "Snow White and the Seven Dwarfs". In: CANEMAKER, John (ed.). *Storytelling in Animation: The Art of the Animated Image*. Los Angeles: The American Film Institute, 1988.

MERRITT, Russell; KAUFMAN, J.B. *Walt in Wonderland: The Silent Films of Walt Disney*. Baltimore: Johns Hopkins University Press, 1993.

MES, Tom. Interview with Hayao Miyazaki. *Midnight Eye*, jan. 7, 2002. Disponível em: <http://www.midnighteye.com/interviews/hayao_miyazaki.shtml>. Acesso em: 26 maio 2023.

MEYER, Rudolf. *Die Weisheit der deutschen Märchen*. Stuttgart: Verlag der Christengemeinschaft, 1935.

MICHAELIS-Jena, Ruth. *The Brothers Grimm*. London: Routledge Kegan Paul, 1970.

MIEDER, Wolfgang, ed. *Grimms Märchen—modern*. Stuttgart: Reclam, 1979.

MIKHAIL, E.H. *Oscar Wilde: An Annotated Bibliography of Criticism*. Totowa: Rowman & Littlefield, 1978.

MOORE, Raylyn. *Wonderful Wizard, Marvelous Land*. Bowling Green: Bowling Green University Popular Press, 1974.

MOORE, Robert. From Rags to Witches: Stereotypes, Distortions and Anti-humanism in Fairy Tales. *Interracial Books for Children*, v. 6, n. 7, 1975.

MORAZÉ, Charles. *The Triumph of the Middle Classes: A Political and Social History of Europe in the Nineteenth Century*. London: Weidenfeld and Nicolson, 1966.

MÖRCHEN, Helmut. Notizen zu Wolgast: Anmerkungen zur Rezeption von Das Elend unserer Jugendliteratur. In: LYPP, Maria (Hrsg.). *Literatur für Kinder: Studien über ihr Verhältnis zur Gesamtliteratur*. Göttingen: Vandenhoeck & Ruprecht, 1977.

MORTENSEN, Finn Hauberg. *A Tale of Tales: Hans Christian Andersen and Children's Literature*. Minneapolis: Center for Nordic Studies, University of Minnesota, 1989. Parts III - IV.

MOSELY, Leonard. *Disney's World*. New York: Stein and Day, 1985.

MOSSE, George. *Nazi Culture: Intellectual and Social Life in the Third Reich*. London: W.H. Allen, 1966.

MOUREY, Lilyane. *Introduction aux contes de Grimm et de Perrault*. Paris: Minard, 1978.

MOYNIHAN, Ruth B. Ideologies in Children's Literature. *Children's Literature*, v. 2, 1973.

MUIR, Pery. *English Children's Books 1600–1900*. New York: Praeger, 1954.

MÜLLER, Erwin. *Psychologie des deutschen Volksmärchens*. München: Kösel & Pustet, 1928.

MÜLLER, Konrad. *Die Werwolfsage*. Karlsruhe: Macklotsche, 1937.

NIEDLICH, Kurd. *Das Mythenbuch*. Leipzig: Dürr'sche Buchhandlung, 1927.

NIELSEN, Erling. *Hans Christian Andersen in Selbstzeugnissen and Bilddokumenten*. Hamburg: Rowohlt, 1958.

NISARD, Charles. *Histoires des livres populaires ou de la littérature du colportage*. Paris: Maisonneuve & Larose, 1968.

NITSCHKE, August. *Soziale Ordnungen im Spiegel der Märchen*. Stuttgart: Frommann-Holzborg, 1976–1977. 2 v. (Band 1: Das frühe Europa; Band 2: Stabile Verhaltensweisen der Völker in unserer Zeit.)

NOLTE, Reinhard. *Analyse der freien Märchenproduktion*. Langensalza: Beyer, 1931.

NUTZ, Maximilian. Die Macht des Faktischen und die Utopie. Zur Rezeption emanzipatorischen Märchen. *Diskussion Deutsch* 48, aug. 1979.

NYE, Russel B. The Wizardress of Oz – And Who She Is. *Children's Literature*, v. 2, 1973.

O'DELL, Felicity Ann. *Socialisation through Children's Literature*. Cambridge: Cambridge University Press, 1978.

O'DONNELL, Elliott. *Werwolves*. London: Methuen, 1912.

OPIE, Iona; Peter Opie. *The Classic Fairy Tales*. New York: Oxford University Press, 1974.

ORENSTEIN, Catherine. *Little Red Riding Hood Uncloaked: Sex, Morality, and the Evolution of a Fairy Tale*. New York: Basic Books, 2002.

PEARY, Gerald; PEARY, Danny (eds.). *The American Animated Cartoon: A Critical Anthology*. New York: E.P. Dutton, 1980.

PEPPARD, Murray B. *Paths through the Forest: A Biography of the Brothers Grimm*. New York: Holt, Rinehart and Winston, 1971.

PIAGET, Jean. *The Language and Thought of the Child*. Cleveland: World Publishing, 1955. (Trad. bras.: *A Linguagem e o Pensamento da Criança*. 7. ed. São Paulo: Martins Fontes, 1999.)

_____. *The Child's Conception of the World*. Totowa: Littlefield, Adams, 1967.

PICCONE, Michelangelo; Messerli, Alfred (a cura di). *Giovan Battista Basile e l'Invenzione della Fiaba*. Ravenna: A Longo, 2004.

PINCHBECK, Ivy; Margaret Hewitt. *Children in English Society*. London: Routledge Kegan Paul, 1969. 2 v.

PISCHKE, Hildegard. Das veränderte Märchen. In: LYPP, Maria (ed.). *Literatur für Kinder*. Göttingen: Vandenhoeck & Ruprecht, 1977.

POSTER, Mark. *Critical Theory of the Family*. London: Pluto, 1977.

PRESTEL, Josef. *Handbuch zur Jugendliteratur*. Freiburg: Herder, 1933.

_____. *Märchen als Lebensdichtung: Das Werk der Brüder Grimm*. München: Hueber, 1938.

PROPP, Vladimir. Les Transformations des contes fantastiques. In: TODOROV, Tzvetan (ed.). *Théorie de la littérature*. Paris: Seuil, 1965. (Trad. bras.: *Morfologia do Conto Maravilhoso*. Org. Boris Schnaiderman. Trad. Jasna Paravich Sarhan. Rio de Janeiro, Forense Universitária, 1984.)

PSAAR, Werner; KLEIN, Manfred. *Wer hat Angst vor der bösen Geiss? Zur Märchendidaktik und Märchenrezeption*. Braunschweig: Westermann, 1976.

QUINTUS, J.A. The Moral Prerogative in Oscar Wilde: A Look at the Tales. *Virginia Quarterly Review*, v. 53, n. 4, Autumn 1977.

RAK, Michele. Il Sistema dei racconti nel Cunto de li cunti di Basile. In: PICCONE, Michaelangelo; MESSERLI, Alfred (a cura di). *Giovan Battista Basile e l'invenzione della fiaba*, Ravenna: A. Longo, 2004.

REICHWEIN, Adolf. Märchen und Film. *Film und Bild*, n. 2, abr. 1936.

REIS, Richard H. *George MacDonald*. New York: Twayne, 1972.

RICHARDSON, Selma K. (ed.). *Research about Nineteenth-Century Children and Books*. Champaign: University of Illinois Graduate School of Library Science, 1980.

RICHTER, Dieter. Kinderbuch und politische Erziehung: Zum Verständnis der neuen linken Kinderliteratur. *Ästhetik und Kommunikation*, Jahrgang 4, Okt. 1971; Jahrgang 5-6, Feb. 1972.

_____. (ed.). *Das politische Kinderbuch*. Darmstadt: Luchterhand, 1973.

_____. Schöne Kindheit." päd. extra 1 (1979): 20–23.

RICHTER, Dieter; MERKEL, Johannes. *Märchen, Phantasie und soziales Lernen*. Berlin: Basis, 1974.

RICHTER, Dieter; VOGT, Jochen (Hrsg.). *Die heimlichen Erzieher: Kinderbücher und politisches Lernen*. Reinbek: Rowohlt, 1974.

ROBERT, Raymonde. *Le Conte de fées en France de la fin du XVIIe à la fin du XIIIe siècle*. Nancy: Presses Universitaires de Nancy, 1982.

ROCHE-MAZON, Jeanne. *Autour des contes des fées*. Paris: Didier, 1968.

_____. *En marge de "l'Oiseau bleu"*. Paris: L'Artisan du Livre, 1930.

RODARI, Gianni. *Grammatica della fantasia*. Torino: Einaudi, 1973. (Trad. bras.: *Gramática da Fantasia*. São Paulo: Summus, 2021.)

RÖHRICH, Lutz. Zwölfmal Rotkäppchen. *Gebärde-Metapher-Parodie: Studien zur Sprache und Volksdichtung.* Dusseldorf: Schwann, 1967.

_____. *Märchen und Wirklichkeit.* Wiesbaden: Steiner, 1974.

_____. Dankbarer Toter. In: RANKE, Kurt et al. (eds.). *Enzyklopädie des Märchens.* Berlin: De Gruyter, 1981. V. 3. (AaTh–508)

RÖLLEKE, Heinz (ed.). *Die älteste Märchensammlung der Brüder Grimm.* Koln-Genévè: Fondation Martin Bodmer, 1975.

ROTHE, Wolfgang (Hrsg.). *Die deutsche Literatur in der Weimarer Republik.* Stuttgart: Reclam, 1974.

RUBOW, Paul V. Idea and Form in Hans Christian Andersen's Fairy Tales. *A Book on the Danish Writer Hans Christian Andersen: His Life and Work.* Eds. Sven Dahl; H.G. Topsøe-Jensen. Copenhagen: Det Berlingske Bogtrykkeri, 1995.

RUMPF, Marianne. *Rotkäppchen: Eine vergleichende Märchenuntersuchung.* Göttingen: Universität Göttingen, 1951. (Typescript.)

_____. *Ursprung und Entstehung von Warn- und Schreckmärchen.* Helsinki: Academia Scientiarum Fennica, 1955. (Col. FF Communications, n. 160.)

RÜTTGERS, Severin. *Die Dichtung in der Volksschule.* Leipzig: R. Voigtländers, 1914.

_____. *Erweckung des Volkes durch seine Dichtung: Erwägungen und Hinweise zur volkhaften Erziehung.* Leipzig: Verlag der Dürr'schen Buchhandlung, 1933.

SAINTYVES, P. *Les Contes de Perrault et les récits parallèles.* Paris: Nourry, 1923.

SALE, Roger. *Fairy Tales and After: From Snow White to E.B. White.* Cambridge: Harvard University Press, 1978.

SALVADORI, Maria Luisa. Apologizing to the Ancient Fable: Gianni Rodari and His Influence on Italian Children's Literature. *The Lion and the Unicorn,* v. 26, n. 2, apr. 2002.

SCHENDA, Rudolf. *Volk ohne Buch.* Frankfurt: Klostermann, 1970.

_____. *Die Lesestoffe der Kleinen Leute.* München: Beck, 1976.

SCHERF, Walter. Family Conflicts and Emancipation in Fairy Tales. *Children's Literature,* v. 3, 1974.

SCHICKEL, Richard. *The Disney Version.* New York: Simon and Schuster, 1968.

SCHMIDT, Kurt. *Das Märchen.* Berlin: Matthiessen, 1940.

SCHMITZ, Victor August. *H.C. Andersens Märchendichtung.* Greifswald: L. Bamberg, 1925.

SCHMÖLDERS, Claudia (Hrgs.). *Die Kunst des Gesprächs.* München: Deutscher Taschenbuch, 1979.

SCHOOF, Wilhelm. *Zur Entstehungsgeschichte der Grimmschen Märchen.* Hamburg: Hauswedell, 1959.

SCHOTT, Georg. *Weissagung und Erfüllung im Deutschen Volksmärchen.* München: Wiechmann, 1925.

_____. *Das Volksbuch vom Hitler.* München: Eher, 1933.

SCHWARTZ, Emanuel K. A Psychoanalytic Study of the Fairy Tale. *American Journal of Psychotherapy,* v. 10, 1956.

SEIFERT, Lewis. *Fairy Tales, Sexuality and Gender in France, 1690–1715: Nostalgic Utopias.* Cambridge: Cambridge University Press, 1996.

SMOODIN, Eric. *Animating Culture: Hollywood Cartoons from the Sound Era.* New Brunswick: Rutgers University Press, 1993.

_____ (ed.). *Disney Discourse: Producing the Magic Kingdom.* New York: Routledge, 1994.

SOLOMON, Charles. Bad Girls Finish First in Memory of Disney Fans. *Milwaukee Journal,* TV Section, August 17, 1980.

SORIANO, Marc. Le Petit chaperon rouge. *Nouvelle Revue Française*, v. 16, 1968.

_____. *Les Contes de Perrault. Culture savante et traditions populaires*. Paris: Gallimard, 1968.

_____. From Tales of Warning to Formulettes: The Oral Tradition in French Children's Literature. *Yale French Studies*, v. 43, 1969.

_____. *Le Dossier Charles Perrault*. Paris: Hachette, 1972.

_____. *Guide de littérature pour la jeunesse*. Paris: Flammarion, 1975.

SPIESS, Karl von. *Das deutsche Volksmärchen*. Leipzig: Teubner, 1917.

_____. Was ist ein Volksmärchen?, *Jugendschriftenwarte*, v. 7, 1938.

SPIESS, Karl von; MUDRAK, Edmund. *Deutsche Märchen—Deutsche Welt*. 2. ed. Berlin: Stubenrauch, 1939.

SPINK, Reginald. *Hans Christian Andersen and His World*. London: Thames & Hudson, 1972.

STEDMAN, Allison. D'Aulnoy's Histoire d'Hypolite, comte de Duglas (1690): A Fairy-Tale Manifesto. *Marvels & Tales*, v. 19, n. 1, 2005.

STEINLEIN, Rüdiger. *Die domestizierte Phantasie: Studien zur Kinderliteratur, Kinderlektüre und Literaturpädagogik des 18. und frühen 19. Jahrhunderts*. Heidelberg: Carl Winter, 1987.

STEPHENSON, Jill McIntyre. *Women in Nazi Society*. New York: Barnes and Noble, 1976.

STIRLING, Monica. *The Wild Swan: The Life and Times of Hans Christian Andersen*. London: Collins, 1965.

STONE, Kay. Things Walt Disney Never Told Us. In: FARRER, Claire R. (ed.). *Women and Folklore,*. Austin: University of Texas Press, 1975.

STORER, Mary Elizabeth. *La Mode des contes de fées*. Paris: Champion, 1928.

_____. *Contes de Fées du Grand Siècle*. New York: Publications of the Institute of French Studies/Columbia University, 1934.

SUMMERS, Montague. *The Werewolf*. Hyde Park: University Books, 1966.

TAYLOR, Edgar. *Grimm's Goblins: Grimm's Household Stories, Translated from the Kinder und Haus Marchen*. London: R. Meek, 1876.

TENÈZE, Marie-Louise (ed.). *Approches de nos traditions orales*. Paris: Maisonneuve et Larose, 1970.

TESCHNER, Heinrich. *Hans Christian Andersen und Heinrich Heine: Ihre literarischen und persönlichen Beziehungen*. Münster: Westfällische Vereinsdruckerei, 1914.

THOMAS, Bob. *Disney's Art of Animation: From Mickey Mouse to Beauty and the Beast*. New York: Hyperion, 1991.

THOMPSON, Stith. *The Folktale*. New York: Holt, Rinehart and Winston, 1946.

TILLEY, Arthur. *The Decline of the Age of Louis XIV*. Cambridge: Cambridge University Press, 1929.

TISMAR, Jens. *Kunstmärchen*. Stuttgart: Metzler, 1977.

_____. *Das deutsche Kunstmärchen des zwanzigsten Jahrhunderts*. Stuttgart: Metzler, 1981.

TRAXLER, Hans. *Die Wahrheit über Hänsel und Gretel*. Frankfurt: Zweitausendeins, 1978.

TREVOR-ROPER, H.R. *Religion, the Reformation and Social Change*. London: Macmillan, 1967.

TRIGON, Jean de. *Histoire de la littérature enfantine*. Paris: Hachette. 1950.

TRINQUET, Charlotte. *La Petite Histoire des Contes de Fées Littéraires en France (1690-1705)*. Dissertação, University of North Carolina, Chapel Hill, 2001.

TROLL, Max. *Der Märchenunterricht*. 2. ed. Langensalza: Beyer, 1928.

TUCKER, Holly (ed.). Reframing the Early French Fairy Tale. Edição especial, *Marvels & Tales*, v. 19, n. 1, 2005.

TUCKER, Nicholas. How Children Respond to Fiction. *Writers, Critics, and Children*. New York: Agathon, 1976.

USSEL, Jos van. *Sexualunterdrückung. Geschichte der Sexualfeindschaft*. Giessen: Focus, 1977.

VELTEN, Harry. The Influence of Charles Perrault's *Contes de ma Mère L'Oie* on German Folklore. *Germanic Review*, v. 5, 1930.

VERDIER, Yvonne. Grands-mères, sie vous saviez: le Petit Chaperon Rouge dans la tradition orale. *Cahiers de Littérature Orale*, v. 4, 1978.

VIDAL, Gore. The Wizard of the "Wizard". *New York Review of Books*, September 29, 1977.

_____. On Rereading the Oz Books. *New York Review of Books*, October 13, 1977.

VIERGUTZ, Rudolf F. *Von der Weisheit unserer Märchen*. Berlin: Widukind, 1942.

WATTS, Steven. *The Magic Kingdom: Walt Disney and the American Way of Life*. New York: Houghton Mifflin, 1997.

WEBER, Eugen. Fairies and Hard Facts: The Reality of Folktales. *Journal of the History of Ideas*, v. XLII, 1981.

WEBER-KELLERMANN, Ingeborg. *Die deutsche Familie*. Frankfurt: Suhrkamp, 1974.

_____. *Die Kindheit*. Frankfurt: Insel, 1979.

WENK, Walter. *Das Volksmärchen als Bildungsgut*. Langensalza: Beyer, 1929.

WILDE, Oscar. The Soul of Man under Socialism. Ed. Robert Ross. London: Humphreys, 1912. (Trad. bras.: *A Alma do Homem Sob o Socialismo*. Trad. Heitor Ferreira da Costa. Porto Alegre: L&PM, 2011.)

WILLETT, John. *The New Sobriety, 1917–1933: Art and Politics in the Weimar Period*. London: Thames and Hudson, 1978.

WISSER, Wilhelm. *Das Märchen im Volksmund*. Hamburg: Im Quick-born, 1927.

WOELLER, Waltraud. Der soziale Gehalt und die soziale Funktion der deutschen Volksmärchen. Habilitations-Schrift, Humboldt-Universität zu Berlin, Berlin, 1955.

WOLFF, Robert Lee. *The Golden Key: A Study of the Major Fiction of George MacDonald*. New Haven: Yale University Press, 1961.

WOLGAST, Heinrich. *Das Elend unserer Jugendliteratur*. 7. ed. Worms: Wunderlich, 1950.

WOLLENWEBER, Bernd. Märchen und Sprichwort. *Projektunterricht 6*, ed. Heinz Ide. Stuttgart: Metzler, 1974.

WOODCOCK, George. *The Paradox of Oscar Wilde*. London: Boardman, 1950.

YEARSLEY, Macleod. *The Folklore of Fairy-tale*. London: Watts, 1924.

YOLEN, Jane. America's Cinderella. *Children's Literature in Education*, v. 8, 1977.

ZIEGLER, Matthes. *Die Frau im Märchen*. Leipzig: Koehler & Amelang, 1937.

ZIMMER, Christian. *Cinéma et politique*. Paris: Seghers, 1974.

ZIPES, Jack. Down with Heidi, Down with Struwwelpeter, Three Cheers for the Revolution: Towards a New Socialist Children's Literature in West Germany. *Children's Literature*, v. 5, 1976.

_____. *Beauties, Beasts and Enchantment: Classic French Fairy Tales*. Trad. Jack Zipes. New York: New American Library, 1989.

_____. *Breaking the Magic Spell: Radical Theories of Folk and Fairy Tales*. London: Heinemann, 1979. 2. rev. ed. Lexington: University Press of Kentucky, 2002.

_____. *The Trials and Tribulations of Little Red Riding Hood: Versions of the Tale in Socio-Cultural Context*. London: Heinemann, 1982.

_____. *The Brothers Grimm: From Enchanted Forests to the Modern World*. New York: Routledge, 1988. 2. rev. ed. New York: Palgrave, 2002.

_____. The Rise of the French Fairy Tale and the Decline of France. *Beauties, Beasts and Enchantment: Classic French Fairy Tales*, trad. Jack Zipes. New York: New American Library, 1989.

_____. The Struggle for the Grimms' Throne: The Legacy of the Grimms' Tales in the FRG and GDR since 1945. In: HAASE, Donald (ed.). *The Reception of Grimms Fairy Tales: Responses, Reactions, Revisions*. Detroit: Wayne State University Press, 1993.

_____. The Utopian Function of Fairy Tales and Fantasy: Ernst Bloch the Marxist and J.R.R. Tolkien the Catholic. *Breaking the Magic Spell: Radical Theories of Folk and Fairy Tales*. London: Heinemann, 1979.

_____. *Happily Ever After: Fairy Tales, Children, and the Culture Industry*. New York: Routledge, 1997.

_____. *When Dreams Came True: Classical Fairy Tales and Their Tradition*. New York: Routledge, 1999.

ZUR LIPPE, Rudolf. *Naturbeherrschung am Menschen*. 2 v. Frankfurt: Suhrkamp, 1974.

Índice

Aanden i Naturen (Espírito da Natureza, H.C. Ørsted) 113.

Aarne, Antti 119.

abordagem estrutural 6, 7.

abordagem pseudofreudiana da literatura 63.

absolutismo 9, 11, 63, 106, 199.

aburguesamento 56, 78.

abuso do poder 28.

Académie Française 41, 47.

Acajou et Ziphile (C. Duclos) 40.

Adams, Richard 243.

Adela Cathcart (G. MacDonald) 143.

Aladim, tema de 103, 112, 113, 116.

Alderson, Brian 136.

Alemanha *281n1. Ver também* irmãos Grimm; Alemanha Ocidental. *Ver* Alemanha Ocidental; Alemanha Oriental 76; burguesia, desenvolvimento da, na 77; contos de fada clássicos na 182, 185; discurso dos contos de fada na 14, 181, 220; movimento romântico na 146, 152, 189-190, 209; período nazista. *Ver* nazista, período; período Weimar. *Ver* Weimar, período; processo civilizador na 180-181, 202; socialização literária na 179.

Alemanha Ocidental 76, 86, 102, *281n1. Ver também* irmãos Grimm (Jacob e Wilhelm); contos de fada reutilizados da 102; escritores da 75, 76, 93; processo de socialização na 95, 102; reunificação com Alemanha Oriental 76.

Aley, Peter *286n11.*

alfabetização/literacia 87-88.

Alfaiate Valente, O (W. Disney) 260.

Allingham, William 136.

"Allumete" (T. Ungerer) 236.

Alma do Homem Sob o Socialismo, A (O. Wilde) 155, 157, 164.

Alte Wolf, Der (R.O. Wiemer) 75.

Alverdes, Paul 208.

Analyse der freien Märchenproduktion (Análise da Livre Produção de Contos de Fada, de R. Nolte) 182.

Ancilotto (G. Straparola) 23.

Andersen, Hans Christian xiv, 13, 76, 103-134, 135, 138, 140, 172, 185-186, 247, 252; ambivalência afetada de 104-105, 106; autobiografias 112, *284n14*; "Companheiro de Viagem, O" 118-121; comparado a MacDonald 144; comparado a Wilde 155, 161-163; *Contos de Fada Contados Para Crianças* (Eventyr, fortalte for Børn) 117; *Contos de Fada e Histórias* (Eventyr og Historier) 117; "Duende da Mercearia, O" 118, 130; e a família Collin 106-108, 111-112, 132; e problemas de saúde mental 113; evolução do estilo e dos interesses de 117; "Famílias Vizinhas, As" 156; "Guardador de Porcos, O" 124; "Homem Morto, O. Um Conto de Funen" 119; ideologia essencialista de 103, 105, 109-111, 114, 115, 116, 118, 126; "Isqueiro Mágico, O" 116, 124; "Jardineiro e o Senhor, O" 118, 131-132; "Menininha dos Fósforos, A" 236; *Novos Contos de Fada* 117; "Pastora e o Limpa-Chaminés, A" 118, 123, 127-128; "Patinho Feio, O" 118, 123, 126, 128, 162, 204; "Pequena Sereia, A" 163; "Roupas do Imperador, As" 161; "Rouxinol, O" 118, 123, 125, 126, 156; servilismo em relação às classes altas 104-106; simpatia

com os inferiorizados 105-106; "Tudo no Seu Devido Lugar" 118, 129, 130.

Andrevon, Jean-Pierre 241-243.

Andrews, Julie 272.

anedotas/contos anedóticos 17, 197.

anedotas didáticas 17.

animação 254-256; e perpetuação do sistema civilizado antiquado na 270; primeiros filmes de 255, 256; Silly Symphonies 260, 264.

animismo da criança 230.

animista, sistema de crenças 225.

Anões Felizes, Os (W. Disney) 260.

Anthony, Susan B. 168.

antiautoritarismo 93, 158, 234.

Antigo Regime xx, 4, 24, 27, 30, 32, 34, 46-47, 55.

antissemitismo 187, 237.

antropologia 182, 194, 254.

aptidão 109, 110, 122, 131.

Apuleio 30, 64.

Arbeit in den Kommunistischen Kindergruppen (O Trabalho nos Grupos de Crianças Comunistas, E. Hoernle) 182.

Argilli, Marcello 247.

Ariès, Philippe 37-38, 57.

aristocracia/dominação aristocrática 10, 19, 115, 129. *Ver também* classes dominantes; francesa 46-47; *vs.* campesinato 22.

aristocracia iluminada 199.

Arlotto, Piovano 16.

Arnaud, Étienne 255.

Arndt, Ernst e Moritz 185.

Arp, Hans 188.

arte da subversão, dentro do discurso dos contos de fada 140, 177.

arte, formas baixas de 254.

artesão 143.

arte sofisticada 41, 254.

ascetismo 48, 108, 210.

Asno de Ouro (Apuleio) 30.

assimilação 105, 116.

assimilação social 105.

atitudes culturais, Weimar e Alemanha nazista 180.

Atlantis 151.

atos simbólicos e o discurso dos contos de fada 3, 8, 10, 12, 13, 14.

atributo dos homens 53.

At the Back of the North Wind (Nas Costas do Vento Norte, G. MacDonald) 143.

Auerbachs Kinderkalender (O Calendário Infantil de Auerbach) 208.

"Augustus" (H. Hesse) 209.

Aus dem Lebem eines Taugenichts (Da Vida de um Imprestável, J. von Eichendorff) 122.

autoabnegação 30, 69.

autocontrole 25, 26, 28, 29, 34, 49, 52, 73.

autodeterminação 228.

autodinâmica 8.

automação 190, 240, 259-260.

autoritarismo 147, 200, 208-209, 220, 231, 232, 239.

Ball, Hugo 188.

Bandello, Matteo 16.

"Barba Azul, O" (C. Perrault) 51-52, 255.

barbárie 49, 151, 181.

Barchilon, Jacques 62, 73, 280n3.

barrocos, elos 27.

Barthes, Roland 1, 3.

Basile, Adriana 20.

Basile, Giambattista 13, 24, 27, 38, 56, 279n1; "Cagliuso" 34; *Cunto de li cunti, Lo* (O Conto dos Contos) 27; e influência sobre escritores franceses xx, 15, 23, 34, 279n1; e Straparola 20, 22; "Gata Cinderela" 60; origens de 18-21; *Pentamerone* (Pentamerão) 20-21; "Peruonto" 30; *Sapia Liccarda* 23; *Sette cotennine, Le* (Os Sete Toucinhos) 23; "Tre corone, Le" 33; *Tre fate, Le* (As Três Fadas) 23.

Basis Verlag 98.

Baum, Benjamin W. 167-168.

Baum, L. Frank 13, 137, 140, 165-178, 222, 253, 285n37-40; *Baum's American Fairy Tales* (Contos de Fada Americanos de Baum) 170; *Dorothy and the Wizard of Oz* (Dorothy e o Mágico de Oz) 173; *Dot and Tot of Merryland* (Dot e Tod da Terra da Alegria) 170; *Emerald City, The* (A Cidade das Esmeraldas) 167, 170, 171, 174-177; *Father Goose* (Papai Ganso) 170; *Life and Adventures of Santa Claus, The* (A Vida e as Aventuras de Papai Noel) 170; *Mágico de Oz, O* 165, 170, 171, 172, 173; *Maid of Arran, The* (A Criada de Arran) 168; *Marvelous Land of Oz, The* (O Maravilhoso País de Oz) 170, 173; *Mother Goose in the Prose* (Mamãe Ganso em Prosa) 170; *My Candalabara's Glare* (Meu Brilho de Candalabara) 170; *Ozma of Oz* (Ozma de Oz) 173; *Patchwork Girl of Oz, The* (A Menina Patchwork de Oz) 170; *The Road to Oz* (A Estrada Para Oz) 173; *Wizard of Oz, The* (O Mágico de Oz) xv.

Baum, Maud (nascida Gage) 168, 174.

Baum's American Fairy Tales (Contos de Fada Americanos de Baum, L.F. Baum) 170.

Bechstein, Ludwig 76, 135, 185, 186; Bedford, Francis Donkin 255.

"Bela Adormecida, A" 146, 196, 197.

e Perrault 51, 68, 255.

"Bela e a Fera, A"; e Leprince de Beaumont 62, 69-73, 73; Villeneuve 62, 69.

Bela e a Fera, A (Disney) 71, 272.

bela e a fera, ciclo da 62.

beleza 68, 137.

Bellamy, Edward 165.

"Belle-Belle, ou Le Chevalier Fortuné" (M.-C. D'Aulnoy) 33.

Belle et la Bête, La (J. Cocteau) 71.

bem e o mal, o 223.

Benjamin, Walter 93, 182.

Berendsohn, Walter A. 182.

Bernard, Catherine 15, 39, 62, 66-67.

"Bessere Luftschlösser in Jahrmarkt unz Zirkus, in Märchen und Kolportage" (Os Melhores Castelos no Ar em Feiras e Circos, nos Contos de Fada e nos Livros Populares, E. Bloch)) 228.

Bettelheim, Bruno 62, 86, 226, 282n21.

Bewley, Marius 176.

Beyond the Looking Glass (Além do Espelho, J. Cott) 136.

Bíblia 157, 162.

Bibliothèque bleue 49.

biológica, ordem 103, 109.

Bisseret, Noëlle 108-110, 110, 113-115.

Bloch, Ernst 179, 181, 182, 201, 224-232, 283n28, 286n5 e 25, 287n13.

Block, Francesca Lia 248.

Blunck, Hans Friedrich 190, 191, 208, 213-216; "Bräutigamseiche, Die" (O Carvalho do Noivo) 216; "Feinsmütterchen" (Mãezinha de Fein) 215; "Frau Holle und die Liebenden" (Senhora Holle e os Amantes) 215; "Frau Holle und die Schifferfrau" (Senhora Holle e a Esposa do Marinheiro) 215.

"Boa Mulher, A" (C.-R. de la Force 69.

Boccaccio, Giovanni 15-16, 17, 21.

Boileau, Nicolas 24, 56.

Bolger, Ray 166.

bom senso 54.

Booth, Walter 255.

Borribles Go for Broke, The (Os Borribles Ficam Quebrados, M. de Larrabeiti) 243, 243-245.

Borribles, The (M. de Larrabeiti) 243.

Bosnia, Nella 238.

Bourdieu, Pierre 24, 26, 49, 253, 280n16.

Branca de Neve e os Sete Anões (W. Disney) xv, 86, 264-277, 288n8.

"Branca de Neve" (irmãos Grimm) 74, 84-88, 196, 197, 268; comparação de versões 85-88; edição de 1812 85; manuscrito de 1810 84.

"Bräutigamseiche, Die" (O Carvalho do Noivo, H.F. Blunck) 216.

Bray, John 255.

Brecht, Bertolt 188, 190, 205, 217, 283n28.

Brender, Irmela 100-101.

Brentano, Clemens 20.

Bresdorff, Elias 105-106, 111.

"Brillen, Die" (Os Óculos, H. Zur Mühlen) 204.

Brundibár (T. Kushner) 248-250.

Brunette, Peter 288n7.

bruxas 50, 89.

bufões, histórias de 17.

Bühler, Charlotte 181, 196.

Bülow, Werner von 182.

"bunte Stadt, Die" (A Cidade Colorida, B. Schönlank) 203.

burguesa aristocrática, elite 55, 56, 65.

burguesa, hegemonia 87, 126, 129.

burgueses, valores 82, 122, 198.

burguesia 4, 46, 84, 91, 92, 136, 137. *Ver também* haute bourgeoisie/alta burguesia; desenvolvimento da, na Alemanha 77-80; e Andersen 104, 106, 109, 112; e Perrault/escritoras francesas 51, 56, 64-65, 71-72; francesa 4, 47-48.

burguês, *raisonnement* 74.

burocracia 239.

busca interior 148.

Busse, Hans H. 181.

Butor, Michel 138.

Cabinet des fées ou collection choisie des contes des fées et autres contes merveilleux, Les (O Gabinete das Fadas ou Coleção Selecionada de Contos de Fada e Outros Contos Maravilhosos, C.-J. de Mayer) 40.

caças às bruxas 48.

índice

Cachinhos Dourados e os Três Ursos (W. Disney) 256.
"Cagliuso" (G. Basile) 34.
Callières, François de 48.
Calviac, C. 48.
campesinato 10-11, 22, 49, 56, 77-78; na França 59.
campos de concentração 249.
Canepa, Nancy 279n3.
Cantarellis, Francesca 238.
Capellani, Albert 255.
capitalismo 93-94, 141, 163-164, 183-184, 189-190.
capitalismo comercial 141.
capitalismo, início do 8, 9, 195.
capitalista, sociedade 76-77, 97, 160; socialização na 91, 96.
"Carasoyn, The" (G. MacDonald) 148.
Carroll, Lewis xv, 137, 253.
cartesiano, raciocínio 56.
cartilhas 12.
cartoons. *Ver* animação.
Casa das Romãs, A (House of Pomegranates, O. Wilde) 155, 161.
Casa, Giovanni della 48.
casamento 6, 65, 193-194; dominação masculina no 69-71, 74.
Castelo Animado, O (H. Miyazaki) 275, 276.
castração 84.
causa ausente da história 2, 14.
Caylus, Claude-Philippe de 40.
Cazotte, Jacques 40.
Celebration, vila 273.
censura xiv, 45, 285n40.
Chamisso, Adelbert von 40, 115.
chapbooks 38, 136.
"Chapeuzinho Vermelho" 196. *Ver também* Grimm, irmãos (Jacob e Wilhelm); e Perrault 51-52, 53, 57-59, 83-84; e Ungerer 235-236.
"Chapeuzinho Vermelho" (irmãos Grimm) 82-84.
Chapeuzinho Vermelho (W. Disney) 256.
chauvinismo 182-183.
Child and Tale: The Origins of Interest (A Criança e o Conto: As Origens do Interesse, A. Favat) 229-232.
Churchill, Frank 263.
cidade-Estado na Itália 25.
ciganos 50.
"Cinderela" 23, 51, 53; e Perrault 23, 51, 53, 55, 57, 60; "Gata Cinderela" 60; interpretação de Basile de 22; interpretação de, na Alemanha 196, 197, 256.
Cinderela (W. Disney) 256, 267.
cinematográficos, contos de fada e Disney. *Ver* Disney, Walt; no início do século xx 254-256; no século xix 254-255; tratamento na Alemanha nazista 190-192.
circos 229.
civil 266.
civilidade (*civilité*) 29-32, 46, 51, 61, 180; e mulheres 68-69; padrões de 11, 17, 34, 135.
civilização: discurso dos contos de fada sobre 140, 165; estabelecendo padrões por meio dos contos de fada 37-74; noção de MacDonald sobre 150.
civilização ocidental. *Ver também* civilização/processo civilizador; e Perrault 41; processo civilizador 13, 45; classe média, ética da 123.

classes altas 9, 38, 55, 58. *Ver também* aristocracia/dominação aristocrática; servilismo de Andersen às 104-105, 105-107.
classes baixas 10, 27, 115, 140. *Ver também* campesinato; e contos de Grimm 89, 92; e Perrault/escritoras 38-39, 41.
classes dominantes 11, 25, 29, 31-32, 91. *Ver também* ver também dominação da aristocracia/aristocrática; burguesia; elitismo; classes altas.
classes, estrutura de 105-106.
classes, luta de 10, 116.
classes médias 77-78, 136.
classes mercantis e industriais 50.
classes sociais 26, 35, 50. *Ver também* classes baixas; classes médias; classes dominantes; classes altas.
classes trabalhadoras. *Ver* classes baixas.
clichês metafóricos xvi.
Cobra Verde, A (M.-C. d'Aulnoy) 62.
Cocteau, Jean 71.
códigos sociais 24, 25, 26.
coletividade 97-98.
coletor, papel do 89, 253-254.
Collin, Edvard 107, 132.
Collin, Jonas 106, 111, 132.
commodities, fetichismo pelas 190.
compaixão 119, 144, 147, 160, 161, 162, 164, 173.
"Companheiro de Viagem, O" (H.C. Andersen) 118-122.
competição 173, 180, 195, 196, 202, 211, 266; pelo poder 10.
comportamento 19, 28-29, 35, 40-42, 51, 82; padrões de 30.
comportamento cortês 28.
comportamento normativo 194.
comportamento social, noções sobre, durante o período nazista 208.
Comtesse de Mortane, La (A Condessa de Mortane, madame Durand) 39.
configurações 8-9, 65-66, 73-74, 144; sexuais 64.
conflitos, função de gerenciamento de 25.
conformidades 89.
conservadorismo literário na edição de livros infantis 136.
conservadorismo social 141.
conspiração 13.
consumismo 222, 276.
Conte à l'envers (Contos de Cabeça Para Baixo, A. Dumas e B. Moissard) 237.
Contes de fées (Contos de fada, H.J de Murat) 39.
Contes de fées, Les (Os Contos de Fada, M.-C. d'Aulnoy) 39.
Contes de la rue Folie-Méricourt (Contos da Rua Folie-Méricourt, P. Gripari) 248.
Contes des contes, Les (Os Contos dos Contos, C.-R.C. de la Force) 39.
Contes en vers (Contos em Verso, C. Perrault) 42.
Contes marins ou la jeune Amériquaine (Contos Marinhos ou a Jovem Americana, G.-S. de Villeneuve) 39.
Contes moins contes que les autres (Contos Menos Contos do Que Outros, J. de Prechac) 39.
contexto sociopolítico 1, 77.
conto de fada híbrido xiii.
"Conto de Fada Romântico, O" (A. Krebs) 191.
conto (*novella*) 15.
Contos da Rua Brocá (P. Gripari) 248.
contos de advertência 52, 53.

311

contos de fada clássicos 76, 139-140, 177, 221-222, 224, 232, 252, 287n18; adequação ao desenvolvimento da criança 230-232; de Baum 140, 165, 166, 177, 178; de MacDonald 139-141, 177-178; de Wilde 140, 156, 177-178; ideologia dos 43-45; inversão dos 237; lado socializador dos 46; na Alemanha 182-183, 185, 186, 188, 190-192, 192-202, 220; transmissão por rádio de 185.

contos de fada em tabloides 136, 255.

contos de fada experimentais 99, 138, 139, 140, 220, 222, 246, 247, 268.

contos de fada libertadores 221-250.

perturbação no processo civilizador 246.

contos de fada literários 3, 17, 38, 45, 47, 178, 209, 231, 253; aceitação dos 139; como gênero 5, 8, 15, 16, 18, 27, 35; e contos populares 11; e irmãos Grimm. *Ver* irmãos Grimm (Jacob e Wilhelm); escritores franceses 39-40; estudos históricos 1-4; estudos históricos dos 8, 139-140; na Alemanha 180-181; origens dos XII-XIII, 11-37, 15; poder dos 224.

contos de fada modernos 56, 229.

contos de fada para adultos 3.

contos de fada políticos 96, 184, 283n27.

contos de fada reutilizados nos contos dos irmãos Grimm 76, 94, 98, 102.

Contos Maravilhosos Infantis e Domésticos: "A Cotovia Cantante e Saltitante" (irmãos Grimm) 74.

Contos Maravilhosos Infantis e Domésticos (irmãos Grimm) 78-79.

contos orais, revisão de 17.

contos orientais 20, 23.

contos populares 115, 185; como ato simbólico 3, 8; e contos de fada literários 11; europeus 4-7; mágicos 6-7, 10, 192; no século XVII 11; orais. *Ver* contos populares orais.

contos populares maravilhosos XII.

contos populares orais 4, 8-9, 10, 19, 26; aburguesamento dos 56, 77; e "Chapeuzinho Vermelho" (C. Perrault) 57-59; e motivos 56.

contradição 3, 28, 161.

contratos sociais 5.

controle, molduras sócio-históricas de 88.

conversação 4, 23, 27, 47, 154.

cooperação 96, 97, 101, 173, 203, 207, 210, 228.

Copenhague 105, 106, 110.

Corneille 66.

corpo 26.

corrupção 19.

"Costantino Fortunato" (G.F. Straparola) 34.

"Costanza" (G.F. Straparola) 33.

costumes 19, 22, 25, 28, 102, 253.

Cott, Jonathan 136-137.

courteoisie 46.

Courtin, Antoine de 48.

Crane, Walter 255.

crianças 1, 4-5, 11-12, 38, 43-44, 113, 207, 251; adequação dos contos de fada clássicos ao desenvolvimento das 229-232; controle das 49-51; da classe dominante 38, 40-41, 56; e contos de Grimm 84, 86, 89-90; e justiça 218, 230, 231; e sexualidade 41-42, 51-52, 65, 82, 84; e socialização 252; socialização das 56, 144.

crianças, criação das 135-136, 196.

Crianças na Floresta (Babes in the Woods, W. Disney) 260, 261.

cristão-racionalista, padrão normativo 73.

cristãs absolutistas, visões 63.

cristianismo 50, 63, 113. *Ver também* Igreja Católica; Deus; ética protestante; protestantismo; ortodoxia religiosa; interpretação de Wilde do 156-158.

Cristo nas obras de Oscar Wilde 158-161.

Critical Theory of the Family (Teoria Crítica da Família, M. Poster) 196.

crucificação 105, 160, 162.

Cruikshank, G. 254.

"Culpa, A" (A. Ehrenstein) 189.

cultura 11, 37, 86.

cultura nacional 87.

culturas arcaicas 37.

Cunto de li cunti, Lo (O Conto dos Contos, G. Basile) 20-21, 27, 39.

curiosidade 84, 233, 260, 272.

curiosidade infantil 260.

Dämmerung, Die (O Entardecer, M. Horkheimer) 217.

Darwin, Charles 109.

darwinismo social 116.

Das geheimnisvolle Land (O País Misterioso, C. Meyer-Lugau) 185.

Däubler, Theodor 188.

d'Aulnoy, Marie-Catherine XIV, 15, 18, 23, 30-32; "Belle-Belle, ou Le Chevalier Fortuné" 33; "Cobra Verde, A" 62, 68; *Contes de fées, Les* (Os Contos de Fada) 39; "Dauphin, Le" 31, 31-32; e Straparola 23; "Finette Cendron" 69; "Gato Branco, O" 69; "Grenouille bienfaisante, La" (O Sapo Benfeitor) 62, 68; intenção civilizadora na obra de 42; "Javali Selvagem, O" 69; "L'Île de la félicité" 38; "Mouton, Le" (O Carneiro) 62, 67-68; "Prince Marcassin, Le" (O Javali Selvagem) 17, 29.

d'Auneuil, Louise 39.

"Dauphin, Le" (M.-C. d'Aulnoy) 31, 31-32.

"Day Boy and the Night Girl, The" (O Menino Dia e a Menina Noite, G. MacDonald) 145, 148-150.

Dealings with Fairies (Acordos Com Fadas, G. MacDonald) 144.

Decameron (Decamerão, G. Boccaccio) 15.

De civilitate morum puerilmun (Sobre a Civilidade das Crianças, E. de Roterdã) 48.

de la Force, Cherlotte-Rose 15, 39, 69; intenção civilizadora nas obras de 42.

de Larrabeiti, Michael 243-245.

Delarue, Paul 57, 58.

de Murat, Henriette Julie 15, 18, 23, 30, 32, 33; *Contes de fées* (Contos de Fada) 39; *Histoires sublimes et allégoriques* (Histórias Sublimes e Alegóricas) 39; "Le Sauvage" 33; "Palácio da Vingança, O" 69; "Roy porc, Le" (O Rei Porco) 17, 29, 69; "Tebaldo" 18.

Denslow, W.W. 166, 255.

Der Feuerdrache Minimax (O Dragão de Fogo Minimax, de A. e A. Hopf) 96.

design inteligente 113.

desigualdades naturais, ideologia das 109.

destruição ecológica 221, 242.

destruição social 243.

desvios sociais 50, 73.

Deus 113, 115, 119, 121, 123, 144-145.

Deutsche Volksmärchen, Das (O Conto Popular Alemão, K. von Spiess) 182.

"Devoted Friend, The" (O Amigo Dedicado, O. Wilde) 162.

índice

"Diabo da Farda Verde, O" (Irmãos Grimm) 74.

"Dichter, Der" (O Poeta, H. Hesse) 190, 209.

Dickens, Charles xv, 137, 177, 222, 253; infuência sobre G. MacDonald 142, 152.

diligência 48.

Dinamarca 104, 106-112, 116, 119, 123, 126, 132; como sociedade dominada pela burguesia 109-110, 110; Copenhague 105, 106, 110.

dinheiro nos contos de fada 249.

disciplina 149.

discurso 26, 34; dominante 116, 138; dos dominados 116, 123-124.

discurso dominante 116, 138.

discurso dos contos de fada: arte da subvesão no 140, 177; e ato simbólico 3, 8, 10, 12, 14; e MacDonald 144; e processo civilizador 11-12, 141, 180, 202, 224; forma do 13; gênero literário e 1, 3, 5, 7, 11, 13; história social do 1-14; mudanças na Inglaterra do 137; na Alemanha 14, 181, 220; no século XIX 136, 139-140; no século XX 222; processo civilizador 237.

discurso dos dominados 116, 123-124, 128.

discurso institucionalizado 18-19.

Disney Corporation 275, 277.

Disneylândia da Califórnia 273.

Disney, parques temáticos 273.

Disney, Roy 257.

Disney, Walt xv, 14, 171, 251-278. *Ver também* cinematográficos, contos de fada; *Alfaiate Valente, O* 260; *Anões Felizes, Os* 260; *Bela e a Fera, A* 71; *Branca de Neve e os Sete Anões, A* xv, 84-86, 264-278, 288n8; *Cachinhos Dourados e os Três Ursos* 256; *Chapeuzinho Vermelho* 256; *Cinderela* 255, 267; *Crianças na Floresta* (Babes in the Woods) 260, 261; e processo civilizador 251, 259, 270; *Gato de Botas, O* 256, 257-259, 263; *João e o Pé-de-Feijão* 256; *Lobo Mau, O* 260, 263; *Mary Poppins* 271-272; *Patinho Feio, O* 260; *Pinóquio* 267; *Quatro Músicos de Bremen, Os* 256; *Rato Voador, O* 260, 263; surgimento de 254-260; *Toque de Ouro, O* 260; *Três Lobinhos, Os* 260; *Três Porquinhos, Os* 260, 263.

disposição 109.

Distinción, La (A Distinção, P. Bourdieu) 49.

divina providência 106, 115, 118.

Döblin, Alfred 217.

Doherty, Berlie 248.

dominação 181; aristocrática. *Ver* aristocracia/dominação aristocrática; masculina. *Ver* masculina, dominação; patriarcal 64, 91, 93, 115; sexual 232; tendências internacionais da 238.

Domination masculine, La (A Dominação Masculina, P. Bourdieu) 26.

Dona Fortuna 22.

Donoghue, Emma 248.

Doré, Gustave 186, 254.

Dorothy and the Wizard of Oz (Dorothy e o Mágico de Oz, L.F. Baum) 173.

dos trapos à riqueza, temas 253.

Dot and Tot of Merryland (Dot e Tod da Terra da Alegria, L.F. Baum) 170.

Double Story, A (Uma História Dupla, G. MacDonald) 143.

Doze Hinos Espirituais de Novalis (G. MacDonald) 142.

Dream Weaver (Tecelão de Sonhos, J. Yolen) 237.

Dreamworks 275, 277.

Duclos, Charles 40.

"Du Conte merveilleux comme genre" (Sobre o Conto Maravilhoso Como Gênero, M.-L. Tenèze) 5.

"Duende da Mercearia, O" (H.C. Andersen) 118, 130.

Duerr, Hans Peter 37, 59.

Dulac, Edmund 186.

Dumas, Philippe 237.

Dundes, Alan 281n32.

Durand, madame 39.

Dworkin, Andrea 221.

Dyer, Anson 255.

Eckert, Horst (Janosch) 98-99, 283n34.

Édipo 89.

editoras 94, 98.

educação 45, 76, 88-89, 93-94.

Education, Class Language and Ideology (Educação, Linguagem de Classe e Ideologia, N. Bisseret) 108-109.

egocentrismo da criança 230.

ego, formação do 113.

Ehrenstein, Albert 188, 189.

Eichendorff, Joseph von 40, 115, 122.

"Eine Traumfolge" (A Sequência de um Sonho, H. Hesse) 209.

Eisner, Michael 275.

Elend unserer Jugendliteratur. Ein Beitrag zur künstlerischen Erziehung der Jugend, Das (A Miséria da Nossa Literatura Juvenil: Uma Contribuição Para a Educação Artística dos Jovens, E. Wolgast) 183.

Elgee, Jane Francesca (depois Wilde) 153.

Elias, Norbert 47, 49, 51, 57, 63, 280n10 e 16; funções básicas 25-26; *Processo Civilizador, O* 24, 44, 46.

elitismo 47, 56, 110, 252, 273, 275.

Em Busca de Watership (R. Adams) 243.

Emerald City of Oz, The (A Cidade das Esmeraldas, LF. Baum) 167, 170, 171, 174-176.

Enchanted Island of Yew, The (A Ilha Encantada de Yew, L.F. Baum) 170.

Enchantements de l'éloquence, Les (Os Encantos da Eloquência, M.-J. L'Héritier) 22.

Ende, Michael 239-241, 243.

Epcot Center 261, 273.

Era Dourada 166.

Erasmo de Roterdã 48.

"Eros e Psiquê" (Apuleio) 64.

eróticas, histórias 12, 16, 17, 83.

Escarpit, Denise 12.

Eschbach, Walter 185.

escrita: Barthes sobre a 1; como processo social 3.

escritores aristocráticos 39.

escritores clássicos 13, 144.

escritores conservadores, durante o período de Weimar 213, 247.

escritores contraculturais de contos de fada xv, 232.

espelho e conto de fada 137.

espírito questionador 99.

essencialismo 103.

essencialista, ideologia 103, 105, 109-110, 114, 115-116, 118, 126.

Estado: sobrevivência como 24-25; surgimento de 25.

estado da infância 45, 47, 50.

Estados Unidos 205, 206, 248, 249, 255. *Ver também* América do Norte; ideologia 275, 277; mito de Horatio

Alger 116, 252; processo civilizador nos 166-167, 172-173, 269-270; retrato, na obra de L. Frank Baum, dos 165-167, 172-173.

estereótipos 66, 234, 270.

estética 73, 127, 154, 219; da recepção 7; moral 137.

estética moral 137.

estilo 1, 15.

estupro 256.

Es war einmal, ... und es wird sein (Era uma Vez, ... e Assim Será (H. Zur Muhle) 184.

ética protestante 93, 103, 105, 115, 123.

etiqueta 25, 48.

eugenia 109, 127.

europeu, processo civilizador 13.

europeus, contos populares 4, 7-8, 9.

Eventyr, fortalte for Børn (Contos de Fada Contados Para Crianças, H.C. Andersen)) 117.

Eventyr og Historier (Contos de Fada e Histórias, H.C. Andersen) 117.

Ewald, Carl 184.

execuções 50.

exploração 238.

expressionismo 188-189.

Eyd, Alfred 186.

Eykmann, Christoph 189.

Fables composées pour l'éducation du duc de Burgundy (Fábulas Escritas Para a Educação do Duque de Burgundy, F. Fénelon) XIV.

fábulas 12, 17.

"Fadas, As" (C. Perrault) 51, 53.

Fairy Tales for Workers' Children (Contos de Fada Para Filhos de Trabalhadores, H. Zur Mühlen) 204.

"Faldum" (H. Hesse) 209.

Fallada, Hans 207-208.

família 180, 192-193, 194-195, 200, 202-204, 207. *Ver também* lar; estendida 197.

"Famílias Vizinhas, As" (H.C. Andersen) 156.

"Familie und Natur im Märchen" (Família e Natureza nos Contos de Fada, M. Lüth)i 192.

fantasia 136, 143, 227; como literatura subversiva 138; e potencial libertador do fantástico nos contos de fada contemporâneos 221-250.

farsa 28.

fascismo 182, 217, 223.

Father Goose (Papai Ganso, E. Baum) 170.

Favat, André 229-231.

favole (coletânea de *novelle*) 16.

Fée et le géomètre, La (A Fada e o Agrimensor, J.P. Andrevon) 241-242.

"Feinsmütterchen" (Mãezinha de Fein, H.F. Blunck) 215.

feitiçaria 175, 176.

feminina, passividade 60.

feminino, papel 52.

femme civilisée 53.

Fénelon, François XIV, 4.

fertilidade 197, 200, 207, 208, 214.

Fetscher, Iring 237.

feudalismo 109, 143, 189.

feudal, ordem 10.

feudal, período 8, 9, 10.

Fielding, Sarah XIV, 4.

filantropia 157, 161.

"Filho da Estrela, O" (O. Wilde) 162.

filmes com truque 255.

filmes de contos de fada anárquicos XV.

filmes mudos XV.

filmes "preto e brancos" 273.

Film und Bild 186.

finais felizes 234, 245.

Fine, Anne 248.

"Finette Cendron" (M.-C. d'Aulnoy) 69.

Fiorentino, Ser Giovanni 16, 17.

Fleischer, Max e Dave 255.

Flesch-Brunningen, Hans von 188, 211; folclore 4, 19, 20, 24, 39, 254; e Perrault 41-42.

folclore francês 39.

Folkard, Charles 255.

Fontenelle, Bernard de 66.

Foreman, Michael 248.

Forest Princess, The (A Princesa da Floresta, H. Herman) 234.

formalismo 7.

forma textual 2.

fortuna 22, 31.

Foucault, Michel 63, 110.

Fouqué, Friedrich de la Motte 40, 115.

França: Antigo Regime 4, 24, 27-28, 30, 32, 34, 46-48, 55; aristocracia 46; burguesia 4, 47; campesinato na 59; conto de fada literário francês 40, 43; cultura 11; influência italiana na 23; influência sobre os escritores franceses XX, 15, 23, 24, 34, 279n1; nação-Estado da 25; processo civilizador na 4, 19, 23, 28, 34, 43, 248; processo de socialização na 51; salões 23, 27, 38, 41; século XVII na 46; sociedade da corte na 11, 23-24.

"Frau Holle und die Liebenden" (Senhora Holle e os Amantes, H.F. Blunck) 215.

"Frau Holle und die Schifferfrau" (Senhora Holle e a Esposa do Marinheiro, H.F. Blunck) 215.

Fräulein Pollinger (Senhorita Pollinger, O. von Horvát) 212.

Freud, Sigmund 182, 224, 224-225, 226, 227, 229, 231.

Friedländer, Salomo 211.

Friedrich, Ernst 184, 283n27.

função do conhecimento 25.

função econômica 25.

funções básicas 25.

funções dos contos de fada 76-77.

Gage, Matilda 168, 170.

Gage, Maud (depois Baum) 168, 174.

Gage touché, Le (O Pacto Comprometido, E. Le Noble) 39.

gags 256.

"Galeotto, re d'Anglia, ha um figliulo" (G.F. Straparola) 17, 29.

Galland, Antoine 23, 39.

Galton, Francis 109.

Garland, Judy 166.

"Gata Cinderela" (G. Basile) 60.

"Gato Branco, O" (M.-C. d'Aulnoy) 69.

"Gato de Botas, O" (C. Perrault) 23, 34, 51, 54, 257.

Gato de Botas, O (W. Disney) 256, 257-259, 263.

Geerken, Hartmut 188, 190, 211.

"Geflickte Hose, Die" ("As Calças Remendadas", B. Schönlank) 202.

Gelberg, Hans-Joachim 99, 237, 283n35-36.

índice

gênero (literário) 11, 26, 27, 51. *Ver também* dominação masculina; papéis sexuais; estereótipos; mulheres; contos de fada clássicos como 221-222; contos de fada literários como 5, 8, 15, 16, 18, 27, 35; e discurso do conto de fada 1, 3, 4-5, 7, 11-12, 13; mudanças introduzidas pela Disney no 270-271.

gentileza 52.

Geras, Adèle 248.

German Popular Stories and Fairy Tales as Told by Gammer Gretchel (Histórias Populares e Contos de Fada Alemães Como São Contados Por Gammer Gretchel, E. Taylor) XIV.

German Popular Stories (Histórias Populares Alemãs, irmãos Grimm) XIV, 136.

Geschichte der deutschen Jugendliteratur in Monographien (História da Literatura Juvenil Alemã em Monografias, H.L. Köster) 183.

Geschichten aus der Murkelei (Histórias de Murkelei, H. Fallada) 207.

"Geschichte von Brüderchen" (História do Irmãozinho, H. Fallada)) 207.

"Geschichte von der kleinen Geschichte" (História Sobre a Pequena História, H. Fallada) 207.

"Gigante Egoísta, O" (O. Wilde) 157, 163-164.

Gilbert, Sandra 266.

Gillet, Burt 261.

Gmelin, O.F. 101, 283n38.

Gobineau, Arthur de 109.

Goblin Market (C. Rossetti) 137.

Goerres, Joseph 185.

Goethe, Johann Wolfgang von 40, 191, 217.

Goldene Bombe, Die (A Bomba Dourada, H. Geerken) 188, 211.

"Golden Key, The" (G. MacDonald) 145, 148.

Golden Pot, The (E.T.A. Hoffmann) 151.

Good Words for the Young (Boas Palavras Para os Jovens, G. MacDonald) 143.

Göttin und ihr Heros, Die (As Deusas e Seus Heróis, H. Göttner-Abendroth) 9.

Göttner-Abendroth, Heide 9, 64.

Governess, or Little Female Academy, The (A Governanta, ou o Pequeno Internato de Mulheres, Fielding, Sarah) XIV.

Graf, Oskar Maria 188, 190, 212, 283n28; *Licht und Schatten* (Luz e Sombras) 190, 212; "Märchen von König, Das" (O Conto de Fada do Rei) 213; "Was das Vaterland einmal erlebte" (O Que a Pátria Viveu Certa Vez) 213.

Grande Depressão 263.

Grateful Dead, The (O Morto Agradecido) 119.

"Graue Hund, Der" (O Cachorro Cinza, H. Zur Mühlen) 204.

Grau Zero da Escritura, O (R. Barthes) 1, 3.

gravuras de Épinal 255.

Greimas, Algirdas-Julien 5.

"Grenouille bienfaisante, La" (O Sapo Benfeitor, M.-C. d'Aulnoy) 62.

Grenz, G. 187.

Grimm, irmãos (Jacob e Wilhelm) XIV, 13, 18, 40, 75-102, 103, 135, 138, 140, 172, 179, 185, 186, 247, 265-266. *Ver também* Disney, Walt; "Branca de Neve" 74, 84-88, 196, 197, 268; como missionários 79; *Contos Maravilhosos Infantis e Domésticos*: "A Cotovia Cantante e Saltitante" 74, 79; "Diabo da Farda Verde, O" 74; e contos com funcionais no processo de socialização burguês 90; e contos de fada literários 75-76, 78; *German Popular Stories* (Histórias Populares Alemãs) XIV, 136; "João e Maria" 196, 229, 261; "Jude in Dorn, Der" (O

Judeu Entre os Espinhos) 187; "Luz Azul, A" 91; "Maria, a Esperta" 91; "Morto Agradecido e a Princesa Resgatada da Escravidão, O" 119; "Músicos de Bremen, Os" 91; "O Rei da Montanha Dourada" 74; "Príncipe Sapo, O" 74, 80-81, 98, 196, 197; "Rei da Montanha Dourada, O" 197; revisões das obras pelos 78-79, 198; "Rotkäppchen" 82; "Seis Atravessam o Mundo Inteiro" 91, 98; "'Serve-te, Mesinha', Burro de Ouro e Porrete Dentro do Saco" 92, 93, 95; signos e códigos nos contos dos 91.

Grimm's Goblins (R. Meek) XIV.

Gripari, Pierre 248.

Grossstadt-Märchen (Contos de Fada da Cidade Grande, B. Schönlank) 184, 202.

Grötzsch, Robert 184, 283n28, 286n26.

Grundformen volkstümlicher Erzählkunst in den Kinder- und Hausmärchen der Brüder Grimm (Formas Básicas da Arte Popular da Narração nos Contos Domésticos dos Irmãos Grimm, W. Berendsohn) 182.

grupos, formação de 25.

"Guardador de Porcos, O" (H.C. Andersen) 124.

Gubar, Susan 266.

guerras culturais 24, 272.

habitus 49, 253.

Hadwiger, Victor 188, 189.

Haley, Jack 166.

Hanks, Carole D.T. 83.

Hanks, D.T. 83.

Hans Urian (L. Tetzner) 185, 205.

Hauptmann, Gerhart 191, 217.

haute bourgeoisie/alta burguesia 28, 47, 61, 82.

hegemônicos, poder dos grupos 24.

Heiberg, Fru 111.

Heimat (lar). *Ver* lar.

heimlich 224-225, 227, 231.

Heine, Heinrich 103.

Heine, Thomas Theodor 216.

Heinrich von Ofterdingen (Novalis) 146, 151.

Held, Franz 188.

Held, Kurt 283n28.

herança/imperativo cultural 12-13.

Herder, Johann Gottfries 185.

Hereditary Genius (Genialidade Hereditária, F. Galton) 109.

Herman, Harriet 234, 287n21.

heroínas 53, 174.

herói 6, 89, 90, 147, 164.

Hesse, Hermann 191, 209-211, 216; "Augustus" 209; "Dichter, Der" (O Poeta) 190, 209; "Eine Traumfolge" (A Sequência de um Sonho) 209; "Faldum" 209; "Iris" 209; *Märchen* (Contos de Fada) 209; "Merkwürdige Nachricht von einem anderen Stern" (Notícias Estranhas de Outra Estrela) 190; "Merkwürdige Nachricht von einem andern Stern" (Notícias Estranhas de Outra Estrela) 209; "Schwere Weg, Der" (O Caminho Difícil) 209.

Heym, Georg 188.

Histoire de deux soeurs jalouses de leur cadette (História das Duas Irmãs Ciumentas de Seu Irmão Caçula, A. Galland) 23.

Histoire de Mélusine (História de Melusine, F. Nodot) 39.

Histoires ou contes du temps passé (Histórias do Tempo Antigo, C. Perrault) 37, 39, 43, 51, 56.

Histoires sublimes et allégoriques (Histórias Sublimes e Alegóricas, H.J. de Murat) 39.

história: causa ausente da 2, 14; desenvolvimento histórico da sexualidade 63; e não história 1; social dos contos de fada e o discurso 1-14.

História Sem Fim, A (M. Ende) 241, 243.

história social e o discurso dos contos de fada 1-14.

History of Woman Suffrage (História do Sufrágio Feminino, S.B. Anthony e E.C. Stanton) 168.

Hitler, Adolf 219, 249.

Hoddis, Jacob von 188.

Hoernle, Edwin 93, 182-181, 192.

Hoffmann, E.T.A. xv, 40, 115, 151, 225.

Hoffmeister, Adolf 248.

Holbek, Bengt 115, 121.

Holocausto 248.

Holting, Gustav 135.

"Homem Morto, O. Um Conto de Funen" (H.C. Andersen) 119.

homme civilisé 48, 51.

honestidade 48, 92-93, 96, 124, 197.

Hopf, Andreas e Angela 96.

Horatio Alger, mito de 103, 116, 252, 267.

Horkheimer, Max 217.

Horváth, Ödön von 212; "Das Märchen in unserer Zeit" (Os Contos de Fada em Nosso Tempo) 212; *Fräulein Pollinger* (Senhorita Pollinger) 212; "Märchen in unserer Zeit, Das" (Os Contos de Fada em Nosso Tempo) 212; *Sportmärchen* (Contos de Fada Esportivos) 190, 212; *Sportmärchen, Fräulein Pollinger und andere Märchen* (Contos de Fada Esportivos, Senhorita Pollinger e Outros Contos de Fada) 212; *Zwei Märchen* (Dois Contos de Fada) 212.

humanismo 156, 158.

humilhação 30.

Hurd, Earl 255.

Idade Média 9, 11, 46.

Ideal Husband, An (Um Marido Ideal, O. Wilde) 156.

identificação para crianças 90.

ideologia: americana 275, 277; "da inofensividade" 45; das desigualdades naturais 109; dos contos de fada clássicos 44; essencialista. *Ver* ideologia essencialista; Jamenson sobre 2-4; nazista 186, 200.

Ideologia e Utopia (K. Manheim) 135.

igreja anglicana 153.

Igreja Católica 30, 50.

Illustres fées, contes galans, Les (As Ilustres Fadas, Contos Galantes, C. de Mailly) 39.

Iluminismo 87, 180.

ilustrações 254.

imoralidade 19, 28.

imperativos sociais 12.

ímpetos instintivos 63.

implicação 13.

Importance of Being Earnest, The (A Importância de Ser Prudente, O. Wilde) 156.

impressão XII, 87, 254, 255.

Index de livros proibidos pela igreja 22.

indígenas norte-americanos, ritual da puberdade 6.

individualismo 112, 144, 157-158, 241.

individualismo divino 144.

industrialização 9-10, 137, 142, 177, 242, 243.

Inés de Cordoue (C. Bernard) 39, 62, 66.

In Fairy Land (Na Terra das Fadas, W. Allingham) 136.

infância, estado da 45, 48, 50.

Inglaterra: discurso dos contos de fada 136; fantasia e contos de fada 136-137; processo civilizador 144, 150, 152, 156; vitoriana 79, 137, 150, 152, 153, 156, 164.

Inglaterra vitoriana 79, 137, 150, 152, 156, 164.

iniciação universal 82.

injustiça 131, 160, 205.

"inofensividade" 45, 74.

inovação 143, 256, 288n11; simbólica 13.

inovação simbólica 13.

inquietante, o 224-227.

instintos de prazer 157.

institucionalização social dos contos de fada 44, 251-254.

institucionalizalção dos enredos 18-19.

instituições literárias 5.

integração social 147.

intercâmbio conjugal 194.

interdependência 148, 150, 193.

internalização, leitura como 87.

invenções audiovisuais XIII.

inversão 98-99.

"Iris" (H. Hesse) 209.

irmãos Grimm. *Ver* Grimm, irmãos (Jacob e Wilhelm).

"Irmãozinho e Irmãzinha" 196.

isolamento 193.

"Isqueiro Mágico, O" (H.C. Andersen) 116, 124.

Itália: cidade-Estado na 25; influência sobre os escritores franceses 23-24; Nápoles 19-21, 22; origens do conto de fada na 15-36; processo civilizador na 19, 23, 28; protesto por liberdade na 238; Veneza 16, 17, 19-20.

Iwerks, Ub 256, 257.

Jackson, Rosemary 138.

Jacobs, Lewis 255.

Jameson, Frederic 2-4, 5.

Janosch (Horst Eckert) 98-99, 283n34.

"Jardineiro e o Senhor, O" (H.C. Andersen) 118, 131.

"Javali Selvagem, O" (M.-C. d'Aulnoy) 29; 69.

Jean, Georges 224, 247.

Jesus Cristo. *Ver* Cristo nas obras de Oscar Wilde.

"João e Maria" (irmãos Grimm) 196, 229, 261.

João e o Pé-de-Feijão (W. Disney) 256.

João Felpudo 207.

Johnson, Mark XVI.

Jones, Diana Wynne 248, 276.

"Jorinda e Joringel" 197.

"Jovem Rei, O" (O. Wilde) 156, 161, 163.

"Jude in Dorn, Der" (O Judeu Entre os Espinhos, irmãos Grimm) 187.

judeus 50.

Jugendschriftenbewegung (Movimento dos Textos Juvenis) 183.

Jullian, Philippe 154.

Jung, Carl Gustav 182.

justiça e crianças 218, 230, 231.

Kafka, Franz 188.

Kamenetsky, Christa 185, 191.

Kindertümlichkeit, Das Kind im Berge (A Criança na Montanha, H. Stanch) 208.

"King of the Golden River" (Rei do Rio Dourado, de J. Ruskin) 136.

Kingsley, Charles 137.

índice

Klabund (Alfred Henschke) 188.
Klotz, Volker *285n31*.
Kofoed, Niels 103.
"Königsmühle, Die" (O Moinho do Rei, E. Wiechert) 218.
Köster, Herman L. 183.
Krása, Hans 248.
Krebs, dr. Albert 191.
Künzler, Rosemarie 100, 101.
Kushner, Tony 248-249.

Lacroix, Petit de 39.
"Ladrão Mestre, O" 196.
L'Adroite princesse (A Princesa Discreta, madame L'Héritier) 22-23.
Lady Windermere's Fan (O Leque de Lady Windermere, O. Wilde) 156.
La Fontaine, Jean de 66.
Lahr, Bert 166.
Lakoff, George XVI.
Lamb, Charles 74.
Lamp, Fritz 188.
Lang, Andrew 137, 222.
Lantz, Wlater 255.
lar 90, 201, 224. *Ver também* família; busca do 226-227; como utopia 228; saudade do 229.
Laruccia, Victor *282n26*.
La Salle, Jean Baptiste de 48.
Lask, Berta 184, *283n28*.
Lasswitz, Kurd 188.
latim 16, 19.
Laugh-O-Gram Films 256, 261.
Ledermann, Wilhelm 182.
lei do mais forte 198.
leitura 86-88, 90, 226; contos de fada, faixa etária para 86, 229-230.
lendas 7.
Le Noble, Eustache 15, 18, 23, 39.
Leprince de Beaumont, Jeanne-Marie XIV, 4, *281n46*; "Bela e a Fera, A" 62, 69-71, 73; intenção civilizadora na obra de 42; *Magasin des enfans* (Revista das Crianças) 40, 71; "Príncipe Espiritual" 73.
Lerche, Doris 101.
Lévi-Strauss, Claude 6, 194.
Lewis, C.S. 223, 243.
L'Héritier, Marie-Jeanne 15, 39; *Enchantements de l'éloquence, Les* (Os Encantos da Eloquência) 22; intenção civilizadora na obra de 42; *L'Adroite princesse* (A Princesa Discreta) 22-23; *Oeuvres meslées* (Obras Mescladas) 39; *Ricdin-Ricdon* 23.
Licht und Schatten (Luz e Sombras, O.M. Graf) 190, 212.
lições de moral 69.
"Liebste auf der Welt, Die" (O Mais Querido do Mundo, E. Wiechert) 218.
Life and Adventures of Santa Claus, The (A Vida e as Aventuras de Papai Noel, L.F. Baum) 170.
"Light Princess, The" (A Princesa Leve, G. MacDonald) 143, 145.
"L'Île de la félicité" (M.-C. d'Aulnoy) 38.
limpeza, obsessão de Disney por 264, 268, 271, 273.
linguagem XVI, 1, 2-3, 55, 114-115, 156; dialeto napolitano 20, 22; latim 16, 19.
linguagem metafórica 115.

linha de movimento 8.
Literarische Verständnis der werktätigen Jugend zwischen 14 und 18, Das (A Compreensão Literária da Juventude Trabalhadora Entre 14 e 18, H.H. Busse) 182.
literatura: abordagem pseudofreudiana da 63; infantil. *Ver* literatura infantil; objetivos da 137.
literatura emancipadora, efeito sobre as crianças 246.
literatura infantil 12, 38, 83-84, 94, 136-137; durante o período nazista 183, 187-189, 208; introduzindo na, contos de fada reutilizados 76-77, 94, 98, 102; padrões da 38, 181; sanitização da 79, 83.
"Little Acqua Riding Hood" (Chapeuzinho da Água, P. Dumas e B. Moissard) 237.
"Little Daylight" (Pequena Claridade, G. MacDonald) 146, 148.
Littlefield, Henry M. 171-172.
"Little Polly Riding Hood" (C. Storr) 236.
"Little Redhead and the Wolf" (A Ruivinha e o Lobo, I. Fetscher) 237.
livre-arbítrio 227.
livros ilustrados 12.
lobisomens 50, 58.
"Lobo e as Sete Crianças, O" 196.
Lobo Mau, O (W. Disney) 260, 263.
lobos 236, 263. *Ver também* Disney, Walt: "Chapeuzinho Vermelho"; lobisomens.
Lochhead, Marion 223.
Looking Backward (Olhando Para Trás, E. Bellamy) 165.
Lost Princess, The (A Princesa Perdida, G. MacDonald) 143.
Louisa MacDonald (nascida Powell) 142.
Luís XIV 4, 24, 27, 30, 32, 34, 47, 55.
"lumpemproletariado" 106, 244.
luta de classes 128.
Lüthi, Max 5-6, 10, 192-193, 195.
"Luz Azul, A" (Irmãos Grimm) 91.

MacDonald, George XV, 13, 137, 140, 141-152, 177, 222, 253; *Adela Cathcart* 143; *At the Back of the North Wind* (Nas Costas do Vento Norte) 143; "Carasoyn, The" 148; comparado a Andersen 145; comparado a Baum 165; comparado a Wilde 153, 164; "Cross Purposes" (Motivos Cruzados) 148; "Day Boy and the Night Girl, The" (O Menino Dia e a Menina Noite) 145, 148-150; *Dealings with Fairies* (Acordos Com Fadas) 144; *Double Story, A* (Uma História Dupla) 143; *Doze Hinos Espirituais de Novalis* 142; e Dickens 142, 152; "Golden Key, The" (A Chave de Ouro) 145, 148; *Good Words for the Young* (Boas Palavras Para os Jovens) 143; "Light Princess", The (A Princesa Leve) 143, 145-147; *Lost Princess, The* (A Princesa Perdida) 143; missão religiosa 143; misticismo cristão de 143, 144-145, 153; *Princess and Curdie, The* (A Princesa e Curdie) 143, 145, 150, 151-152; *Princess and the Goblin, The* (A Princesa e o Goblin) 143, 145, 150.
Madwoman in the Attic, The (A Louca no Sótão, S. Gilbert e S. Gubar) 266.
"mãe boa ou pai bom" 89.
mãe fálica 89.
Magasin des enfans, Le (Revista das Crianças, J.-M. Leprince de Beaumont) 40, 71.
magia dos contos populares 6-7, 10, 192.
Mágico de Oz, O (L.F. Baum) XV, 166, 170, 171, 172-173.
Maguire, Gregory 248.

Maid of Arran, The (A Criada de Arran, L.F. Baum) 168.
Mailly, Jean de 15, 18, 23, 39, 41.
Maintenon, madame de 4.
maneiras 41, 42, 47, 60, 177.
Manheim, Karl 135.
manipulação múltipla 12.
Mann ist Mann (Um Homem É um Homem, B. Brecht) 205.
Männlein Mittenzwei, Das (O Manequim Mittenzwei, P. Alverdes) 208.
Mann, Thomas 190.
manuscritos XII.
Märchen (Contos de Fada, H. Hesse) 209.
"Märchen, Das" (O Conto de Fada, G. Hauptmann) 191, 217, 217-218.
Märchen, Das (Os Contos de Fadas, T.T. Heine) 217.
Märchen der Wirklichkeit (Contos de Fada da Realidade, de W. Eschbach) 184.
Märchendeutungen durch Runen (O Significado dos Contos de Fada Por Meio das Runas, W. von Bülow) 182.
Märchen, Die (Os Contos de Fadas, T.T. Heine) 217.
Märchen für tapfere Mädchen (Contos de Fada Para Meninas Corajosas, D. Lerche e O.F. Gmelin) 101.
"Märchen geht selber in Zeit, Das" (O Conto de Fada se Movimenta em Seu Próprio Tempo, E. Bloch) 228.
Märchen in Schule und Haus, Das (Os Contos de Fada na Escola e em Casa, W. Ledermann) 182.
"Märchen in unserer Zeit, Das" (Os Contos de Fada em Nosso Tempo, O. von Horvát) 212.
Märchen und die Phantasie des Kindes, Das (Os Contos de Fada e a Imaginação da Criança, C. Bühler) 181.
Märchen von deutschen Herzen, Das (Os Contos de Fada do Coração Alemão, H. Stehr) 213.
"Märchen von König, Das" (O Conto de Fada do Rei, O.M. Graf) 213.
"Märchen von Lokomotivenpfiff, Das" (O Conto de Fada Sobre o Apito da Locomotiva, B. Schönlank) 203.
"Maria, a Esperta" (Irmãos Grimm) 91.
Marin, Louis 274-275.
Marvelous Land of Oz, The (O Maravilhoso País de Oz, L.F. Baum) 170, 174.
Marx, Karl/marxismo 96, 182.
Mary Poppins (W. Disney) 271-272.
masculina, dominação 10, 26, 69-71, 73-74, 93, 234.
masculina, enquadramento 266.
masculina, hegemonia 63, 66.
masculina, socialização 92.
material popular, adaptação do 11.
matriarcado, padrão cultural do 64.
Matthiessen, Wilhelm 191, 208, 216.
Mayer, Charles-Joseph de 40.
McCay, Winsor 255.
mecanismos sociopsicológicos 44.
mecanização 183, 190.
mediações 2, 194.
medieval, período 28.
Meek, Robert XIV.
Meletinsky, Eleasar 194-195.
Méliès, Georges XV, 255.
"Menininha dos Fósforos, A" (H.C. Andersen) 236.
mensagens autoritárias na literatura infantil 93.
mensagens nos contos de fada 77.
meritocracia cristã nos contos de fada 252.

Merkel, Johannes 98.
"Merkwürdige Nachricht von einem anderen Stern" (Notícias Estranhas de Outra Estrela, H. Hesse) 190, 209.
Merrit, Karen 288*n*10.
Merseyside Women's Liberation Movement 235, 281*n*1.
Mes, Tom 276.
metáfora conceitual XVI.
metáfora linguística XVI.
metáforas XI, XVI, 19, 34.
Metaphors We Live By (As Metáforas Pelas Quais Vivemos, G. Lakoff e M. Johnson) XVI.
"Metaphysische Kanarienvogel, Der" (O Canário Metafísico, H. von Flesch-Brunningen) 211.
Meyer-Lugau, Cläre 185.
Meyrink, Gustav 188.
MGM Studios 166.
Mierendorff, Carlo 188.
militarismo 183.
Mille et une fadaise, contes à dormir debout (Mil e Uma Platitudes, Contos Para Dormir de Pé, J. Cazotte) 40.
Mille et un jours (Mil e um Dias, editora Lacroix) 39.
Milles et une nuit, Les (As Mil e uma Noites, A. Galland) 23, 39.
mistério 2.
misticismo cristão 143, 144, 145, 153.
mito de Horatio Alger 103-104, 116, 267.
mitologia matriarcal 9.
mitologia norte-americana 260.
Mitologias (R. Barthes) 3.
mito/mitologia 7, 223; de Horatio Alger 103, 116, 252, 267; matriarcal 9.
Miyazaki, Hayao 275-278.
mobilidade social 167, 169, 172.
"Moça Sem Mãos, A" 121-122.
moda francesa 40, 41, 44.
modernismo 214.
Moissard, Boris 237.
moldura narrativa/narrativa-moldura 15, 16, 20, 23, 26.
Molière (Jean-Baptiste Poquelin) 66.
Mombert, Alfred 188.
Momo (M. Ende) 239-240.
monarquia 9.
morais 10, 85.
moralidade 84, 136, 218; senso de, das crianças 231.
moralismo 12.
moralismo utilitário 12.
morfologia 5, 7.
Morris, William 137, 143, 153, 165.
Mortensen, Finn Hauberg 117.
"Morto Agradecido e a Princesa Resgatada da Escravidão, O" (irmãos Grimm) 119.
Mosse, George 285*n*2.
Mother Goose in the Prose (Mamãe Ganso em Prosa, L.F. Baum) 170.
motivo salvador e de renascimento 84.
"Motivos Cruzados" (G. MacDonald) 148.
motivos literários 115.
motivos populares 56.
Mourey, Lilyane 53, 60.
"Mouton, Le" (O Carneiro, M.-C. d'Aulnoy) 62, 67-68.
movimentos de reforma social 177.
movimento sufragista 167.
movimento Wandervogel 211.

índice

Mozart, W. Amadeus 40.

mulheres: humilhação das 30; nos contos franceses 24; processo civilizador 65; retrato das, por Perrault 53-55, 59-61, 64-66.

mulheres escritoras 38, 41-42, 43-44, 61-62.

Mulher Sem Importância, Uma (O. Wilde) 156.

Müller, Erwin 182.

múltiplas manipulações 12.

mundo real 230.

Murray, Isobel 156.

Musäus, Johann Karl August 40, 185.

"Músicos de Bremen, Os" (Irmãos Grimm) 91.

My Candalabara's Glare (Meu Brilho de Candalabara, L.F. Baum) 170.

Mynona (Salomon Friedlaender) 188.

nação-Estado da França 25.

não conformismo 50, 243.

não conformismo social 50.

não história 1.

não simultaneidade 201.

Nápoles 19-20.

Napoli, Donna Jo 248.

napolitano, dialeto 20, 22.

narração oral de histórias, tradição de XII, 3, 8, 19, 22, 28; e tradição literária 253.

narradores 7-8, 19, 89.

narrativas 15, 30, 34, 90, 91, 115, 139, 256; moldura 15, 20, 22-23, 26-27.

nazista, período 179-220, 249. *Ver também* campos de concentração; Segunda Guerra Mundial; atitudes culturais do 180; contos de fada cinematográfico do 186; contos de fada clássicos 199; contos de fada clássicos do 188, 190-192; discurso dos contos de fada 14; Estados Unidos comparados ao 249; fim da reescritura de contos de fada no 93; literatura infantil durante o 183, 187-188, 208; noções de comportamento social durante o 208.

neorrafaelitas 137.

Nesbit, Edith 222, 253.

Neues vom Rumpelstilzchen (H.-J Gelberg) 99-100, 237.

News from Nowhere (Notícias de Lugar Nenhum, W. Morris) 165.

"Nightingale and the Rose, The" (O Rouxinol e a Rosa, O. Wilde) 162.

Nitschke, August 8, *281n32*.

nobreza francesa 47.

Nodot, Paul-François 39.

noivos-besta, contos sobre 29, 63-64.

Nolte, Reinhard 182.

Nonguet, Lucien 255.

nórdica, herança cultural 186, 200.

nórdicas, religiões 182.

normas 17, 25, 90, 137; patriarcais 231; sociais 37, 49, 89.

normas sociais 37, 49, 89.

norte-americano: ritual indígena, da puberdade 6.

Nova Esquerda 94.

Novalis (Friedrich von Hardenberg) 40, 144, 146, 151.

novella 15-16.

Novellino 15.

Nye Eventyr (Novos Contos de Fada, H.C. Andersen) 117.

objetificação humana 86.

obrigações morais 85.

Oehlenschläger, Adam Gottlob 112.

Of Cannons and Caterpillars (Canhões e Lagartas) 238.

Opera nova de Zoan Francesco Straparola da Caravazo (Nova Obra de Zoan Francesco Straparola da Caravazo (G.F. Straparola) 16.

opressão 10, 140, 203.

opressão social 232.

ordem civil cristã dominada pelos homens 11.

ordem social 8, 189.

organização temporal-corporal 8.

origens do
contos de fada literários 11-12.

Ørsted, Hans Christian 113.

ortodoxia religiosa 46, 141.

Oeuvres meslées (Obras Mescladas, de M.-J. L'Héritier) 39.

Oz, histórias de (L.F. Baum) 170-178; *Dorothy and the Wizard of Oz* (Dorothy e o Mágico de Oz) 173; *Emerald City of Oz, The* (A Cidade das Esmeraldas) 167, 170, 171, 174-176; *Mágico de Oz, O* XV, 166, 170, 171, 172; *Marveillous Land of Oz, The* (O Maravilhoso País de Oz) 170, 173; *Ozma of Oz* (Ozma de Oz) 173; *Road to Oz, The* (A Estrada Para Oz) 173.

Ozma of Oz (Ozma de Oz, L.F. Baum) 173.

padrão de vida burguês 88.

padrões de civilidade 11-12, 17, 34-36, 135.

padrões de comportamento 30.

padrões políticos ideais 104.

padronização internacional, tendências 238.

paganismo 9, 59.

pais 89.

pais ruins 89.

"Palácio da Vingança, O" (H.J. de Murat) 69.

Panchatantra 29.

Panizza, Oskar 188.

papel do artista 118, 125, 126, 133.

Parrish, Maxfield 255.

"Pastora de Gansos, A" 196-197.

"Pastora e o Limpa-Chaminés, A" (H.C. Andersen) 118.

pastoralismo na obra de L. Frank Baum 176.

Patchwork Girl of Oz, The (A Menina Patchwork de Oz, L.F. Baum) 170.

Pater, Walter, influência sobre O. Wilde 154.

"Patinho Feio, O" (H.C. Andersen) 118, 123, 126-128, 162, 204.

Patinho Feio, O (W. Disney) 260.

patriacal, dominação 64, 91, 93, 115-117.

patriarcais, códigos 84.

patriarcais, noções, de Disney 266.

patriarcais, normas 231.

patriarcalização 9.

patriarcal, socialização 82.

patriarcal, sociedade 10, 84.

patronato, sistema de 17.

Patrouille du conte (Patrulha dos Contos de Fada, P. Gripari) 248.

"Peau d'Âne" (Pele de Asno, C. Perrault) 18.

Pedersen, Vilhelm 117.

Pentamerão (G. Basile) 20-21.

pequena burguesia 77.

"Pequeno Polegar, O" (C. Perrault) 51, 54.

319

percepção, programa social de 26.

percepção sociopolítica 9.

periculosidade para as crianças 102, 137-138.

período pré-capitalista 10.

período Weimar 209.

Perrault, Charles XIV, 13, 15, 18, 24, 28, 45, 46-47, 51, 51-52, 135, 138, 140, 247; "Barba Azul, O" 52, 255; "Bela Adormecida, A" 51, 68-69, 255; "Chapeuzinho Vermelho" 51, 53, 57-59, 83; "Cinderela" 23, 51, 53, 55, 57, 59-60; *Contes en vers* (Contos em Verso) 42; e mulheres escritoras 38-40, 41, 43; "Fadas, As" 51, 52; "Gato de Botas, O" 23, 34, 51, 54, 257; *Histoires ou contes du temps passé* (Histórias ou Contos do Tempo Antigo) 37-38, 39, 43, 51, 56; "Peau d'Âne" 18; "Pequeno Polegar, O" 51, 54; *Querelles des anciens et des modernes* (Querela dos Antigos e dos Modernos) 24; retrato das mulheres por 52-55, 59-60, 61, 65; "Riquet" 51, 54, 62, 64.

"Persinette" (C.-R. de la Force) 69.

personagens de contos de fada, institucionalização dos 18-19, 27.

"Peruonto" (G. Basile) 30.

"Pescador e Sua Alma, O" (O. Wilde) 162, 163.

Petits soupers de l'année 1699, Les (Os Pequenos Jantares do Ano, madame Durand) 39.

Piacevoli notti, Le (Noites Agradáveis, G.F. Straparola) 16.

Piaget, Jean 230, 231.

"Pietro, o Bobo" (G.F. Straparola) 30.

Pinóquio (W. Disney) 267.

Pitzorno, Bianca 247.

Piumini, Roberto 247.

pobreza 203.

poder 10, 17, 24, 34, 115; abuso do 28; das classes dominantes 25; dominação masculina 26; dos contos de fada literários 224.

poesia da vida 125.

politicamente correto 248.

politização por meio dos contos de fada 94.

populismo 172.

Poster, Mark 196.

Powell, Louisa (depois MacDonald) 142.

Practical Princess and Other Liberating Tales, The (A Princesa Prática e Outros Contos Libertadores, J. Williams) 237.

Prechac, Jean de 39.

Prestel, Josef 186.

"Prince and the Swineherd, The" (O Pastor de Porcos) 235, *281n1*.

Prince Courtebotte et la Princesse Zibeline, Le (O Príncipe Courtebotte e a Princesa Zibeline, C.-P. de Caylus) 40.

"Prince Marcassin, Le" (O Javali Selvagem, M.-C. d'Aulnoy) 17, 29.

Princess and Curdie, The (A Princesa e Curdie, G. MacDonald) 143, 145, 150, 151-152.

Princess and the Goblin, The (A Princesa e o Goblin, G. MacDonald) 143, 145, 150.

"Príncipe Espiritual, O" (J.M. Leprince de Beaumont 73.

Príncipe Feliz e Outros Contos, O (O. Wilde) 155, 156, 159-162.

"Príncipe Sapo, O" (irmãos Grimm) 74, 98, 196, 197; comparação de versões 81-82; Edição de 1812 80; Edição de 1857 81; Manuscrito de 1810 80.

Processo Civilizador, O (N. Elias) 24, 44, 46.

processo civilizador/processo civilizatório XVII, 11-12, 15, 24, 46-47, 63, 192, 222, 223, 232, 246; conflitos do 26-28; das mulheres, tratamento do 64-65; do Ocidente 13, 45; e Disney 251, 259, 270; e dominação masculina 26-27; e o discurso dos contos de fada 14, 140, 180, 202, 224, 237; função do 25, 26; mudanças no 25, 192; na Alemanha 180-181, 202; na França 4, 19, 23, 27-28, 34-35, 43-44, 248; na Inglaterra 144, 150, 152-153, 156; na Itália 4, 19, 22, 28; norte-americano 167, 172, 270; transformação por escritores contraculturais XV, 232-233.

processo civilizador social 46.

processo de aculturação XI, 104.

processo de amadurecimento 84.

processo de socialização 51-52, 95, 102, 196, 226; autoritário 75.

processo de socialização autoritário 75.

projeção fantástica 227-228, 233.

proletariado no século XIX XV.

Proletarischer Kindergarten (Jardim de Infância Proletário, E. Friedrich) 184.

Propp, Vladimir 5-7, *287n18*.

propriedade privada 91-93, 157.

protagonistas: ações normativas dos 194; ambivalência dos 189; de Andersen 140; deslocados 226; femininos 55, 145, 147; masculinos 18, 54, 55, 145; na obra de MacDonald 145, 164; nos contos de fada dos irmãos Grimm 90, 91; oprimidos 235; parecidos com Cristo 159.

protestantismo 50.

protesto social consciente 152.

providência 118. *Ver também* divina providência.

psicanalítica, teoria 225.

psicogenéticos, fatores civilizadores 62.

"Psiquê e Eros" (J. de La Fontaine) 66-67.

Psychologie des deutschen Volksmärchens (Psicologia dos Contos Populares Alemães, E. Müller) 182.

Pullman, Philip 248.

puritanismo 275.

Pyle, Howard 255.

quadrinhos, histórias em 255.

Quatro Músicos de Bremen, Os (W. Disney) 256.

Querelles des anciens et des modernes (Querela dos Antigos e dos Modernos, N. Boileau) 24.

quermesses 229.

Quiller-Couch, sir Arthur 74.

raça 109.

racionalização instrumental 241.

racismo 76, 127.

Rackham, Arthur 186, 255.

Rak, Michele 27.

"Rapunzel" 146, 234-235.

Rato Voador, O (W. Disney) 260, 263-264.

razão 55, 65, 66, 136.

realidade norte-americana 172.

realidade virtual 276.

recepção, estética da 7.

reconhecimento mútuo 97.

Reforma, período da 47-48.

Règles de la bienséance et de la civilité chrétienne, Les (As Regras da Benevolência e da Civilidade Cristã, J.B de La Salle) 48.

índice

"Rei Bico-de-Tordo" 196-197.

"Rei da Montanha Dourada, O" (irmãos Grimm) 74, 197.

Reimann, Hans 188.

"Reine fantastique, La" (A Rainha Fantástica, J.-J. Rousseau) 40.

Reiniger, Lotte 255.

"Rei Porco, O" (H.J. du Murat) 69.

Reis, Richard H. 142.

relações senhor-escravo 92-93, 96.

relações sociais 140.

"Remarkable Rocket, The" (O Foguete Notável, O. Wilde) 162.

Renascimento, tradições orais e literárias 28, 35.

"Re Porco" (G. Straparola) 64.

repressão 51, 198, 225.

responsabilidade 110, 260; social 147, 173, 178.

responsabilidade social 147, 173, 178.

ressubjetificação, leitura como 87.

Retrato de Dorian Gray, O (O. Wilde) 155.

Revolução Francesa 40.

Ricdin-Ricdon (M.-J. L'Héritier) 23.

Richter, Ludwig 255.

"Riquet" (C. Perrault) 51, 54-55, 62, 64.

"Riquet do Topete" (madame Bernard) 39, 62, 67.

riqueza, acumulação de 91-92, 93, 176, 205.

rituais 6, 59, 102.

rituais de iniciação 59.

rituais simbólicos 59.

ritual de casamento 82.

Road to Oz, The (A Estrada Para Oz, L.F. Baum) 173.

Robinson, Charles 255.

Rodari, Gianni 247.

Rölleke, Heinz 79, 88, *282n5*.

romances de aventura 229.

romances modernos 229.

romântico, movimento 112, 139, 141, 151; na Alemanha 146, 152, 189, 209.

Rosen, Michael 248.

Rossetti, Christina 137.

"Rote Fahne, Die" (A Bandeira Vermelha, H. Zur Mühlen) 204.

Roth, Joseph 217.

"Roupas do Imperador, As" (H.C. Andersen) 161.

Rousseau, Jean-Jacques 40.

"Rouxinol, O" (H.C. Andersen) 118, 123, 125, 126, 156.

Rowohlt, editora 94.

Roy, Disney 259.

"Roy porc, Le" (O Rei Porco, H.J. de Murat) 17, 29.

"Rumpelstilzchen" 100, 100-101, 237.

Rumpf, Marianne 57.

Ruskin, John 136-137, 143, 152, 153, 154, 177, 222.

Rüttgers, Severin 183.

Sacchetti, Franco 16, 17.

sacrifício 64.

salões franceses 23, 27, 38, 41.

salvação 104, 133, 142, 159, 187, 197, 243, 271; de mulheres 64.

Salvadori, Maria Luisa 247.

Samber, Robert 43.

Sand, George 222.

Sandmann, Der (O Homem de Areia, E.T.A. Hoffmann) 225.

sanitização 79-80, 83.

Sapia Liccarda (G. Basile) 23.

"Sapo Benfeitor, O" (M.-C. d'Aulnoy) 68.

sarcasmo 28.

"Sauvage, Le" (H.J. de Murat) 33.

Scheebart, Paul 188.

Schenda, Rudolf 89.

Schickel, Richard 269.

Schiebhelbuth, Hans 188.

Schloss der Wahrheit, Das (O Castelo da Verdade, H. Zur Mühlen) 184.

Schlot, editora 94.

Schönlank, Bruno 184, 202-204, 207, *283n28*; "Bunte Stadt, Die" (A Cidade Colorida) 203; "Geflickte Hose, Die" (As Calças Remendadas) 202; *Grossstadt-Märchen* (Contos de Fada da Cidade Grande 184, 202; "Märchen von Lokomotivenpfiff, Das" (O Conto de Fada Sobre o Apito da Locomotiva) 203.

Schott, Georg 182.

Schulz, Heinrich 185.

Schwankmärchen 197.

Schwartz, Emmanuel K. 89-90.

"Schwere Weg, Der" (O Caminho Difícil, H. Hesse) 209.

Schwitters, Kurt 188.

século XIX 253; burguesia 109; contos de fada cinematográficos do 254; discurso dos contos de fada no 136, 139; educação no 88-89; leitura dos contos de fada impressos no 87; literatura infantil no 38; processo civilizador no 156; proletariado no XV; visão sentimental sobre os contos de fada no XV.

século XVII, contos populares no 11.

século XX: contos de fada cinematográfico 254-257; discurso dos contos de fada 221-222.

Segunda Guerra Mundial 188, 221. Ver *também* nazista, período.

"Seis Atravessam o Mundo Inteiro" (irmãos Grimm) 91, 98.

Selig, Silvie 238.

Sendak, Maurice 248-254.

"Senhora Holle, A" 196.

Senhor dos Anéis, O (J.R.R. Tolkien) 243.

sequência de contos de fada 165.

Sercambi, Giovanni 16, 17.

sermões 12.

"Serpentin Vert" (A Cobra Verde, M.-C. D'Aulnoy) 62.

"'Serve-te, Mesinha', Burro de Ouro e Porrete Dentro do Saco" (irmãos Grimm) 92, 93, 95.

Sette cotennine, Le (Os Sete Toucinhos, Basile, G.) 23.

sexismo 76.

sexuais, papéis 26, 76, 140. Ver *também* gênero; dominação masculina; condicionamento aos 149.

sexualidade. Ver *também* sexualidade humana; desenvolvimento histórico da 63; e crianças 41-42, 51-52, 65, 82, 84; e dominação sexual 232; livre 65; noções padrão de 140.

sexualidade humana 63.

sexual, repressão 198.

sexuais, estereótipos, questionamento dos 66.

Sforza, Ottoviano Maria (bispo) 17.

Shaw, George Bernard 157.

Shrek 2 (DreamWorks) 35, 275-278.

Shrek (DreamWorks) 35, 275-278.

"Sieben Söhne" (Sete Filhos, E. Wiechert) 218, 219.

Silly Symphony, animações 260, 264.

símbolos 8.

Sklar, Robert 260.

sobrevivência do mais adaptado 116.

sobrevivência social 28.

Soccaro, Margherita 238.

socialismo fabiano 157.

socialismo, Wilde sobre 153, 156, 157, 162.

socialização 11, 45; da Alemanha Ocidental 95-96, 102; das crianças 56, 144, 252; de leitores 42, 86; literária 48; na sociedade capitalista 91, 96; por meio dos contos de fada 75-102.

socialização cultural 230.

socialização literária 48; na Alemanha 179.

sociedade cortesã/da corte 43, 47, 61.

sociedades primitivas, narração de histórias nas 8.

sociogenética, evolução, da sociedade 46.

sociogenética, importação, dos contos de fada literários 47.

sociogenético, processo estrutural 77.

sócio-históricas, molduras, de controle 88.

solidariedade 203.

Solomon, Charles 288n8.

sonhos 87, 89, 143, 227; e psicologia 182, 226-227.

Sorge, Reinhard Johannes 188.

Soriano, Marc 57.

sorte 17, 31.

"Spatz, Der" (O Pardal, H. Zur Mühlen)) 204.

Spencer, Herbert 109.

Spiess, Karl von 182.

Stansch, Hilde 208.

Stanton, Elizabeth Cady 168.

Stehr, Hermann 190-191, 213-214, 216.

Steig, William 248.

Stoessl, Otto 188.

Storr, Catherine 236.

Straparola, Giovan Francesco 13, 15-18, 26, 27-28, 38, 56; *Ancilotto* 23; "Constanza" 33; "Costantino Fortunato" 34; e Basile 19-20, 21-22; "Galeotto, re d'Anglia, ha um figliulo" 17, 29; influência sobre escritores franceses 15, 22-23, 34; intervenção no processo civilizador 24; *Opera nova de Zoan Francesco Straparola da Caravazo* (Nova Obra de Zoan Francesco Straparola da Caravazo 16; *Piacevoli notti, Le* (Noites Agradáveis) 16, 39; "Pietro, o Bobo" 30; "Re porco" 64.

submissão|subserviência 60, 64, 68, 73, 89.

subversão: arte da, no discurso dos contos de fada 140, 177; e Wilde, obras de 157; fantasia como uma literatura de 138.

Summerly, Felix 135.

Tabert, Benjamin 135.

tabloides 136, 255.

Tante storie per giocare (Histórias Para Brincar, G. Rodari) 247.

taoismo 157.

Tarrant, Margaret 255.

Taylor, Edgar XIV.

"Tebaldo" (H.J. de Murat) 18.

technicolor 261.

tecnologia 176, 270.

tema da domesticação da megera 124.

temas/motivos 227; Aladim 103, 112-113, 116; de solidariedade 203; domesticação da megera 124; e contos populares orais 56-57; institucionalização dos 18;

literários 56, 115; mudanças nos 28; populares 56; salvador e de renascimento 84; utópicos 146.

Tenèze, Marie-Louise 5-8, 10.

Tennyson, Alfred Lord 156.

tensões familiares 193.

Terceiro Reich. *Ver* nazista, período.

Terry, Paul 255.

Tetzner, Lisa 93, 185, 202, 205-206.

Thackeray, William M. 136-137.

Theresienstadt, campo de concentração 249.

Thischlein deck dich und Knüppel aus dem Sack (Mesa, Sirva--se, e Porrete, Saia do Saco, F.K. Waechter) 95-96, 97.

Thompson, Stith 119.

Thorvaldsen, Bertel 111.

Tieck, Ludwig 40, 115.

tipos ideais retratados por Perrault 55.

tirania 249-250.

Tiranie des fées détruite, La (A Tirania Destruída das Fadas, L. d'Auneuil) 39.

Tolkien, J.R.R. 223, 243.

topoi 18-19, 139.

Toque de Ouro, O (W. Disney) 260.

"Tracts, Rewards and Fairies" (B. Alderson) 136.

tradição de narração de histórias XII, 3, 8, 19, 21, 22, 28.

tradições literárias 28.

transcendência 157.

transcodificação 2.

transcritor, papel do 89.

transfiguração do conto de fada clássico 233.

transformação sociopolítica na Europa 123.

Traumzeit (H.P. Duerr) 37.

"tre corone, Le" (Basile, G.) 33.

Tre fate, Le (As Três Fadas, G. Basile) 23.

Três Lobinhos, Os (W. Disney) 260, 263.

Três Porquinhos, Os (W. Disney) 260, 263.

Trevor-Hoper, H.R. 50.

Trinquet, Charlotte 280n3.

Tristes Trópicos (C. Lévi-Strauss) 6.

"Tudo no Seu Devido Lugar" (H.C. Andersen) 118, 129-130, 130.

Turin, Adela 238.

umfunktioniert 76.

Ungerer, Tomi 235-236.

unheimlich 225, 227, 231.

União Soviética, retrato utópico da, na obra de Tetzner 206.

utopia XV, 135, 139, 165. *Ver também* Baum, L. Frank; MacDonald George; Wilde, Oscar; de Baum 171, 173, 175; degeneração da 273; de MacDonald 143, 144, 145, 148, 151; de Wilde 158, 161-162, 164-165; e o lar 228.

valores 63, 110, 277, 282n22; da burguesia 82, 122, 198; do mundo "real" 138; e contos dos irmãos Grimm 86, 90, 91, 99, 102; e MacDonald 144, 145; norte-americanos 171, 274-275; sociorreligiosos 142.

Van Dyke, Dick 272.

Van Ussel, Jos 63.

"Vegetabilische Vaterschaft, Die" (A Paternidade Vegetal, S. Friedläender) 211.

Veneza 16, 17-20.

Venti stori più una (Vinte Histórias e Mais Uma, G. Rodari) 247.

índice

Viagem de Chihiro, A (H. Miyazaki) 275, 276.
Vidal, Gore 176.
Vigiar e Punir (M. Foucault) 110.
vigílias medievais 27.
Villeneuve, Gabrielle-Suzanne de 39, 62, 69-74.
violência 25, 26, 28, 30, 31, 35.
virtudes 29, 30, 42, 53, 54.
"Vogel 'Niemalsmehr', Der" (O Pássaro "Nunca Mais", E. Wiechert) 218.
Von der Grün, Max 237.
Von Menschlein, Tierlein und Dinglein (Sobre Pessoas, Animais e Coisas Pequenas, H. Schulz) 185.

Waechter, Friedrich Karl 92, 95, 97, *283n30*.
Wandrey, Uwe 94.
"Was das Vaterland einmal erlebte" (O Que a Pátria Viveu Certa Vez, O.M. Graf) 213.
Was Peterchens Freunde erzählen (O Que Contam os Amigos de Pedrinho, H. Zur Mühlen) 184.
Watts, Steven 272.
Weber-Kellermann, Ingeborg 200.
Weimar, período de 179-220.
  contos de fada reutilizados, introdução 93-94.
  discurso dos contos de fada no 180-181.
Weissagung und Erfüllung im deutschen Volksmärchen (Profecia e Realização no Conto Popular Alemão, G. Schott) 182.
"Wendelin Heinelt" (H. Stehr) 214.
"Who's Afraid of the Big Bad Wolf?" (Quem Tem Medo do Lobo Mau?, F. Churchill) 263.
Wiechert, Ernst 191,218; "Die Wölfe" (Os Lobos) 218-219; "Königsmühle, Die" (O Moinho do Rei) 218; "Liebste auf der Welt, Die" (O Mais Querido do Mundo) 218; "Sieben Söhne" (Sete Filhos) 218-219; "Vogel 'Niemalsmehr', Der" (O Pássaro "Nunca Mais") 218; "Zeitmärchen" (Contos de Fadas Contemporâneos) 218.
Wieland, Christoph Martin 40.
Wiemer, Rudolf Otto 75.
"Wie Said der Träumer zu Said dem Verräter wurde" (Como Said, o Sonhador, Transformou-Se em Said, o Traidor, H. Zur Mühlen) 204.
Wilde, Jane Francesca (nascida Elgee) 153.
Wilde, Oscar xv, 13, 137, 140, 152-165, 177, 222, 253; *Alma do Homem Sob o Socialismo, A* 155, 157, 164; "Amigo Dedicado, O" 162; Andersen comparado a 155, 161-163; Baum comparado a 165-167; "Casa das Romãs, A" 155, 161; em Oxford 154; "Filho da Estrela, O" 162; "Foguete Notável, O" 162; "Gigante Egoísta, O" 157, 163-164; *Importância de Ser Prudente, A* 156; "Jovem Rei, O" 156, 161, 163; *Leque de Lady Windermere, O* 156; MacDonald comparado a 152-153, 164; *Marido Ideal, Um* 156; *Mulher Sem Importância, Uma* 156; "Pescador e Sua Alma, O" 162, 163; *Príncipe Feliz e Outros Contos, O* 155, 156, 159; *Retrato de Dorian Gray, O* 155-156; "Rouxinol e a Rosa, O" 162.
Wilde, William 153.
Williams, Jay 237.
"Wizard of Oz: Parable on Populism, The" (O Mágico de Oz: Parábola do Populismo, H.M. Littlefield) 171-172.
"Wölfe, Die" (Os Lobos, E. Wiechert)) 218.
Wolgast, Heinrich 183.
Woman Hating (A. Dworkin) 221.
Woodcock, George 155.
Woodward, Alice 255.
Writers and Readers Publishing Cooperative de Londres 238.
Wulff, Henriette 106.

Yolen, Jane 237, 248, *281n32*.
Young Misses Magazine, The (Revista Para Jovens Moças, J.M. Leprince de Beaumont) xiv, 71.

Zauberberg, Der (Montanha Mágica, T. Mann) 190.
Zauberflöte, Die (A Flauta Mágica, W.A. Mozart) 40.
Zaubermärchen 192, 195, 197. *Ver também* contos populares.
Zecca, Ferdinand 255.
"Zeitmärchen" (Contos de Fadas Contemporâneos, E. Wiechert) 218.
Zimmer, Christian 44-45.
Zur Mühlen, Hermynia 93, 184, 202, 204, 207; "Brillen, Die" (Os Óculos) 204; *Es war einmal, ... und es wird sein* (Era uma Vez, ... e Assim Será) 184; *Fairy Tales for Workers' Children* (Contos de Fada Para Filhos de Trabalhadores) 204; "Graue Hund, Der" (O Cachorro Cinza) 204; "Rote Fahne, Die" (A Bandeira Vermelha) 204; *Schloss der Wahrheit, Das* (O Castelo da Verdade) 184; "Spatz, Der" (O Pardal) 204; *Was Peterchens Freunde erzählen* (O Que Contam os Amigos de Pedrinho) 184; "Wie Said der Träumer zu Said dem Verräter wurde" (Como Said, o Sonhador, Transformou-Se em Said, o Traidor) 204.
Zwei Korken für Schlienz (Duas Rolhas Para Schlienz, J. Merkel) 98.
Zwei Märchen (Dois Contos de Fada, O. von Horváth) 212.

Agradecimentos

Esse livro se tornou possível por uma bolsa Fullbright da International Exchange of Scholars, que me permitiu passar um ano na Johann Wolfgang Universität em Frankfurt, onde dei aulas e pesquisei entre 1981 e 1982. Em especial, estou em débito com Klaus Doderer, antigo diretor do Institut für Jugendbuchforschung, pelo encorajamento e a ajuda que ele me ofereceu. Durante o curso do meu trabalho, desfrutei de diversas discussões com Thomas Elsaesser e das sugestões de Roni Natov e Ralph Coen, que publicaram versões diferentes e mais curtas dos capítulos 3 e 7 em *The Lion and The Unicorn* e na *New Literary History*. Além disso, devo agradecer a David Hill por seu gentil apoio e a Caroline Lane e a Betty Low por seu ótimo trabalho editorial ao preparar esse livro para a primeira edição. Em relação à segunda edição revisada, agradeço muito a Bill Germano por seus conselhos e orientação, e a Fred Veith por sua valiosa assistência. Finalmente, quero expressar minha gratidão a Sarah Blackmon por essa terceira edição, por ela ter assumido cuidadosamente e supervisionado a produção dessa nova edição, e a Nicole Hirschman pela preparação cuidadosa do manuscrito.

Este livro foi impresso na cidade de São Bernardo do Campo,
nas oficinas da Bartira Gráfica e Editora, em setembro de 2023,
para a Editora Perspectiva.